JN091383

治安維持法

その成立と「改正」史

荻野富士夫

治安維持法の歴史 Ⅱ

六花出版

治安維持法の歴史Ⅱ

治安維持法　その成立と「改正」史

◉目次

II 治安維持法の成立と運用

Ⅳ　治安維持法再「改正」の頓挫とその後の運用　169

V　思想犯保護観察法と運用　243

◉凡例

一、原則として常用漢字を用いた。

二、史料の引用にあたっては、旧字旧かなは新字新かなとし、カタカナ表記はひらかな表記にあらためた。また、適宜、句読点を付した。難読の語・人名にはルビ（振りかな）を付した。

三、史料引用中の〔 〕は引用者による注記である。

はじめに

「治安維持法撤廃の抗議運動を起せ」
『労働農民新聞』42号、1928年3月30日

「国体」護持のための法律——治安維持法の法益

一九二五年の公布施行から四五年の廃止まで、治安維持法は二〇年の運用にすぎなかったが、そのほぼ「昭和」の前半と重なる二〇年は、大日本帝国の膨張と自己崩壊の期間、換言すれば「十五年戦争」とそのための準備期間にほかならない。治安維持法の本質は、その成立と廃止の過程に象徴的に示されるといってよい。すなわち、法益を「朝憲紊乱（びんらん）」の禁圧から「国体」変革の防止に転換することで成立にこぎ着けると、日本国内の運用ではその「国体」変革の領域は膨張し、前半の一〇年で本来の取締対象だった「国体」変革をめざす日本共産党とその外廓運動を組織的に解体させた。後半の一〇年間には「国体」への異議者、さらにはあらゆる「国体」の非忠誠者の一掃に邁進し、戦争遂行体制への批判や障害とみなしたものを思想・信仰の次元まで封殺し、「国体」への忠誠を強制的に導き出す威嚇の規範ともなった。

そして、ポツダム宣言受諾に際し「国体」護持に固執した日本政府は、八・一五以後も「国体」護持のために治安維持法の存続を図った。「国体」変革防止＝「国体」護持にこそ、治安維持法の究極の法益があった。

一九三〇年代後半以降の共産党以外への、「国体」にまつろわざるもの＝異議者・非忠誠者に対する適用の拡大はよく知られることだが、植民地の朝鮮において日本国内以上の猛威が振るわれていたこと、台湾においても数は多くないものの、主に民族独立運動に重罰が科せられたこと、および「満洲国」で擬似治安維持法的な治安法令を根拠に「反満抗日運動」が弾圧されたことは、治安維持法を考えるうえで重要な論点となる。一言でいえば大日本帝国のすべての空間で、「国体」変革の防止が貫かれていたということである。

本書では治安維持法の成立・「改正」の経緯を中心に、前史・後史に視点を広げつつ、戦前日本と東アジアの自由・平等・平和を希求する運動と思想を抑圧し、人権を蹂躙（じゅうりん）したこの稀代の悪法の法制史的側面と運用の特質を明らかにすることを目的とする。悪法の悪法たる由縁は、やはりその実態に即して明らかにしなければならない。ここで用いる史料群の大半は、治安維持法（ないし「改正」）の立案や運用にあたった抑圧取締側の当事者の作成した文書類と判決類だが、それらを通じて彼らの取締の論理と「国体」護持の意味が明らかとなる。そして、この悪法によって必死に守ろうとした大日本帝国の根幹部が見透かされてくるはずである。

本書はこうした観点にもとづき、治安維持法の立法・「改正」過程とその国内の運用に焦点をあてる。運用状況についてはすでに『治安維持法の「現場」』において警察の検挙から検察の起訴、予審を経ての公判の審理と判決、行刑や保護観察・予防拘禁という一連の司法処分を通じて論述したが、ここでは司法処分の結果を端的に示す予審終結決定書や判決文に即して再論する。

治安維持法の二〇年

前史と後史の重要性は見逃せないものの、治安維持法そのものの運用はその成立から廃止まで二〇年の運用にすぎなかった。とはいえ、その濃密さと植民地・傀儡（かいらい）国家におよぶ広がりは、日本の近現代史上、もっとも重要な法であった。ごく簡単にその流れをまとめよう。

一九二二年の過激社会運動取締法案や二三年の関東大震災直後の「治安維持令」を前史として、二五年四月、「国体」変革と「私有財産制度」否認を目的とする結社の処罰などを対象に治安維持法が成立した（五月施行）。普通選挙法の成立および日ソ国交の成立とも関連している。二六年の京都学連事件が国内における最初の適用となるが、植民地朝鮮や台湾ほか、傀儡国家「満洲国」においても施行され、国内以上の猛威を振るった。

公式の統計によれば国内の治安維持法の検挙数は七万人以上におよび、そのうち約一割が起訴されて有罪となった。ほかに正規の手続きをふまない膨大な検挙・検束があった。とくに「国体」概念をてこに、強制的な道徳律としても「国体」に反抗する人々に襲いかかった。条文は拡張解釈の一途をたどり、社会運動全般を封殺し、自由な思想や言論の発露を根こそぎにし、他の治安諸法令とともに治安維持法体制をかたちづくった。

一九二八年の「改正」は非合法の日本共産党に対する大弾圧（三・一五事件）を契機に、特高警察の大拡充や思想検事の創出などと連動し、緊急勅令によって強行された。「国体」変革行為の最高刑死刑への引上げと目的遂行罪の導入で、とくに後者により労働組合や救援会・プロレタリア文化運動などに関わる検挙者数は急増した。「転向」政策も推進された。

さらに治安維持法の運用を拡大・厳重・効率化するために、それまでの条文の拡張解釈を盛り込んだ「改正」案の実現を三四年と三五年に図るが、いずれも成立しなかった。

二度の「改正」案に盛り込まれていた思想犯の「保護観察」は、一九三六年になって単独法の思想犯保護観察法として公布・施行される。対象となったのは起訴猶予者・執行猶予者・仮釈放者・満期釈放者で、「転向」確保のための「思想の指導」と職業斡旋・就学・復校などの「生活の確立」をめざすとされたが、重点は前者にあり、完全な「転向」と認められるまでは処分が更新された。全国に二二の保護観察所を設置し、保護司による監視の下、定期的な思想チェックがなされるほか、通信・交友や旅行・転居も制限された。この制度は朝鮮と関東州でも施行された。

取締側はほぼ一九三五年ころには共産党の組織的な運動を壊滅させ、三〇年代後半からは社会民主主義に標的を広げるとともに、自由主義・民主主義への抑圧取締も強めた。また、「国体」否認とみなされた宗教教義も取締の対象としていく。在日朝鮮人の民族独立を求める言動にも襲いかかった。

一九四一年三月、二度目の「改正」実現をみる。新たに「国体」変革の支援・準備結社や集団、それぞれの目的遂行行為など、およそ考えられる可能性のすべてを網羅するほか、「国体」否認とされた宗教結社・集団

図1　治安維持法の前史・運用の20年・後史：本書の構成

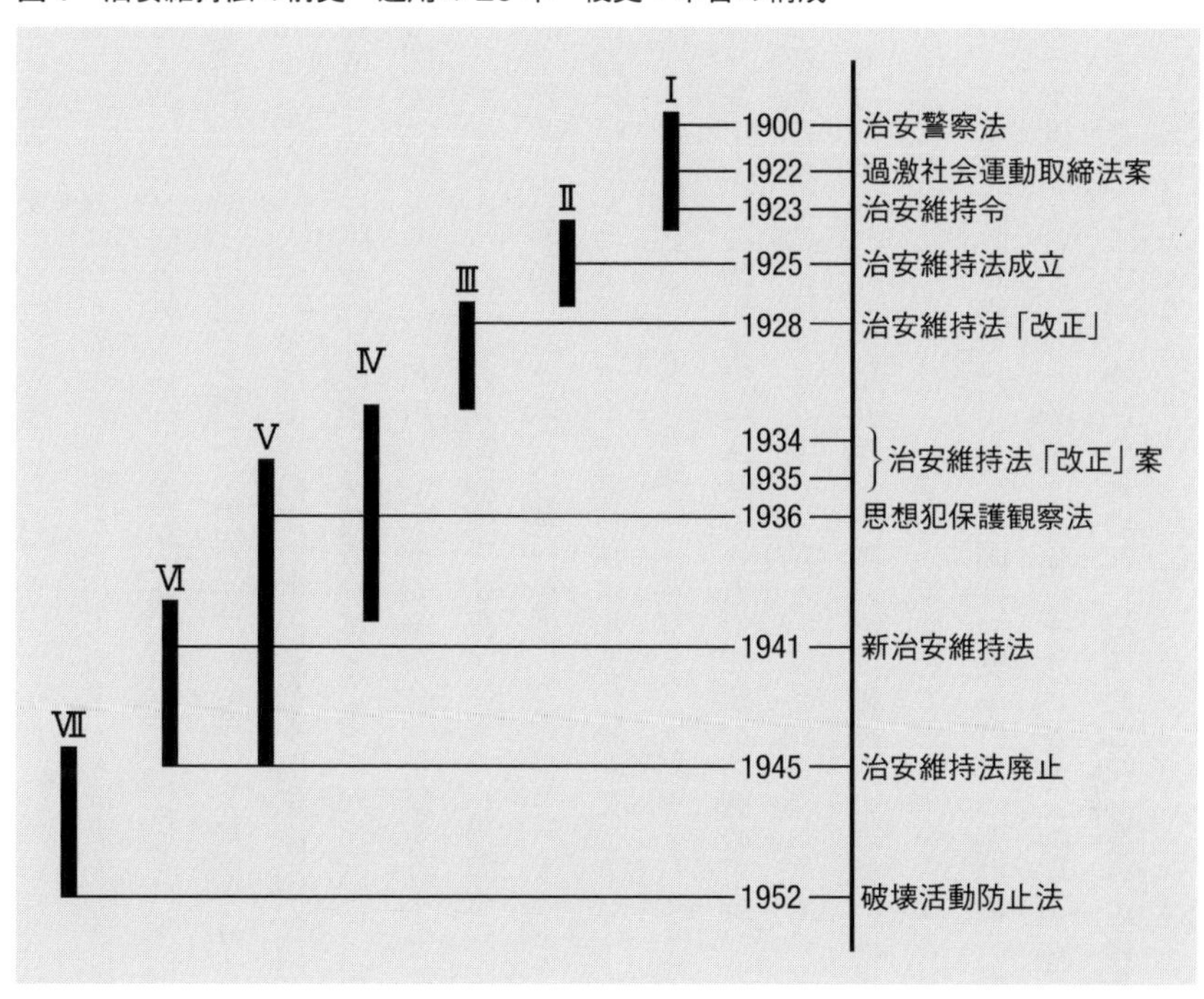

への弾圧も容易になった。三審制を二審制とするなどの刑事手続の簡便化や非転向者への「予防拘禁」の導入が図られた。戦時下の典型的な弾圧が「横浜事件」である。

一九四五年八月の敗戦後も日本政府は治安維持法運用の継続を図ったため、GHQは「人権指令」を発して治安維持法を廃止し（一〇月一五日）、特高警察を解体した。しかし、治安体制維持の理念や人脈は継承され、「逆コース」の出現のなかで復活していく。一九五二年制定の破壊活動防止法は治安維持法の再現といわれ、大きな反対運動が展開された。

本書の構成

本書は一九一〇年から一九五〇年代前半まで、前史・二〇年の運用・後史を七章で構成する（**図1**）。まず、各章がそれぞれ主題とするものを素描しておこう。

一九一七年のロシア革命の成功と一八年の第一次世界大戦終結によるデモクラシー思想・革命思想の興隆、さらに国内の米騒動勃発や社会運動再興の気運は為政者に深刻な危機感を抱かせ、とくに内務・司法両省に「過激思想」流入に対する新たな治安立法の必要性を痛感させた。Ⅰでは、過激社会運動取締法案のルーツを一九一〇年の「大逆」事件前後の為政者の動静や欧米諸国の治安法制の研究に求める。一九二二年の過激社会運動取締法案は議会内外の強い反発で廃案となったが、内務・司法両省は治安立法の起草をつづけ、二三年九月の関東大震災の混乱を利用して「治安維持令」を緊急勅令として公布施行したものの、共産主義運動の勃興に対応できなかった。この立案過程で法益が従来の「過激思想」宣伝や流布の取締から「国体」変革および「私有財産制度」否認を目的とした結社の処罰に転換していくことを明らかにする。

法益の転換が功を奏して治安維持法は第五〇議会で成立し、一九二五年五月に施行された。Ⅱでは、さらに「国体」と「私有財産制度」の概念がどのように登場したかを検証する。統治体制再編の要として普通選挙法と日ソ基本条約の締結を実現させる一方で、統治体制の根幹である「国体」と「私有財産制度」の破壊を志向する変革の運動は禁圧する必要があるという認識が為政者層の共通認識となったがゆえの成立であった。

一九二八年の三・一五事件は、国内の治安維持法の本格的適用となった。予想外に日本共産党の勢力の広く深い伸張に驚愕した政府は、一連の治安体制の強化策を実現させる。議会による治安維持法の「改正」に失敗すると、すぐに緊急勅令によって「国体」変革行為の処罰最高刑を死刑に引き上げるほか、いわゆる「目的遂行罪」を導入するという「改正」を強行する。なぜ「国体」変革処罰のみ引き上げられ、「目的遂行罪」が組み込まれたのだろうか。抑圧取締の執行機関たる特高警察の整備拡充や思想検事の拡充などを合わせ、ここに治安維持法体制の確立をみたといえる。

一九三二年から三四年にかけて治安維持法の発動はピークに達し、共産主義運動は組織的にはほぼ壊滅させられた。Ⅲでは、治安維持法の「改悪」の経過とその本格的な運用の状況を追う。治安維持法は「国体」変革概念についで「目的遂行罪」の規定を獲得することによって、自己増殖の衝動を遺憾なく発揮しうることになった。ひとたび自己増殖の勢いがつくと、法解釈の拡張の窮屈さを解消すると同時に新たな取締領域と刑事手続の簡略化などを求めた「改正」が試みられる。一九三四年と三五年の二度の「改正」案は、近代法の罪刑法定主義の原則、すなわち立法府の制定する法令が、あらかじめ犯罪に対して科す刑罰を明確にしておくべきという大原則を大きく逸脱するものであった。いずれもこの時点では廃案となるが、一九三〇年代後半の治安維持法は二度の「改正」案をステップとしてさらに拡張されて運用された。

Ⅳにおいては、治安維持法の増殖の実態とそれを追随・追認する「改正」の論理を検証する。共産主義運動の逼塞（ひっそく）化に目途（めど）がつきはじめた一九三三年頃から、「転向」政策の積極的推進と相まって思想犯に対する「保護」と「観察」の対応が急務となった。すぐにそれらは三四年と三五年の治安維持法「改正」案に盛り込まれ、二度の頓挫を経て三六年には単独で思想犯保護観察法として成立する。これは特高警察の監視とは異なり、思想司法の新たな領域の拡大であり、治安維持法体制を直接的に補完補強するものとなった。母法たる治安維持法がのっぺらぼうでなかったように、思想犯保護観察法も九年ほどの施行期間のうちに、大きくその役割を「保護」から「観察」に重点を移した。Ⅴでは、これまで十分な注意を引いてこなかったこの法律の意図と実態を明らかにし、治安維持法体制の一翼に位置づける。

一九四一年の二度目の治安維持法「改正」は、三〇年代後半にいちだんと増進した拡張解釈を追認するとともに、「刑事手続」の特例と「予防拘禁」制を一挙に実現させ、新治安維持法と呼ぶべきものとなった。同時に成立した国防保安法とともに、法体系全般の戦時特例化を招来した。Ⅵでは、この「改正」の立案の経緯と運用の実際を概観する。

冒頭で述べたように、治安維持法の本質はその「廃止」過程に露呈する。八・一五以後も「国体」護持を絶対とするゆえに、治安維持法は特高警察とともにGHQから「廃止」が指令されるまで当然のように存続された。さらにこの指令の遂行過程で特高警察の温存が図られたように、社会運動を監視抑圧する態勢は治安維持法「廃止」の直後から再構築が開始される。Ⅶが対象とするのは、この間の状況である。

各段階における治安維持法の運用の具体相については、現在みることのできる判決・予審終結決定などを総点検することにした。敗戦と治安維持法体制解体時に責任追及を恐れて判決・予審終結決定や警察「聴取書」、検察・予審の各「訊問調書」、「公判記録（調書）」などの治安維持法による司法処分の関係書類・記録は徹底して燃やし尽くされたため、現存する原資料はごくわずかにとどまる。ただし、各段階で重要とみなされた判決・予審終結決定などは当局側の文献として残された。司法省刑事局編の『思想月報』が中心となるが、その刊行以前に朝鮮総督府高等法院検事局では『思想月報』（その後、『思想彙報』と改題）を刊行し、日本国内で下された判決・予審終結決定などを収録している。また、『大審院刑事判例集』や小森恵編『治安維持法関係判決集――社会運動関係判決・決定を主として』（『昭和思想統制史資料』別巻）、『法律新聞』などにもかなりの数の判決類が収録されている。

全治安法制に最強・最高の武器としての治安維持法

一九二五年以後の治安体制はまさに治安維持法体制というべきものであった。それを全体として構成するのが治安機構・機能と抑圧取締の根拠・武器たる治安法制であり、それ以前の治安体制からの大きな転回があった。

一九二〇年代前半まで内務省・特高警察のほぼ独壇場であった社会運動の抑圧取締の領域に、まず司法省・思想司法（思想検察を基軸に裁判・行刑・保護観察・予防拘禁の機構・機能を一括して把握する）が大きくくい込んだ。さらに二〇年代後半には軍・憲兵（反戦反軍運動）、外務省（外務省警察・情報蒐集）、文部省（学生運動・教職員組合運動）、農林省（農民運動）、逓信省（郵便検閲・逓信労働者運動）、大蔵省（税関による出版物の規制）などがそれぞれの治安機能を果たしていくことになった。なかでも憲兵と外務省警察は治安維持法を発動する権限をもった。さらに植民地・委任統治領において同様な統治機構があった。特高警察と思想司法を基軸に、支配統治機構の各部門が治安機能の一角を分担しつつ、それらが総体として天皇制国家の治安体制をかたちづくっていた。

次に治安法制について。「国体」変革と「私有財産制度」否認を目的とする結社行為への厳罰を規定した治安維持法は、拡張解釈とその追認の「改正」で適用の範囲と威力を飛躍的に伸ばすにとどまらなかった。あらゆる反体制的運動・思想・信仰をも重層的かつ効率的に取締って逼塞させるために配置された膨大で重層的な治安法制の総元締め・頂点的位置にあってそれらの運用を保証し、おしすすめるという構図が成立した。強力な司法処分を遂行する治安維持法が威力を発揮することによって、とくに特高警察の活動を自在とする行政警察的な法規の運用が可能となった。しかも治安維持法そのものが行政警察的に活用され、反体制運動の未然の鎮圧が日常化した。

こうした治安法制は広範多岐にわたったので、「思想の取締に当れる人達が日常の事務上の便宜と此等(これ)法規に関する正解」（柴田義彦『思想取締関係法令総攬』、一九三二年）を得るために、何冊もの解説書が刊行されているほどである。また特高関係の参考書にも、主要な治安法令の解説と条文が収録されている（たとえば松華堂編輯部編『治安警察教本』〔一九三六年〕では、治安警察法・治安維持法・行政執行法・出版法・新聞紙法・不穏文書臨時取締法などを収録）。そして、治安維持法体制が究極の域に達した段階で編纂された新潟県警察部特高課『特高警察関係法令集』（一九四三年）には、じつに八五におよぶ取締法令・規則類が並ぶ。治安維持法を筆頭に、思想犯保護観察法、治安警察法、行政執行法などとつづく。

それらが全体としてどのように治安法制を組み立てているのかを簡単にみておこう。一部に爆発物取締罰則（一八八四年）のように自由民権運動への抑圧取締にさかのぼるものもあるが、治安警察法と行政執行法がいずれも一九〇〇年に制定されていることに象徴されるように、二〇世紀を迎える時期に絶対主義的統治機構の確立と資本主義社会の形成過程において、反体制的な社会運動や言論活動を封じ込めるために、明治前半の治安法制とは異なる新たな治安立法群が生み出された。出版法（一八九三年）と新聞紙法（一九〇九年）も同様な取締観に立つといえる。それらは結社・集会の届出主義や公安秩序を乱す者の検束、出版物の発売頒布禁止などの警察の行政処分による抑圧取締を第一義としており、初期社会主義運動や労働運動に対しては有効に機能した。

しかし、一九二〇年代になると、急激に勃興する社会運動に明治後半以来の治安法制では対応しきれなくなった。ここに強力な司法処罰が断行できる治安維持法の成立があった。といっても、治安維持法の運用ですべての社会運動の抑圧取締が可能になるわけでなく、従前の治安警察法や行政執行法、出版法令などによる行政処分は活用されつづけ、多くは一九四五年まで命脈を保った。なお、治安警察法の柱の一つであった労働運動抑圧取締に活用された第一七条は一九二〇年代の労働運動高揚のなかで強まった廃止論を受けて一九二六年に削除されたものの、すぐに取って代わった暴力行為等処罰に関する法律により実際の労働・農民・水平運動の抑圧取締に活用された（「「暴力行為等処罰に関する法律」考」、拙著『治安体制の現代史と小林多喜二』〔二〇一九年〕）。

刑法との関係ではその特別法に位置する治安維持法、そして思想犯保護観察法（一九三六年）・国防保安法（一九四一年）・改正軍機保護法（一九三七年）などはそれぞれの厳重な司法処罰の威嚇によって、組織的な、あるいは重大と判断される反体制的な活動や戦争遂行に対する批判・障害を鎮圧・禁止する法秩序を構成した。こうした法秩序の周辺では軽微と判断される反体制的運動や戦争遂行への不満や流言蜚語をつみとるために、より日常的により便宜的に運用の可能な行政執行法や警察犯処罰令をはじめとする警察法令のほか、新たな戦時立法として四一年一二月に制定された言論出版集会結社等臨時取締法が活用され、もう一つの広範な法秩序を構成していた（改正軍機保護法と言論出版集会結社等臨時取締法の制定と運用については、拙著『「戦意」の推移』（二〇一六年）参照）。

そして、このような二重の法秩序の基底には、刑法（一九〇八年施行）の治安規定があった。すなわち、「大逆罪」「不敬罪」とともに「内乱罪」「外患罪」「騒擾罪」などがあり、一九四一年の「改正」では「安寧秩序に対する罪」も加わった。

すでに二〇世紀初頭、行政警察的処分を中心として社会主義運動に打撃を与えていたものの、警察法令ではその壊滅は困難だったため、一九一〇年、幸徳秋水らに対して「大逆罪」が発動され、刑法第七三条によるフレーム・アップが図られた。その時点では大きな成果をあげたものの、治安維持法成立後は実行行為のあった一九三二年の「桜田門事件」を除き、「大逆罪」は発動されていない。これは、一時は「大逆罪」に期待されていた治安機能が、治安維持法などに取って代わられたことを意味する（前掲『特高警察関係法令集』所収の「刑法」抄でも、第七四条の「不敬罪」はあるが、第七三条の「大逆罪」の条文は入っていない）。依然として「不敬罪」の活用はあったものの、総じて刑法の治安規定はその大仰（おおぎょう）さや立件の難しさも手伝って休眠状態となったといえよう。それらによらずとも、治安体制はその特別法たる治安維持法などによって十分以上に確保される状況となっていたからである。

これらの意味において治安維持法はその制定以降、一貫して全治安法制の支柱を成し、最強・最高の武器であった。

なお、本書で用いる治安維持法成立・「改正」関係の資料群は、大部分を拙編『治安維持法関係資料集』全四巻（一九九六年）に収録している。

また、本書の過半を占める治安維持法成立・「改正」についての論述は、『治安維持法関係資料集』第四巻の解説「治安維持法成立・「改正」史」を用いている。

I

過激社会運動取締法案とその前・後史

無政府主義共産主義等ノ運動取調ニ関スル件

（法律案）　（大正十年十二月五日　参事官特別委員會決定）

第一條　無政府主義、共産主義其ノ他朝憲ヲ紊乱スル事項ヲ宣傳シ又ハ宣傳セムトシタル者ハ五年以下ノ懲役若ハ禁錮又ハ三千圓以下ノ罰金ニ処ス

前項ノ事項ヲ実行スルコトヲ勧誘シタル者又ハ其ノ勧誘ニ應シタル者罰前項ニ同シ

第二條　前條ノ事項ヲ実行又ハ宣傳スル目的ヲ以テ集會、結社又ハ多衆運動ヲ為シタル者ハ七年以下ノ懲役又ハ禁錮ニ処ス

第三條　前二條ノ罪ヲ犯サシムル目的ヲ以テ金品ヲ供與シ若ハ其ノ他ノ方法ヲ以テ便宜ヲ與ヘタル者又ハ情ヲ知テ之ヲ受ケタル者ハ各本條ニ定ムル所ニ従テ之ヲ処断ス

第四條　前三條ノ罪ヲ犯シ未タ官ニ発覚セサル前自首シタル者ハ其ノ刑ヲ減軽又ハ免除ス

第五條　本法ハ帝國外ニ於テ第一條乃至第三條ノ罪ヲ犯シタル者ニ之ヲ適用ス

附　則

本法ハ公布ノ日ヨリ之ヲ施行ス

無政府主義共産主義等の運動取調〔ママ〕に関する件
（1921年12月5日、内務省参事官特別委員会決定）
「米軍没収資料」MOJ29、R.1

一　治安立法の前史

山県有朋の「社会破壊主義取締法私案」

「治安立法の前史」として、三つの法令と法案からみていこう。そのうち治安警察法（一九〇〇年、『治安維持法関係資料集』〔以下『資料集』と略〕第一巻）と植民地朝鮮の「政治に関する犯罪処罰の件」（制令第七号、一九一九年、『資料集』第一巻）は、のちの治安維持法にとって前史的意味を持つと同時に、治安維持法体制を補完補強するものである。たとえば、治安維持法が公布施行されたのちの一九二五年一二月一日に農民労働党を結社禁止としたのは、治安警察法第八条の発動である。安寧秩序の保持を名目に演説会などの集会や治安維持法反対などの「多衆（大衆）運動」に対する臨監・中止・解散などの権力発動の根拠も、この治安警察法にあった（治安警察法の制定経過については荻野「治安警察法と初期社会主義運動」〔「社会民主党百年」資料刊行会編『社会主義の誕生――社会民主党100年』、二〇〇一年〕参照）。

もう一つの「社会破壊主義取締法私案」（『資料集』第一巻）は「大逆」事件の検挙が一段落した一九一〇年九月、元老山県有朋が明治天皇に上奏した意見書「社会破壊主義論」に付されていたもので、桂太郎内閣の主要閣僚にも提示されて対策を迫った。「社会破壊主義論」では社会主義の「既に萌芽を発したるものは極力之を刈除（かいじょ）せざるべからず」と強権的弾圧を唱え、天皇への意見書としては異例ながら一一条の「取締法私案」を付していた。「社会破壊主義論」の起草者は山県のブレーン穂積八束と推測されるが、「取締法私案」の起草は穂積とは別人物である。

第一条は「社会主義又は社会（共産）破壊主義の思想を鼓吹し、国家の安寧を害し、社会の秩序を紊乱するを目的とする結社を組織し、又は之に加入し、若は他人に対し加入を勧誘することを禁ず」（その罰則として第八条で「六月以上三年以下の懲役又は禁錮」などを規定）となっている。第一条以下の「社会共産主義」は山県の手によってすべて「社会破壊主義」と修正されている。「社会主義又は社会破壊主義」を主張する結社・集会・出版・「金穀其の他の物件」募集などのあらゆる手段が禁止された。さらに「公共の安寧秩序」の保持のためとして、集会の全面禁止や滞留禁止などの非常措置までも規定する。その対象は、のちの過激社会運動取締法案や治安維持法の当初の法益の範囲を大幅に越える。ただし「大逆罪」を持ち出した実際の弾圧がその衝撃の強さと深さで見事に成功し、さらに当局の徹底した取締と、もともと大きな勢力でなかった社会主義陣営の逼塞化により、この山県の「取締法私案」は日の目を見ないで終わる。

山県有朋
（国立国会図書館、『近代日本人の肖像』ウェブサイトより）

おそらく議会に提出されたとしても、「社会破壊主義」や「鼓吹」などの定義で紛糾したと思われるが、ともかくも早急のうちに成文化されたことは元老山県の危機感を物語るとともに、こうした新たな弾圧法を起草するだけの準備がそれまでに蓄積されていたことを推測させる。すでに二年前の一九〇八年五月、欧米各国の在外公館に対し「無政府主義、社会主義者等取締方に関する法規取調の件」という外務大臣の訓令が出され、その回答が同年一二月から順次内務省に送付されていた。この訓令には「無政府主義、社会主義其他之に類する危険なる政治主義を有する者並に革命思想を懐ける外国亡命者の行動言論等取締方に関し、政府に於て特に法規を制定すべきなるや否やに付、詮議中も有之候」(「過激派其他危険主義者取締関係雑件　取締法規之部　外国」、外交史料館所蔵)とあった。

一九〇八年、西園寺公望内閣(原敬内相)下において第二五議会に向け、新たな取締法規の制定の可否が検討されはじめていた。先の訓令直後には赤旗事件が起こり、その前には山県による西園寺内閣の社会主義取締不徹底の上奏がおこなわれるなど、治安問題への関心が高まっていた。政権はより強権的な桂太郎に移るが、社会主義陣営の封じ込めがうまくいっているという判断からだろう、新取締法規の制定は見送られる。それに関連すると思われるが、一九〇九年七月、桂内閣の平田東助内相はドイツ・ロシア・オーストリアなどの六カ国間で結ばれた無政府主義取締のための共助の協定について外務省から打診されると、「本邦に在ては欧州諸国と事情を異にする所あるを以て、差当り之に加入の必要を認めず」(前掲「過激派其他危険主義者取締関係雑件　取締法規之部　外国」)と返答している。山県の「取締法私案」にどれだけ直接的に欧米各国の取締法規に関するこうした情報が反映しているか不明だが、「大逆」事件以前の段階で当局者の間で新取締法規の調査がなされていた事実は、一九二〇年前後の同様な立案の準備の前史としても注目に値する。

なお、山県の「取締法私案」において施行の範囲が併合したばかりの朝鮮を含め植民地全般に及んでいることも、のちの治安維持法とのつながりで重要である。それは安寧秩序紊乱の行動・出版などの取締の権限を「(朝鮮総督、台湾総督、関東都督其の他)地方長官」が持つというところにあらわれ、「公共の安寧秩序」の保持を理由に植民地のあらゆる運動を弾圧しうる規定となっている。為政者にとって治安体制は「日本帝国」の全領域にわたって維持されるべきであり、新治安立法もそうした機能をもつものとして早くから構想された

理由

政治ニ關シ不穩ノ言論又ハ動作ヲ爲シ治安ヲ妨害スル者ニ付テハ保安法第七條ノ規定ニ依リ處罰シ得ヘシト雖同法ハ舊韓國時代ノ制定ニ係リ其ノ適用ノ範圍朝鮮人ニ限局セラルルカ爲朝鮮人以外ノ者ノ前記行爲ニ付テハ遂ニ之ヲ處罰スルノ途ナシ然ルニ近時愚昧ノ鮮人各地不穩ノ擧動ニ出テ其ノ間朝鮮人以外ノ者ニシテ或ハ其ノ畫策ニ參シ或ハ煽動教唆シテ其ノ勢ヲ助クルノ疑アル者ナキニアラス事苟モ治安ヲ妨害アルニ於テハ統治上內外人ノ別ナク嚴重處罰ノ必要アリ又滿洲又ハ西伯利亞方面ニハ不逞鮮人ノ移住セルモノ多ク鮮內居住ノ輩ト內外聲息ヲ通シ國權恢復ヲ標榜シテ不穩ノ言動ヲ爲ス者アルモ從來之ヲ處罰スル法規ニ缺クル所アリシヲ以テ帝國外ニ於テ此等ノ罪ヲ犯ス者ヲモ併セテ處罰スルノ必要アルニ由ル

朝鮮總督府

制令第七号（1919年4月）「理由」
「公文類聚」第43編・1919年・第30巻、10,11/11、国立公文書館所蔵

ことを山県の「取締法私案」は示している。

朝鮮総督府の制令第七号

朝鮮総督府の制令第七号「政治に関する犯罪処罰の件」は、いうまでもなく一九一九年の三・一独立運動に対する弾圧法規である。朝鮮総督府により三月二五日までに立案されるが、そこに付された理由では旧韓国時代以来の保安法は適用範囲が朝鮮人に限られる欠点があり、「苟も治安に妨害あるに於ては統治上内外人の別なく厳重処罰の必要あり」とされていた。その後の実際の適用が民族独立運動の弾圧に対してなされた事例をみても、「五十以上の笞刑、十箇月以下の禁獄又は二箇年以下の懲役」であった保安法の刑罰を「十年以下の懲役又は禁錮」に引き上げることにこの制令第七号の目的があったことは明らかである。『原敬日記』によれば、四月九日、来訪した山県伊三郎政務総監より「取締上必要なりとて制令の発布」を求められ、同意し、翌一〇日の閣議で決定、一五日に公布施行された。

第一条　政治の変革を目的として多数共同し、安寧秩序を妨害し、又は妨害せんとしたる者は十年以下の懲役又は禁錮に処す、但し刑法第二編第二章の規定に該当するときは本令を適用せず

前項の行為を為さしむる目的を以て煽動を為したる者の罰亦前項に同じ

制令第七号は治安維持法の前史的意味をもつとともに、その補完補強的意味ももつ。前史的意味とは、治安維持法に引き継がれるまで朝鮮の民族独立運動はこの制令第七号と保安法によって取締られたということである。「政治の変革を目的として」という融通無碍さゆえに、あらゆる反総督府的な言動は取締の対象となりえた。すぐあとでみるように、一九二〇年前後から新治安立法に取り組む内務・司法両省の官僚たちが参考としたのは、欧米の治安法規であるという点からみれば、この制令第七号とは直接のつながりはないといえる。それでもこの先行する取締法規の存在を意識しなかったはずはない。たとえば、「変革」という用語が過激社会運動取締法案および治安維持法の起草の途中で採用されていくが、その根源はここに求められるかもしれない。

その第三条は「帝国外」における犯罪にも適用するというものだが、具体的には「間島」（中国東北部）・シベリア方面などの「不逞鮮人」に対する取締規定である。これは治安維持法の「本邦施行区域外」における適用へと発展するともいえるが、本来的に朝鮮民族独立運動の取締の必要性から加えられたものであり、また治安法規の特性として「帝国外」の取締への志向を有していた。

治安維持法の補完補強的意味をもっていたことについては、シリーズⅣ『朝鮮の治安維持法』と同Ⅲ『朝鮮の治安維持法の「現場」』で述べた。一九二五年の朝鮮における治安維持法の適用以降もこの制令第七号は存続し、主に一九三〇年代前半までは活発に適用された。そればかりでなく、統監府時代の一九〇七年制定の保安法にいたっては四五年の敗戦まで生きつづけた。

二　過激社会運動取締法案の起草から廃案まで

欧米諸国の取締法規に学ぶ

第一次世界大戦後、日本は統治体制全般の修正と再編を迫られた。その一角をなす治安体制においては「大逆」事件後しばらく鳴りをひそめていた司法官僚が突如として一九二〇年の森戸事件を機に思想抑圧に乗りだす一方、内務省でも特高警察の取締態勢を整備強化しはじめた。こうした直接的な当事者の能動的対応の背景には、為政者全体の「思想問題」への警戒があった。

一九二〇年後半、原敬首相は元老山県有朋と会見するたびに「思想問題」を語っている。自らの政権延命策の気配も感じられるが、「思想問題に至りては実に重大なりとて総選挙以来の人心の情態を話し、是は国家の為に何とかせざるべからず」（『原敬日記』一九二〇年八月九日の条）などと山県に語るところには、普通選挙を危険視する原の強権的な治安観が露呈している。原や山県らの危機感と「思想問題」解決への強い意思を治安当局は敏感に的確に受けとめ、手持ちの抑圧機能を発揮するとともに、新たな治安立法の起草に着手した。のちの治安維持法の直接的出発点はここにあるが、まずは過激社会運動取締法案として立案が急がれることになる。

この過激社会運動取締法案の起草過程について検証が可能となるのは主に内務省側の作成資料で、並行して進められていたはずの司法省の立法構想は勅令案などの条文によりうかがうしかない。とはいえ、治安維持法の拡張の歴史を想起するとき、過激社会運動取締法案の立案経過中にみられる治安観の把握は重要である。

さて、その立案の経過から具体的にみよう。内務省警保局「過激社会運動取締法立案経過」（一九二三年一月頃、『資料集』第一巻）によれば、「警保局に於ては大正九年来、特に各国に於ける過激主義に関する取締法令の調査を為し」、司法省でも「米国の立法例」を調査しはじめたという（すでにこれ以前に外務省では一九一八年一二月、石井菊次郎在米大使から通報のあった「無政府主義者の入国拒絶追放及取締に関する法律」を内務省に送付したことがある）。直接的な情報収集手段をもたない内務省では、外務省に依存する。一九二〇年三月二五日の警保局長から外務省欧米局長宛の照会「過激主義運動取締法規に関する件」はその公式の申し入れの一つで、アメリカ各州の「サボタージュ、赤旗、サンヂカリズム及無政府主義等、過激主義思想宣伝運動に対する鎮圧取締に関する法規」の入手を依頼している。同年六月には、司法次官からも同様な照会が外務次官宛になされている。

これらに対して、在米大使（幣原喜重郎）が各地の領事を指揮して集めた各州の取締法規は八月以来本省に通報され、順次内務・司法両省に回送されている。すでにその時点では六月の近藤栄蔵事件（上海でコミンテルンから運動資金を受領した近藤が下関で検挙されるが、処罰法規の未整備と容疑不十分により釈放される）を直接の契機にした司法・内務両省の新治安立法の起草作業は進み、両省間の具体的折衝も始まっていた（前述したように「大逆」事件以前から収集されていた欧米各国の取締法規などもまた引っ張りだされたと思われる）。

外務省を通じて集められた情報は立案作業中の両省に届けられた。司法省の場合は不明ながら、内務省警保局の綴込資料「過激主義取締法」（一九二一年九月、『資料集』第一巻）には欧米各国の取締法規が集成されている。一九世紀の刑事法規の一群もあるが、注目されるのは一九二〇年前後の無政府主義取締法規である。ドイツ、オランダ、ブラジルの取締法規がそれで「米国に於ける過激主義運動取締法規」では各州の実例を挙げる。オランダの場合、「目下の処、別段不穏の状況を目睹せざるも、露国ボルシェビキ運動者入国、ボルシェビキ思想の瀰漫並に和蘭共産党と独逸スパルタカス党との連絡接近等は政府をして益々革命取締策を厳重ならしむるに至れり」という解説が付されている。

さらに欧米の「新法律は専ら革命運動の準備及補助を為す者を罰せんとするもの」ともいう。外国からの革命運動・思想の流入に対する防止措置としてオランダでは新たな取締法規が構想されているという点で、日本の場合と類似している。ただ、日本の新治安立法がこれらを直接的なモデルとしているかといえば、そうではない。ロシア革命による社会主義国家の出現が欧米各国にそれぞれ、しかも同時に革命運動・思想流入の防止の対策を取らせたことをこれらの取締法規は物語る。日本ではほぼ一九一〇年代をとおして「冬の時代」という逼塞状態に押込まれた結果、社会運動の再生が遅れていたことに連動して、社会運動抑圧体制の再編は欧米に比し、やや遅れることになった。

その一方で、日本的な特殊事情が加味された。内務省警保局保安課にあって過激社会運動取締法案の立案の中心人物だった事務官川村貞四郎は、二二年二月一四日に閣議決定されて議会に提出された取締法案の議会用解説書「過激社会運動取締法釈義」（川村『官界表裏』、一九三三年、『資料集』第一巻）を作成する。そこで「社会運動中、革命的手段に依るもののみを取締り、平穏手段に依るものは之を放任すべしとの意見に対する弁明」として、欧米諸国が社会主義や共和主義などを認めているのはそれらの社会運動が長年の「精錬」を経て社会にある程度受け入れられてきた結果であり、当局はその「暴力手段に出づるもののみを取締るのみにて十分」とみているとする。一方、「社会思潮多少之と趣を異にし、特異の発達を遂げ」てきた日本の場合、近年の社会運動の抬頭に対しては「啻に革命手段に依るもののみならず、平穏手段に出づるもの」も取締の必要性があると論じる。

川村はまた「本法の刑の標準」について「他の諸国の取締法を参酌し」たともいう。法益の範囲などについてはすぐあとでみることとし、刑期をみると過激社会運動取締法案はほぼ同時代の各国の取締法規に比べてかなり重い。先の「過激主義取締法」収録のものに限れば、アメリカ各州の罰則は「二〇年以内」などと全般的に厳重だが、オランダの場合は「五年以下」、ブラジルの「無政府主義者抑圧法律案」では「二年以上四年以下の重禁錮」となっている。

司法省と内務省のキャッチボール——過激社会運動取締法案の起草過程

先にみたような原敬首相の「思想問題」への関心と軌を一にして、内務省と司法省はそれぞれ独自の新治安立法の起草作業を本格化した。先の「立案経過」によれば一九二一年「八月□日(ママ)、司法省は第一回緊急勅令案(別紙第三号)を作成して内務省警保局に内交渉ありたる」を両省協議の発端とし、二二年二月の閣議決定まで法案のキャッチボールがつづく。折衝の各段階でたたき台ないし決定案となったものだけでも閣議決定案を含め、一一に及ぶ。それらの作成経過の流れを図式化すると、**図2**のようになる。

この過激社会運動取締法案の起草過程で、いくつかの問題点を指摘しうる。

第一に、二一年一一月のある段階まで、司法省・内務省ともに新治安立法(呼称は「治安維持に関する件」)を緊急勅令として制定する方針だったことである。一一月下旬、内務省が「法律案として提出すること」と方針転換したことにしたがって、司法省も緊急勅令としての制定を断念する。推測の域をでないが、両省の起草者たちには「過激思想」の流入を阻止するために緊急勅令を制定することは必然であり、容易に成立可能と考えられていたと思われる。実際には両省間の治安構想に懸隔があったために合意に手間取り、また皇太子の摂政就任という政治状況の変化が生じたため、法律案として議会の審議を受けることになる。新治安立法の起草のスタート時点で、治安当局者の頭に緊急勅令でと考える素地があったことは、その後のことを考えると注目に

図2　過激社会運動取締法案立案の経過

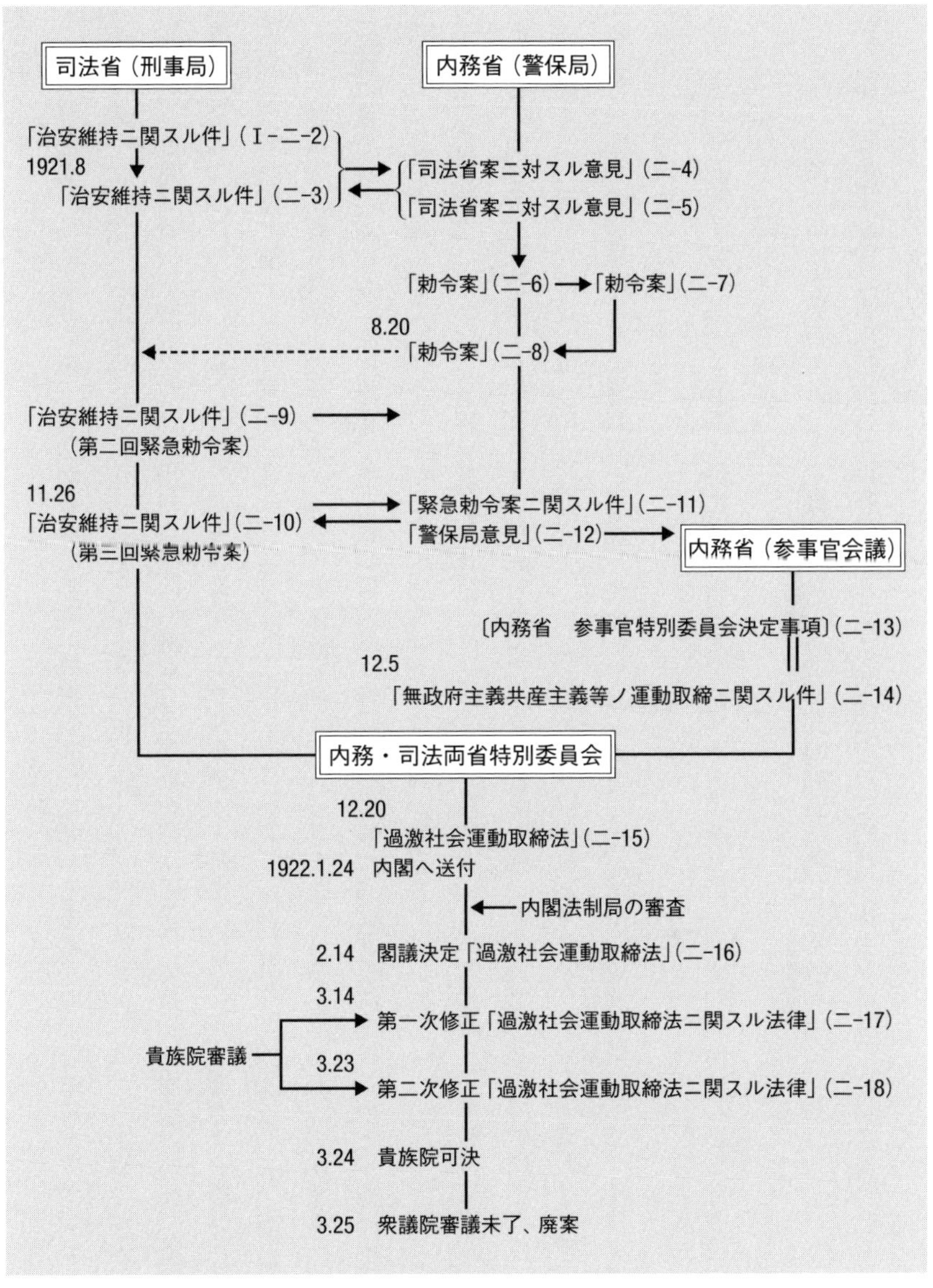

「I-二-2」などの表記は『治安維持法関係資料集』第一巻収録史料の章-節-項である。

値する。

第二に、紆余曲折はあるものの、最初から最後まで「朝憲紊乱」に関わる事項が取締の対象となっていることである。すでに刑法・新聞紙法などに用いられているこの概念は、「安寧秩序紊乱」よりも国家・社会の直接的変革という意味合いが強い。これを川村貞四郎「過激社会運動取締法釈義」では「統治権の所在、範囲其の他国家組織の大綱に付き、不法に紛更（ふんこう）を試みる憲法（形式及実質上）蹂躙（じゅうりん）の行為」と定義している。司法省がさらに「人倫破壊」という道徳的概念まで含ませようとするのに対し、内務省が「政府顚覆（てんぷく）、邦土僭竊（せんせつ）」、あるいは「無政府主義、共産主義其の他」という具体性を加えようとする点では対照的だが、「朝憲紊乱」行為の取締は貴族院における二度の修正でも一貫しており、為政者層全般で治安警察法をはじめとする従来の取締法規では「憲法蹂躙の行為」に十分な対応ができないという認識が共有されていた。

第三に、「朝憲紊乱」のどのような行為が取締の焦点となっていたかという点である。司法省側にブレが目立つものの、のちの治安維持法が結社行為に焦点をあてて成立したのと異なり、過激法案の最終段階では「宣伝」の取締を第一義に、結社・集会・「多衆運動」への処罰はそれに加重するという法案の構成となっている。二二年二月一四日の閣議決定案（『資料集』第一巻）においては次のように「宣伝」処罰を第一条で、結社などの処罰を第二条で規定した。

第一条　無政府主義、共産主義其の他に関し朝憲を紊乱する事項を宣伝し、又は宣伝せんとしたる者は七年以下の懲役又は禁錮に処す
　前項の事項を実行することを勧誘したる者又は其の勧誘に応じたる者前項に同じ
第二条　前条第一項の事項を実行又は宣伝せんとする目的を以て結社、集会又は多衆運動を為したる者は十年以下の懲役又は禁錮に処す

これは「本案の趣旨とする所は集会結社等を禁止せんとするにあらずして、無政府主義、共産主義等の運動禁圧に在り、従て犯罪の本体は其の宣伝又は実行の勧誘等なり」（二一年一二月五日）とする内務省の参事官特別委員会の考え方にもっとも顕著にあらわれていた。最終的に「宣伝」取締への収斂に至るまでには、「人倫破壊」や連座制の規定なども盛り込もうとする司法省と、社会運動と第一線で対峙する要請から「多衆運動」までを取締対象としたい内務省との間でせめぎ合いがあった。

第四に、法案名の変遷である。緊急勅令として考えられていた段階では「治安維持に関する件」（二一年一一月二六日、全八条、『資料集』第一巻）であり、法律案として提出すべきだと転換した内務省は「無政府主義、共産主義等の運動取締に関する件」（一二月五日、全五条、『資料集』第一巻）を対案とした。そして、一二月二〇日までの内務・司法両省の特別委員会の協議のなかで「過激社会運動取締法」（全六条、『資料集』第一巻）が浮上した。ここで考えるべきことが三つある。まず当初の「治安維持に関する件」はこれら三者のなかでもっとも包括的であり、広範な取締機能をもたせたい司法省の治安構想をストレートに表現したものであること、そしてそうした治安構想は一九二三年の緊急勅令「治安維持の為にする罰則に関する件」（治安維持令）、さらに二五年の「治安維持法」そのものに連なっていく。

次に内務省の対案「無政府主義、共産主義等の運動取締に関する件」である。法案の名実を一致させ、「法案の範囲を限定する」（参事官特別委員会決定事項、一二月五日、『資料集』第一巻）という意図にもとづくが、無政府主義が共産主義の上位にきているのは一九二一年・二二年の段階で無政府主義をもっとも危険とみなしているからである（二一年七月改正の「特別視察人視察内規」第一条の「特別要視察人」の規定は「一、無政府主義者　二、共産主義者」となっている）。そうした警戒度の順序づけは無政府主義を「国家権力を否認するもの」、共産主義を「財産の私有を廃して財産共有を主唱するもの」（川村「過激社会運動取締法釈義」）とする認識によっている。

したがって、「結社」行為以上に「宣伝」に取締の第一の焦点をあてるのも、こうした無政府主義運動への警戒と無関係ではない。

そして、内務省のように「法案の範囲を限定する」ことに難色を示した司法省の意向を受けて、最終的に「過激社会運動取締法」という名称が採用されたはずである。前述したようにそれぞれ外務省宛に「過激主義運動取締法規に関する件」（内務省、二一年三月）、「米国に於ける過激主義の外国人追放法律取寄方の件」（司法省、同年六月）を依頼していたように、「過激主義運動」は国家や社会の変革を掲げる無政府主義・共産主義を包括するものとして使われはじめていた（内務省警保局編『最近に於ける特別要視察人の状況』〔二二年一月調〕が「要視察人」の系統として「過激派的傾向を有する共産主義者の主なる者」〔堺利彦・山川均ら〕という分類を試みているほか、二二年の年報が『大正十一年中に於ける過激社会運動の概況』と題されるなど、「過激社会運動」はこの時期頻繁に用いられている）。

社会運動中の「過激」とみなす部分に対して新たな取締法規が必要だという論理構成に仕立てているが、「過激社会運動」の概念の曖昧さや「平穏手段に依るの理由のみを以て之を放置し難」いという川村の解説などをみると、もし過激社会運動取締法案がこの時点で成立したとしても拡張解釈の芽を内包していたといってよい。そうした治安立法に本来的に内包される運用の拡張や融通さは、治安維持法で最大限に発揮されていく。

司法省刑事局vs.内務省警保局vs.内務省参事官室　三つの治安構想

第五に、この過激社会運動取締法案が三つの官僚グループの治安構想の集約としてまとめられたことである。三つのグループとは、もっとも強硬で広範な取締機能を望む司法省刑事局の官僚（宮城長五郎参事官ら）、社会運動との実際的対峙の必要から「法案の範囲」を明確に絞りつつ「多衆運動」の取締を含む規定を求める内務省警保局保安課の官僚（川村貞四郎事務官ら）、そして欧米諸国の社会状況の知見などをもとに警保局の治安構想を最小限度において実現しようと考える内務省参事官室の官僚（長岡隆一郎や後藤文夫ら）である。松尾尊兊（たかよし）「第一次大戦後の治安立法構想」（『論集現代史』一九七六年）、松尾『大正デモクラシー期の政治と社会』（二〇一四年）所収）では「反動的な司法官僚とより柔軟な内務省新進官僚」の治安構想の違いが指摘されるが、厳密には内務省のなかに「新進官僚」＝参事官グループと異なって、保安課の事務官川村貞四郎を中心とする警保局官僚の治安構想がもう一方にあり、最終的な閣議決定案の内容でみると、この警保局構想が漁夫の利的にもっとも生かされていった。警保局ではこのとき外事警察面の強化を図ったり、労働運動への視察取締を本格化するなど「過激社会運動」の急展開に直面した対応に追われているが、そうした実務的な要請から「多衆運動」取締や「朝憲紊乱」のすべての行動に未遂罪処罰の規定を設けることとなる。

司法省案（第三回緊急勅令案〔全八条〕、一九二二年一一月二六日、『資料集』第一巻）に対する内務省内の二つの治安構想を比較すると、漠然とした「朝憲紊乱」に限定的な制約を付すこと、「人倫破壊」規定の削除、連座規定の削除、未遂罪処罰規定の導入などで一致しているが、不一致点も多い。まず刑罰の量刑の点で司法省と警保局が「宣伝」行為の最高刑を「十年以下」とするのに対し、参事官グループは「五年以下」とするほか、選択刑として罰金刑も加える。司法省案第三条の「安寧秩序を紊乱するの事項」を警保局案では「社会の秩序を破壊するの事項」といいかえるが、参事官グループは条文自体の削除を主張する。彼らは「安寧秩序紊乱」について意義が不明確であり、これが用いられることになると「人の行為を繋束（けいそく）し、刑罰を以て其遵由（じゅんゆ）を強制」されることになり、「危険極まりなく、民心為めに危惧の念に駆ら」れ、むしろその紊乱という結果を招くとする。さらにもしこの条文が「専制政治家の手に依りて運用」されるようなことになれば、「立憲法治の根本を破壊し、国民文化の進歩を阻害する虞ある」とまで述べる（「内務省　参事官特別委員会決定事項」、一二月五日）。

警保局をはさんで、司法省と内務省参事官グループの治安構想には大きな懸隔があった。川村が『官界表裏』

秘

過激社会運動取締法（法律案）（十二月二十日内務司法両省特別委員会決定）

第一條　無政府主義、共産主義其ノ他ニ關シ朝憲ヲ紊乱スル事項ヲ宣伝シ又ハ宣伝セムトシタル者ハ七年以下ノ懲役又ハ禁錮ニ處ス

前項ノ事項ヲ実行スルコトヲ勧誘シタル者又ハ其ノ勧誘ニ應シタル者亦前項ニ同シ

第二條　前條ノ事項ヲ實行又ハ宣伝スル目的ヲ以テ結社、集会又ハ多衆運動ヲ為シタル者ハ十年以下ノ懲役又ハ禁錮ニ處ス

第三條　暴動、暴行、脅迫其他ノ不法手段ニ依リ社会ノ根本組織ヲ変革スル事項ヲ宣伝シ又ハ宣伝セムトシタル者ハ五年以下ノ懲役又ハ禁錮ニ處ス

第四條　前三條ノ罪ヲ犯サシムル目的ヲ以テ金品ヲ供与シ若ハ其ノ他ノ方法ヲ以テ便宜ヲ與ヘタル者又ハ情ヲ知テ之ヲ受ケタル者ハ各本條ニ定ムル所ニ従テ處断ス

第五條　前四條ノ罪ヲ犯シ未タ官ニ發覺セサル前自首シタル者ハ其ノ刑ヲ減軽又ハ免除ス

6 Copy

0647R

MAY 3 1958

過激社会運動取締法（法律案）（1921年12月20日、内務、司法両省特別委員会決定）

「米軍没収資料」MOJ29、R.1

で「内務省参事官の新人気分と、司法省側の保守気分とは相対立して激論し、時には協議も決裂せんとした」と回想するとおりである。内務省のなかでは「上局」にあたる参事官会議の決定を警保局の官僚は優先せざるを得ないが、強硬派の司法省との妥協の決着点は、結果的に警保局の構想にもっとも近いものとなった。両省特別委員会の決定した過激社会運動取締法案（一二月二〇日、『資料集』第一巻）には第一条と第三条に未遂罪処罰の規定が盛り込まれ、刑期の点では宣伝・勧誘の処罰は「七年以下」となった。そして、先の第三条は「暴動、暴行又は脅迫の手段に依り社会の根本組織を変革する事項」という表現で決着する。

しかし、こうした経緯を通じて重要なことは「法案の範囲」が絞られ、「無政府主義、共産主義等の運動取締」に焦点があてられることになったとはいえ、三つのグループの治安構想の最終合意として過激社会運動取締法案がまとまったことである。実際の議会審議において参事官グループは冷淡な態度を

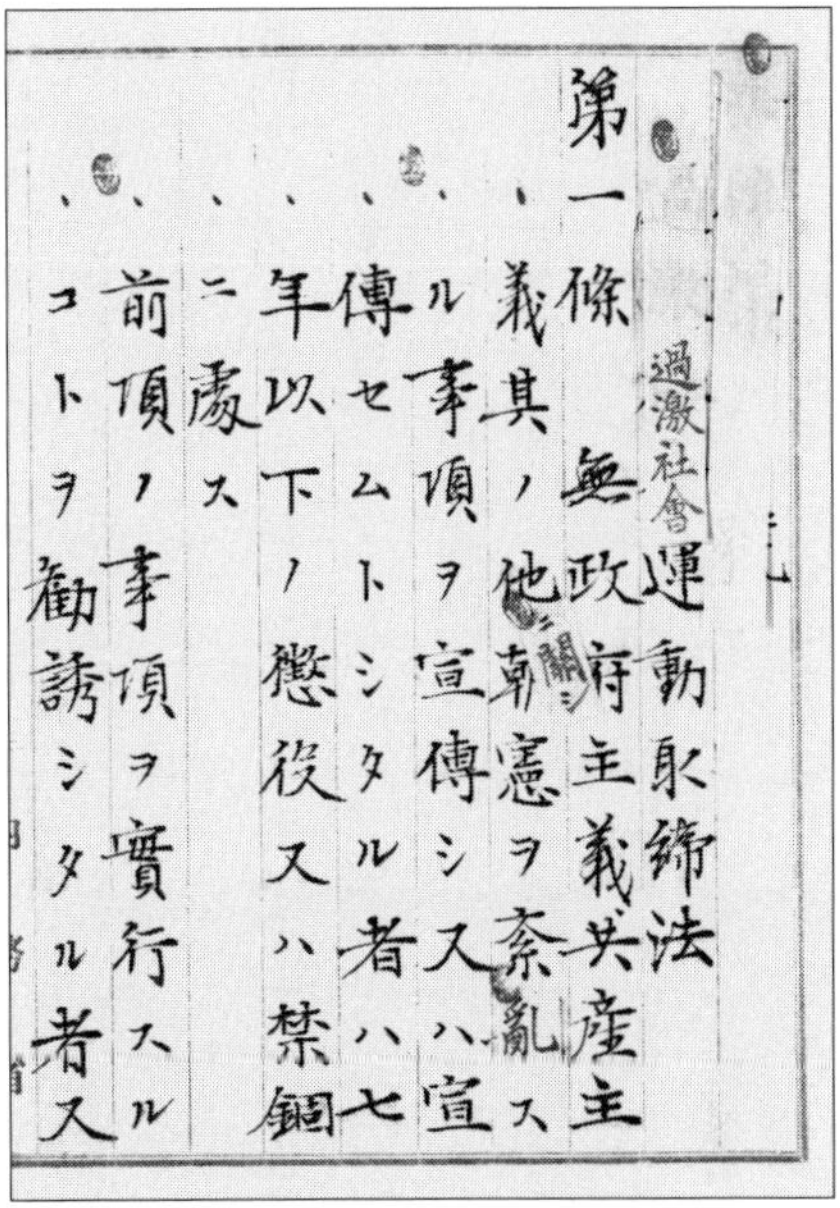

過激社会運動取締法案（閣議請議案、1922年1月24日）
「公文雑纂」1922年・第43巻・未決法律案10/17、国立公文書館所蔵

とるものの、「本案制定の主旨並に其の必要は現下の過激社会運動の禁圧に在り」（内務省参事官特別委員会決定事項）と明言するように、彼らも治安警察法などの従来の取締法規では「過激社会運動」の勃興に対応できないという厳然とした認識をもっていた。

四カ月におよぶ司法省と内務省の協議をへて、一九二一年一二月二〇日、「過激社会運動取締法」の原案が決定する。翌二二年一月二四日、閣議に提出、内閣法制局の審査過程でなお修正があり、ようやく二月一四日に閣議決定（全六条、『資料集』第一巻）となる。法制局段階の修正点は、先の第三条にさらに「不法手段に依りて」を加えるなどの表現の変更、第六条の適用範囲を「帝国外」から「本法施行区域外」に変更することの二点である。

こうした法案決定までの過程で司法・内務両省は各種の参考資料を作成し、そのなかには議会の要求に応じ提出したものもある。司法省側の資料の所在は不明だが、内務省警保局の作成したものの一つ、川村「過激社会運動取締法釈義」はすでに何度も引用しているが、これらからは過激法案に内包される広い抑圧取締機能や起草者の真意なども導きだせる。

貴族院での二度の修正

過激法案は司法省の意向によりまず貴族院に提出されるが、予想に反して二度の修正を受けた。そして衆議院では審議に入れないまま、廃案という事態となる。貴族院審議の経過では政府側の答弁中に法案の背後にある治安構想が開陳されるなど検討すべきことも多いが、ここでは治安維持法の制定につながる二、三の問題を指摘するにとどめる。

貴族院の第一次修正案（一九二二年三月一四日、全八条、『資料集』第一巻）ではいくつか原案の用語の明確化に努めたとはいえ、刑期を含め基本的な部分は変更されなかった。第一条冒頭の「無政府主義、共産主義其の他に関し」の箇所を特別委員会が「不鮮明」として削除したことについて、本会議の場では「原案よりも一層広く此法律の適用を及ぼさんとする結果になるやに考える」（湯浅倉平議員〔警保局長などを歴任〕の発言、同前）と逆に批判されることにもなる。

反対世論が大きかったことにも押されて、貴族院は第二次修正案（三月二三日、全八条、『資料集』第一巻）で原案に大鉈を振うことになった。法益を「外国人又は本法施行区域外に在る者と連絡し」て「朝憲紊乱」の宣伝行為をするものに限定するとともに、刑期も「三年以下」とした。審議において「無政府主義、共産主義其の他に関し」「社会の根本組織」「宣伝せんとしたる者」などの意味するものの曖昧さと茫漠さ、さらに刑の重さに批判が集中したため、「出来るだけ明瞭に其適用範囲を定め、且つ出来るだけ其範囲を狭めたいと云う希望の下に、原案を修正する」（特別委員会委員長二条厚基の委員会報告、『第四十五回帝国議会過激社会運動取締法案議事速記録並委員会議事速記録』、司法省刑事局『思想研究資料特輯』第一〇号）ことになった。

しかし、政府原案に対する換骨奪胎の修正をしたからといって、過激法案の全否定、すなわち「過激社会運

學者政治家が新法案を八方攻め
昨夜青年會館に活氣溢る
完膚なき過激運動取締

英首相に倣って官邸榮えの招宴
來月十六日のゆふべ
英皇儲永田町へ

過激法案反対運動
『東京朝日新聞』1922年3月2日

動」の取締の必要性は認めないということにはならない。第二次修正案を提案した八条隆正は「是は一時過渡的の、此場合に於ける外来の赤化運動を取締ると云うこと〔ママ〕範囲に止めて置くと云う前提に出発して居る所なんですから、其不備の点は止むを得ない」と述べる。もっとも強硬な反対論を展開した伊沢多喜男も取締法案自体の必要性を認めたうえで、第二次修正案で「非常に範囲が限局された其点に付て、私は大変に喜び且つ安心する」（同前）という。その結果、委員会では修正案の可決後、「外国関係以外のものは取締ることが出来ない」などの欠陥が残されているとして、それらを克服し「近き将来に完全なる法案」の提出が要望され（本会議での二条厚基委員長の報告）、本会議でも言及された。

実は過激法案反対の論理のかなりの部分は、この貴族院の修正の論理とつながっていた。末弘厳太郎や福田徳三らの批判は過激法案的な強権による社会運動取締の無効性を突いているが、大方の新聞論説は貴族院での論議を越えるものではなかった。反対運動の高揚に注目した警保局の調査（一九二二年）をかりれば、「過激思想の取締は吾人も其必要を肯定す、然れども……」（『東京朝日新聞』二月二一日）、「該法案は極端なる思想を忌む余り、単に現制度の改革進歩を図らんとするもの迄も制圧する危険を伴う点に於て必要の程度を超過するものなり」（『東京日日新聞』二月二一日）という視点からの反対論にとどまった。「必要の程度」を越えなければ取締を許容するこうした論理からは、過激法案の出来の未熟さ・拙劣さを問題にすることはできても、社会運動取締そのものへの疑念は視野に入らなかった。さすがに貴族院のように「完全なる法案」への「希望」こそみられなかったが、「必要の程度」以内という、それなりの説得的な説明がなされれば、いずれこうした反対論は成立しえなくなる。

貴族院の「完全なる法案」という「希望」は内務・司法両省へのつきあげとも応援ともなり、治安維持法への再スタートとなった。その際、貴族院での審議中、「過激社会運動取締法」案の名称に代わるものとして「治安保護法」や「違法宣伝取締法」などとともに「治安維持法」が候補にあがっていたことは注目される。司法省の当初の緊急勅令案が「治安維持に関する件」であったことと重ね合わせると、起草者たちには常に治安全般を「維持」ないし「保護」するという衝動が働いていたといえよう。

この第四五議会においては国民党を中心に治安警察法の改正をめぐる議論も高まっていた。警保局では各種の「治安警察法改正に関する資料」を作成しているが、それは治安警察法の改正が治安法制全般の再構築の一角を占めるという認識によっていた。二二年一月の「治安警察法第十七条に就て」（『資料集』第一巻）は労働運動死刑法とされた第一七条の撤廃論に反駁しているが、それは過激法案を提出する強権抑圧的な姿勢と通底している。

三　過激社会運動取締法案廃案後の治安立法

――「完全なる法案」をめざして――一九二三年の「法律案草案」――

第四五議会における過激社会運動取締法案の廃案の事態は、新たな治安立法を早急に実現するという見通しを薄くした。社会的世論はその論理に脆弱性を内包していたとはいえ、言論・思想の自由が確保されたと意気をあげ、さらに立法当局の一方の内務省の大勢も消極論・不要論に傾くという状況になった。

しかし、貴族院からの「完全なる法案」という「希望」と世論中の「必要の程度」論に依拠して、司法省と内務省警保局の一部の官僚たちは新治安立法を断念せず、起草作業をつづけた。ここでも司法省の具体的な作業は不明である（一九二二年一一月上旬、憲政会代議士の往訪に対して山内確三郎司法次官は「現在は未定で白紙」「更に熟考を重ねる積り」などと答えている〔『法律新聞』第二〇四七号、二二年一一月八日〕）。内務省の場合は「暴力院殿過激法案居士」のあだ名をもらいながらも、保安課事務官の川村貞四郎らが起草をつづけていた。その孤立ぶりを川村は「或時局長室で局内会議が開かれ、当時のＫ〔後藤文夫の誤りか〕局長が各自の意見を求められた。所謂新思想家を以て自任する書記官、事務官は極力同法案の再提出を非とした。だが十数人の会議員中、自分は唯独り同案の再提出を主張した」（『官界表裏』）と回想する。川村は「徒らに主義者をして破壊を叫ばしめ、之が実行を誘致せしむるの非なると共に、徒らに之を寛恕して放任し、厳選の方法を講ぜざるの非なる」（同前）

として、「フルイ」論を展開したという。この会議の開催は二二年後半から二三年前半とみられる。

また、一九二二年六月一八日の『小樽新聞』には「過激運動取締法案は緊急勅令で公布されるらしい　警視庁と警保局が秘密裡に打合」という観測記事が載る。これは「最近頻発する労働祭不穏宣伝と社会主義横行に手古摺（てこず）れる」事態への対応とされる。

このような状況下、内務省の「法律案草案」が残されている（『資料集』第一巻）。二三年一月頃、川村らが起草したものと思われる。一対となっている「現行法規の不備なる点」（『資料集』第一巻）という一覧表から判断して、第四六議会（二二年一二月開会）に向けてのものと推測される。一月上旬頃、内務・司法両省の関係者が「提案決定の場合に対する準備打合せをした模様である」（『中央法律新報』一九二三年一月一五日）という観測も参考となる。

単行法案二つと治安警察法・刑法のそれぞれの改正案という四段構えからなるこれらは、種々の事態を想定して保安課の事務レベルで作成されたものの、警保局局内の合意すら得られなかったものである。司法省との内交渉はあっただろうが、前年の過激法案に比べ、その取組の遅れは明らかで、慎重論の厚い壁の存在をうかがわせる。川村らの努力にかかわらず、この時点では新治安立法成立の客観的状況は乏しかった。

しかし、過激法案の廃案から治安維持法の成立に飛躍するうえで、この警保局内（と司法省における）の作業の継続はすぐあとで述べる治安維持令とともに、大きな踏み石となっている。すなわち、治安維持令は震災後の治安確保を理由に治安立法不要論を緊急勅令という切り札で一蹴したものの、逆説的にいえばその「出来の悪さ」ゆえに「よりましな」治安立法の必要性を促すことになった。こうした状況下、四種の法律案草案を含む持続的な起草作業は貴族院のいう「完全なる法案」に向けて「改良」を加えつづけていたことを裏づけ、内容的にみても治安維持法への橋わたし的な役割を担った。内と外から治安維持法制定の環境が徐々に整備されつつあった。

「第一案」（単行法案）は次のような条文である（全八条）。

第一条　多衆の会同し、又は自由に交通し得る場所に於て朝憲を紊乱する事項を他人に勧誘したる者は二年以下の懲役又は禁錮に処す

第二条　朝憲を紊乱する事項を実行し、又は他人に勧誘する目的を以て結社、集会、又は多衆運動を為したる者は三年以下の懲役又は禁錮に処す

第三条　多衆の会同し、又は自由に交通し得る場所に於て社会組織の根本を暴動、暴行、又は脅迫の手段に依り変革する事項を他人に勧誘したる者は二年以下の懲役又は禁錮に処す

過激法案と治安維持法との内容的距離からいえば、二つの単行法案でみるとまだ過激法案の方に近い。「現行法規の不備なる点」で掲げられた事項は「朝憲を紊乱する事項の宣伝」と「安寧秩序（社会の根本組織）を紊す事項の宣伝」である。「第一案」の第一条の朝憲紊乱規定と第三条の社会組織変革規程の前に「多衆の会同し、又は自由に交通し得る場所に於て」という限定を付け、処罰規定も過激法案の七年ないし十年から二年ないし三年に軽減されるなど、前年の貴族院の第二次修正案を配慮した「改良」がうかがえる。

「第二案」（単行本案、全六条）はより貴族院第二次修正案に忠実で、「外国人又は本法施行区域外に在る者より金品を収受し、又は之を要求し、若は約束したる者」の処罰に絞る。近藤栄蔵事件などに対する有効な取締法規の欠如を理由に過激法案が説明されていたことからすれば、当局の最小限度の意図の実現をめざすものであり、議会再提出の場合、衆議院を含め、成立可能という判断に立って処罰対象を大幅に後退させている。「第三案」が治安警察法の改正案として、「第四案」が刑法の改正案として立案されているのも、過激法案という新治安立法の出現自体になされた猛反発をかわす意図にもとづくだろう。

治安維持法への布石

こうした過激法案に加えられた「改良」は、一方で治安維持法への接近をも導いた。二つほど指摘しうる。まず、「第一案」の別紙として「朝憲を紊乱する事項に代わる可き文字」が、次のように列挙されていることである。

「国家組織の根本を変革する事項」
「国体又は政体を変壊する事項」
「憲法に規定する事項を不法の手段に依り変改すること」
「政体を変壊し国憲を紊乱する事項」
「国権を否認する事項」
例之　政府の顚覆、封土僭竊、不法手段に依り君主国体、天皇大権、帝国議会、司法制度、兵役制度を変革する事項

注目されるのは、「国体又は政体を変壊する事項」である。別に「変革」の用語もみられる。治安維持法では唐突に「国体」変革概念が登場するように思われがちだが、その前史の試行錯誤の過程でそれに近いものが考案されていた。実はこの萌芽はすでに過激法案段階にみられた。川村「過激社会運動取締法案釈義」において「朝憲を紊乱する事項」を説明するなかで、具体的に列挙されるものに「君主国体の変更、天皇大権の制限」が含まれていた。「政体を変壊し国憲を紊乱する」はすでに出版法で用いられていた。「過激法案居士」川村らによって、細々ながらも着実に治安維持法への道が準備されていたといえよう。

もう一つは、新治安立法の法益の主眼が過激法案の「宣伝」から「勧誘」へ移行することである。四つの法

案はいずれもそうなっている。「宣伝」という思想の取締への反発を考慮したゆえの変化となるが、具体的な行動の取締に限定したことにより「完全なる法案」に近づき、議会の同意を、また「必要の範囲」内の取締という世論を説得しやすくし、治安維持法制定の障害を取り除く一歩となりうる。治安維持法に到達するためには、法益の主眼をこの「勧誘」から「結社」行為へと、もう一段転回させねばならない。

前述したように内務・司法両省は一九二三年一月上旬に非公式の折衝をおこなっている。これに対して、再び反対運動が全国的に組織された（詳細については松尾尊兊「三悪法反対運動」『大正デモクラシー』）。そして、一月二三日、司法省では「これが提案の可否につき最後の審議を凝し、種々調査の結果、現下の社会事情は昨年のそれに較ぶれば頗る事情を異にし、現行法規を励行せば必ずしも単行法として過激社会運動取締法案を提出する必要なしとの意見に一致した」（『法律新聞』第二〇八〇号、一九二三年一月三〇日）という。さらに、二月八日の衆議院本会議で水野錬太郎内相は新取締法案の提出の意志のないことを明言した。「院内外における前議会同様の抵抗が予想される上に無産階級勢力が参加することが明らかとなった以上、法案通過は困難であり、さらには前議会以上の盛り上がりを見せようとする普選運動と法案反対運動が合流すれば、政府への脅威になるおそれありと判断したのであろう」と松尾は説明する（前掲書）。新治安立法をめぐる客観的状況は依然として成立困難だった。

なお、警保局「治安警察法第十七条削除の件」（一九二三年一月、『資料集』第一巻）はそれまでの第一七条存続論を転換させて、削除の方向を打ち出している。「徒に労働者をして官憲を呪咀せしめ、延ては産業組織の根本的破壊を云為せしむるのみならず、国家組織の根本に就てすら疑惑の念を懐かしめんとする」恐れを、その理由としている。これは新治安立法を不要とする警保局主流派の治安構想と照応するものといえよう。もっとも「過激法案居士」川村もこの第一七条削除に同意するようになるが、その際には新たに「朝憲紊乱事項の講談論議、宣伝、勧誘に関する罰則」を加えるべきという立場だった（『官界表裏』）。実はそれは先の治安警察法の改正案である「第三案」（第一六条の二として「多衆の会同し、又は自由に交通し得る場所に於て朝憲を紊乱する事項を他人に勧誘したる者は二年以下の懲役又は禁錮に処す」という「第一案」の第一条と同一）そのものにほかならなかった。

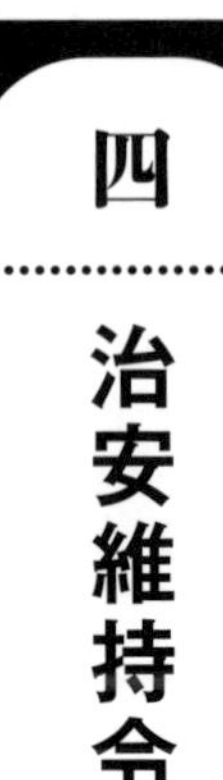

四 治安維持令

関東大震災後の治安維持

二度の新治安立法の挫折はその推進勢力の発言力を低下させ、強権的な抑圧取締のあり方自体を批判することにもなった。内務省内で不遇をかこつ川村の「大震災後の社会運動の情勢に鑑みて、特別高等警察機関の充実は焦眉の急を要するものであったが、従来兎角蔭（かげ）の仕事として、世人は勿論、省内からも認められぬのみか、不急の事業として新人からは毛嫌されておったから、特高警察機関充実の予算は、省内会議でも葬られ勝ちであった」（『官界表裏』）という言は、そうした状況を物語る。

この新治安立法をめぐる否定的な状況を転回させたのが、関東大震災後の治安維持の要請とその前後の相つぐ「秘密結社」事件による治安状況の変化である。まず後者から（司法処分の状況については後述）。

警視庁によるスパイを駆使した内偵捜査により、一九二三年六月、第一次日本共産党事件が惹起する。警保局にあってこの検挙取調に「尽力」したという川村の回想を再び引く（『官界表裏』）。

〔共産党〕一派の播いた種子は各地に萌出で、結社としては長野県下のＬＹＬ結社、愛知県下のＬＰ結社、群馬県下の岩鼻結社などの如き、秘密結社として起訴されたものを初め、東京府下の無限社、青森県下の北郊無産社、静岡県下の赤流社等の如き、不起訴処分に付せられた秘密結社の組織を見るに至り、多衆運動としては国際無産青年デー、露西亜革命記念日の示威運動等の宣伝的運動を敢行し、其の他各種集会に於ては主義の実行協議を為し、各種出版物に依りて主義の宣伝を為し、之と連繋を計り、更に進んでは在露同志と密接なる連絡をとり、彼の地に潜行し其の指導をうけて、益々主義の宣伝実行に努めんとし、其の情勢に付ては深甚の注意監視を要するものがあった。

司法省作成の「治安維持法立法資料第二輯　参考事例第一　司法事例調」（一九二五年、『資料集』第一巻）には、「大正十一年以降十三年迄の間に発生した」これらの事件の概況がまとめられている。それは司法省の関心の所在を示すものの、一九二三年前後の治安情勢認識の如何(いかん)は不明である。これに対して内務省の場合、警保局の編纂物によって取締当局の認識の変化を追うことができる。

関東大震災後の繁忙に関係してだろう、警保局の一九二三年版の社会運動の概況に関する年報はおそらく編纂されていない。二五年一月編の「最近に於ける社会主義運動の状況」（『続・現代史資料』『社会主義沿革2』）は「大正十二年中の状況概要」をまず叙述するが、そこでは「共産主義運動の全盛時代」と捉え、「彼らは将来の主義運動はどうあっても「組織」で臨む「集団の運動」、之でなければいけぬ」という信条をもつとする。編纂時点では「運動中主なるものは宣伝と実行運動（直接行動）の二者」とする認識である。治安維持法成立後の二六年一二月編「大正十五年中に於ける社会主義運動の状況」（復刻版『社会運動の状況』「大正一五年版」）によると、関東大震災後の「共産主義者」の動静について「新局面の打開に努め、大正十三年以来所謂「政治行動」を表面の旗幟として巧に宣伝、団結其の他各種の計画を進むる所あり、而も本運動は時流に投じ急激なる速度を以て各種の方面に伝播し、一般は着々其の効果を収めつつあり」とみるように、警戒を強めていたことがわかる。

もう一つ、当局側の認識をあげておきたい。警視庁特高課の作成と推測される「本邦社会主義運動概観」(一九二四年五月、『特高警察関係資料集成』第一巻)によれば、最近の社会運動団体は合法性を追うよりも「反って団結の力に頼り直接行動」に傾きがちで、「国権を無視し公権を攪乱し、忽ち反逆破壊の運動」に出る傾向が強いとする。この勢いが増せば「革命運動に到達するに至る」だけでなく、そこに「赤化運動者」が乗ずるおそれも大きいと予測する。

これに先立つ部分で「法政の不備」を強く指摘するように、取締の第一線に立つ警視庁では「団体的直接行動」への危機感が高まっていた。警保局の認識はこれより鈍いが、それでも取締の焦点を無政府主義運動から共産主義運動に移し、「実行運動」に注目しはじめている。こうした状況に新治安立法は対応を迫られていった。

第一次日本共産党事件において新聞はセンセーショナルな報道をおこなって「赤化の脅威」をふりまく一方で、社説などは過激法案以来の取締批判を維持している。『東京朝日新聞』(一九二三年六月五日夕刊)の記事の見出しを拾えば、「社会主義者大検挙　暗殺や赤化運動　軍隊や学生の間に主義宣伝の計画発覚」とあり、取締・取調べを続報するが、社説では「若し今回の如きものに対して大袈裟なる騒ぎをなし、社会の人心を刺激するのは、却て警察当局自らその宣伝をなすと同じではないか」(「根本策を講ぜよ」六月九日)などと論じた。しだいに新治安立法の焦点を絞りつつある取締当局と社会的世論の認識の隔たりはまだかなりあった。

二三年一月、司法省では新治安立法の成案化を断念したが、それが一時の弥縫策にすぎなかったことは、『法律新聞』（第二二五五号、二三年八月八日）の「過激思想取締法案　名称を替えて現れん」と題した観測記事にうかがえる。「第四十五議会に於て審議未了となった所謂過激思想取締法案は之を内務省所管とせず、今回は司法省主管の法律案となし、其の名称の如きもさらに適切妥当なるものを撰びて来議会に提案することに略ぼ内定し、目下司法省に於て審議中である」という。時期的にみて第一次日本共産党事件の惹起と何らか関連があると思われる。この法案の内容は不明だが、実質的に司法省主導の作業であることは注目される。

これにつづけて「枢密院方面に於ては世態の現状に鑑み、何等か取締の必要を痛感する向き次第に多きを加えたので、茲に政府にあっても考慮することとなった」とあるように、枢密院からのつきあげが指摘されていることも見落とせない。すでに六月二六日の『東京朝日新聞』夕刊は「枢府一部の過激法案要望　日露交渉を機として」という記事を載せていた。次章で述べるように、治安維持法の成立には枢密院が大きな後押しとなるが、その政府への圧力は二三年後半には加えられはじめていた。

また、七月一〇日の『時事新報』は「政府は曩に議会に提出した過激社会運動取締法案を緊急勅令の形式を以て、近日中に発布するであろうとの説が洽に流布せられて居る」と報じた。共産党事件に促迫されて内務省の立案したもので、前年の過激法案に「少からぬ修正を施し」、「字句其他の点は勿論、各条に対する更正の跡も歴然たるもの」という。司法省は緊急勅令案に消極的ながら、「早晩其施行せらるべきは間違いない」と観測された。

緊急勅令としての治安維持令

治安維持法成立への環境の整備という点では、一九二三年九月の関東大震災後の緊急勅令「治安維持の為にする罰則に関する件」（治安維持令と略す）のもつ意味は大きい。一年半後の治安維持法がこの治安維持令を廃止するかたちで公布されるように、治安維持令は治安維持法の直接の前身の位置にある。

前述したように、関東大震災の直前、内務省とは別に司法省でも新治安立法の起草を進めていた。そして、治安維持令は司法省主導で立案され、その主管の緊急勅令として枢密院に提出された。九月五日、法相を兼ねていた田健治郎農商務相が山内確三郎司法次官らに「保安維持之緊急勅令案」の起草を指示すると、山内は内務省の後藤文夫警保局長と協議したのち「治安保持緊急勅令」を作成、すぐに閣議で承認を受け、翌六日の枢密院本会議に諮詢、七日に公布施行という経過をたどった。田の五日の「日記」（国立国会図書館憲政資料室所蔵）には「蓋震災激甚、人心危惧之結果、流言蜚語盛起、就中、対朝鮮人、虚構的反感、大動揺人心、所在殺戮鮮人」という記載があり、田の指示の意図が「流言蜚語」の根絶と朝鮮人「殺戮」への憂慮にあったことがわかる。ところが山内次官らは社会主義者を対象とする「安寧秩序を紊乱する目的を以て治安を害する事項を流布し」という過激法案以来の宿願をここに盛り込んでしまう。その手際の良さは過激法案以来の起草作業の継続があったからといえよう。六日まで法相を兼務していた田健治郎の枢密院会議での提案によれば、治安維持令の主管は司法省となっていた。

治安維持令は九月七日、勅令第四〇三号として公布、施行された（『資料集』第一巻）。

> 出版、通信其の他何等の方法を以てするを問わず、暴行、騒擾其の他生命、身体若は財産に危害を及ぼすべき犯罪を煽動し、安寧秩序を紊乱するの目的を以て治安を害する事項を流布し、又は人心を惑乱するの目的を以て流言浮説を為したる者は十年以下の懲役、若は禁錮、又は三千円以下の罰金に処す

一二月の第四七臨時議会の緊急勅令の審議で、憲政会の横山勝太郎は「是は警保局の立案に係るものである、而して司法省は単に之に一瞥をして発布の手続に至ったものである」と述べる。先の田の「日記」の叙述や枢密院および議会審議の経緯からみて横山の推測は誤りで、司法省の主導であることは確かであるが、この発言

は緊急勅令に応じる治安認識を内務省も共有していたこと、ないしは内務省内でも何らかの治安法規の準備が進められていたことを推測させるものとして受けとめるべきだろう。

治安維持令の内容をみると、当然ながら司法省の意向を大幅に反映していることがわかる。「安寧秩序を紊乱する」とは、過激法案起草段階で司法省が当初から用いていた広範な取締を可能とする概念であった。ここでは「主として社会主義者、其の他之に類する不逞の徒が治安妨害の事項を流布したる場合」（司法省刑事局長通牒「治安維持に関する緊急勅令の適用の件」、九月七日、『資料集』第一巻）が想定されていた。「流布」は取締の対象が「宣伝」から「勧誘」へと限定される流れと逆向きの曖昧な用語である。さらに処罰が「十年以下」とあるのも過激法案以来の司法省の持論を反映する。

緊急勅令案の諮詢を受けた枢密院では、総委員会と本会議のわずかの審議で可決した。質問者は法規上の疑義を指摘した倉富勇三郎一人で、それに対する山内司法次官の「何分匆々（そうそう）の際立案したるものなれば、用語に付ては多少の不備あらん」（『枢密院会議筆記』国立公文書館所蔵）という弁明は、どさくさにまぎれた緊急勅令を象徴する。そして、本会議で唯一なされた伊東巳代治の「今回御諮詢の諸案の如き法文の文句に多少の闕点（けってん）ありとするも、此の国家危急の場合に方（あた）り、悠々討議を重ねんよりは寧ろ拙速を尚（たっと）ぶの見地より諸案

勅令第　号
出版、通信其ノ他何等ノ方法ヲ以テスルヲ問ハス暴行、騒擾其ノ他生命、身體若ハ財産ニ危害ヲ及ホスヘキ犯罪ヲ煽動シ、安寧秩序ヲ紊亂スルノ目的ヲ以テ治安ヲ害スル事項ヲ流布シ又ハ人心ヲ惑亂スルノ目的ヲ以テ流言浮説ヲ為シタル者ハ十年以下ノ懲役若ハ禁錮又ハ三千圓以下ノ罰金ニ處ス

治安維持令（緊急勅令、閣議請議案、1923年9月5日）
「公文類聚」第47編・1923年・第33巻23/33、国立公文書館所蔵

を通して当局の職責に信頼することとすべし」（同前）との発言は、六月頃から高まっていた枢密院の新治安立法へのあと押しと関連をもつはずである。

低調な運用

九月七日の治安維持令公布施行と同時に、司法省では各地の検事局に「治安維持に関する緊急勅令の適用に関する件」を通牒した（内務省でも八日、同文を地方長官宛に通牒）。治安維持令は植民地にも適用された。しかし、この通牒で「特に其の情状の重大にして、看過すべからざるものに限らざるべからず」と釘をささざるをえなかったこと、「安寧秩序」紊乱の規定が曖昧ゆえにかえって使い勝手が悪いこと、さらに緊急勅令への社会的批判が根強かったことは治安維持令の実際の適用を低調にした。

治安維持令違反事件の人員は一九二三年九月七日の施行から二四年一二月末までの間に、起訴が二〇人、不起訴が九人におよぶ。起訴の内訳は「犯罪煽動」が四人、「治安妨害」が一一人、「流言蜚語」が五人である。結果は懲役が九人、禁錮が一人、罰金が七人、其他が二人（二人は免訴）となった。検事局別では東京地方裁判所検事局の起訴が八人でもっとも多い（司法省刑事局「勅令第四百三号違反事件調」、『資料集』第一巻）。

二四年四月九日、「普選は無産者を欺くペテンだ、革命の好機（東京大地震）を逸した無産者は今やこれに乗ろうして居る、危険だ、無産者は資本家と握手して革命は出来ない、あくまで戦え、団結の暴力で、暴力も権力と同じだ」という印刷物貼付の大阪の事件には懲役一年六月が科された。また、東京で予審中の事件は、二四年一一月一〇日、「全日本の労働者諸君——亀戸事件の復讐する時は今だ！　旗は不用だ、石を持て、歌は不用だ、叫（さけび）をあげろ、マッチだ、ドスだ、ダイナマイトだ、暗夜が俺等を待って居る、工場をぶちこわせ、資本家をやっつけろ、奪われたものを奪い返せ」というビラの配布であった（司法省刑事局「治安維持令違反起訴事実」、『資料集』第一巻)。

なお、二三年九月二二日の『朝鮮時報』に「釜山警察では東京震災後、流言蜚語を為すものに対しては仮借なく取締を励行しつつあり、既に反則者十数名を拘束中にあるが、之等は取調べの結果、緊急勅令による治安維持法(ママ)を適用して処罰さるる事に決定した」という記事が載る。詳細は不明である。

こうした全般的に低調な運用状況は、取締当局が宿願としていた新治安立法に期待していた威力を大きく裏切るものであった。緊急勅令の議会での承諾の審議を控えた二三年一二月五日の『東京朝日新聞』は「司法部内に於ても政府が震災のどさくさに紛れ、斯かる悪法を公布した事を批難するものがあるばかりでなく、法文其物にも不備の点ある」として、「今日となりては速かに之を廃止すべしとの声が高い」と報じている。

第四七議会において司法省側は一時の治安の混乱は終息しつつあるものの、まだ治安維持令の存続は必要だと強弁して緊急勅令の承諾を得るが、その審議の過程では「不備」を認めざるをえなかった。過激法案とのつながりを追及されて懸命に否定するが、一方で「此種の取締法と云うものは、平時に於て全く其必要がないとは考えて居りませぬので、或は内容を変更致しまして、此震災に起因致しました所の情態の既に去りました後に於ては、或は其必要を認めるかも知れぬと考えて居ります」(平沼騏一郎法相)と含みをもたせている。さらに承諾に賛成する春日俊文議員からは「斯の如く今日の思想に鑑みまして、此法令を廃止する域に到達したいと思う、其時になりましたならば、単行法を以て厳重に取締ることを希望して置きます」という注文もついた。

司法省では立案時から治安維持令をすでに応急臨時のものと考えていたのか、施行後の運用状況などから見切りをつけようとしたのか不明だが、治安維持令はその「出来の悪さ」ゆえに新治安立法の待望論を導きだすという皮肉な結果を生んだ。

このようにみなす別の根拠として、早くも二三年中に新治安立法制定についての山本権兵衛内閣の意思統一がなされたことを指摘しうる。一一月の地方長官会議の場で表明した施政方針のなかで「詭激思想取締」を掲げたことに加えて、平沼法相によれば犬養毅逓相との間で普選法成立との交換条件で新治安立法の制定が同意されていた。平沼は「それ〔普選法〕は同意してやるが、共産党の結社を禁ずる法律を出すが賛成するかと言うと、〔犬養は〕賛成すると答えた」（『平沼騏一郎回顧録』）という。これは治安維持令に代わる「完全なる法案」への意思統一が為政者層の間でできあがりつつあることを示している。

さらに取締当局においても「適当の時期に於て、先般貴族院に於ても御希望のありました通りに内容をもう少し完備せしめて、前の法案より完備せしめた法律とすると云う必要を認めて居る」（貴族院特別委員会における山内司法次官の発言、二三年一二月一五日）と意欲満々である。

新治安立法の制定への環境が整備されつつある状況をさらに前に押し進めたのが、二三年末の虎の門事件の惹起だった。司法省では事件の二日後、法相・次官・刑事局長、大審院長、検事総長らが集まって「不敬事件の犯人及び共産主義者等の今後の取締方針等につき密議を凝らし」（『大阪朝日新聞』、一二月三〇日）たという。この「共産主義者等の今後の取締方針等」のなかに、新治安立法の本格的起草が含まれていたことは間違いない。

二つの秘密結社事件判決

過激法案に代わる新治安立法の起草がつづくなか、その取締対象となりうる秘密結社事件に対する司法処分がなされている。

一つは司法省刑事局「参考事例第一　司法事例調」で「群馬県岩鼻結社」として記載されている陸軍技手（岩鼻火薬製造所）藤田悟を中心とする群馬青年共産党事件である（一九二三年九月検挙）。そこでは群馬青年共産党の目的について「無産者独裁の社会を実現せんことを期し、其の手段として平時は労働者、農民、青年、軍人、水平社員等に共産主義思想を注入し、常に鉄道、電信等の設備に留意し、飢饉、戦争、其の他の事変に際し一挙にして政府を顚覆し、政権を獲得せんとするに在り」としている。

一九二四年三月一八日の前橋地方裁判所検事局の篠原三郎検事の「予審終結意見書」では藤田・高津渡ら六人について「現時我国の社会組織を革命的手段により破壊し、政治上及経済上の権力を無産階級の手中に掌握し、因て以て無産階級独裁の社会実現を目的とする過激なる社会主義者」とみなし、「共産主義の実現は労働、農民組合を本隊とし、其前衛たるべき団体を組織」することなどを図り、二三年七月、群馬青年共産党を組織したとする（一倉喜好『史料群馬青年共産党事件』）。二〇日の前橋地方裁判所の「予審終結決定」（予審判事島津二郎）では一四人が治安警察法・出版法違反で公判に付されることになり、「被告等は近時孰れも現在の社会組織を一変、無産大衆革命的手段に依り資本主義を撤廃し、政権を無産階級の手に収めて共産制を施き、所謂無産階級独裁の社会を実現せんとする熱烈なる共産主義者となり」とされた（『群馬県史』資料編21「近代現代5」）。

二五年五月一日、群馬地方裁判所で第一回公判が開かれ、一〇月四日に判決が言い渡された。藤田ら四人が治安警察法違反で禁錮一年、小林（菊池）邦作ら四人が出版法違反と合わせて禁錮一年四月などとなった。この第一審公判中に治安維持法の施行となるが、それを適用しようとする気配はなかった。二六年八月の東京控訴院の判決は藤田らが禁錮七月となり、他の被告には執行猶予が付された。藤田らは上告したが、一二月の大審院は上告を棄却した（『史料群馬青年共産党事件』）。

これとは別に藤田は陸軍技手だったため第一四師団軍法会議（宇都宮）で群馬青年共産党事件規約・綱領や「勝利への道」という「不穏文書」を起草したとして出版法違反に問われ、二四年一一月二五日公判で著作者として禁錮一〇月、発行者として禁錮二月を言い渡されていた。「勝利への道」では「我国に於ける現時の政治上経済上の権力を無産階級の手中に収むるの急務なる所以を論議し、更に之が実現の手段として一切の国家機関を破壊全廃すべしと極論し、進んで我建国の大本を無視し、国家組織並統治権の作用に紛更を加えんことを慫慂したる、所謂政体を変壊し国憲を紊乱せんとする」とみなされた（法政大学大原社会問題研究所所蔵）。

もう一つは、一九二四年三月に検挙された羽生三七らの下伊那青年自由連盟（LYL）事件である。一八日の『信濃毎日新聞』は「赤化秘密結社の大検挙　下伊那郡青年会員十数名拘引　判検事総出動」と、四月八日の『南信』は「赤化事件と予審の取調べ進行　今村邦夫家宅捜索　事件の前途全く暗膽」と報じた。七月二一日、長野地方裁判所飯田支部の藤本梅一判事は羽生ら一九人について「予審終結決定」をおこない、公判に付した。そこには、次のような一節がある（『信濃毎日新聞』七月二二日）。

> 会員は共産主義に関する著書や社会主義研究「前衛」等の雑誌を読破し、遂に熱烈なる共産主義の共鳴者となり、プロレタリア多衆の〇〇的手段により現時の社会組織を〇〇し、資本主義を撤廃し、政治上経済上に於ける総ての〇〇を〇〇者の手におさめて所謂〇〇独裁の社会を実現すべしとの主義を信じ、〇〇の遂行には青年の多衆を糾合し、之れに主義的思想を宣伝注入し、鞏固なる組織的の団結をつくり、その範囲を拡大して一大勢力を構成せしむるに如かずとなし

〇〇の伏字が多く判読は難しいが、「現時の社会組織を〇〇し、資本主義を撤廃し」という論理の枠組みは「国体」変革と「私有財産制度」否認という治安維持法のそれに近い。全員が秘密結社を処罰する治安警察法第二八条に該当するとされた。長野地方裁判所飯田支部の公判は九月一五日に開廷され、二二日の第三回で論告求刑、三〇日に判決が言い渡された。治安警察法第二八条を適用し、禁錮一〇月から六月が科された。二五年二月一〇日の東京控訴院の判決では禁錮八月から六月にやや減刑された（以上、『長野県史』「近代史料編　第四巻　軍事、警察・司法」）。

なお、司法省刑事局「治安維持法立法資料第二輯」の「参考事例第一　司法事例調」ではこの「LYL結社」の目的について「青年間に共産主義を宣伝して同志を養成し、革命の手段に依りて政治上並に経済上の権力を無産階級の手に収め、私有財産制度を撤廃し、共産社会を実現せんとするに在り」としており、無産階級による権力掌握（「国体」変革）と「私有財産制度」否認という位置づけとなっている。

Ⅱ 治安維持法の成立と運用

岡本一平「治安維持法案説明」（若槻内相）
『東京朝日新聞』1925年2月20日

「治安維持法案を若槻内相説明。問題になってる案だけに内相すこぶる慎重の態度を取り、演説草稿を逐次的朗読する。含まれる字句、共産党、過激主義等何れも現代神経を刺激するものだけに、読み誤るまいと顔は草稿に向ったなりなり。」

一　治安維持法の立案へ

新治安立法制定の流れ

司法省では緊急勅令「治安維持令」の第四七議会での承諾をめぐる一九二三年一二月の審議中から新治安立法の必要性を示唆していたが、その直後の虎の門事件の惹起はいよいよ立案作業を緊急のものとした。山本権兵衛内閣に代わる清浦奎吾内閣の法相となった鈴木喜三郎はすぐに一九二四年初頭、新刑事局長山岡万之助に起草を命じた。山岡のもとで立案にあたったのが、司法省刑事局兼務の参事官草野豹一郎、大原昇、古田正武の三人である。このうち草野は過激法案立案時の参事官で、「治安維持令に就て」という解説（『復興叢書』第三輯、一九二四年二月）を書いている。また、古田は治安維持法の施行を前に警察講習所で立案当事者の一人として講演をおこなっている（『警察教養資料』第一編、一九二五年五月、『治安維持法関係資料集』〔以下『資料集』と略〕第一巻）。

山岡万之助（刑事局長）
細島喜美『人間山岡万之助伝』

この山岡刑事局長のもとでの立案作業は、四月頃には一応の成案となったようである。内務省では「過激法案居士」川村が欧米出張であったものの、水野錬太郎内相・藤沼庄平警保局長の指揮で起草が進められていた。一九二四年四月一三日の『法律新聞』（第二二四一号）は「社会運動者の取締に就いては……愈よ来る特別議会に提案する運びである。その内容につき内務、司法両当局間に意見の扞格あり、内務側は先づ外国政府または外国人から資金を仰ぎ、社会運動に携わる事を禁ずる主旨で成案したいと云ているが、司法側は前記内務省具体的の運動方法、特に出版等に関しても厳密な規定を設けねばならぬとの強硬意嚮を持する模様である。結局内務案が基礎となるだろうと云われている」と報じる。また、一九二四年五月の『中央法律新報』（第四年第五号）には、「社会運動取締法案」と題した次のような記事が載っている。

> 近ごろ頻りと起る社会的不祥事件の数々にかんがみ、愈其の内容や体裁を新しくし、社会運動取締法案名をやめ、もっと時代精神の着物を着せた名前で政府の手により来るべき総選挙後の臨時議会に再び持出される事になった……そこで今度政府が持出そうと言う新法案は、此の欠点〔「ぼんやり」とした適用範囲のこと〕を改め、科刑をズット重くするらしく、全体に亘って現代の趨勢を充分考に入れ、時代に逆らった旧法案の面目を一切改めたい意向だという

これらの報道で注目されるのは、まず内務省案が「外国政府または外国人から資金を仰ぎ、社会運動に携わる事を禁ずる主旨」という金品授受に法益の主眼をおいて立案されていることで、これは前年の新取締法案の「第二案」、さらにさかのぼって過激法案の貴族院第二次修正案に近い。一九二四年作成の内務省「治安維持法理由書」（『資料集』第一巻）が残っており、そこでは「金品輸入調達の取締」を第一に掲げていることからみて、この段階の参考資料と推測される。

次に内務・司法両省案の懸隔のなかで「結局内務案が基礎となる」と観測されていることである。ここでは

司法省案の「強硬意嚮」が依然として成立の障害になるという判断がある。その「強硬意嚮」とは出版取締までを含む思想取締的な規定、そして「科刑をズット重くする」という点などだろう。しかし、司法省案も取締の対象を厳密に、明確にするという「完全なる法案」に向けて「改良」がなされなかったわけではない。「現代の趨勢」に見合った法案名と内容が考慮されたらしい。

おそらく二四年四月頃までに成案化されていた司法省案が、六月の第四九議会を前に内務省側に提示された。警保局「治安維持法要義」（一九二五年四月頃、『資料集』第一巻）に「大正十三年五月十七日付を以て司法省より第一回法律案を内務省に回付ありたり」とある。この司法省案の内容や両省間の折衝の経緯は不明だが、まもなく清浦内閣が倒れ、加藤高明内閣が成立するにともなって、この交渉は一時中断を余儀なくされる。

しかし、護憲三派内閣の成立にもかかわらず新治安立法制定の流れは変わらなかった。司法省では法相が鈴木喜三郎から横田千之助に代わるものの、刑事局長の山岡万之助は留任する。内務省では若槻礼次郎内相のもと、警保局長には憲政会系の川崎卓吉を配した。

組閣当初の段階で、加藤高明内閣は新治安立法の提出を決定した（一九二五年二月四日の衆議院予算委員会での若槻内相発言）。反対派と目される犬養毅逓相は、すでに第二次山本権兵衛内閣時代、普選法と引替えに新治安立法を成立させることに同意していた。ただ、取締当局の意向に反し、二四年六月二五日開会の第四九議会への提出は見送られた。両省案の懸隔が大きく調整が間に合わなかったことも考えられるが、普選即行を第一に掲げる加藤内閣の政治判断にもとづくところ大だったはずである。

それにしても加藤内閣が新治安立法の提出を決めた意味は重要である。与党三派で衆議院の多数を占めることからすれば、「完全なる法案」に近いものを立案できれば議会通過はほぼ確実視されることになるからである。普選法や日ソ復交交渉の進展（二四年五月より正式な交渉開始）との関連で、枢密院からのつきあげがますます強まることは十分に予想された。前述のように第一次日本共産党事件をはじめとして秘密結社事件が相ついだことは「赤化の恐怖」を植えつけ、関東大震災後の治安の維持に対する為政者の絶対的な要請が高まるとともに、新治安立法の必要性はしだいに社会的に認知されつつあった。これらのことが加藤内閣の姿勢を決断させただろう。取締当局は一頓挫を経ながらも、前内閣以来の立案作業をつづけた。

新聞報道にみる立案経過

新聞の報道によれば、一九二四年一〇月三〇日、片岡直温（なおはる）内務政務次官は江木翼内閣書記官長に会って「来議会に提出することになっている治安維持令（ママ）に関する内務省側の意向を述べ」たという（『東京朝日新聞』一〇月三一日）。憲政会員同士の会談は治安維持法提出のタイミングを図る政治的意図を推測させる。この一〇月末の段階で内務省の作業がどこまで進捗していたのか不明だが、一一月になって内務省に具体案を提示して先手を打ってきたのは、またも司法省であった。一一月二五日の『東京朝日新聞』は司法省作成の「治安維持法案」の内容について「大体曩（さき）に貴族院通過の法案と同様にて、過激社会運動の宣伝、結社、集会又は多衆運動及び金品の供与等に対する罰則案」と報じ、これに賛同しない警保局では別個に法案の起草をおこなう方針で作業を進めていると報じた。

警保局の起草作業については、「治安維持法要義」に「内務省に於ては法案必要の事由、従来の与論等を参酌して審議を重ね、別に法案を作製し」とあることと符合する。次に立案の経過を報じるのは、警保局の成案がまとまったという一二月二五日の『東京朝日新聞』の次の記事である。

法案の主要なる要項は

一　朝憲紊乱（びんらん）の事項に対する処罰（七年以下の懲役又は禁錮）

二　社会組織の根本的変革事項に対する処罰（五年以下の懲役又は禁錮）に分かれ、其のうち前者を最も重大視し、（一）朝憲紊乱の目的を以て宣伝又は勧誘したる者、（二）暴動、暴行、強迫(ママ)其他之に類する不法行為に依りて社会の根本的変革宣伝を勧誘したるもの、並に其の未遂罪を処断する組立となっている

この警保局案をもとに一二月二四日から内務省内の審査委員会（参事官会議の廃止後、法令その他重要事項の審議にあたるため、各課課長を中心に構成された委員会）で検討をはじめ、翌二五日にはここに司法省から山岡刑事局長と古田書記官が加わった。新聞報道によると、この協議で第五〇議会への提出が確定した。二六日の『東京日日新聞』は「今回の取締法の趣旨は国体を変革し、または治安を破壊し、その他朝憲を紊乱することを目的として、（一）結社を組織する者、（二）集会を催す者、（三）宣伝を為す者、（四）暴行、脅迫又は誘惑、煽動する者、（五）金銭を授受する者等を重刑に処するにあって、特に重きを結社に置き」と報じる。さらに二七日の各新聞には、この趣旨にそった条文に近い「法案要綱」が掲載される。『東京朝日新聞』によると「朝憲紊乱の目的を以て結社を組織したるものは三年以上の懲役又は禁錮に処すること」、「安寧秩序を紊乱するの目的を以て結社、集会又は之に準ずべき行為を為したるものは十年以下の懲役又は禁錮に処すること」などとなっている。

この警保局案から内務・司法両省合意の「法案要綱」確定の過程で、治安維持法立案史上、二つの注目すべき変更がなされた。一つは、法益の主眼をこれまでの「宣伝・勧誘」から「結社」行為取締へ転換したことである。もう一つは、新聞により相違があるが、「国体」変革の語句がはじめて登場することである。当局の発表には意識的かどうか不明だが、「国体」は用いられていない。なお、これに関連して一二月二六日の『東京日日新聞』には「今回の取締法の名称はこれを治安維持法とするか、国体保護法とするか、若しくは単に法律

第何号とするか、未定である」という観測がなされている。これは「国体」概念が登場することと関わるだけに、興味深い。ここに治安維持法案は「完全なる法案」に近づいた。

さて、こうした新聞報道によってみた立案の経過と二四点の「治安維持法案」（『資料集』第一巻）がどのように重なるのかが次の問題となる。

二 治安維持法案の決定

「過激思想」の「流布」から「結社」取締へ――法益の転換

一九二五年二月一七日、治安維持法案が閣議決定される以前のものとして、二四点の草案が現在確認できる。一点を除き、すべて司法省刑事局長であった山岡万之助の所蔵資料中にある。それらは、**図3**のような流れとして整理できる。

最初の司法省案、「治安維持法案（三宅参事官案）」（全五条、『資料集』第一巻）第一条は「国体を変革し、国家を否認し、其の他暴力威逼（いひょく）に依り憲法に定むる統治組織を壊乱する目的を以て、其の事項を是認する思想を流布したる者は七年以下の禁錮に処す」となっている。法案名が「治安維持法案」となっており、さらに「国体を変革し」が第一条冒頭にあるように、司法省の立案作業の出発点から治安維持法の成立を見通すことができ

図3　治安維持法案立案の経過

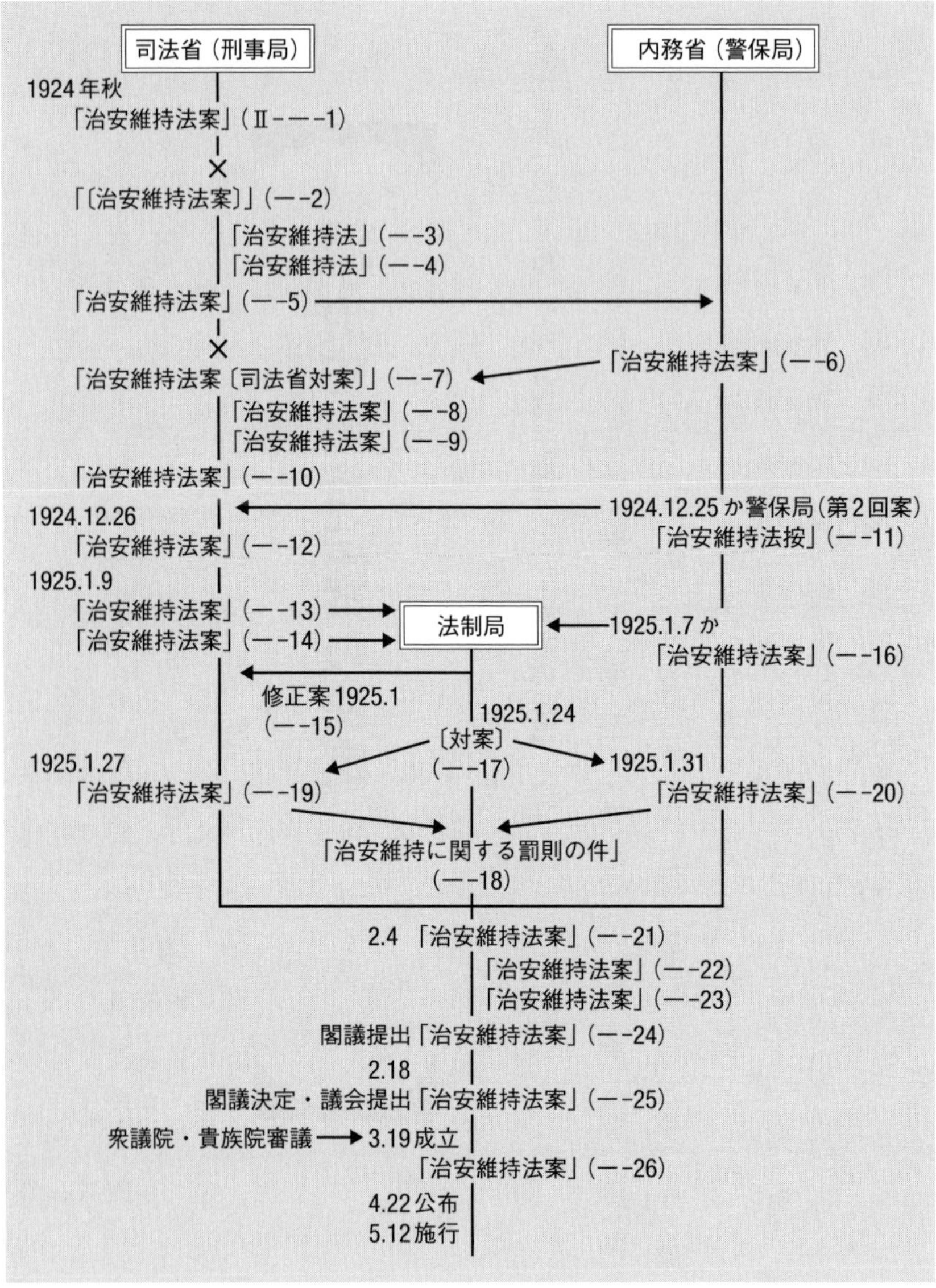

「Ⅱ-—-1」などの表記は『治安維持法関係資料集』第一巻第二章収録史料の章-節-項である。

る。立案の時期は二四年の秋頃だろう。ただし、法益の主眼を過激思想の「流布」の取締におく点で、過激法案以来の考え方を踏襲している。したがって、司法省の二番目の法案以降とは大きな隔絶があったため、三宅正太郎はその後の直接的な起草作業から離れたもようである。

起草者である三宅は二四年初頭以来の立案グループの参事官よりも上席の参事官である。なお、三宅はのちに名古屋控訴院判事として治安維持法違反事件公判を担当する際、大勢となっていた懲役の判決でなく禁錮判決を言い渡すが（シリーズI『治安維持法の「現場」』参照）、自ら起草したこの「治安維持法案」で「禁錮」刑を選択していたことは注目される。

司法省の起草作業は以後、「三宅参事官案」から法益の主眼を「結社」の組織・加入の取締とする方向に転換する。新聞報道によれば、一一月下旬までに内務省に送られた司法省案は「大体曩（さき）に貴族院通過の法案と同様にて、過激社会運動の宣伝、結社、集会又は多衆運動及び金品の供与等に対する罰則案」だったとされ、「三宅参事官案」とつながるものと推測される。そうすると司法省案における「結社」取締への転換は、それ以降、一二月二五日に内務省と協議を開始するまでの間になされたと推測される。一二月二四日時点ではまだ警保局案が「宣伝・勧誘」を取締の第一としていたという報道に信をおくと、この大きな法益の転換では司法省が内務省に先んじていたことになり、両省の協議では内務省側からの歩み寄りがあったといえる。

山岡資料の二番目にある法案（全八条、名称なし、『資料集』第一巻）では「結社」取締へと転換している。これが司法省内のたたき台となったと思われる。

第一条　朝憲を紊乱するの目的を以て秘密に結社を組織したる者は十年以下の懲役又は禁錮に処す、結社に加入したる者亦（また）同じ

前項に規定したる結社の予備を為したる者は七年以下の懲役又は禁錮に処す

第二条　安寧秩序を紊乱するの目的を以て結社を組織したる者は七年以下の懲役又は禁錮に処す、結社に加入したる者亦同じ

前項に規定したる結社の予備を為したる者は五年以下の懲役又は禁錮に処す

治安を害する事項の「流布」は第三条で規定する。これに未遂罪規定の独立（『資料集』第一巻）や全般的な刑罰の強化（『資料集』第一巻）などの加除修正を経て、ひとまず司法省は「治安維持法案」の成案をえた（『資料集』第一巻）。法益の主眼は「結社」取締に転換したが、「朝憲を紊乱するの目的を以て」（第一条）、「安寧秩序を紊乱するの目的を以て」（第二条）という部分は、過激法案以来の表現を踏襲している。第五条の「流布し、又は流言浮説を為したる者」は、明らかに二三年の治安維持令を引き継ごうとしている。さらに裁判に対する報道の統制も処罰規定をともなって盛り込まれる。司法省の考える「現代の趨勢」への対処とは、依然として茫漠かつ広範囲な取締であった。

「国体」の登場

内務省も法益を「結社」取締とする点では合意したものの、「結社」を過激法案以来の朝憲紊乱や安寧秩序紊乱という観点から規定する司法省案には賛成するところとならなかった。警保局では別個に起草した「治安維持法案」（全九条、『資料集』第一巻）を対案として提示する。

第一条　国体を変壊し、国家若は国法を否認し、又は封土を僭竊する目的を以て結社を組織し、又は情を知て之に加入したる者は三年以上の有期懲役又は禁錮に処す

憲法に定むる政治の基本制度を不法手段に依り変壊する目的を以て結社を組織し、又は情を知て之に加入したる者亦同じ

第二条　不法手段に依り家族制度、私有財産制度を変壊し、若は階級闘争を促進する目的を以て結社を組織し、又は情を知て之に加入したる者は十年以下の懲役又は禁錮に処す

第一条第一項冒頭および第二項の条文の語句は、一九二三年初頭の新治安立法起草の際、「朝憲を紊乱する事項に代わる可き文字」として列挙されていたものを組み合わせて成り立っている。取締の範囲が抽象的な司法省案に対し、なるべく具体的な列挙主義で取締対象を明確化するという方針を一貫して堅持している内務省にとって、順当な立案ではある。

ここで「国体」の変壊が第一条冒頭に掲げられることを検討しよう。すでに一九二三年の新治安立法の起草過程で、「朝憲を紊乱する事項に代わる可き文字」として列挙されたなかに「国体又は政体を変壊する事項」があったことは指摘した。内務省のこの考え方は継続され、おそらく二四年秋頃に作成された「治安維持法審議材料」（『資料集』第一巻）でより詳細なものとなった。「朝憲紊乱該当事項の例」として、二三年時の「朝憲を紊乱する事項に代わる可き文字」とほぼ同じものを列挙したうえで、「国家存立（ママ）の否定する事項」「統治権所在の否定、又は排除する事項」「統治権範囲を制限する事項」を追加する。「例之（たとえば）」として掲げられるものは、次のようなものである。

政府の顚覆（てんぷく）。封土僭竊。植民地独立企図。外国との合併計画。皇位の否認。政府顚覆の意味に於ける内閣各省大臣等の暗殺。不法手段に依り（ママ）天皇の人権、帝国議会、司法制度、兵役制度を変革すること。民主共和政治の唱道実行。労働者無産階級独裁政治の唱道実行。無政府社会の讃美実行。専制政治の唱道実行。大権事項、憲法、議会制度、裁判制度の直接否定若くは破壊の行動。納税義務の否定。軍隊秩序の紊乱。皇統の否定。革命の唱道（労働者又は労農専制の唱道）。忠君愛国の否定。皇族の廃滅。万有虚無思想の流布。国法の否定、国法の攻撃。

二三年次にあった「例之」の列挙から大幅に増えており、雑多ながらあらゆる天皇・国家・政府への反対・反抗の運動と思想が「朝憲紊乱該当事項」として並んでいる。それらは実際の治安維持法運用の範囲を予告するものとなっている。

この列挙につづけて「従て無政府主義、ボルシェビズム、共和主義等の唱道実行は常に朝憲を紊乱するものと云う可く、共産主義、サムヂカリズム、ギルトソシャリズム等の唱道実行は原則として朝憲紊乱となるべきも、場合により必ずしも然らざることあるべきを予想し得べし」とする。ボルシェビズムは過激主義という意味合いだろう。さらに朝憲紊乱よりも下位の概念として安寧秩序の紊乱が想定された。「資本主義制度の否認、破壊、私有財産制度の制限等」の宣伝実行であり、次のような事例が列挙された。

私有財産制度の否認破壊。資本主義制度の否定破壊。土地の社会化。生産機関の社会化。階級闘争の是認促進。遊惰の鼓吹。工場の占奪。犯罪の是認、煽動、讃美(一揆、反乱、暴動、焼打等)。社会主義其の他犯罪者の称揚。善良なる風俗の破壊。専制の打破。無制限なる自由の要求。神社の否定。

第一に「私有財産制度の否認破壊」をあげたあとは、為政者が安寧秩序の紊乱と考える犯罪行為が雑然と並べられた。

こうした広範囲な取締対象を念頭に、警保局「治安維持法案」では第一条は朝憲紊乱の結社の防止を、第二条は安寧秩序の紊乱の結社の防止を目的としていることがわかる。しかも第一条を「国体」変壊と表現し、第二条には「私有財産制度」変壊があった。

もともとは過激法案の解釈のなかに、そしてより明確には二三年の新治安立法のなかに萌芽はあったにせよ、「朝憲紊乱」の言いかえの一事例にすぎなかった「国体」変壊(変革)の概念がこの表舞台に登場し、しかもそれ以下の部分が何度もの変更を加えられながらもこの「国体」が不動であったことは、公布施行後のその「魔力」の発揮を思えば大きな意味をもつ。言いかえ候補群のなかからの「国体」の選択は、この時期に限れば司法省を納得・譲歩させたという点で、そして治安維持法の歴史からいえばその「魔力」をここで吹き込んだという点で決定的だった。

なぜ、多くのなかから「国体」の選択がありえたのか。明確な解答を得ることは困難であるが、法案の名称の一つに「国体保護法」があがっていたという事実は、この時期、急速に「国体」が浮上したことを意味する。「治安維持」が「国体保護」と同義であるということは、治安維持法のその後を象徴するばかりでなく、本質を突く認識となる。

第一条の「国体」の登場以外にも、この内務省案はこれ以降の立案作業のベースとなった。「封土を僭竊する目的」、すなわち天皇の国土を奪いとることが登場するのは、すでに植民地における独立運動が念頭におかれているからである。第二条の「私有財産」もはじめての登場で、前述のように「治安維持法審議材料」では安寧秩序紊乱の「例之」の最初に「私有財産制度」「私有財産制度の否定破壊」があげられていた。これは「国体」ほど不動ではないが、共産主義の取締規定として最終的に残っていく。

「結社」そのものの取締へ

司法省でも先の法案に固執せず、一転してこの内務省案（『資料集』第一巻）をベースに作業をつづけることになる。なぜ司法省側の大幅な譲歩がなされたのか。かつての過激法案が一二月二〇日に両省の最終合意案ができていたことに比べ、今回は調整作業が遅れ、議会提出の期限が迫っているという判断にもとづき、司法省側が議会通過の可能性の大きい内務省案を原案とするという現実的な選択をおこなったからと推測される。のちに貴族院の特別委員会での答弁で、山岡刑事局長が「朝憲紊乱、安寧秩序の紊乱と云うことが、取締の目的から云えば徹底的であります、然るにそれを避けまして極く纔に国体の変革と、それから私有財産制度の否認と云う二つの事項のみを茲に掲げましたと云うは、是非共本案をして帝国議会の協賛を経、而して今日最も忌むべき現象でありまする所の無政府主義、社会共産主義、之をば取締らなければならぬと云う、寔に緊急なる必要を感じまして居る訳であります」(『第五十回帝国議会　治安維持法案議事速記録並委員会議録』、司法省『思想研究資料特輯』第七号)と述べるのは、おそらくそうした司法省譲歩の経緯を物語る。

この内務省案に司法省は乗りかえると、わずかに用語の修正を施した「司法省対案」(『資料集』第一巻)を作成し、さらに第一条・第二条に修正を加えるなどして、司法省にとって第二回目の成案というべき「治安維持法案」(全九条、『資料集』第一巻)に至る。さらに一九二四年一二月二六日、もう一度修正が加えられる(『資料集』第一巻)。「未定稿」とされた「治安維持法案」(全九条)は、次のようになった。

第一条　国家を否認し、国体を変改し、其の他憲法に定むる制度を不法に変革する目的を以て結社を組織し、又は情を知て之に加入したる者は三年以上の有期懲役又は禁錮に処す

第二条　不法に社会の秩序を変革する目的を以て結社を組織し、又は情を知て之に加入したる者は十年以下の懲役又は禁錮に処す

これは司法省内部のその後の検討で第一条から「国家を否認し」が削除されるほか(『資料集』第一巻)、第二条冒頭が「法令を以て保護する社会の秩序を不法に変革する目的」などと修正される(『資料集』第一巻)。これらは刑事局の局議、司法省の省議などでの検討にそれぞれ対応するものと思われる。

こうした両省協議による一定の合意を得て、二四年一二月下旬、内務省は「治安維持法按(ママ)(警保局第二回案)」(全九条、『資料集』第一巻)を作成する。

第一条　国体を変改し、又は憲法に定むる基本制度を不法に変革する目的を以て結社を組織し、又は情を

知て之に加入したる者は一年以上十年以下の懲役又は禁錮に処す

第二条　法令に定むる社会の秩序を不法に変革する目的を以て結社を組織し、又は情を知て之に加入したる者は七年以下の懲役又は禁錮に処す

第二条からは「私有財産制度」の概念が削除された。おそらくこれに司法省が修正を加えた（一二月二九日）。その修正条文をみると、第一条は「国体を変改し、又は不法の手段に依り憲法上の基本制度を変革する目的を以て」となり、第二条は「不法の手段に依り私有財産制度を変壊する目的を以て」と「私有財産制度」が復活した。

この「治安維持法按（警保局第二回案）」では従来の内務省案から消えた部分がある。二三年の法案では「宣伝・勧誘」について「結社、集会又は多衆運動」を取締対象としていたが、ここでは「結社」行為の取締を第一義とすることにより、「集会」は第四条に「多数集合」としてまだ残るものの、「多衆運動」は消えた（その後、「多数集合」も消える）。これは、ここまでに構想されてきた新治安立法の性格を変更するものである。すなわち、「結社」成立後に展開される「集会・多衆運動」に対して広く取締・処罰の網をかぶせることをやめ、「国体」ないし「私有財産制度」の変革を目的とする「結社」そのものを取締ることへの転換を図ったことになる。

おそらく一二月二五日以降のこれらの立案作業において、「私有財産制度」についてはまだ不安定ながら、「国体」概念と法益の主眼を「結社」行為取締におくという骨格部分は確定した。骨格について両省の意見は一致したが、「国体」概念を除く用語や刑期などの細部で合意に至らなかった。そこで両省は別個に最終的な案を作成し、それぞれ内閣法制局に非公式に送付し、三者で調整することにした。議会への提出期限が切迫するなか、より効率的に立案作業の進捗を図るための措置であった。

内務・司法・内閣法制局の協議合意

一九二五年早々に内務・司法両省の各審査委員会はそれぞれ最終的な案を決定した。一月九日、司法省では一つに絞りきれず、全八条と全九条の二つの「治安維持法案」（『資料集』第一巻）を決めた。いずれも前年末の案に修正を加えたもので、全八条の方は前年末の案の第一条と第二条を合体させて、第一条を「国体を変改し、若は国法を否認し、又は国法に依り保護する秩序を不法に変革する目的を以て結社を組織し」とした。この第一条の構造は用語こそ異なるが、公布施行となる治安維持法第一条の「国体」変革と「私有財産制度」否認を並列させるそれであり、ここにまた治安維持法に一歩近づいたことになる。

これに対して内務省では七日、八日の省内審査委員会で「治安維持法案」（審査委員会決定第一回案、『資料集』第一巻）全九条を決定した。司法省への配慮があったのか、結果的に年末の「治安維持法按（警保局第二回案）」に加えられていた司法省の修正を取り入れた内容となっているが、第一条を「憲法に定むる基本制度」から「憲法上の統治組織、又は納税、若は兵役の義務に関する制度」という列挙式に変更した点では内務省の持論が復活している。

一月二四日、両省案を検討した内閣法制局では大幅に取締内容を緩和した「対案」（全五条、『資料集』第一巻）を提示する。第一条は「罰金以上の刑を科せらるべき行為に依り、憲法上の統治組織又は納税義務、兵役義務、若は私有財産権の制度を変革することを目的として結社を組織し、又は情を知りて之に加入したる者は三年以下の禁錮に処す」とされた。「国体」概念を認めず、「罰金以上の刑を科せらるべき行為に依り」と限定する。列挙主義をとるところは内務省案に近く、「私有財産権の制度」変革を組み入れる点で司法省案を採用している。さらに処罰の刑期の全般的軽減（最高刑で「三年以下の禁錮」）、予備行為処罰の削除、「流布」や「煽動」行為処罰の削除もあり、全体として取締の範囲と程度を両省案より格段と限定して設定している。おそらく「治安維持法」という法案名にも賛同していないため、法案の名称は付せられていない。

しかし、この法制局「対案」は内務・司法両省案のいずれともかけはなれていた（それを意識してだろう、法制局では「対案」の後に両省案との懸隔を縮めた別案「治安維持に関する罰則の件」全四条（『資料集』第一巻）を作成した可能性がある）。両省はそれぞれ「治安維持法案」を再対案として作成し、三者間で協議に入る。

一月二七日の司法省案（全七条、『資料集』第一巻）と三一日の内務省案（全六条、『資料集』第一巻）は、処罰の刑期（司法省案が内務省案より全般的に重い）と「流布」行為処罰の有無の点はあるものの、条文の構成から用語までほとんど同一で、両省は法制局に対して共闘を組むかたちとなった。司法省「治安維持法案」の第一条は「国体を変改し、又は暴行、脅迫、其の他不法手段に依り憲法上の統治組織又は納税、兵役、若は私有財産の制度を変革する目的を以て結社を組織し、又は情を知て之に加入したる者は十年以下の懲役又は禁錮に処す　前項の未遂罪は之を罰す」となっている。内務省案第一条も同文ながら、刑期が「七年以下」となっている。「国体」を復活する代わりに、それにつづく部分は新たに「暴行、脅迫其の他不法手段に依り」を加えたうえで、法制局「対案」に近い「憲法上の統治組織又は納税、兵役、若くは私有財産の制度を変革する目的を以て結社を組織し」を採用する。予備行為処罰の削除については法制局に従うが、「煽動」行為処罰は復活する。こうした状況を、たとえば二月三日の『東京朝日新聞』は「治安維持法　意見尚纏（まとま）らず　「刑期」と「流布」との二問題で司法内務　何れも自案を固執」と報じる。

それでも、いよいよ焦点は絞られつつあった。二月上旬、両省と法制局の協議は合意に達したもようで、内務・司法省の「治安維持法案」（全七条、『資料集』第一巻）に至る。第一条は一月末の司法省案・内務省案とほぼ同じだが、刑期の点で「十年以下」などの重罰規定をとる司法省の意向が通るかわりに、「流布」行為処罰規

治安維持法

第一條　國體若ハ政體ヲ變革シ又ハ私有財産制度ヲ否認スルコトヲ目的トシテ結社ヲ組織シ又ハ情ヲ知リテ之ニ加入シタル者ハ十年以下ノ懲役又ハ禁錮ニ處ス

前項ノ未遂罪ハ之ヲ罰ス

第二條　前條第一項ノ目的ヲ以テ其ノ目的タル事

治安維持法（閣議請議案、1925年2月12日）

「公文類聚」第49巻・1925年・第33巻15/20、国立公文書館所蔵

定の削除では内務省の意向が入れられた。この案にもとづき、両省は議会審議のための資料の準備にとりかかる（たとえば、内務省「治安維持法略解」（『資料集』第一巻）など）とともに、閣議決定を求めた。ところが、「二月六日、一度閣議の決定を請いたるも不十分の廉（かど）ありし」（「治安維持法要義」、『資料集』第一巻）ため、再考するという事態となった。この差し戻しは、護憲三派の与党内に反対論が根強く、それらを説得するために条文の練り直しと時間的猶予が必要となったからである。

内務・司法両省では「二月一二日、閣議を請う為、内閣に之を送付」（「治安維持法要義」）した。この間、第一条の練り直しがおこなわれ、全七条の「治安維持法案」（『資料集』第一巻）が作られた。第一条は「国体若は政体を変革し、又は私有財産制度を否認することを目的として結社を組織し、又は情を知りて之に加入したる者は十年以下の懲役又は禁錮に処す」となった。二月上旬の合意案の第一条にあった「暴行、脅迫其の他不法手段に依り、憲法上の統治組織又は納税、兵役」変革の部分を「政体」変革に変更した。ここで「政体」は条文上はじめて登場するが、「国体」と同様、かねてから「朝憲紊乱」に代わるべき用語として考えられていたものであった。この修正は内務省にとっては具体的列挙主義からの後退となった。第三条の「煽動」規定が問題となることは予想されたが、二月上旬の合意案のままとされた。

しかし、閣議に請議されても、すぐに閣議決定・議会提出ということにはならなかった。与党内の反発が予想外に強かったのである。この間の経過、そしてこれまで触れてこなかった治安維持法成立の外部の環境について、次にみよう。

三　治安維持法成立のタイミング

与党内の抵抗

内務省警保局では治安維持法立案の最後の段階である一九二五年二月一日から、新聞各紙の関係記事を集めている。三月一七日の貴族院の特別委員会での可決までのこれらの新聞の報道基調は、治安維持法批判の論調と政府当局の必死の防戦である。一つの山場は一度の閣議請議の間に噴出した憲政会・政友会・革新倶楽部の与党三派内の法案上程への抵抗の動きである。この抵抗を封じ込めた段階で、衆議院の通過、すなわち治安維持法の成立は見通せた。実際に衆議院本会議での反対は、わずか一八人にとどまった。

新聞報道からこの山場を概観しよう。各紙の見出しを拾う。

二月　七日『東京朝日新聞』「怪しくなった治安維持法　提案阻止に傾いた与党側の意嚮」
　　　九日　同　「治安維持法案は飽迄喰い止める　革新代議士会で決定」

一〇日　『万朝報』「政友会でも同様に過激法案に反対　通すとしても無疵(むきず)では通そう筈もない気勢」

一一日　『東京朝日新聞』「治安維持法案は予(あらかじ)め食止られぬか　憲政会でも気にし出して党内の問題となる」

革新倶楽部を筆頭に政友会・憲政会からも異論が相つぐ事態に、若槻礼次郎内相や就任早々の小川平吉法相らは懸命の挽回策を講じた。革新倶楽部を率いる犬養毅逓相と若槻内相の懇談についで、二回目の閣議請議案がまとまった直後の一二日午前、内相と法相は与党三派の幹部と会見して了解を求め、さらに同日午後には記者会見をして治安維持法の立案理由を説明する。若槻内相は一六日にもお膝元の憲政会の代議士会で弁明に努めている。こうした政府側の治安維持法成立に向けた強い姿勢に、与党三派の大勢は容認に傾いた。

二月一五日　『東京朝日新聞』「治安維持法案で革新派足並乱る」

一七日　『報知新聞』「憲政会の有志　条文修正希望」

同　『やまと新聞』「治安維持法　政友は大勢順応　安藤〔正純〕、有馬〔頼寧〕氏除外」

同　『東京朝日新聞』「反対は五、六名　是非なしと諦めた革新幹部」

野党の政友本党も床次(とこなみ)竹二郎総裁が過激法案時の内相であったことでもわかるように、法案そのものに反対することはありえなかった。新聞からも「こちらが本家だ——と　自慢そうな賛成」(『万朝報』二月一九日)と観測されるほどである。このような情勢の変化を見極めた政府では一七日の臨時閣議で治安維持法案(全七条)を正式決定し、翌一八日、衆議院に提出した。

実は内務省のなかにも治安維持法の立案そのものへの強い反対論があった。「第一に湯浅〔倉平〕内務次官もあまり賛成しない。ことに参事官連中は強く反対している」という空気のなかで、「最初、川崎局長はこの治安維持法を特別刑法として全部司法省に押しつけようとした」(『川崎卓吉』)ほどであった。省内では過激法案以来の反対論が根強く、湯浅内務次官は貴族院議員時代、過激法案反対の急先鋒という人物であった。こうした省内の抵抗を封じ込め、内務省として司法省や法制局と渡り合うだけの治安維持法案を立案するために、内相の若槻と川崎警保局長は強力なリーダーシップを発揮した。

そのリーダーシップ発揮の根拠、そして「護憲を看板に、国民の名のもとに、国民の多数を背景として、いわゆる特権者流に一撃をくわし、巧みに政権をその掌中におさめた現内閣はどうでも治安維持法とやらをものにしなければ納まらぬらしい」(『東京日日新聞』二月一二日)と揶揄される加藤「護憲」内閣の強硬姿勢の根拠は、どこに求められるのだろうか。これは治安維持法が一九二四年でも、二六年でもなく、なぜ二五年というタイミングで成立するのかという問いに答えることとも重なる。

前章で述べたように一九二三年の関東大震災前後から、しだいに治安維持法成立のための環境は整いつつあった。大震災後、為政者層全般に治安維持の確保は急務と認識されるとともに、治安維持令の出来の悪さゆえにかえって新治安立法の待望論は取締当局に強まりつつあった。また、日本共産党事件をはじめとする各地の秘密結社の検挙は、新治安立法の目標を「宣伝・勧誘」から「結社」行為に移すことを促し、茫漠とした思想取締から具体的な実行行動に取締の焦点を絞るという方向で議会通過可能な「完全なる法案」をめざすというおおまかな意思の合意がみられた。このような意味で、治安維持法成立の環境は整備されつつあった。したがって、やや極論すれば二四年以降、どの時点で成立しても不思議ではない状況となったといえる。それが二五年春に成立するタイミングは、これまでも指摘されてきたように、やはり普通選挙法および日ソ基本条約締結との関連で考えなければならない。

普選法・日ソ基本条約締結との関連

普通選挙法および日ソ基本条約の締結との関連といっても、それらは後述するように枢密院のつきあげに対して、統治体制全体の再編の重要な骨格をなすこの二案件を成立させる必要条件として加藤内閣が応えた、治安維持法成立にとっては副次的要因である（もっとも、これらとの関連があるゆえに、一九二五年というタイミングでの成立がありえた）。繰りかえすまでもなく、治安維持法成立の主要因は無政府主義・共産主義運動それ自体の禁圧にある。そういう意味で「現時の過激なる社会運動中に存する最も重大なる危険と弊害を矯むると共に、社会一般を戒め、濫に之等の思想、行動に雷同するが如きことを予防し、以て社会の健全なる進歩発達を為さしめんとするに在り」（内務省「治安維持法要義」）という取締当局の立案理由は額面どおり受けとってよい。

治安維持法成立と普選法および日ソ基本条約締結との関係は、すでに当時の反対論のなかでもしばしば問題視されていた。「日露条約は反対関係を有する治安維持法の案文整理を待って近く枢密院への諮問を仰ぐこととし、その時期は首相に一任されてある」（『報知新聞』一九二五年二月一〇日）、「社会党を怖れて　普選と交換の治安法」（『読売新聞』二月一九日、清瀬一郎談）などであり、若槻内相は枢密院の強い要請があったことも否定しなかった。「従来枢府に出席した際、幾度も本案を提出する時期及その内容に就いて催促の意味の質問のあったのは事実である」（『時事新報』二月一九日、革新倶楽部の代議士会における発言）などと言明するのである。

この「催促の意味の質問」とは次のようなものである。枢密院では関東大震災以前から治安問題で政府当局に圧力をかけはじめていたが、一九二四年になって日ソ国交回復交渉が進展しはじめると、国内治安体制の不備への不満を強めた。そして、交渉経過の報告を外務当局に求めた。二四年中には四回の報告がなされ、とくに四回目の一〇月一五日の「対支対露外交報告」では、幣原喜重郎外相から「露西亜と国交を開始せざるも彼等は赤化宣伝の機会を発見するに苦しまず、又国交を開始するも我が国内に於ける取締宜しきを得て敢て恐るるに足らず、国交を開始するに因りて危険が増大することは事実之なしと認む」(枢密院「対支対露外交報告」、国立公文書館所蔵）という発言がなされた。政府側にすれば、日ソ交渉推進の容認との引きかえに「十分の取締を為さざるべからずこと勿論なる」(同前）と言明せざるをえなかったことは、枢密院の強要に根拠をあたえ、治安維持法案の提出を待ったなしのものとした。

枢密院の「催促」は急で、日ソ基本条約の諮詢に際して法制面と取締機構面にわたる国内治安体制の整備が再度追及された。ただし、枢密院の審議は普選法案が先だったので、まずそれとの関係で「催促の意味の質問」が投げかけられた。

二四年一二月二七日の枢密院第一回普選法案審査委員会で早くも平沼騏一郎顧問官から「普選実行の対応策として教育の実質の改善、危険思想の取締等に付、政府の方針如何(いかん)を質す所あり」、第三回委員会（二五年一月八日）でも平沼と金子堅太郎顧問官から同趣旨の質問がなされ、審査報告にも「政府当局は矯激(きょうげき)なる言動の取締に関し最も有効適切なる措置」をとるべきことが明記された（「枢密院審査委員会・委員会録」、国立公文書館所蔵）。二月二〇日の本会議でも伊東巳代治顧問官らが加藤首相・若槻内相に厳重な対策を迫り、若槻から「今後警察の力を蔑視し、社会の安寧秩序を紊(みだ)る行為に対しては充分の取締を為すべし」（「枢密院会議筆記」、国立公文書館所蔵）という強権的取締の言質を引きだしていた。

二四年一二月末や二五年一月上旬の段階では、上述のようにまだ内務・司法両省の合意は治安維持法案の骨格部分にとどまり、条文は確定していなかった。したがって、若槻内相らの答弁も今議会提出の方針は示せても具体的な内容の提示には至らなかった。ところが日ソ基本条約の枢密院審議の過程で、平沼らの再三の具体的取締策の提示の要求に応じて治安維持法案が内示された。二月一七日、閣議決定がなされた直後、まだ衆議院に提出されず、一般に公表される前に、若槻内相は枢密院の委員会（第五回）に出席してその政府原案を内示した。

外務省の参列者が筆記した記録により、その詳細がわかる（「日露国交回復交渉一件／北京会議／枢密院に於ける日露基本条約審議議事要録」第五回、外交史料館所蔵）。なお「枢密院審査委員会・委員会録」では治安維持法案が論議の対象となったことはわかるが、要旨のみで、質疑応答の詳細は記されていない（この論点については小林幸男「日ソ基本条約第五条と治安維持法」（『人文学報』第一二号、一九五九年一二月）参照）。石黒忠悳（ただのり）顧問官の「若し条約の有無に拘らず別段の取締を為す必要ありと認めらるるに於ては、如何なる程度に取締らるる意嚮なりや」という質問に対して、若槻は次のように答えている。

政府は条約の有無に拘らず一般的に厳重なる取締の必要を認む、之が為法律を制定することとし、目下議会提出の準備中なるが、其内容を茲に内密に漏示するに於ては石黒委員質問に対する回答と為るべし（とて治安維持法案を朗読す）

ついで条文にそって法案の概略を説明したあと、「要するに本法に依り従来の法令にて充分なる取締を加え得ざりし無政府主義及共産主義を厳重に取締らんとするものなり」と述べた。徴兵・納税制度否認は治安維持法で取締ることができるのかという平沼の質問に対しては否定しながらも、今回は「国体」変革などの重要な点に絞り、「迅速に同法を実施し得んが為、細事は将来に譲りたる次第なり」と弁解している。かつての治安警察法の立案者である有松英義顧問官の「今承れる方針にて充分取締られんことを望む」という発言で、枢密顧問官連の了解を得たということになろう。若槻内相は三日後の普選法審議の枢密院本会議で、社会運動の厳重取締というダメ押し発言をおこなう。

枢密院の日ソ基本条約の審査委員会では審査報告に付せられた政府への希望事項の一つに「過激思想の宣伝

禁止は今回の協定に於て最も重要なる事項の一にして、帝国の利害に関すること極めて緊切なり」として、「我が国内に於ても不穏なる思想の流布を取締る為、最も有効剴切なる措置を実施するを怠らざらんこと、亦希望に堪えざる所なり」と取締強化を強調している。また、これに先立つ普選法審査委員会からも「政府当局は矯激なる言動の取締に関し、最も有効適切なる措置を為」（「枢密院審査委員会『委員会録』（普選法案））すよう注文を付けられていた。

この枢密院のつきあげを最大の圧力としながらも、本質的には従来の治安法制では対処できないと考えた無政府主義・共産主義運動の防止の要請こそが治安維持法を成立させていく。加藤内閣は「護憲」を標傍するとはいえ、治安維持法のめざすところが「国体若は政体」という明治憲法体制の変革の防護にあることからすれば、その「護憲」と新治安立法の実現は矛盾するものではなかった。躊躇することなく政権発足時に新治安立法制定の方針を打ちだし、若槻内相の腕力で内務省内の消極論と憲政会内の反対論をねじ伏せた。

小川平吉
『小川平吉関係文書』1

また、立案の最終段階で死去した横田千之助の後任の法相に、国粋主義者の小川平吉（政友会）を据えたことも成立への決定打となった。ある新聞は「小川法相は山本内閣時代に後藤内相と赤露との関係に付いて攻撃した時に可成り保守的思想を以て攻撃演説を為した事があるが、今度治安維持法案当面の責任に立ち、前任者に比し頑固なる主張を為し、時代に逆行せしむる悪法と化す虞がある」（『二六新報』二月一〇日）と憂慮を表明する。実際小川の起用は治安維持法シフトにほかならなかった。その思惑どおり、小川は閣議決定直前で足踏み状態となっていた治安維持法案を前進させるのに指導力を発揮するほか、議会審議でも若槻とともに応戦の主役となったのである。なお、小川にとってこの治安維持法成立にあたった経験と自負は、二八年の治安維持法「改正」に際して発揮され、その実現に深く関わることになる。

四　治安維持法の成立

「完全なる法案」らしき体裁

一九二五年二月一八日に政府から衆議院に提出された治安維持法案は、翌一八日緊急上程のうえ、二三日から七回の委員会審議をおこない、三月七日の本会議で「政体」変革を削除した修正案が可決された。貴族院では三月一一日の上程後、一三日から四回の委員会審議を経て、早くも一九日の本会議で衆議院修正案を可決、ここに治安維持法は成立した。少数の反対論者の質疑はかなり執拗になされたとはいえ、これほどの重要法案が両院あわせてわずか一カ月間で通過した。二月二〇日の『東京日日新聞』は「愈々委員会が開始された場合には僅に一、二の修正意見を容れ、申し訳的に反対論者の面目を立てる外、議論の沸騰する機会を予えざるうちに一瀉千里に議了する下心であるらしい」と観測するが、実際にもこのとおりになった。

議会審議の経過を新聞報道で追うと、「与党内に早くも骨抜き運動」(『万朝報』二月二二日)、「政府が修正せねば　与党は握り潰す作戦」(『報知新聞』二月二五日)とヨタヨタの法案とみられ、政府も答弁に窮する場面が多々ありながらも、結局は「満天下の非難をよそに　生れ出づる悪法案　多数の力でひた押しに遂に衆院を通過」(『東京日日新聞』三月八日)する。なぜ、かくも速やかに治安維持法案は可決されたのだろうか。

成立の要因として、政府の仕組んだ二つの作戦が考えられる。まず、治安維持法案はかつての過激法案廃案に際して付せられた「完全なる法案」という注文に近いものとして立案された、という筋書きにそった主張が一貫してなされ、一部を除いて、それが大多数の議員間に了解されたことである。『治安維持法小史』で奥平康弘が立法過程の「内在的解明の試み」の二つ目にあげる点である。奥平は「濫用のおそれのない制限的な立法」という当局の主張を、「国体」変革・「私有財産制度」否認という限定的・明確な規定としたこと、重点的取締を結社行為に絞ったこと、犯罪行為をすべて目的罪(犯罪の成立に故意以外の目的を必要とする犯罪)としたことの三点に整理している。

このうち、審議で政府側がもっとも熱心に論じるのが一つ目の点である。たとえば、山岡刑事局長は二月二三日の衆議院の委員会で、「朝憲紊乱」のなかからはその一部にあたる「国体と政体を根本から変革する」ところのみを取り出し、広範な「安寧秩序」紊乱のなかからも「唯々偏(ひとえ)に私有財産制度の根本を破壊すると云うだけ」を取り出すという工夫を重ねて、取締の範囲を極力限定することに努めたと強調して、了解を求めた。「歩合で云いますと一、二分の歩合に外ありませぬ、七、八分は除外」したという説明からは、治安維持法案の成立を何としても実現するという必死さが読みとれる。

法益の主眼を「結社」行為に移したことは社会運動の現状に対応するものであったが、それは議会審議において取締対象の明確化を図ったものとして強調された。目的罪に関しては、むしろ公布後の実際の運用に際しての解説類で多く触れられた。後述するように、当初、慎重な運用姿勢で臨む内務省にその傾向は強い。警保局「治安維持法要義」は「目的罪となしたること」を特色の第一にあげ、それを「犯罪の成立を能う限り厳格、慎重ならしめんとする立法上の用意に出でたるものなり」と説明している。

譲歩ラインの設定――不動の「国体」

議会通過のために政府が仕組んだ筋書きのもう一つの柱は、いわば譲歩ラインをあらかじめ設定していたらしいことである。審議に入る前から「政体」変革と「私有財産制度」否認、および言論出版の抑圧につながるものとして第三条の「煽動」の概念をめぐって、削除ないし修正は必至と予測され、議会でもこれらに論議が集中した。もっともきびしく政府を追及した革新倶楽部の清瀬一郎は委員会の最終段階で自ら修正案をつくるが、それは第一条「「国体若くは政体を変革し、又は私有財産制度を否認する目的」を削り、「国体を変更する目的」を加う」とするほか、第三条の削除、全般的な刑期の軽減という内容であった。清瀬に限らず「国体」については不動で、論及すること自体が避けられていた。

与党三派の修正案はこの清瀬案より及び腰で、さらに政府との議場外の折衝では「政体」変革の削除を除いて押し切られた。新聞によれば、その経緯は「憲、政二派の代表者は大体政府の申し出をいれることとなったが、革新派が容易におさまらず、即ち秋田〔清〕氏は右政体の削除の外に私有財産制度の上に「暴力を以て」と加える点、及び刑の量刑の半減を主張し、革新派の単独交渉として最後まで政府側と折衝を重ねたけれども、遂に政府の同意を得るに至らず」(『東京日日新聞』三月六日)に終わったとする。最後まで内務・司法両省と法制局の協議が難航した「政体」変革の部分のみの削除にとどまった。政府はあらかじめここまでの譲歩は、治安維持法全体を生かすためにはやむを得ないと考えていた節がある。

それを裏付けるように、貴族院でこの削除について問われた小川法相は「之〔「政体」変革〕を取ってしまって一番重なるものだけでやって、今日の本当の深憂大患は削っても防げると云うような、斯う云う意味で同意しました」（三月一六日）と答えた。政府の織り込み済みの譲歩であった。これを「一種の犠牲フライ」（奥平『治安維持法小史』）とすることにより、「一番重なるもの」、すなわち「国体」変革は無傷のまま通過させ、あわせて他の疑義を突っぱねた。護憲三派の大勢は、実はあらかじめ想定されていたと思われる「政体」変革の譲歩を引き出すことで矛を収めてしまった。

なお、当初の条文から「政体」を削除したことが「国体」観念の拡張につながっていったと、のちに三宅正太郎が『治安維持法』（『現代法学全集』第三七巻・第三八巻、一九三一年二月・三月、『資料集』第一巻）のなかでするどく指摘している。「政体変革が削られ、本法適用の範囲が狭まった結果、其後の当局の説明中には動もすれば国体の変革を広く解せんとし、統治権行使の方法に対する変更にも及ばしめんとするかの如き傾向を見る」と論じた。「国体」を「国家の体形」と限定的にとらえる三宅は、三・一五事件後の「改正」治安維持法が猛威を振るいはじめた徴候に「今徒に国体の意義を云為してその適用を拡張するに於てはその結果は本法の適用の範囲を極めて不明確ならしめるのみならず、之を全然立法者の予想せざりし事項にまで及ぼし、処罰の必要なき犯罪を作為する結果を生ずる」という強い懸念をもっていた。このとき大審院判事の職にあり、のちには司法次官となる三宅だが、治安維持法運用をめぐっては異端的な立場にあった。三宅の懸念通り、三〇年代以降の治安維持法は「処罰の必要なき犯罪を作為」しつづけた。

衆議院では一八人の反対論者を除いて、無政府主義・共産主義運動の取締に異論はなかった（貴族院では反対の議員なし）。前述のように普選法と日ソ基本条約締結への対応策として、何らかの新治安立法の制定は必要という認識は広まっていた。しかも治安維持法案が「国体」変革の防止を旗印に掲げることにより、反対論の構築を著しく困難とした。過激法案に比べれば「結社」取締に焦点を合わせるという条文の構成で出来の良さは上回っていたが、なによりも「国体」を持ち出すことで「完全なる法案」らしくみえていた。したがって、反対論者の一人である先の清瀬にしても「国体を変更する目的」を代案とし、治安維持法それ自体の必要性までは否定しない。まさに「国体」が発する魔力にほかならない。立法者によるその解釈については後述することとし、もう少し議会審議における問題点をみよう。

外務省・文部省の関わり

治安維持法が内包する取締範囲の広さは、すでに議会審議においてその一端をみせている。二つの点でそういえる。

まず、植民地における治安維持法の施行についてである。「本法施行区域外」で犯した治安維持法犯罪に対してその適用を規定する第七条で、「本法施行区域外」とは朝鮮・台湾などの植民地と外国を指すが、処罰しうるのは日本の本土で検挙した場合に限られ、治安維持法自体には植民地での同法の施行は規定されていなかった。そこで、施行を前に「治安維持法を朝鮮、台湾及樺太に施行するの件」と「関東州及南洋群島に於ては治安維持に関し治安維持法に依るの件」が勅令によって公布された(施行は治安維持法と同日)。これに関連して、二月二四日の衆議院の委員会審議で朝鮮総督府の下岡忠治政務総監は「朝鮮に於ける過激主義の宣伝の模様」についての質問に答えるなかで、次のように発言している。

序(ついで)に申上げますが、此治安維持法のような法律は朝鮮に於ても是非必要なものであると考えて居ります、若し之が制定されると云う場合に於ては必ず之を朝鮮にも施行して貫いたい希望を持って居ります、現在に於ても一の制令がありまして、政治を変革する目的を以て安寧秩序を妨害し、又は妨害せんとしたる者は云々、之を煽動するもの云々と云うようなことがありまして、其制令に一種の規定はありますけれども、其れでは少し範囲が狭く、過激派共産主義の宣伝の如きはそれに包含し難いものである、又他の意味に於ても政体、国体を云々するような事柄は今の制令の条項には当嵌まらない、随て其範囲が狭いのでありますから、若し此法律が出来ると云うことであるならば、朝鮮にも是非施行して貫いたいと云う考を持って居ります

委員のなかからは「八百長々々」の声がささやかれたというように、示し合わされた質疑応答だった。「過激派共産主義の宣伝」を対象とするとしつつ、「結社」取締には言及せず、また朝鮮独立をめざす民族運動への言及もないことが注目される（シリーズⅣ『朝鮮の治安維持法』参照）。もっとも、三月一七日の貴族院の委員会審議で小川法相は「例えば帝国の一部分、朝鮮なら朝鮮、或いは又朝鮮の半分でも宜しうございましょう、それを陛下の統治権から離して仕舞うと云うことは、其領土の部分が狭くなりましても、統治権其ものに触れる訳であります」と、具体的に民族独立の運動が「国体」変革に該当することを明言している。植民地における治安維持法の施行の必要性の確認にとどまらない、その独自の運用が示唆された。

もう一つ治安維持法の幅の広さを示すのは、議会審議における外務大臣や文部大臣らの答弁である。外務省が「赤化宣伝」防止のために新治安立法制定に関心を寄せ、とくに日ソ基本条約締結にあたり治安維持法案に注目していたことは前述した。二月二四日の枢密院の委員会審議で答弁に立った幣原喜重郎外相は、「用心深き処置として斯の如き法律を設けて取締を講ずると云うことは必要な事と思う、況や先刻も述べましたように条約で規定することの出来ぬ部分があります、即ち一私人の行為、又国家と直接関係の無いような宣伝行為に付ては条約の保障の範囲外であるから、是等の行為に対しましては、国内法を設けて取締を講じないと、国家的将来の為め危険を胎すものである」と外務省の立場から治安維持法の必要性を論じた。なお、外務省情報部

では法案可決後、『治安維持法案問題』という小冊子を作成している（外交史料館所蔵）。「制定の由来と其の理由」から議会の審議経過、「日本新聞論調」まで叙述している点からみて、各国政府から説明を求められた際の参考資料として在外公館に送ったものと思われる。

議事録でうかがえる文部省の関わりは、高校の社会科学研究会の解散と思想善導の徹底についてである。前者では二月二七日の衆議院委員会の審議で社研への抑圧を問われて、鈴置倉次郎文部政務次官は「元来学生は研究の自由を有すべきものでない」、研究においても危険であれば「停止すると云うことが当然の措置」と強圧的立場を貫いている。思想善導では、三月一七日の貴族院の委員会審議で岡田良平文相が師範教育の改善などの持論をあらためて表明している。

こうした外務省や文部省の関わりは、内務省や司法省の脇役にすぎないとはいえ、それぞれが治安維持法を基軸とする治安体制の一角を占めていること、換言すれば治安維持法体制はこれらを不可欠の構成要素として構築されていることを意味する。

「国体」への口出し不可

立案過程において「国体」変革は「朝憲紊乱」の言いかえとして、「私有財産制度」否認は「安寧秩序紊乱」の言いかえとして採用されたものであったが、ひとたびそれらが条文上に定着すると、それぞれ独自の意味をもって一人歩きをはじめた。ことに「国体」変革概念は、おそらく立案当事者の意図をはるかに越えて想像を絶する膨張ぶりを示すこととなるが、実はその制定時になされた解釈の説明のなかにすでに膨張の萌芽があったことも事実である。

議会提出期が迫り、与党内の了解工作や世論対策に追われるなかで、若槻礼次郎内相は「国体政体の変革は無政府主義と云って良い、又私有財産制度の否認は共産主義と大体同一である」(『時事新報』一九二五年二月一三日)と述べていた。議会の審議でこうした解釈による答弁がなされることもあるが、それは便宜的な解釈にとどまる。「無政府主義」および「共産主義」に対する確定的な定義が困難なために「国体」などが採用された経緯からすれば順当ではある。その後の「国体」が有した傍若無人さからいえば理解に苦しむところだが、法案の用語は具体的で「決して曖昧な解釈を許さぬ」(若槻内相、二月一九日、衆議院本会議)という当局の説明は、「国体」に関する限りほとんど疑問視されることがなかった。もっとも予定通りというべきか、「政体」へは疑問が集中して削除となるし、「私有財産制度」についても「暴力を以て」を追加するなどの修正が加えられようとした。

内務・司法両省が立案過程で作成した解説類や議会での答弁では、「国体は何人が主権者なるかの問題なり、本法に国体と謂うは万世一系の天皇の統治せらるる我が君主国体なり」(司法省「国体、政体、私有財産制度に関する問答」、一九二五年二月、『資料集』第一巻)などと定義される。こうした「国体」観の前に、多くの議員は金縛り状態となった。したがって、反対論者といえども、清瀬一郎のように「我国の事でありますから、国体のことは姑(しばら)く論じませぬ」(二月一九日、衆議院本会議)と素通りするか、有馬頼寧(よりやす)のように治安維持法制定によりかえって「吾々が日本の皇室を擁護しようとすることに、何等かの支障を来す虞(おそれ)がないものであろうか」(同)と搦め手から追及するにとどまる。

それは「国体」に絶対不可侵性が付与されていると多くが考えているがゆえにであった。議会審議前に作成された内務省「治安維持法制定の理由及解釈概要」(一九二五年二月、『資料集』第一巻)では「我帝国は万世一系天皇之を統治せらる主権の所在に寸毫(すんごう)の変更をも許容すべからず、我君主国体の変更は我帝国の破滅なり。我国法上国体の変更を観念することを得ず、実に国体の問題は絶対にして是非の論議の範囲外たり」とするように、強権的姿勢が際立つ。論議の余地すらあたえず、「国体」への口出しを一切許さなかった。

「予備の又予備」まで処罰——小川法相の「国体」理解

「国体」の定義自体において内務・司法両省の見解の相違はみられないが、「国体」変革が具体的に何を指すかという点に質疑が及ぶと、両省の懸隔がみえてくる。若槻内相が前述のように「国体」の変革を無政府主義の主張と認識するのに対して、小川平吉法相は「無政府主義と云う言葉では足らない」として、「今日我々の最も恐れて居る所の共産主義なるものは所謂露西亜の共産党であって、唯々財産を平均に分けると云うものではない、所謂労農の専制政治をしようと云う訳でありましょう」（三月三日、衆議院委員会）と述べる。日本の無政府主義運動の退潮という状況やソ連の国家体制の確立からすれば、小川法相の理解の方がリアルである。それは、制定後の治安維持法の運用の司法省と内務省の積極度の差にあらわれていく。

反対論者のいない貴族院の審議は気楽だったのだろうか、小川法相らは治安維持法案に込めた広範な取締機能への期待を率直に語る。たとえば、「国体」変革と「私有財産制度」否認の間に処罰刑期の軽重の差がないことは不当だという指摘を受けて、小川は次のように答えている（三月一七日、貴族院委員会）。

国家社会の根本の点から、例えて申せば是がずっと一番の奥の院に据って居るところが国体である、それから又其次の次の間でも宜しうございます、玄関の次の間位に居る奴が私有財産制度と云う、余程此区別がありますけれども、両者何れも非常に大切であって、国の為に社会の為に之を壊す方に近付いて来ては困る、故に之を玄関まで来ない中に、庭まで来ない中に、門前に於て喰い止めようと云うのが本来の趣意なんで……ずっと其予備の又予備のようなものまでも処罰しようと云う是は非常に特別な立法であります、故に之を門前で喰い止める、即ち唯人と相談したとか、やれ煽動したとか、誠に予備の又予備のようなことでありまするが、それに大変重い刑罰を科すると云う訳でありますと、小川はこれに先立つ貴族院の委員会審議でも「国体」変革の未然防御のたとえとして、「門前の仕事」「嫩葉の中」の切り取りという説明をしていた。それとこの「予備の又予備のようなもの」にまで取締範囲を設定して「大変重い刑罰」を科そうとする意図を重ね合わせると、むしろそこにこそ治安維持法の本音の部分を、そしてその拡張の運命をはっきりとみてとることができる。しかも「予備」行為処罰は、立案過程の内務・司法・法制局の三者間の協議で司法省案から削除されていたものであった。ところが、ここに第二条の「協議」および第三・四条の「煽動」を第一条の実質的な「予備の又予備」罪として復活させ、治安維持法に広範な取締機能を与えようとしている。

これは小川法相の勇み足でなく司法省の本音であったことは、立案者自身の「治安に危険のある状態を惹起した者を直ちに取締るのが目的で、現実に被害の発生したことを取締るのは本法の目的として居る所ではない」（古田正武〔司法省書記官〕「治安維持法」『警察教養資料』第一編、一九二五年五月、『資料集』第一巻）という解説の言に明らかである。そうした司法省の姿勢は、若槻内相がしきりに「無産階級の人が適法なる運動をすることに向って、決して拘束を加えるものでありませぬ」（二月一九日、衆議院本会議）などと弁明するのとは明らかに距離がある。「予備の又予備」の程度、あるいはどこまでが「門前」で、どこまでが「嫩葉」かという判断は、取締当局の解釈にゆだねられ、現実の運用においてそれは拡張解釈を繰りかえしていった。

先の引用にもどれば、「国体」の絶対不可侵性を強調する一方で、その変革と「私有財産制度」否認を同一の刑期と規定したことに対する小川の答弁に説得力に欠ける部分があったことは否めない。したがって、この不備を是正するために、三年後の緊急勅令では「国体」変革に死刑の最高刑が導入されることにより、軽重の差がつけられることになる。

無政府主義観と共産主義観

治安維持法にとってもっとも肝心な「国体」変革と「私有財産制度」否認の関わりをどのようにみるか、さらに無政府主義と共産主義の実際運動をどのように把握するかという点で、審議の進展とともに内務・司法両省の認識の相違があらわれてきた。「決して曖昧な解釈を許さぬ」というわけにはいかなかったのである。すなわち、前述のように若槻内相が「国体」変革を無政府主義、「私有財産制度」否認を共産主義と図式的に捉えるのに対して、小川法相は「国体」変革を無政府主義にとどまらず共産主義を含めて考えている。虎の門事件の難波大助に何度か論及するが、それは「一旦無政府主義を奉じたけれども、是は徹底せぬと云うので共産主義になった、労農の専制の時代を実現しなければならぬ、斯う云うことになって来た」（三月三日、衆議院委員会）という認識にもとづいていた。小川は「国体」への脅威を、無政府主義よりも共産主義に感じはじめている。

一方、共産主義観そのものに注目すると、若槻内相が「今日の露西亜に於て行われて居る共産主義は、現行法に只今私有財産制度の否認として取締らんとする所のものに正しく当って居る」（二月一九日、衆議院本会議）と述べるにとどまるのに対し、小川法相はここでもう一歩踏み込んだ見解を表明する。審議終盤の貴族院で数度繰りかえされるが、たとえば「今日の共産主義と云うものは主に露西亜に於けるのがそれでありますが、露西亜でやって居ります通り、此権力を壊わし、畏れ多いことでありますが、皇室を無論認めず、露西亜のようにやろうと云うのでありますから、共産主義と云うと何か財産でも平分すると云うように見えますが、丸で権力を壊し社会を破壊すると云うのが実際の状況であるのであります」（三月一六日、貴族院委員会）と論じるのである。共産主義の実行は「私有財産制度」を根本的に破壊することにより社会組織の破壊にまでおよび、日本においては「必ず以て国家を破壊し、日本の皇室を破壊すると云うことの当然の帰結となる」（同）と断じる。

このようにして日本の共産主義運動は「当然の帰結」として「国体」変革と結びつけられつつあったのである。

こうした見方は山岡刑事局長の答弁や司法省の解説類にもみられず、小川法相の逸脱気味の答弁のなかにのみあった。この時点での政府の統一的公式見解は若槻内相の答弁の線上にあったものの、治安維持法のその後は明らかに小川の「国体」変革と共産主義運動を結びつける見解にそって運用され、猛威を振るった。そうした意味で小川には先見性があった。若槻と小川の認識の差は、過激法案以来の内務・司法両省の新治安立法に対する取組や期待度の強弱を反映しているともみるべきだろう。そして、この差は成立した治安維持法の運用においてもあらわれることになる。

五　治安維持法の運用へ

「血に狂う警官隊」――治安維持法施行をめぐって

治安維持法成立後の運用にあたっては、内務省は司法省よりも慎重な姿勢でのぞむが、法案への反対運動は断固として取締った。たとえば、一九二五年二月一九日の芝協調会館の反対集会への警視庁の弾圧は、新聞でも「血に狂う警官隊　暴力で民衆を迫害　きのう悪法反対の会衆を相手に　会旗を奪って殴る蹴る」(『東京日日新聞』二月二〇日)と報道されるほどである。

こうした強権的取締は内務省警保局からの全国への指示にもとづいて実施された。その直接の通牒類は不明だが、鳥取警察署長から駐在所・派出所宛の通牒「社会主義者及労働運動者等注意警戒方の件」(三月一八日、『資料集』第一巻)は、警保局→各県警察部→各警察署のルートで下りてきている。「本法案反対運動に藉口(しゃこう)し、各種の宣伝煽動を為さんとするもの有之候」として「社会主義者、労働運動者其他過激人物」や団体への視察取締の強化を求めた。具体的には上京阻止のための予防検束や常時尾行などを指示している。

警視庁から内務省などへの報告「治安維持法案に対する外国人及其関係者の感想」(二月二一日、『資料集』第一巻)なども、どこに取締当局の警戒が向けられているかを示している。大使館員や宣教師・留学生らの外国人の言動にとくに注目するのは、こうした弾圧立法を制定する日本への各国の反応を懸念するからであろう。たとえば、ソ連のロスタ通信員スレバック助手大倉旭は「今回の法案は封建時代の悪法とも云うべく、之に依りて益するところなく、反って益々無産階級の思想を悪化せしむるに過ぎざるべし」などと語ったとする。また、イタリア大使館員のプロスペラは次のように述べて法案を肯定したという。

> 治安維持法は一部人士に於て盛に攻撃且反対し居るが如きも、伊太利に於ては警察規則中に過激主義に対する取締方法あり、且之が撲滅の為め黒「シャツ」党なるものあるが故に憂うることなきも、貴国の如きは露国と国交恢復し、過激主義者の増加するは明かなるを以て、該法案は一部の反対など意とするに足らざるべしと信ず

治安維持法は、三月一九日、貴族院で衆議院の修正案をそのまま可決して成立した。付則には施行期日が明示されていないため、法例第一条の規定により公布から二〇日後が施行日となった。すると、公布日をいつとするか、つまり天皇の裁可のタイミングが問題となる。すでに衆議院に提出する以前の与党との折衝で「施行期日を法文中に明かにせよ」(『読売新聞』二月一九日)などの注文が出されていた。また、審議自体でも法の濫用

に強い懸念が表明され、政府も公式には思想抑圧を目的としないとして性急な適用を否定していた。おそらくこうした事情により、議会での成立直後の公布ははばかられたのであろう、ほぼ一カ月後の四月二一日に裁可となり、翌二二日公布（『資料集』第一巻）、そして五月一二日の施行となった。この施行にともない、付則の規定により治安維持令は廃止された。

同日には朝鮮・台湾・樺太の植民地と租借地の関東州、委任統治領の南洋群島にも勅令により治安維持法が公布・適用された（『資料集』第一巻）。また、不平等条約により日本が領事裁判権を獲得している中国においても、在留「日本国民」に対して治安維持法が適用されることになった。この「日本国民」には朝鮮人や台湾人も含まれることになったので、上海や中国東北部「間島（カンド）」などを拠点とする民族独立運動への新しく、かつ強力な武器となった。外務省はこの治安維持法の運用にあたって、五月一五日付で在中国のすべての領事館に司法省から入手した「治安維持法理由」を送付している（「過激派其他危険主義者取締関係雑件　取締法規之部　帝国」、外交史料館所蔵）。

しばらくは「伝家の宝刀」として温存

内務省警保局では公布と同時に各府県に「治安維持法施行に関する件」（『資料集』第一巻）という通牒を発し、その「取扱に関し細心の注意と研究」を求めるとともに、「万一管下に同法の適用を受くべき結社現に存在する疑あるに於ては、同法実施前に於て厳秘中に其の内容を調査し速に御報告相成、本省の指揮を仰がれ度（たく）」という指示を与えた。警視庁では特高課を総動員して管下の「各種団体及び秘密結社に対し内偵に着手」（『小樽新聞』一九二五年四月二七日）したという。

施行を前にした五月五日の地方長官会議の首相や内相の訓示ではこの治安維持法に触れなかったが、指示事項（『資料集』第一巻）のなかで「之が適用に当ては慎重なる態度と深切なる省察とを以て事案の大小軽重と其の影響の如何とを考覈し、常に大局より判断して誤りなきを要す」という基本方針を示した。社会的にも表明する必要を感じてだろう、警視庁当局者は「あの法案は伝家の宝刀であって、余り度々抜く積りでもないし、又抜く程に形勢が迫ってもいない」と語り、川崎卓吉警保局長も「其適用も極めて慎重に取扱わねばならぬ」（『東京朝日新聞』五月八日）と言明する。

こうした姿勢は治安維持法に対する社会的批判の強さに配慮したものであるだけに、司法省も表向き同様な方針を示さざるをえなかった。五月八日の全国司法官会同で小川平吉法相は「細心の注意を払いて事件を審究し、決して濫用の謗を受けざらんことを期せざるべからず」（司法大臣官房秘書課『司法大臣訓示演説集』）と訓示する。ほぼ同じ時期に内務省の警察講習所で講演をおこなった司法書記官の古田正武も、治安維持法は「極めて鋭利な刀」であるので、「若し其刀を適当に使用しない場合には沢山の被害者を生ずるという結果に陥る」と述べて、第一線の警察官に「精細に考究」することを求めている（『資料集』第一巻）。

施行を前に内務・司法両省はそれぞれ治安維持法の逐条解釈を公表した。これも社会的批判への配慮の一つだろう。しかし、逆に「之を熟読すればいよいよ其恐ろしき法律たるに身をふるわさざるを得ない」（『東京朝日新聞』社説「治安維持法濫用の危険」五月九日）などと痛烈な反駁をくらうことになる。なお、この社説では朝鮮などの植民地へも適用されることにより、「却て統治上に悪影響なきかを恐れる」とも指摘している。

五月一二日の施行後、国内では治安維持法はしばらく「伝家の宝刀」として温存され、すぐに威力を試されることはなかった。そもそも治安維持法の制定理由の第一は「無政府主義、共産主義其の他急進分子」の運動の「組織的且大規模に行われんとするの状況」（内務省「治安維持法要義」、『資料集』第一巻）の防遏にあったが、日本共産党は解党し、他の秘密結社も存在していないというのが内務省の現状認識だったからである。

治安維持法発動に向けて

過激社会運動取締法案に端を発した金品の授受についての禁止措置は治安維持法の第五条に盛り込まれたが、それとは別に「赤化宣伝防止」、すなわち「過激思想」の流入をどのように阻止するかに内務省の当面の課題があった。一九二五年五月の地方長官会議でこの件について指示を与え、ついで防止策を詳細に規定した「過激宣伝取締内規」を制定する（六月二日、山形県警察部『特高警察例規（下巻）』、『特高警察関係資料集成』第二二巻）。着任したソ連の駐日大使館員や通信社員らについて、外務省と情報交換している。これらは主に「露国共産党、若は第三インターナショナルに属するもの、又は其の疑ありと認めらるる者」（「過激宣伝取締内規」第一条）という点からの視察取締である。

「過激宣伝取締内規」の第七条では「露国に渡航せんとする内地人及朝鮮人にして過激社会運動（民族独立運動をも含む）を為す目的を有し、若は疑著しき者」の渡航阻止が指示されていたが、極秘裡の入ソ者・帰国者が多数にのぼりつつある事態に新たな方針を打ち出す必要に迫られた。ここで日本国内での治安維持法の適用が検討される。

二五年一二月五日、各府県宛の警保局長通牒「露西亜関係邦人主義者の取締に関する件」（『資料集』第一巻）がそれで、「近時本邦共産党関係者並共産主義系労働組合と露国共産党との連絡関係次第に濃密の度を加え、彼我の来往漸く繁からんとするの傾向有之哉に被認候」という認識を示したうえで、入ソ者の帰国に際しては治安維持法該当の犯罪容疑がないかどうか、厳重な捜査を指示する。具体的には「露国に於ける何等かの会議に出席し、且其会議に於て本邦に対する主義の宣伝乃至実行に関する協議ありたる」場合は治安維持法第二条で、「金銭其他財産上の供与を受けたる」場合は第五条で立件するというものである。この通牒を発する前、警保局では司法省刑事局との打合せのなかで、「検事に於ては本件に関する事件は多少物的証拠に欠くるところあるも、可成(なるべく)起訴の手続を執ること」という提案をして、刑事局から「不当」な手続きはできないと拒否されるということがあった。これは「邦人主義者」とソ連共産党との連絡関係が「濃密」になりつつあることに有効な手立てを打てない警保局の焦慮のあらわれといえよう。

「本邦共産党関係者」といっても解党した日本共産党が再建したとみているわけではないことは、治安維持法の適用を結社行為の第一条ではなく第二条と第五条に想定していることでわかる。しかし、施行半年後の時点で「主義者」は完全に共産主義者を意味するようになり、議会審議の過程では残っていた無政府主義者への警戒は低くなっている。この間の急速な社会運動の進展がその背景にあった。内務省警保局ではその様相を「大正十四年は前年来の趨勢を享(う)け、実に過激派共産主義者の全盛期に属し……露国方面との連絡一層進展せる等、各種の事由に依り共産主義者等は陣容を整備し、其の運動は既往に比し一新せられたるの観あり」(「大正十五年中に於ける社会主義運動の状況」、一九二六年一二月、復刻版『社会運動の状況』大正一五年版)と観測している。実際にはこの通牒の趣旨にそった「露西亜関係邦人主義者」に対する治安維持法の発動はなかった。

司法省も期せずしてほぼ同時期に治安維持法の発動を検討しはじめる。ただし、内務省と異なって「露西亜関係邦人主義者」に限定せず、より積極的に「思想問題」全般への注視のなかで治安維持法の適用を射程に入れていった。一一月二六日の控訴院検事長協議会の席で立石謙輔刑事局長は「共産主義者と各種団体との関係報告方の件」(『資料集』第一巻)という覚書を配布し、さらに一二月一二日付で各地裁検事局宛に同覚書を通牒する。「(イ)無産政党と共産主義者との関係 (ロ)日本無産青年同盟と共産主義者との関係 (ハ)社会科学研究会と共産主義者との関係」に留意して「治安維持法違反の事実なきや否やを調査し、随時報告すること」という内容である。いうまでもなくこの通牒の忠実な実践として、まもなく「社会科学研究会と共産主義者との関係」のラインから京都学連事件が引き起こされる。

司法省によって「思想問題に付ては常に深甚の注意を払い」として留意点にあげられたこれらの三点は、たしかに同時点の社会主義運動の方向であった。警保局の資料で二五年後半の傾向として「無産階級政治教育の普及徹底と階級政党の樹立」「新様式に依る青年運動」「過激なる実際運動」に進む学生社会科学研究会があげられているのとそれらは完全に一致する（「大正十五年中に於ける社会主義運動の状況」）。したがって、治安維持法発動を予定した先の覚書・通牒は単発的なものではなく、司法省の「共産主義者と各種団体」抑圧取締への本格的取組と結びついて出されていた。

翌二六年、司法省は刑事局に思想問題担当の専任の書記官と嘱託を配置し（官制上の設置は一九二七年六月）、東京地裁検事局には思想検事をはじめて配置する。前者の書記官が池田克、後者の思想検事が平田勲である。四月の司法官会同では林頼三郎司法次官はこの思想担当の書記官新設の趣旨にふれ、思想問題は「実に目今に於ける最も重要な問題でありまして、之が対策を誤りますと国家の為め誠に不詳なる結果を招来することなきを保せぬのであります」と述べている（司法大臣官房秘書課『司法次官並民事、刑事、行刑各局長注意指示事項集』）。二七年八月、司法省に「訓令又は打合を要する事件」（『資料集』第一巻）としてそれまでの勅任官や国会議員らの禁錮以上の犯罪に「治安維持法の罪」が新たに加わり、その処分手続きが規定された。起訴を要する事犯と判断した場合は控訴院検事長の指揮を受けること、検事総長・法相への報告を規定する。

適用の一歩手前――第一次日本共産党事件判決

治安維持法の成立後、公布を前に一九二五年四月七日から第一次日本共産党の治安警察法違反事件の公判が東京地方裁判所で開かれた（裁判長宇野要三郎、立会検事石田基、弁護人布施辰治・山崎今朝弥・今村力三郎ら）。二

共産黨事件豫審終結して
被告全部有罪と決す
治安警察法違反で

先づ片山等と
氣脈を通じて
七名の企圖（理由書）

インターナショナルの
主義を繼承して
六項の黨規を設く

見張り附で
一直園の委員會
黨規の改正を議す

第一次日本共産党事件予審終結
『東京朝日新聞』1924年2月17日

三年六月の一斉検挙後、堺利彦・山川均・佐野学ら二九人全員は二四年二月一三日の「予審終結決定」で公判に付されることになった（予審判事は、その後治安維持法違反事件公判にたびたび登場する沼義雄である）。治安維持法施行後の八月二〇日に言い渡された判決では山川均・市川正一ら三人が無罪となり、逃亡・入隊・死亡を除く二三人が治安警察法第二八条（秘密結社組織・加入の罪、「六月以上一年以下の軽禁錮」）の適用を受けて、禁錮一〇月から八月を科された（求刑は一年から一〇月）。

堺ら二三人と佐野ら三人の判決に分かれるが、後者では「何れも現時の資本主義社会組織を一変して其理想とする社会主義を実現せんが為に、先づ無産階級の革命手段に依りて一切の権力を悉く無産階級の掌握に期せしめ、以て労農独裁の政治を敷くと共に経済上には凡ゆる生産機関を資本家の私有より奪て之を社会の共有に移さんとする目的を抱く所謂共産主義者なる処」としたうえで、二二年一二月に日本共産党を組織したとする。

大部分の被告は共産党組織の事実を否認した。法律の適用では佐野の「私有財産制度撤廃の目的を以て秘密結社日本共産党を組織したる行為は現行治安維持法第一条第一項前段に該当」するが、「其の行為当時に於ては何れも治安警察法第二十八条に該当したる犯罪」とし、量刑については「両者の軽重を比較」し、事後法の量刑を科すことはできないという刑法の規定により軽い治安警察法によって処断するとした（『昭和思想統制史資料』別巻）。堺らの処断も同様である。

この判決で日本共産党を「経済上には凡ゆる生産機関を資本家の私有より奪て之を社会の共有に移さんとする目的」をもつとするところは、治安維持法の議会審議や説明資料にもとづく「私有財産制度」の否認とする説明に対応している。それゆえに「現行治安維持法第一条第一項前段に該当」すると認定するが、量刑の適用は治安警察法となった。そうするとこの判決は治安維持法の適用の一歩手前にあったといってよい。ただし、この第一次日本共産党の摘発によって共産党組織は存在しないと考えていたことに加えて、治安維持法の慎重な運用を言明していたこともあり、当局者に焦慮感はみられない。

朝鮮の場合もほぼ同じ状況である。予審や公判中に治安維持法が施行され、その適用が考慮される事例があった。その際には現行法としては治安維持法第一条に、犯罪当時の法律としては制令第七号第一条に該当し、量刑では両者の比較で軽重がないとしたうえで、制令第七号を適用した（二五年六月二四日の京城覆審法院判決、量刑は三年六月）。使い慣れた制令第七号の適用が選択されたと推測されるが、治安警察法と比べて重い量刑であったため、いわば治安維持法と同等の威力を有した。朝鮮において二五年後半は治安維持法と制令第七号、さらに保安法の適用が混在していたが、二六年になると朝鮮共産党事件もあり、治安維持法の適用が本格化していく（シリーズⅣ『朝鮮の治安維持法』参照）。

東京地方裁判所の判決に対して被告・検察がともに控訴した。二六年四月五日に東京控訴院で開廷し（裁判長長岡熊蔵、立会検事森山武市郎）、四月二八日に言い渡された判決では市川正一が禁錮八月、小岩井浄ら三人が懲役八月から一〇月へと重くなった（他は一審と同じ）。上告審判決に引用される布施・山崎弁護人の上告趣意書によれば、控訴審判決では日本共産党の目的を「現時の資本主義社会組織を顛覆して社会主義を実現せんが為めに民衆革命的手段に依りて一切の権力を悉く無産階級の掌中に帰せしめ、労農独裁の政治を施すと同時に、経済上には凡ゆる生産機関を資本家の私有より奪い、之を社会の共有に移さんとするもの」としている。ほぼ第一審と等しく、「私有財産制度」否認が念頭に置かれている。大部分の被告は共産党組織そのものを否定し、証拠にもとづいて成立は証明されていないとした。やはり治安警察法第二八条を適用した第二審判決に対して市川・高津正道らは上告する。二六年八月四日の大審院判決は上告を棄却した（以上、『日本政治裁判史録』「大正」）。

なお、第一次日本共産党事件公判で入隊により除外されていた川内唯彦（下関砲兵連隊第三中隊、陸軍一年志願兵）は入隊前の九州青年同盟の組織を問われて、二六年三月二四日の第一二師団軍法会議において治安警察法第二八条違反で禁錮一〇月を科された（ほかに同盟組織の趣旨書を無届出版したとして出版法違反により二〇円の罰金）。九州青年同盟を「無産者の自覚と智識の向上に依りて将来は無産者の完全なる無産政党を組織し、以て多数無産者の幸福実現を期するの理想を有す」という秘密結社とみなして処断したが、積極的に判断すれば治安維持法の適用の可能性もあったといえる（法政大学大原社会問題研究所所蔵）。

最初の発動——京都学連事件の判決

日本国内での治安維持法の最初の発動は一九二六年一月の京都学連関係者の検挙であり、二番目は二七年一一月の北海道の集産党関係者の検挙である。いずれも主導的な役割を検察がになった。また、ともに処断されたのは「国体」変革ではなく、「私有財産制度」否認についてであった。二八年の三・一五事件を機とする治安維持法の本格的発動が「国体」変革に収斂していくため、これら二つの司法的処断を小手調べ・試し切り的事件ととらえがちとなるが、治安維持法成立の議会審議や当初の公式説明に照らしてみると、いわばそれらに即した運用とみることができる。

京都学連事件は軍事教練反対ビラを端緒とし、二五年一二月の京都府警察部特高課による学生らの検束がいったんは不首尾に終わったかにみえたが、二六年一月一五日、特高課では司法省と連携して巻き返しを図り、全国の学連関係者の一斉検挙と河上肇らの家宅捜索も断行する。当初、出版法違反を被疑事実としたが、ここを治安維持法適用の好機とみた司法省では池田克・平田勲らを京都に送り込んだ。本命の第一条適用はできなかったものの、学連の行動を第二条の「協議」とする立件に至る。被疑者に対して「検察側ははじめ軽い出版法違反を表面に出して警戒心をとき、二週間ほど取調をしたのち予定の行動として治安維持法違反に重点を移し」たという（「京都学連事件」『日本政治裁判史録』「昭和・前」）。

三八人全員が起訴（予審請求）となった。四月二五日の大橋積・野呂栄太郎・上村正夫の京都地方裁判所検事局の「予審請求書」には、「孰れも日本帝国の国体及び経済組織と相容れざるマルキーズム、レーニズムの社会革命思想を抱懐するものなる処、組織的に学生其他無産階級に対し、此等の革命思想を普及し、之を指導訓練して、所謂無産大衆の革命運動に依り日本帝国の根本組織に変革を加え、且つ経済組織を根底より変更して私有財産制度を破壊し、以て共産主義社会を建設せんことを企図し……以て国体の変革、私有財産制度否認実行に関する協議を為したるものなり」（法政大学大原社会問題研究所所蔵）とある。

二七年四月に開廷した京都地裁の公判（裁判長荒井操、立会検事古賀行倫・南部金夫）では一一回の審理を経て、五月三〇日に判決が言い渡された。治安維持法第二条を適用し全員を有罪としたが、量刑は禁錮一年から八月で、一五人には執行猶予二年が付された。比較的寛大な判決と受け止められた。判決文では二五年七月以降のこととして、次のように記している。

専らマルクス主義、レーニン主義を研究の対象とし、其の所説に従い、資本主義社会は一面其の制度の下に発展したる物的生産力と資本家的生産関係（所有制度）との抵触、他面其の生産方法の下に発達したる無産階級と資本家階級の利害の衝突等の矛盾に因り没落し、更に必然的に共産主義社会に変革発展すべく、之が革命の歴史的任務を遂行し得るものは、独り其の矛盾を意識し自己の階級的解放を期する無産階級あるのみにして、無産階級は其の革命に際し一時強力に依り資本家階級の支配権を顛覆し、一切の権利を掌握し、所謂無産階級の独裁を断行するを必然とす

そして、各被告の「犯罪事実」を列挙したうえで、「即我××の変革及私有財産制度否認の目的を以て、其の目的たる事項の実行に関し協議を為したるもの」とした。「国体の変革」を掲げながらも、実質的に処断の対象となったのが「私有財産制度」否認であったことは、「治安維持法に所謂私有財産制度の否認の実行とは、現在我国の法制上認められたる財産の私有に関する制度の存在を全く無視するが如き方法に依り、其の全部又は根幹に亘り、現実に廃止又は変革することを指称し、必ずしも其の手段の合、不法は之を問わざるもの」という判決の一節からも明らかである（以上、『日本政治裁判史録』「昭和・前」）。

「国体」変革に相当するのは「無産階級の独裁を断行」するというところだろう。それは、三・一五事件の「国体」変革が「君主制の撤廃」に結びつけられ、悪逆不逞の行為とされていくこととは異なる。治安維持法成立時、共産主義運動取締の必要性が「私有財産制度」否認とされて説明されていたことからすると、この判決はそれに準じたものといえる。

集産党事件の判決

北海道で名寄新芸術協会を創設した石井長治・浜野勇一・佐藤鉄之助・北村順次郎らは労働者階級の生活に

即したプロレタリア芸術の研究を進め、社会科学の研究コースも作成していた。石井らに対する「予審終結決定書」には一九二七年八月、名寄新芸術協会第四回総会後、「マルクス主義を実行し、我国に於ける私有財産制度を認めず、凡ての私有財産は之れを公有となし、産業機関を社会の経営に移行して共産制の社会を実現すべく、所謂私有財産制度否認の目的」をもって集産党を組織したとある（以下、萱原政雄『集産党事件覚え書き』〔一九八七年〕による）。

二七年一一月一三日、稚内で石井らが警察に検束された。一一月一八日の『北海タイムス』は「稚内機関庫赤化思想宣伝発覚　パンフ等五貫匁押収　一網打尽検事局へ　稚内署異状の緊張」、一九日の『旭川新聞』は「集産党一味を根こそぎ検挙すべく　旭川検事局大活動開始　当地裁検事正室を捜査本部として、先づ関主任検事名寄と稚内へ飛ぶ」と報じる。検束後、石井らの取調は関実検事がおこない、早くも二〇日には石井ら一〇人の「強制処分請求書」を旭川地裁予審判事に提出する。被疑者石井らが「マルクス主義を研究し、現露西亜労農政府の共産主義を信奉し居るものなるところ……私有財産制度を否認する集産党と称する結社を秘密に組織し、以て我国資本主義的経済組織の変革を図」っているとして、被疑者の訊問・勾留と家宅捜査を求めた。予審判事は二一日に稚内に出張し、石井らを訊問し、勾留した。その後、二四日までに関係者を拘禁した。

一一月三〇日、関検事は旭川地裁予審判事所恭之助に石井ら一一人について「孰（いず）れも我国資本主義的経済組織に不満を抱き」、秘密結社集産党を組織したとして治安警察法違反で「予審請求」をおこなう。検事正が「先ず便宜上治安警察法違反をもって予審請求すべき旨を命」じたという。さらに札幌控訴院検事長の指示を受けて、関検事は「被告人結社の目的は私有財産制度否認にあるを以て、其事実に付ても取調相成度」という「請求書」を担当の予審判事に送付している。このあたりの経緯は治安維持法運用が手探りであったことを示そう。

所恭之助予審判事は二八年三月一九日、「予審終結決定」をおこない、全員を旭川地裁の公判に付した。被告らの訊問三六回、証人訊問二一人、家宅捜査一一カ所におよんだという。八人を「私有財産制度否認の目的を以て、集産党と称する秘密結社を組織」したとして治安維持法第一条第一項前段に、三人を「其情を知りて」すなわち、その事情を知りながら集産党に加入したとして第一条第一項後段に該当するとした。

旭川地裁の公判（裁判長内藤丈夫、立会検事関実）は二八年四月二三日から六回開かれた。五月一六日に判決が言い渡され、禁錮二年（石井と松崎）から禁錮一年となった（四人は執行猶予三年）。判決文では集産党を組織することについて、次のように記した。

現在の資本的経済組織を破壊し、共産主義的社会を建設する為、其の実現運動を為す機関として政治的行動を為す結社を組織する事の急務なるに依り、吾々は共産主義者（コンミュニスト）として前衛分子（ケルン）を以て新芸術協会の上に立つ集産党と称する結社を組織し、其の党の目的はマルクス主義を実行し、我国に於ける私有財産制度を否認し、産業機関を社会公有の経営に移行して共産制度を実現するにあり

また、集産党は「共産制度社会の実現を期し、以て我国の現存社会組織、経済組織の根幹を為す私人が財貨に対して絶対支配権を享有することを是認せらるる現行制度の根本的変革を目的とする所謂私有財産制度を否認することを目的」とする結社とされる。石井・松崎らの組織者には「治安維持法第一条第一項前段（但し国体の変革を除く）」が適用され、加入者には第一条後段が適用された。あえて「国体の変革を除く」と但し書きがされた。量刑では禁錮刑が選択されるが、それについての説明はなく、治安警察法による処断に準じているのかもしれない。

石井ら七人が控訴し、二八年一二月二六日に札幌控訴院の判決があった（裁判長杉浦忠雄、立会検事関実〔札幌控訴院検事局に転任〕）。第一審と量刑は変わらなかったが、三人に執行猶予三年が付された。ここでも集産党は「我国の私有財産制度を否認し、共産制社会を実現すること」を目的とするとされている。治安維持法の緊急

勅令による改正があったため新旧法の比較の結果、「各所定の刑相等しき」ため、「行為時法」である旧法の適用とした。

さらに石井・松崎ら四人が上告した。弁護人神崎寛次は上告趣意書で「私有財産制度」について「斯の如き抽象的且相対的字句を用いたる刑罰法規は他に類例を見ざる処」とし、「治安維持法は現代日本を以て私有財産制度の段階に在るものと認識するものの如きも、斯の如きは立法者が社会組織に対する認識の錯誤乃至は迷信的結果にして、私有財産制度なる単一独立の社会制度は存在せず、況(いわ)んや法律上私有財産制度なるものなし」と述べ、「重大なる事実の誤認」と主張した。法律概念としてはなじまない「私有財産制度」そのものを真っ向から否定している。神崎は福田大将狙撃事件の和田久太郎の弁護や京都学連事件の弁護にもあたり、自由法曹団の一員として奔走していた。

二九年四月三〇日、この上告について大審院（裁判長藤波元雄、立会検事三橋市太郎）は「生産機関を公有に帰せしめ、共産主義的社会を建設する為、又は産業機関を社会公有に移し共産制度を実現する目的を以て結社を組織するは即ち私有財産制度を根本的に破壊するを目的とするものにして、前掲治安維持法第一条第一項の私有財産制度を否認することを目的とする結社を組織するものに外ならず」と断じて「論旨は理由なし」とし、棄却した。これが「私有財産制度否認の意義」についての判例となった。

III 治安維持法「改正」と運用

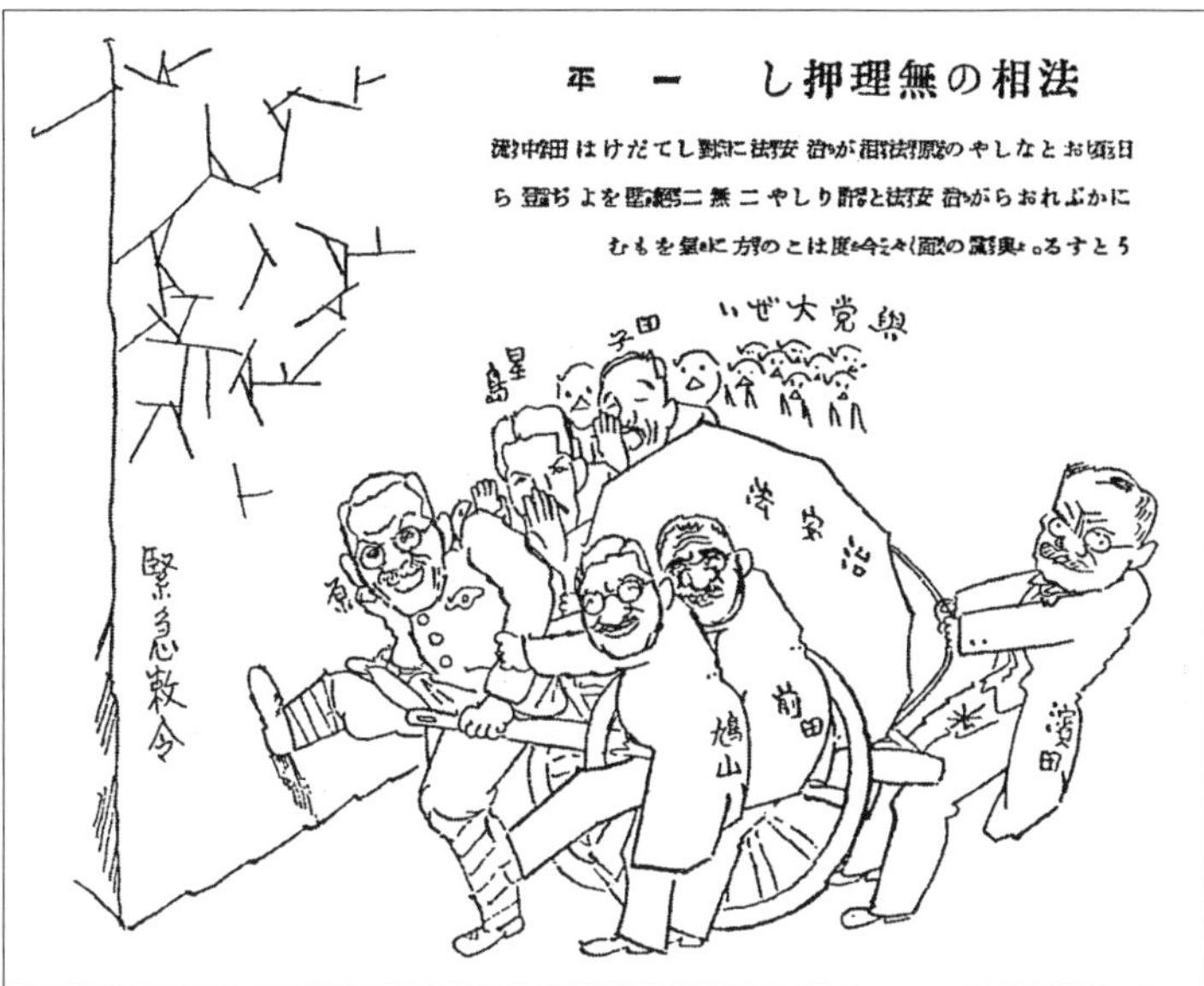

岡本一平「法相の無理押し」『東京朝日新聞』1928年5月30日

一　三・一五事件

治安維持法の本格的発動へ

一九二八年の三・一五事件について、「山岡万之助文書」（山岡はこのとき内務省警保局長）や「纐纈弥三文書」（纐纈は警視庁特高課長）などの出現の前までは、当時の東京地方裁判所検事局次席検事松阪広政の「非常なる秘密の保持と、非常なる検事局の大計画とそれから総ての検挙は検事が捜査の中心であり、指揮の中心であり、検事の指揮の下に全国の警察官が一糸紊れず活動した」（「三・一五、四・一六事件回顧」『現代史資料』16『社会主義運動（3）』）という回顧談の内容が、検挙上の特徴と考えられてきた。ところが、「山岡文書」中の『秘密結社日本共産党事件捜査顚末書』（『特高警察関係資料集成』第二巻）などの警視庁特高課の作成した詳細かつ膨大な内偵「捜査」資料の出現により、検察当局の捜査・検挙の指揮という構図の少なくとも半分は崩れることになった。

松阪は検察・警察ともに「内偵査察が極めて不備であった」ともいうが、実際には警視庁は二六年七月頃に党再建の動きをキャッチし、翌二七年八月には複数のスパイを通じて多くの情報を入手していた。中心となったのは特高課労働係の毛利基警部だった。検察側の検挙時の最大の目標として「押収すべき物件」に掲げていた『赤旗』や『日本共産党パンフレット』などは、すでに警視庁特高課のもとに集められていた。といっても、共産党が存在していることは警視庁のごく一部に知られる最高機密であった。

二七年一一月から一二月にかけて警視総監名で内務大臣や関係府県に申通報される書類（『秘密結社日本共産党事件捜査顛末書　追加第二』に収録、『特高警察関係資料集成』第三巻）の表題などは「極左翼中心（部）」「極左派中心部」と表記され、「日本共産党」の存在は秘匿されている。その初出は二八年二月一一日付の先の『秘密結社日本共産党事件捜査顛末書』であり、これは鈴木喜三郎内相や山岡万之助警保局長のもとに届けられた。このころ、司法省および検察側にも情報の一部が通報されたであろう。ここから松阪のいう「非常なる検事局の大計画」がスタートする。

警視庁では三・一五事件の内偵捜査の過程で、党の組織と活動が全国的であることや「君主制の撤廃」「宮庭寺院地主等の土地の無償没収」などのスローガンに注目し、治安維持法の、しかも第一条の「国体」変革の本格的発動となることを予想したはずである。第二条の協議罪を問うにとどまった京都学連事件や第一条の秘密結社とはいえ地方的な北海道の集産党事件とは、その持つ意味は大きく異なると認識された。「伝家の宝刀」たる治安維持法の威力を発揮する絶好の機会の到来となった。

したがって、警視庁ではおそらく前例のない三部におよぶ『秘密結社日本共産党事件捜査顛末書』を事前に作成して内務省警保局などに事の重大性を知らせるとともに、治安維持法の本格的かつ全国的な発動に万全を期すために検察側の指揮を仰いだ。警視庁では名を捨てて、実を取った。ここに前述のような「検事の指揮の下に全国の警察官が一糸紊れず活動した」という松阪の思いこみと自慢話が生まれた。なお、ほとんど情報がスパイによるものだっただけに、警視庁では検察側（東京地裁検事局）には詳細な資料は渡していないようである。

塩野季彦を検事正とし、唯一思想部をもつ東京地方裁判所検事局が検挙の指揮本部となった。「此の時は何処迄も東京の検事局が中心になりまして、全国の統制と言っては語弊があるが、全国へ東京の検事局から嘱託すると云う形式を執っ」（松阪）た。北海道の場合は、北海道庁長官と札幌控訴院検事長の総指揮のもとに警察部長を隊長とする特別一斉捜索本部をおき、各地の実行部隊となる捜索班も形式的には管轄地裁検事局の指揮下においた。事前に「捜査箇所等に付司法当局と打合せ」をなし、三月一五日の「定刻、司法当局に随いて……家宅捜索を行」（北海道庁特高課『北海道に於ける日本共産党事件顚末』、『特高警察関係資料集成』第四巻）った。旭川ではかつて集産党事件で「活躍」した関実検事が関わっている。

検察当局は形式的には刑事訴訟法にもとづく合法的な捜査方針にこだわった。東京では「文句の出そうなるさい」日本労働組合評議会など六カ所にはなるべく予審判事と検事が警察部隊を率いて捜索に臨み、それ以外の二六カ所に対しても「予審判事の司法警察官に対する家宅捜索命令書を貰って、司法警察官が予審判事の命令書に依て」（松阪）やった。治安維持法の本格的適用にあたり、社会的批判や紛糾を避けるための措置といえよう。もっとも、当の松阪が「処分自体は少しく乱暴でありますが、形式は合法であります」と自認するように、約一六〇〇人に上る検挙者の大部分は正式な拘引状のないものであるし、その取調にあたり手ひどい拷問があったことをみれば、「合法性」が形式的なものにすぎないことは明らかである。とりわけ地方においては突然の一斉検挙の指示だったために、いきおい捜査・取調は「乱暴」をきわめ、拷問による自白の強要が横行・活用された。

共産党＝「国体」変革の結社

治安維持法適用の事件とはいっても、警視庁特高課が明確に日本共産党を「国体」変革を目的とする結社として認識していたのに対して、東京地裁検事局や他府県の警察部においてはそうした明確な認識は検挙前には十分ではなかったと推測される（おそらく警視庁でもそれに関する情報は流していない）。東京地裁検事局が中心的指導者と目した一五人に対して用意した「被疑事実」には「被疑者等は現時の我国家組織を変革し、無産階級独裁による共産主義社会の実現を目的とし」（松阪）とあるのみで、「国体」変革や「私有財産制度」否認という用語は用いられていない。警視庁が官房主事名で管下警察署長宛に発した「日本共産党検挙の件依命通牒」でも「国家的重大犯罪事件」とあるのみである。

家宅捜索などで共産党発行の『赤旗』や各種文書が各地で押収されると（前掲『北海道に於ける日本共産党事件顚末』には「日本共産党代表的出版物写集録」が付されている）、検察当局でも「証拠物の点検を夜に日を次いで非常に苦心してや」り（松阪）、共産党が「君主制の撤廃」＝「国体」変革を目的とする秘密結社であることを認識するに至った。三・一五事件当時の資料中に、また先の松阪広政の自慢話などのなかにこの肝心の「国体」変革で断罪するという決定的な判断がいつの時点でなされたのか明らかにしうるものはない。

一斉検挙の半年後に報道が解禁される翌一九二九年の四・一六事件などの共産党事件の公表と大きく異なり、三・一五事件の場合は警察での取調の目鼻がつき、検事局に送致されはじめた四月一〇日の段階で早くも政府は事件の概要を公表し、同時に労農党などを治安警察法によって結社禁止処分とした。この早急な措置は第一回普選における選挙干渉への非難を回避する田中義一内閣の政略という側面を否定できないが、「国体」変革の秘密結社がかくも大規模に実在したことに驚愕したということも確かであろう。

事件公表とともに出された田中首相・鈴木内相・原嘉道法相の談話では、いずれも「国体」変革結社が存在していたことにおそれおののく心情とその徹底的殲滅の決意が語られた。新聞によるセンセーショナルな報道により、一挙に共産党は「金甌（きんおう）無欠の国体を根本的に変革」（司法省「日本共産党事件概要」、四月一〇日発表）する「悪逆非道」な秘密結社と決めつけられた。第五〇議会の審議や京都学連事件・集産党事件までは共産主義運動は主に「私有財産制度」否認を問題にされてきたが、ここではそれは副次的なものになってしまっている。

共產黨の結社暴露し
全國で千余名大檢擧
過激なる宣言綱領を作成して
畫策した一大陰謀

【本日記事の差止めを解除さる】

去る三月十五日拂曉を期し官憲は全國一せいに活動を開始し各地における極左傾團體の本支部並に各團體員幹部の家宅搜索を行ひ多數證據品を押收すると同時に全國六大都市を始め全國三府一道二十縣にわたつて當日より最近までの間に無慮一千余名の左傾分子の一大檢擧を行つた、右は日本共產黨と稱する一大祕密結社に關する事件で、その筋では活動開始と同時にこれに關する一切の事項は即時新聞紙上に掲載方を禁止し取調を進めてゐたが大體取調は一段落を見るに至り十日事件の一部掲載方を許され、司法省からも別項の如く事件內容の概況に關し發表されたが事件の內容は左の如くであるといはれてゐる

起訴四百名に上らん
尚逃走中の首腦多數
山形縣五色溫泉を根城に
學生も多數加盟す

國體を根本的に變革し
勞農獨裁政治を目論む
全國に散布せる黨員數百名
司法省發表の事件の概要

日本共產黨事件の概要として司法省の發表する所左の如し

三・一五事件検挙報道
『東京朝日新聞』1928年4月11日

すなわち、三・一五事件の意義はその規模の大きさもさることながら、取締当局において共産党を「国体」変革の秘密結社として治安維持法で断罪することが確定したことにある。その後、当局はここに焦点を合わせ、取締機構・機能を拡充しつつ、社会運動の抑圧と統制に猛進していく。

ただし、共産党＝「国体」変革結社という認識が定着したとしても、三・一五事件の検挙者に対する警察の取調方針、検事局への送致方針が具体的にどのようであったのか、また検察による起訴・不起訴の基準などがどのようであったのか、いずれも通牒などによる指示があったはずだが、いまのところ不明である。指揮本部たる東京地裁検事局でさえ、専任の思想検事（平田勲）とその助手格の検事二人をのぞいて「思想と云うものは知らないから、共産党と云うものはどう云うものかよく分らない」（松阪）というお寒い状況だった。

したがって、それ以外の各地の検事局や警察部の取調状況は推して知るべしである。次の一斉検挙である四・一六事件では検察側によって詳細な「取調要項」が作成されることもあったが、まだ三・一五事件の段階ではどこも手探りの暗中模索の状態だった。党員名簿にもとづく「組織者及加盟者」を治安維持

法第一条に該当するものとして起訴するという点を除いては、各警察部・各地裁検事局の統一的方針は確立されていなかったというべきであろう。起訴の時期も東京地裁検事局では三月二四日までに三〇人を起訴に持ち込んだが、北海道や大阪ではすべて四月一〇日の事件公表後の起訴となっている。また、東京をはじめ大半の検事局では警察から送致された被疑者がほぼそのまま起訴されていくのに対して、岡山や函館・札幌の各検事局では半数以上が不起訴処分となっている（警保局「秘密結社日本共産党事件の概要」中の司法省調の一覧表、『特高警察関係資料集成』第四巻）。これは当局間の統一的方針や協議の欠如を意味しよう。

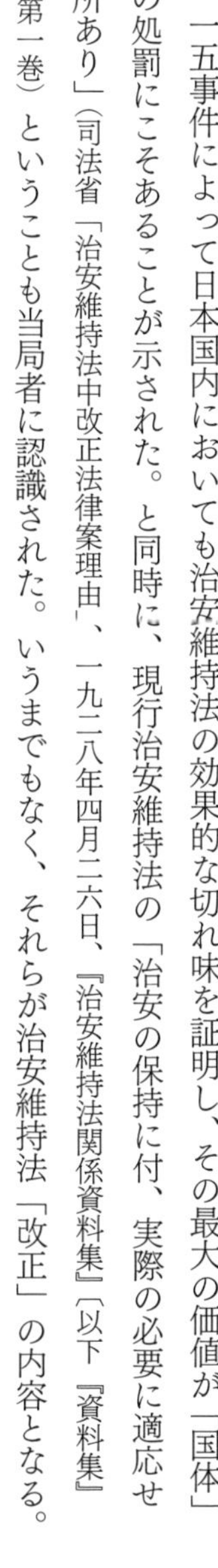

二　治安維持法「改正」へ

「国体」変革の厳罰化

三・一五事件によって日本国内においても治安維持法の効果的な切れ味を証明し、その最大の価値が「国体」変革の処罰にこそあることが示された。と同時に、現行治安維持法の「治安の保持に付、実際の必要に適応せざる所あり」（司法省「治安維持法中改正法律案理由」、一九二八年四月二六日、『治安維持法関係資料集』〈以下『資料集』と略〉第一巻）ということも当局者に認識された。いうまでもなく、それらが治安維持法「改正」の内容となる。「国体」変革行為の処罰厳重化といわゆる目的遂行罪の導入の二つである。

一九二八年四月一〇日の三・一五事件公表に際し、「国体」の尊厳を冒瀆する悪逆不逞の徒とする痛罵が繰りかえされた。なかでも「今回の大不祥事を出した事は痛恨骨に徹して、熱涙の滂沱たるを禁じ得ぬ」と恐懼する田中義一首相は「事苟くも皇室国体に関しては断乎として仮借するを許さない」と言明する。ここから「国体」変革行為の厳重処罰が一直線に導かれるが、四月下旬に「改正」案が報道されるまでの具体的な司法・内務当局の作業経過については不明である。四月一六日の枢密院における「共産党事件に関する報告」でも言及されていない。この間の事情を知る手がかりは、「国粋大臣」小川平吉鉄道相の自らの関与を語った次の一節である（「緊急勅令発布顛末並に関係記事」『小川平吉関係文書』1）。

> 大検挙後、其の防遏の方法に至ても茫乎袖手の状態なり。依て予は教育の改革、特に社会教育之拡張等の根本問題は勿論、特に刑罰法規の改正と警察制度の改善を提議し、刑罰法規、即ち治安維持法の改正に付ては司法省内の吏僚は逡巡躊躇すべきを以て内閣に於て断乎決定すべきを主張し、原法相も亦熱心予に賛したりしが、予期の如く司法省の吏僚は種種の異論を試みたり。然るに法相は固より思想問題に熱心にして時勢達観の明ありしを以て、断乎として之を排し、幸にして改正案を議会に提出するに至れり。

原嘉道司法大臣
『大日本司法大観』

小川の言に信をおけば司法官僚のなかには躊躇や異論があり、小川や原嘉道法相のリーダーシップの発揮によって議会提出の「改正」案が立案されたことになる。それは田中内閣の政治的判断としてなされた。

司法省内での治安維持法「改正」作業は極秘に進められたために、その経過は不明である。内務省や内閣法制局との協議もあったはずで、いくつかの「改正」案が起草されたと思われる。

四月二六日の『東京朝日新聞』や二七日の『京城日報』『朝鮮新聞』などに報道された草案は、その種の一つとも考えられる。いずれも現行第一条が次のように分割されるという記事が載る。

一、国体を変革するの目的をもって結社を組織するに際し、その首魁および枢機に参画したる者は無期懲役に処す

二、私有財産制度を否認することを目的として結社を組織し、又は情を知りてこれに加入したる者は三年以上の懲役に処す

「国体」変革と「私有財産制度」否認の処罰に軽重の差がつけられていることがポイントとなる。実際の「改正」案と異なるのは「国体」変革の罰則が「死刑」ではなく「無期懲役」とされる一方、「私有財産制度」否認の罰則が現行法の「十年以下」よりも重い「三年以上」とされていることである。また、いずれの項でも刑の種類が「懲役」と固定され、治安維持法の「懲役又は禁錮」の選択から変更となっている。総じてこの「改正」案では「国体」変革の処罰強化にとどまらず、全体として治安維持法の厳重化が意図されている。

二七日の『大阪毎日新聞』は「国体変革を目的とする結社の組織者を極刑に処する」として、第一項を「無期懲役」から「死刑または無期、若しくは五年以上の懲役に処す」と修正した条文を報じる。そこには「「結社の役員その他の指導者および結社事務を担当したるもの」を特に加えたのは、今回の共産党が細胞組織になっているため、支部役員中には共産党の全目的を体得せざるのみならず、現行刑事訴訟法上これらを処罰するための証拠を挙げること極めて困難であるという理由」としている。

実際にはすでに二五日には閣議に「改正」案が請議され、決定されていた（議会提出は遅れて二八日）。請議案は新聞報道からさらに微修正が加えられている（『資料集』第一巻）。

第一条　国体を変革することを目的として結社を組織したる者、又は結社の役員、其の他指導者たる任務

を担当したる者は死刑又は無期、若は五年以上の懲役若は禁錮に処し、情を知りて結社に加入したる者、又は結社の目的遂行の為にする行為を為したる者は二年以上の有期の懲役又は禁錮に処す

私有財産制度を否認することを目的として結社を組織したる者、又は情を知りて結社に加入したる者、又は結社の目的遂行の為にする行為を為したる者は十年以下の懲役又は禁錮に処す

前二項の未遂罪は之を罰す

請議書の署名が原法相と鈴木内相の順であることや司法省の用箋が用いられていること、議会での「改正」案の説明に原法相があたっていることなどから、この「改正」作業が司法省主導であることは間違いない。司法省刑事局では四月二六日付で「治安維持法中改正法律案理由」も作成している（刑事局長は泉二新熊）。もっとも、田中内閣のナンバー2と目される内相鈴木喜三郎は清浦内閣の法相をつとめたこともある司法官僚のトップであり、その右腕ともいうべき山岡を警保局長に据えていた。しかもこの二人は二五年の治安維持法の立案と制定にもっとも深く関わった人物だけに、「改正」に異論があったとは考えにくい。選挙干渉の弾劾の火の粉を振払うのに忙しく、彼らにとって本家ともいうべき司法省に作業をまかせたといえようか。

小川のいう司法省内の躊躇や異論がどのような内容であったか、そしてどこまで根深いものであったか知ることはできない。おそらく治安維持法が施行後まだ三年に満たず、発動回数もわずかなことに躊躇があり、制定時に「国体」変革と「私有財産制度」否認の処罰に軽重の差をつけなかった判断を短期間で修正することや極刑の死刑を科すことに異論があったのかもしれない。いずれにしてもこの躊躇や異論は、法相の強硬姿勢の前にはしぼんでしまう程度のものであった。

目的遂行罪の導入

田中内閣の政治的判断から治安維持法の「改正」が浮上したとはいえ、それは先の小川平吉鉄相の証言からしても「国体」変革に対する処罰の厳重化という対応となった。もう一つの目的遂行罪の導入は、政治的判断というより捜査・取調にあたる実務当局の要請を組み入れたものといえる。また松阪の回想によらざるを得ないが、「党員ではないが、入会（ママ）をしないが色々命令されて活動されて居る者がある。併（しか）しそう云うものを罰する方法がないのではしようがないと云うので……其の不備を補う為に……治安維持法の改正が行われた」「六月二十九日以後の再建運動に活動した奴は総てを罰するので、四・一六事件後は非常にやりよくなった」などからは、治安維持法の「不備」と「改正」の効果がよく認識されていたことがわかる。「党員ではないが……色々命令されて活動されて居る者」を不起訴・釈放せざるをえないという現行法の「不備」を是正するために導かれたのが「目的遂行罪」であった。そして、この効果抜群のアイデアを抜け目なく治安維持法「改正」案に盛り込んでしまうことが示すように、司法官僚の躊躇や異論はその程度のものだったのである。

目的遂行罪の導入は、この「改正」時点ではほとんど注目を集めなかった。四月下旬の新聞でも目的遂行罪に関する報道はされず、「国体」変革の処罰強化にすべての目が奪われてしまっている。おそらく立案者自身もこの規定がその後の運用で絶大な威力を発揮することを明確に予期していなかったのだろう、議会向けの資料として作成された司法省刑事局「治安維持法中改正法律案理由」（『資料集』第一巻）でも大半は「国体」変革の方の説明に費やされ、「結社関係者中には未だ結社に加入せざるも結社の目的遂行の為にする行為を為す者あり、其の危険なること、加入者と選ぶ所なきが故に、二者同一の刑を以て制裁するの必要あり」と簡単に触れるにとどまっている。衆議院の委員会審議でも一度だけ質疑があったが、「結社の目的遂行の為にする行為の未遂罪との関係」というやり取りに終わっている（五月六日）。

治安維持
法中左ノ通改正ス
第一條 國體ヲ變革スルコトヲ目的トシテ結社ヲ組織シタル者又ハ結社ノ役員其他指導者タル任務ヲ担當シタル者ハ死刑又ハ無期若ハ五年以上ノ懲役若ハ禁錮ニ處シ情ヲ知リテ結社ニ加入シタル者又ハ結社ノ目的遂行ノ為ニスル行為ヲ為シタル者ハ二年以上ノ有期ノ懲役又ハ禁錮ニ處ス
私有財産制度ヲ否認スルコトヲ目的トシテ結社ヲ組織シタル者又ハ情ヲ知リテ結社ニ加入シタル者若ハ結社ノ目的遂行ノ為ニスル行為ヲ為シタル者ハ十年以下ノ懲役又ハ禁錮ニ處ス
前二項ノ未遂罪ハ之ヲ罰ス
第二條中「前條第一項」ヲ「前條第一項又ハ第二項」ニ改ム
第三條及第四條中「第一條第一項」ヲ

治安維持法改正案（第55議会提出）

「公文雑纂」1928年・第44巻・未決法律案7,8/9、国立公文書館所蔵

治安維持法「改正」案の審議と廃案

第五五議会（一九二八年四月二三日開会、五月六日閉会）に提出された治安維持法「改正」案（『資料集』第一巻）は、四月二八日、衆議院本会議に上程されたのち、五月一日から委員会審議がおこなわれた。この間、鈴木内相の選挙干渉に対する弾劾の声が強まり、二度の停会があったため、委員会の実質審議は五日と六日の合計三時間余しかなされなかった。そして、六日午後に議会は会期が切れ、「改正」案は審議未了で廃案となった。

会期延長などの措置をとり、政府がしゃにむに成立のための方針を貫いたなら、この時点で「改正」法律案が成立していた可能性はあった。後述するように、緊急勅令として再登場した「改正」案の枢密院審議ではその点を何度も追及されている。成立の可能性があったと推測する根拠は、二日間の委員会審議の状況にある。この推測を補強するものとして、小川鉄相の「治安維持法改正案の通過に付ては原法相と共に該案

特別委員長横山金太郎氏に懇談し、或は電話を以て床次〔竹二郎〕民政党顧問に説きて努力を続け、案は通過の状勢なりし」（「緊急勅令発布顛末並に関係記事」）という観測、そしてほとんど同文の緊急勅令が第五六議会で意外に容易に事後承諾されていくことをあげておきたい。

無産党議員はともかくも、与党の政友会はいうまでもなく、野党の民政党もこの時点では治安維持法の厳重化に反対するものではなかった。議会開会前、民政党は「国体の変革を企つる共産党をぼく滅することは国民のひとしく要望する所である……須らく国法を適用してこれを処罰すると共に、さかのぼりてその根帯を断つ決心を持たねばならぬ」（『東京朝日新聞』四月一七日）と言明していた。こうした姿勢からは死刑導入や「改正」時期の拙速を批判しえても、本質的な反対の論理は出てこない。

政府が強硬姿勢をとれなかった理由は鈴木内相の弾劾問題などをめぐって野党民政党との関係が決定的に悪化し、議会の会期延長などの打開措置が封じられていたからである。

小川は「尾崎〔行雄〕氏等中立の審議未了の主張に動かされて、民政党は遂に之を握り潰すに至れる」と憤懣を込めて記している。

では、衆議院での審議はどのような状況だったか（『資料集』第一巻）。政府側で質疑に応じるのはもっぱら原法相で、泉二新熊刑事局長が細かな法解釈の答弁に立つ（鈴木内相は四月二八日の本会議で答弁するが、五月三日に辞任）。本会議と委員会冒頭の「改正」趣旨の説明で、原法相は、共産党による「国体」変革の結社行為は「思想的内乱罪」「思想的外患罪」であるとして、刑法の「大逆罪」にも相当する重大犯罪と言いきった（刑事局「治安維持法中改正法律案理由」では「思想的外患罪」への論及は欠けていた）。

これに対して、拙速の「改正」案を今議会に提案する緊急性がどこまであるのか、「国体」変革と「私有財産制度」否認の処罰を区別することは二五年の制定時点で予想できなかったのか、予審が終結する前に事件を公表するのは不当ではないかなどの批判的質問がなされるものの、真正面から「改正」案を「改悪」とみなして反対する委員はいなかった。与党政友会の委員のなかには「国体」変革への重罰を認めたうえで、「私有財産制度」否認についても同様に刑罰を引き上げるべきだと論じる者もいる。「矢張問題は私有財産制度を変革する、共産政治の実現と云うことが一番恐るべき問題であろう」という認識にもとづいている。これに対して、原法相は「最も情の重い、国体の変革」のみ極刑を科するように「改正」したと強調する。「私有財産制度」否認は後景に退いていくのである。この質問者は、行政警察的なニュアンスをもつ「治安維持法」の名称で死刑まで科すのは「何となく過酷であるような感」があるので、「国体擁護法」に改正すべきではないかという提案もしている。原法相は「大に傾聴する価値」のある意見と述べる。

一八人で構成される委員会は、旧労農党の水谷長三郎を除いてすべて政友会と民政党で占められていた。さすがに水谷は日本において「国体」変革は「不能犯」だという観点から「改正」案に反対し、厳罰主義の弊害を指摘して社会政策の実施を求めてはいる。しかし、「国体」変革について「極めて日本の国家に取り日本の国民に取っては襟を正しうして考なければならぬ問題」と発言するほか、無産政党の活動への懸念から「私有財産制度」否認の定義をあらためて確認したり、「結社行為の未遂罪」や「結社の役員」の範囲について説明を求める程度に終わる。このようにわずか二日間の審議という点を割り引いても、二五年の議会審議のような論戦を政府側と試みたり、具体的な修正を求める動きはみられなかった。

早急な立案と議会での質疑をとおして、治安維持法「改正」案は「国体」変革を防遏することを最大の、そしてほとんど唯一といってよい目的（すなわち「国体擁護法」）に収斂されていく。それは三・一五事件によって指し示された方向を、法的に確定させていくこととなった。

「通過の状勢なりし」という小川鉄相の観測はそれなりの根拠があった。三・一五事件の衝撃によって「国体」

変革を防止するためには極刑を科すのもやむを得ないとする為政者層全般の共通理解が生まれており、治安維持法「改正」の環境は整っていたといってよい。ただし、この議会では政党間の抗争が優先された結果、「改正」案はひとまず廃案とされた。

三　緊急勅令による「改正」成立

なぜ緊急勅令なのか

治安維持法「改正」案が廃案となった直後から、田中義一内閣は緊急勅令による「改正」を画策する。この緊急勅令という強硬手段には政府内部からも与党内からも枢密院の一部からも、そして法学者からも、新聞・雑誌などからも一様に強い批判が浴びせられた。おそらく昭和天皇にも疑義があったと思われる。なぜ、田中内閣はそうした強硬策に出たのか、また多くの反対にもかかわらず緊急勅令として治安維持法の「改正」は実現したのか。まず前者からみよう。

といっても、明快な解があるわけではない。先にみたようにすでに議会審議でも拙速の批判はあったが、緊急勅令による「改正」をめざすことにより、反対論は緊急勅令という方式に集中した。それに対して、政府は議会の「閉会後、調査の進捗に従い革命主義者の行動の極めて深刻なるを発見したる」（田中首相、「枢密院委員

治安維持法中改正勅令案理由説明書（1928年5月）

「公文類聚」第52編・1928年・第26巻18/30、国立公文書館所蔵

会録」）という趣旨の答弁で突っぱねた。

のちの司法省刑事局「緊急勅令必要の理由」（『資料集』第一巻）では田中の言う「極めて深刻なる」行動として、秋の即位の「大礼」や山東出兵反対のビラ散布などをあげるものの、客観的にみてその「深刻」度の認識は過剰にすぎる。内相の辞任と警保局長の交代にともない、カヤの外にあったと思われる内務省による三・一五事件の総括的報告「秘密結社日本共産党事件の概要」（一九二八年六月、『特高警察関係資料集成』第四巻）では、党中央部について「各種の策動を継続し再組織に着手し居れる」とする一方で、各地方委員会は「漸次行動屏息するに至れり」「順次党員の検挙を見るに至り、終息せり」とみなしており、全体として「極めて深刻なる」というほどの現状認識ではなかった。

したがって、まず治安維持法「改正」をぜひとも早急に実現するという結論があり、その方式として緊急勅令によるとの決断があった。「極めて深刻なる」という危機感は、後付けの説明としてあった。しかも第五五議会の「閉会後、調査の進捗に従い」と説明するが、緊急勅令による「改正」の決断ははやばやと廃案直後になされている（五月八日の閣議で原法相から提案、一五日に閣議で内定）。

なぜ、先に結論ありきなのかといえば、現状の「極めて深刻なる」認識とは別次元の、「国体」変革を志向する共産党の存在は絶対に許容できないとする小川・原、さらに田中義一首相の信念というほかない。それは「売

国奴が絶えず悪逆無道の思想を忠良の国民に宣伝し、其の国民的信念を破壊し、国体変革を図らんとしつつあれば、是等に対しては厳然重刑を以て臨み、之を威嚇するの必要あり」「現行法の十年の懲役又は禁錮の刑を以てしては此の如き犯罪を威嚇するに足らざるものなることは、何人も疑なき所なるべし」(「枢密院会議筆記」『現代史資料』45『治安維持法』)という枢密院本会議における原法相の言明にあらわれる。小川鉄相も委員会審議でやはり「威嚇」という表現を用いている。「国体」変革の絶対防止のためには「死刑」導入は不可欠で、緊急勅令の非常手段も許容されるという信念に固まっていた。

緊急勅令による「改正」を違憲とみなす反対論の包囲のなかで、強硬策に固執することは小川や原のメンツと捉えられた。五月三一日の『東京朝日新聞』社説「治安法よりも先の緊急事」では「これが断行の理由は、国家の治安のために是非とも必要であるがためにあらずして、提案者たる一閣僚の面目のためであり、しそう(使嗾)者たる一閣僚の意地のためである」と観測する。この閣僚とは前者が原、後者が小川である。また『法律新聞』第二八三七号(六月三日)の「治安法と法相の面目」と題するコラムには、原法相が第五五議会での答弁の面目から固執しているとある。彼らの心情に即せば、メンツとは「国体」変革の防止の信念と等しかった。なお、『法律新聞』のコラムでは反対論の包囲のなかで緊急勅令による「改正」は「殆ど実現困難」とされていた。しかし、難航したとはいえ、政府の思惑どおり「改正」は実現する。その経過をみることが、先の二つめの問いを考えることになる。

政府内での反対を押し切る

緊急勅令「改正」の経過は、やはり小川平吉鉄相の覚書に詳しい(『小川平吉関係文書』1)。

緊急勅令発布の議は内閣閣議に於て決定せられたり。然るに内閣書記官長(鳩山一郎)はしきりに反対の言動を試み、政務官等亦之に同ず。法制局長官〔前田米蔵〕も新聞紙の与論に傾き、案の内容に関して異議を挟み、参事官の輩は公然反対を唱うるものあり。特に党〔立憲政友会〕の幹部中亦反対者あり。依て予は秦〔豊助〕幹事長を招き、本案の断じて制定せざる可らざる所以を説き、昨年地租移譲延期問題の覆轍を踏まざらんことを要望し、次で党出身閣僚と党総務との懇談会を催して其了解を得たり。初め閣議の緊急勅令を決するや、案の作製を司法大臣に一任せり。法相は法制局長官と協議し、更に倉富〔勇三郎〕枢府議長等と内議す。論点は修正案として発布したる場合、議会の承諾を得ざるときは治安維持法全部効力を失うが故に、独立の勅令として発布すべきや否やというに在り。此の如きの議論は何れに解釈するも可なり。然るに司法省の政務官並に吏僚亦故なく反対の意見を有せしを以て、法相の草案作製に相当の日時を費し、其の法制局に廻付せらるるに及んでも曠日弥久して決せず。此間世論は益々沸騰して党の内外相呼応するの勢を成せり。此に至て内閣員中亦躊躇の色を示すものあり。予は断言して曰く、政党の総裁として内閣を組織し、而も党員をして内閣の決議に服せしむる能わずんば官僚内閣と択ぶ所なし、速かに辞職するに如かずと。閣僚亦一人の異議を明言するものなし。予は政務官並に党員等の総代の来訪するものに対して懇々事理を述べ、更に有志代議士会に臨み事情を縷陳して賛成を求めたり。然れども世論の反対は党内の反対に気勢を得て益々其力を強うするの観あり。積漸の勢は将さに大事を惹起せんとするに至れり。乃ち首相と相議し、法制局長官に命じて直ちに案を内閣に提出せしめ、上奏諮詢の手続を完了せり。時に□（ママ）月□（ママ）日なり。

覚書によれば、緊急勅令として「改正」をめざすことはすでに閣議で決定済みにもかかわらず、内閣書記官長や法制局長官を筆頭に司法省や政友会内部にも反対論が渦巻いていたため、小川鉄相はそれらの軟化に奔走している。司法省や法制局での改正案づくりに手間取り、緊急勅令のかたちに世論の反対論が高まる事態に業を煮やした小川は剛腕を振るって閣僚や党員を説き伏せ、改正案の閣議決定に持ちこみ、天皇への上奏、枢密院への諮詢という手続きを断行したという。

この間の経過を実際にたどってみよう。五月一五日に閣議で緊急勅令による「改正」が内定しても政府部内の抵抗は執拗で、「上奏諮詢の手続」の完了する六月一二日まで、一カ月近い紛糾がつづく。その原因は緊急勅令による「改正」という強硬策への反発にあった。鳩山一郎内閣書記官長・前田米蔵法制局長官をはじめ、政友会員である各省の政務官（政務次官・参与官）も閣議内定に不満だった。まして野党民政党も緊急勅令の濫用として、政府を攻撃した。法学者・新聞なども非立憲・違憲的行為と批判を強めた。閣僚の間にも動揺が広がった。こうした状況から「改正」は事実上無理と予想された。

ところが、小川鉄相や原法相はこれらの反対論をものともせず、中央突破していく。先にみた彼らの強固な信念がその原動力だが、緊急勅令にとっての関門である枢密院の通過が可能であるという感触を枢府議長らとの「内議」を通してつかんでいたはずである。また、あくまでも強気でのぞめば、すくなくとも政府部内の抵抗は押さえられるという読みもあっただろう。ただ、小川のいう「論点」、つまり緊急勅令が次の議会で承諾されなかった場合、もとの治安維持法の第一条などの効力がなくなる懸念が浮上した。こうした「論点」の登場自体、司法省内に再燃した躊躇・異論派の原法相らへの牽制といえるかもしれない。

これに対して小川・原ラインは治安維持法をそのままにして、「国体」変革を厳重化した「独立の勅令」という代案を考案し、三条から成る「国体変革処罰に関する件」（『資料集』第一巻）として、五月一八日に閣議で内定する。

第一条　国体を変革することを目的として結社を組織したる者のうち結社の役員、その他指導者たる任務を担当したる者は死刑又は無期、もしくは五年以上の懲役もしくは禁錮に処す

第二条　情を知りて前条の結社に加入したる者のうち結社の役員、その他指導者たる任務を担当したる者、又は結社の目的遂行の為にする行為をなしたる者は二年以上の有期の懲役又は禁錮に処す

第三条　前二条の未遂罪はこれを罰す

この「独立の勅令」案と治安維持法は、「国体」変革の防止という同一の法益をもつことになり、おそらく内閣法制局から強い反対論があがったと思われる。その結果、この代案はあっさりと引っ込められる。しかし、「国体変革処罰に関する件」という名称は治安維持法「改正」の目的を直截に示すものであり、単なる一エピソードにとどまらない。

政府は五月二二日の閣議で第五五議会の提出案を緊急勅令として「改正」を求める方向をあらためて決定し（原法相からこの日付で請議書を提出）、法制局にその審査を命じた。ここから六月一二日の閣議の正式決定まで、前述のように政府部内・与党内の反対論に大いにてこずることになる。

『東京朝日新聞』の報道でこの経過を追うと、五月二四日では「法制局も強硬に反対し　首相態度ぐらつく」と観測されるが、小川らの恫喝的な巻き返しが効を奏してだろう、二九日の閣議では「与党内反対派の諒解を得て実現」（三〇日）することが再確認される。ここから説得工作が本格化し、「与党、政務官の強硬論者も結局軟化の形勢」「政府がやれば沈黙の他なし」（六月二日）、「治安法緊急勅令に与党泣寝入り　犯罪事前防止の希望を述べ　有志代議士会結局黙認」（六月七日）となってしまう。与党として政府を窮地に追い込むことを避けざるを得なかったこと、政友会自体の結束を優先したことなどの事情による。ただ、世論の反発の強い緊急勅令案の閣議決定は、六月一〇日の府県議会議員選挙後にしてほしいという党略的要望を受けて、それは一二日になされた。

紛糾する枢密院の審議

六月一三日に緊急勅令による「改正」案の諮詢を受けた枢密院では、一四日から審査委員会を開く。すでに枢密院の空気は「大体において原案賛成」（『東京朝日新聞』六月一三日）と予測されていた。審査委員長に副議長で司法官僚の総帥である平沼騏一郎を選任するのは明らかに緊急勅令通過のシフトである。だが、実際には審査委員会・本会議ともに予想以上の紛糾をみる。形式的な論議が一般的な本会議において二日にわたる激論となり、しかも全会一致の原則を崩して採決の結果、枢密院議長・副議長を除く出席者一七人のうち五人の反対者があったことは前代未聞のことであった。一言でいって、この紛糾の要因は緊急勅令による「改正」が「憲法の精神」を無視ないし軽視しているという点に尽きる。そのために本会議への審査報告にあたって、平沼審査委員長は異例にも政府に「警告」を付すことを余儀なくされた。政府が第五五議会で改正案審議を十分に尽くさなかったことに加えて、かなりの時間が経過してから緊急勅令案として枢密院に諮詢したことは「甚だ当を得ざるもの」で、枢密顧問官らは「真に遺憾の念を禁じ」えないという強い調子のもので、反対論が如何に根強かったかがわかる。

これに対して政府は前述のような「極めて深刻」な現状を強調して乗り切った。小川鉄相は所管大臣でないにもかかわらず、委員会・本会議で雄弁を振るって（本会議で「鉄道大臣の御説明は……大臣単独の所見なりや、又は内閣の所見なりや」と詰問されて、田中首相は「鉄道大臣より只今陳述したることは総て総理大臣の意思を述べたるものと考えられたし」と保証を与えている）、この「改正」の主役であることを隠そうともしない。審査委員長である平沼は「本員は本案の公布は緊急の必要あり、且憲法の規定に違反するものにあらずと解す」と政府支持の立場を明らかにする（政府に再考を求める動議の採決が賛否同数になった際、委員長として平沼は反対し、否決している）。

このような枢密院における審議はその「改正」の方法・手続きの是非に焦点が絞られた結果、「其の趣旨に於て不可なる所なく」「其の内容に於ても特に非議すべき廉を認めざる」（平沼委員長の審査報告）とされた。委員会においても本会議においても、誰も「改正」の中身である「国体」変革の処罰の厳重化について異議を唱えていない。たとえば、反対の立場を貫いた江木千之も「斯の如き悪逆非道の思想及行動は元より之を撲滅せざるべからず、之に対するに極刑を以てする、元より不可なし」と論じた。

審査委員会では三人（賛成五人）、本会議では五人の反対者があったものの、六月二八日、緊急勅令による治安維持法「改正」案は枢密院で可決され、翌二九日、天皇の裁可をへて公布施行された（『資料集』第一巻）。

この枢密院への諮詢にあたって昭和天皇は田中首相の「説明に付、御満足不被遊点あり」、内大臣牧野伸顕に対して二度にわたり「条件付才可」（『牧野伸顕日記』一九二八年六月一五日条）の希望を伝えている。天皇は枢密院本会議に「臨御」し、顧問官たちの論議を聞いており、やはり緊急勅令の濫用という観点からの疑義だったと思われる。しかし、内心不満をもちながらも「才可」を拒否することはなく、天皇の名により「改正」治安維持法は公布施行される。

なお、この「改正」治安維持法は植民地である朝鮮、台湾、樺太、租借地である関東州、委任統治領である南洋群島、そして領事裁判権を有する中国において「日本国民」に対してもそのまま適用された。「一旦勅令を以て右の地域に治安維持法を施行し、又は之に依ることが定まった以上は、爾後に於ける其改正は当然に該地域にも及ぶものである」（三宅正太郎「治安維持法」『現代法学全集』第三七巻、一九三一年二月、『資料集』第一巻）という法解釈にもとづく。

改悪への批判

こうした強引な政府のやり方に、民政党などは猛反発する。緊急勅令という立憲主義に反する手続きを攻撃するほか、「死刑」までの刑期引上げに対して「厳罪主義で思想は取締れぬ」（六月五日の総務会、『東京朝日新聞』一九二八年六月七日）と批判する。「改正」案を「改悪」とみなす立場を明確にするが、それは第五五議会審議の立場からすこし転換していた。政府の強硬姿勢が民政党の硬化を招いたといえる。この不信と対立は、緊急勅令の次議会での承諾をめぐって政府当局の頭を悩ますこととなる。「今議会に提出してもその運命は余程政府に不利」（『東京朝日新聞』一九二八年一二月二五日）と観測され、さらに本会議に上程された時点では「民政党は反対　相当政府に突込もう　無産、明政、革新諸派も反対」（同、一九二九年二月二日）とみられていた。第五六議会の審議経過は次でみることにする。

先の小川の覚書にあるように、「此間世論は益々沸騰」した。政府への非難は非立憲的な「改正」の方法・手続きに集中するが、そのなかには「改正」案を「改悪」と断じる論も存在した。すでに『東京朝日新聞』は第五五議会当時、「厳罰は問題を救治せず」（二八年四月二八日）と論じていたが、緊急勅令の「改正」が日程にのぼると「単に危険なる結社組織」に対して現行法以上の処罰を科すことを明確に批判する（社説「治安維持法改正の遂行」一九二八年五月一八日）。

美濃部達吉は緊急勅令の「濫用」への批判はいうまでもないとして、「一層重大な点はその改正の実質にある」と論じた。「徒に権力を濫用して弾圧迫害を加うるのは、如何なる厳刑をもってするも、寧ろ革命を誘発するものである。この意味において治安維持法そのものすらも悪法の非難を免れないもので、況んやその改正においてや」（「治安維持法の改正問題」『帝国大学新聞』六月四日、『現代史資料』45）と言いきる。

これらからいえることは、この段階ではまだこうした類の治安維持法への批判が可能だったことである。ただし、いずれの場合も「いやしくも国体変革を目的とする結社組織の如き、これを厳に取締らなければならぬことには、何人も異議があるべきはずがない」（美濃部前掲論文）などの前提が付されることにも注意しなければならない。

二つの解説

「改正」治安維持法が施行されると、すぐに二つの解説が出される。刑事法学会編纂の『改正治安維持法釈義』（一九二八年七月二八日、『資料集』第一巻）と司法省刑事局長泉二新熊「改正治安維持法」（『警察協会雑誌』第三三六号、一九二八年八月、『資料集』第一巻）である。前者は「斯法の運用に衝（あた）る司法警察官は勿論、立憲国民一般に本法の趣旨を徹底せしめんことを目的とす」（「序言」）とあり、「本法改正の理由概要」などの章の叙述ぶりからみて当局に近い筋の執筆であろう。後者は公式解説書といえるもので、これは警察官向けだが、別にパンフレットとしても刊行される。

治安維持法「改正」のもう一つのポイントは目的遂行罪の導入であったが、泉二は「宣伝、煽動又は其の協議等を為し、結社を援助する者を謂う」と第五五議会の政府説明に準じた解説をおこなうにとどまる。『釈義』の方は「党外に在りて党の目的の為に行動する者をも加入者と同様に処罰するの趣旨」とやや積極的に解し、「党外として斯くの如き行動を為す者が党外に在りというは形式に拘泥したる彼等の得手勝手の論」とするところからは、この目的遂行罪が絶大な威力を発揮することが推測できる。

泉二はこの解説の最後で二つのことに論及する。一つは緊急勅令「改正」案の閣議決定の過程で問題となったこと、すなわち緊急勅令が次議会で不承諾となったときに「新旧法の関係は如何なる結果と為るべきか」ということである。これは第五六議会において不承諾の可能性が高いことを予想し、あらかじめ予防線を張ったもので、過去の判例を引いて「将来失効の場合には前法復旧の前提の下に於て一時法律の効力を停止するものに過ぎず」という解釈をとっている。小川平吉の覚書にあった「此の如き議論は何れに解釈するも可なり」を実践し、仮に不承諾となっても二五年の治安維持法の効力が復活するとした。

もう一つは「本法改正の直接近因たる共産主義に関する外国の取締法規及反共運動の一端を説明」することである。前者では共産主義の取締法規が各国に備わり、一般刑法のなかに「不法結社処罰の規定」が盛り込まれる最近の傾向を指摘して、治安維持法的な取締が世界的な流れであることを述べている。後者では「刑罰以外の手段」による各国の反共運動を紹介するが、それは結びの一節にある「金甌無欠の我国体を防衛する為、国家及国民の全力に向って総動員を為さざるべからず」という意図に発する。「国体」変革の防止が至上課題であることは、三・一五事件により実態として明確になり、そして治安維持法「改正」により法的に確定したが、さらに「反共産主義の社会運動並に之が基礎を建設する国粋的教育の発展」が必要とされた。

四　緊急勅令の承諾

政府の思いどおりの展開

東京を除き、各地で三・一五事件の裁判が進められ、また中間検挙がつづくなか、緊急勅令の第五六議会での承諾を求める時期が迫ってきた。野党民政党と決定的な対立を招いていた政府・与党政友会は苦慮する。「改正」治安維持法の失効にとどまらず、「若不承諾となれば明かに政府不信任の意味を含む」（『東京朝日新聞』一九二八年一二月二五日）こととなり、窮地に追い込まれるからである。ただ、現実的には泉二新熊刑事局長が言明していた「前法復旧」の解釈をとらず、緊急勅令と同じ内容の法律案を再提出する方針で「各方面の諒解を求めることに申合せ」（同前）たという。民政党などの反対論の大勢が緊急勅令という違憲ないし非立憲的手続きの追及に限られ、「国体」変革の処罰厳重化などの内容では合意は可能という判断があったのだろう。

　こうした次善策を講ずる一方で、まず第五六議会での承諾＝可決に全力をあげた。民政党では第五五議会後に脱党者があり、政友会との拮抗関係が崩れていた。政友会では民政党から離脱した床次竹二郎の率いる新党倶楽部などの中間派を自陣営に引き入れようとした。本会議での採決では与党が過半数をとる見込みだったので、問題は与野党同数となる委員会審議であった。焦点は新党倶楽部選出の委員を政友、民政のどちらが引き込むかにあった。そして、委員長を新党倶楽部から出すという奇策を用いて、すでに委員会審議を前に「与党楽観　通過確実なりとして」（『東京朝日新聞』一九二九年二月五日）という情勢をつくってしまった。ただし、新党倶楽部選出の委員長が委員会の開会期日を延ばし、政府側でやきもきする場面もあった。

　一九二九年二月二日の本会議での質疑ののち、委員会は四日に成立するが、実質審議は一九日からとなる。その後の審議は順調に進み、二八日の採決で可決、三月二日の本会議に委員会審議の経過が報告され、質疑ののち、五日に可決された。政府・与党の思惑どおりとなった。この直後、山本宣治が刺殺される。貴族院では六日の本会議、八日からの委員会審議をへて、一九日に承諾が議決された。ここに治安維持法「改正」緊急勅令は法律と同じ効力をもつことになった。

　すべての第五六議会の審議を通して、質疑はやはり緊急勅令という「改正」の手続きと方法への批判に集中した。民政党議員としてもっとも執拗に政府に食い下がった斎藤隆夫の委員会冒頭の発言――「今日我国民と

極左舊勞農黨代議士
山本宣治氏刺殺さる
昨夜、神田の旅館において
斬奸狀所持の訪客に

犯人は七生義團員
人民新報編輯の黑田保久二
背後の黑幕を捜査

刺殺された山本氏とその現場

山本宣治暗殺の報道
『東京朝日新聞』1929年3月6日

して何人と雖（いえど）も此種類の犯罪者を罰すると云うことに付て異論を挟む者は一人もある訳はない、故に問題は斯の如き犯罪者を罰するか、罰しないかと云うことではなくて、如何なる方法に依て之を罰するか、又如何なる程度に於て之を罰するかと云うことが問題であるのであります」（『第五十六回帝国議会議事速記録並委員会議録』『思想研究資料特輯』第八号）――がそれを物語る。斎藤らは「如何なる程度に於て之を罰するか」という点で、死刑・無期への刑期引上げを内乱罪などとの比較で加重すぎると追及するものの、処罰すること自体に異論がない以上、政府に足下を見透かされたものとなった。

この審議によって、新たに浮かんだ点をみよう。第一に目的遂行罪に関する解釈が早くも拡張の兆しをみせはじめることである。無産議員の水谷長三郎との質疑応答で泉二刑事局長は「此処に一つの結社があって、そして其情〔実態〕を知って結社の為にする行為を為すと云うものがありますれば、直接に其結社の指導の下に置かれて居なくても矢張第一条には該当する」（二月二三日）と述べる。それでは合法無産運動全体を弾圧するものだという水谷の抗議を受けて、泉二は「左翼団体中の共産党なら共産を意識して、そうして同じ其「ベルト」を掛けて行動する団体は治安維持法の適用をも受ける、そう云う意識のない団体は治安維持法の適用には掛かって居ない」（同）と発言を修正するが、真意が「意識のない団体」でも共産党の影響下ないし指導下にあると当局が判断すれば適用しうる、というところにあったことは明らかである。こうした目的遂行罪の拡張の示唆は「改正」治安維持法施行後の中間検挙で、三・一五事件では問擬しえなかった党周辺の人物を確実に処罰対象にしうるという実践的効果にもとづいている。原法相は貴族院の審議で「改正」治安維持法の被適用者四〇人のうち二七人が目的遂行罪の該当者であり、「改正」前では「処分の出来ない者もあります」（三月一二日）と述べている。

次に治安維持法の役割として一般社会への威嚇的効果が明確になった。枢密院審議で「国体」変革を志向する共産党への処罰強化として「威嚇」の必要性が強調されていたが、ここに至って「日本共産党の最も恐るべき所は……一般の人心に共産主義を普及して忠君愛国の精神を抜いて仕舞うことが一番恐るべき点でありま す」という認識にそって、「其国民全体をして共産党の運動なるものは如何に我が国家に取って重大であり、其責任が又重いものであるかと云うことを知らしめますと云う点に於て、極刑まで科し得ると云うことを明にするのが必要である」（原法相、三月一一日）という説明が付け加わることになる。この意味においても目的遂行罪の設定は効果的とみなされる。

水谷長三郎は「治安維持法勅令は愚か、治安維持法其ものさえも廃止しなければならない」（三月五日）という立場から政府を追及するが、前議会の時と同様に共産党弾圧が合法無産政党に及ばないという言質をとることに目標をおいているため、反対論は徹底しきれなかった。しかし、議会において質疑が許容されるのはここまでであった。本会議で承諾案反対の発言をおこなうために草稿まで準備していた山本宣治には、ついに発言の機会が与えられないだけでなく、その夜暗殺の運命が待ちかまえていたのである。

暗殺という手段で山宣の口を封じなければならなかったほど、彼の治安維持法批判は透徹している。とくに際立つのは「国体」についてその観念が「粗雑なばかりでなく、これを神秘化して、被支配階級弾圧の口実たらしめようとしている」(「治安維持法改悪緊急勅令事後承諾案反対の草稿」『山本宣治全集』第五巻)と本質を暴露することである。そして、治安維持法を「資本家・地主の独裁政治遂行のための政策の必然的表現」と喝破し、緊急勅令による「改悪」は「労働者党撲滅のため」になされたとする。このような山宣の治安維持法観は風早八十二(かぜはやそじ)の「治安維持法」(『現代法学全集』第三〇巻、一九三〇年七月、『資料集』第一巻)に引き継がれるが、もちろんそれは日の目をみるまえに抹殺されてしまう。「当局の忌避に触れ発売禁止」(全集編集部「読者諸賢へ急告」)となり、大部分が削除となった。

なお『無産者新聞』などによれば、各地で反対運動は果敢に展開されたが、一般紙ではもはやそうした報道はなされず、議会審議の経過もあまり記事とならなかった。枢密院での緊急勅令案の審議を詳細に報じ、社説などでもその違憲性や処罰強化に反駁の論陣を張っていた半年前と比べると関心は後退しはじめている。

陪審法からの除外――裁判闘争の回避

治安維持法裁判が本格化するとともに一般人が裁判に参加する陪審制との関連が問題となった。すでに治安維持法「改正」の緊急勅令が施行された直後に、司法省は「被告の多すぎる事件　陪審に付さぬ　共産党事件の難題から」(『東京朝日新聞』一九二八年七月六日)という方針を打ち出したらしい。これを受けて東京を除く各地の地方裁判所では一九二八年一〇月一日の陪審法の実施を前に三・一五事件の予審の終結を急ぎ、陪審法の適用を意図的に回避した。さらに緊急勅令の事後承諾案の可決の見通しがついた段階で、陪審法の「改正」を企て、治安維持法違反罪を陪審法から除外することとし、枢密院の諮詢をへて第五六議会に提出した(一九二九年三月二日)。事後承諾案の審議と異なり、民政党も賛成の立場をとったので、この「改正」案はあっさりと成立した。

ただ、この審議のなかで無産議員の浅原健三が山宣刺殺事件について政府の責任を追及している。治安維持法を除外するという陪審法「改正」の意図について、原法相は「内乱罪、外患罪、騒擾罪、並に法令に依る公選に関し犯したる罪等と斉しく、其本質上及実質上に於きまして、陪審員の公平適確なる評決を得るのに適せない」（貴族院本会議での説明、三月二〇日、『第五十六回帝国議会議事速記録並委員会議録』）と述べる。思想犯の裁判に一般人による陪審は不適当という判断とともに、「現に大検挙後、彼等が自分の主義を拡張し、又此主義のために捕われたるものを救援するために……下層階級に向って「デモンストライキ」を勧める……或は救援入費を出せとか、甚だしいのは工場或は農村等に向って、是が救済の為に公判廷への動員を行え、前進をしろと云うようなことを盛に宣伝して居ります」（貴族院本会議における委員長報告、三月二四日）という法廷内外で高まる裁判闘争への懸念もあった。

なお、この審議のなかで泉二刑事局長が「改正」治安維持法について「一面から申しますと云うと、将来の警戒の為の強制的道徳律である、国民行為の強制的模範である、斯う云う風に考うべきものであろうと考えて居る」（三月七日）と述べたことは注目される。それは前述の一般への威嚇的効果を率直に表明したものである。この発言の最後は治安維持法の運用が「そう苛酷に亘るようなことは将来万無かろう」と結ばれるが、いうまでもなくその後は「強制的道徳律」としての「威嚇」が遺憾なく発揮され、「苛酷に亘る」運用が実態となった。

五 「改正」後一九三〇年代前半の治安維持法の運用

自ら成長する特高警察　法の弾力的な活用

一九二八年の緊急勅令による「改正」以後、一九三〇年代前半まで、治安維持法はどのように運用されてきたのだろうか。

藤井忠俊が「三・一五から五年間くらいは、激烈という形容詞はあてはまっても、法の対応はかなり単純である。やみくもにつかまえる、いためつけて自白させ、転向を強制しスパイに利用し、あとは裁判所が罰に処するだけだという一つのサイクルですんでいた」（『季刊現代史』第七号、一九七六年六月）と指摘するように、「転向」に関連して「思想犯保護」が治安維持法運用上の重要課題に浮上する前までは、治安維持法違反者は単線的な「処分」がおこなわれてきた。

一九二九年の四・一六事件でも検挙の端緒は特高警察の内偵にあり、司法当局との協議は全国一斉検挙を前にした段階での形式的なものにすぎなかったが、それ以降の一斉検挙や個別検挙においては、警察側がもはやそうした検察の形式的な捜査指揮を請うことさえなくなった。一面で拡充したばかりの思想検事側の態勢が整わなかったこともあるが、特高警察が共産主義運動などと第一線で対峙する過程で、いち早く内偵・検挙・取調のノウハウを蓄積し、事件ごとに絶えず自らを成長させていった。

治安維持法に限らずだが、取締法令を都合よく解釈することは特高警察にとってお手の物だった。内務省警保局保安課の中堅官僚である木下英一の著書『特高法令の新研究』（一九三二年一二月）はその見本といってよい。冒頭で「法の蔵する伸縮性を巧に利用してその許さるべき最大幅員の活用、即ち全幅的活用を期することは一に法令運用者の手腕と造詣とに待つべきもの」としたうえで、次にように述べる。

一般に法令の解釈に当っては立法の趣意を重要視すると共に法の正条に表示された文理を尊重する事が必要であるが、更に眼まぐるしい社会運動を其の対象とする特高法令にあっては前記一般原則を以て満足せず、特に社会運動の動向を適確に把握し、法の蔵する弾力性を筒一杯活用し、以て社会運動に節度を与えてその健全な発達を促し、社会運動の目図する社会変化に秩序あらしめねばならぬ

しかも、木下は治安維持法の威力を十分に認識している。「至れり尽くせりのこの重要法令」と呼び、「如何に社会運動取締法令中の前駆として極左不隠の徒輩を揚抉すべく剴切精鋭な武器であるか」と論じる。

このような認識にもとづき、特高警察段階では治安維持法は司法警察的以上に行政警察的に運用された。治安維持法違反容疑で検挙・立件のうえ、検事局に送致するという手続きが司法警察的運用であるが、行政警察的運用とは治安維持法および刑事訴訟法などの厳密な適用を顧慮することなく広範囲な検束と検挙の網を敷き、治安維持法の「強制的道徳律」としての威力を最大限に発揮させて社会運動の逼塞化・萎縮化を意図する弾圧第一主義の機能を指す。

一九二九年から三二年にかけて治安維持法の検挙人員に対する送局率は七%から一五%の間であり、起訴率は三%から七%台にとどまる。これは大半の検挙者が警察限りで釈放されたことを意味する。特高警察にとって、被検挙者を肉体的・精神的拷問にさらし、「国体」に刃向かう「不逞」な輩という烙印をおすことが重要であり、それが大きな効果をもたらすことを十分に理解していた。警察限りで釈放されても新たに

「特別要視察人」などに編入されて、日常の言動や交友が特高の監視下におかれた。

死刑まで刑期を引き上げることによって「国体」変革を企図する「不逞」の輩は極刑に値する犯罪容疑者とみなされ、拷問を加えることも法規を逸脱する措置も特高警察官にはさらに何ら遠慮のないものとなった。それゆえに一応は法の厳密な運用を尊ぶ検察当局からは、行き過ぎとみなされることもあった。二九年九月の特高課長事務打合会の訓示で小山松吉検事総長は「従来司法警察官中の或者は思想犯人は国体の変革を企図する大罪人なるを以て斯(かか)る犯人の取調を為すには、法律を超越するも可なりと主張されたそうでありますが、此の如き考えを以て取調を為せば往々にして人権を蹂躙(じゅうりん)する結果と為るのみではなく、被疑者をして反抗心を高しむることとなり、取調の効果を挙ぐることは出来ぬであろうと思います」(司法省『大審院長検事総長訓示演述集』)と注意を喚起した。

「法の弾力性」は、治安維持法のいわば内側と外側の二様で具体的に発揮される。外側での発揮とは先の警察限りの検挙をさらに拡大延長した、治安維持法違反捜査を名目とする検束や勾留という措置である。社会運動の抑圧取締という観点からは事件の立件や送局以上に、事件などの惹起前の未然防止が求められた。ある警保局保安課長が「犯罪の成立を待ち、被検挙者の数の多きを以て其の功を誇るべきでな」く、「非合法組織の成立を防止し、又は組織破壊に依って治安維持法違反者の数を多からしめざることに力を注ぐべき」(安井英二「社会運動取締管見」『警察研究』第二巻第七号、一九三一年七月)と述べるとおりである。このような特高警察活動においては「査察内偵」が最重要視されるが、その過程で最大限の「法の弾力性の活用」により検挙・検束が多用されるのは必然的なこととなった。ここで見落としてならないことは検束・勾留は「強制捜査としては彼らにとっても「非合法」であったから、膨大な数が暗数となって埋もれている」(上田誠吉『昭和思想裁判史論』、一九八三年)ことである。それらの人々にも「強制的道徳律」としての治安維持法は容赦なく襲いかかり、むき出しの暴力の行使が日常的になされた。

治安維持法の内側における「法の弾力性」の発揮とは、具体的には目的遂行罪の自在な活用である。それはまず共産党の外廓団体への弾圧としてあらわれる。検挙時の容疑別の数値は不明のため、起訴者中の目的遂行罪の適用の割合をみると、一九二八年が二〇・五％、二九年が三三・四％、三〇年が六一・七％、三一年が五二・八％となった。三二年には後述するように外廓団体としてあつかってきた日本労働組合全国評議会を「国体」変革結社に引き上げたことにより、目的遂行罪の割合は一五・六％に激減する（警保局「共産主義運動概観」一九三四年、『特高警察関係資料集成』第五巻）。木下『特高法令の新研究』では「法が目的遂行云々と極めて概括的な規定を為した点から言っても、可成的広義に解すべきもの」といいきる。「現場」において治安維持法の運用を独占的に取り仕切る特高警察の意のままに、「法の蔵する伸縮性」が十分に発揮される。この目的遂行罪適用を名目に前述の行政警察的運用が加速され、非合法的拘禁のカモフラージュとなっていったことは想像に難くない。

一九三三年段階では日本労働組合全国協議会を外廓団体から「国体」変革結社に引き上げることにともない、目的遂行罪はそれまでの適用範囲の外側に新たな対象を求めていく。治安維持法の膨張である。警保局「共産主義運動の視察取締に関する件」（一九三三年、『資料集』第一巻）の「組織外の第三者についても、現行治安維持法に於ては「結社の目的遂行の為にする行為を為したる者」に問擬しているのであるが、其の所謂目遂行為の中でも共産主義的宣伝煽動は実際上最も危険性あるものであるから、之が取締は今後一層の徹底を計るべきである」という一節に、目的遂行罪拡張の論理はよくあらわれている。以上のような意味において、特高警察は治安維持法の最大の使い手であった。

思想問題を学び成長する思想検事

次の検察・予審・公判・行刑という司法処分の段階では、常に思想検事が主役である。三・一五事件後、大審院と各控訴院の検事局および主要な地裁検事局に思想検事が配置された（すでに東京と大阪の地裁検事局には配置済み）。思想問題全般の総指揮にあたるのが司法省刑事局におかれた思想部（官制上の組織ではない）で、池田克らの司法書記官がエキスパートになっていく。

「思想検事も三・一五事件当初には、共産党が何やら、マルクス主義が何やらすこしも解らず」（田村重一「思想取締当局の陣容」『改造』第一五巻第九号、一九三三年九月）という状況だった。最初の二、三年間は眼前の事件「処分」に追われ、警察の捜査・検挙を指揮することも、思想検事の独創性を出すこともままならなかった。そのような現状の貧弱さに「狼狽」（田村前掲論文）した司法省では、拡充直後の二八年九月に「思想問題並に思想運動の状勢一般に通暁せしめ、而して思想事犯の捜査上に於ける予備知識を与うる必要ありという主旨」（池田克談「思想係検事の会同結果に就て」『法律新聞』第二八九一号、一九二八年一〇月一八日）で思想検事の研修会を開くが、そこでは土方成美や蠟山政道らの講演のほか、実践経験で先に行く警視庁特高課の課長・係長による「日本社会運動の現状」解説もなされている（これは司法省からパンフレットとして刊行）。また、東京地裁検事局思想係では「思想研究コース」（一九三〇年前後か、国立教育政策研究所「河村文庫」所蔵）を設定し、たとえば「共産主義研究コース」として「科学的社会主義の一般的理論」「マルクス経済学の基礎的知識」などの項目でそれぞれ数点ずつの文献を挙げている。これは「思想係執務綱領」（「河村文庫」）によれば、「捜査の準備」の第一の「思想研究」として位置づけられていた。こうした研修などに加え、なによりも続々と警察から送致される被疑者の「処分」を実践することにより、しだいに思想検事は自立していく。

いち早く三・一五事件で捜査・取調のノウハウをつかんだ東京と大阪の地裁検事局では、それをマニュアル化して事件「処分」を標準化しようとした。大阪地裁検事局思想部「日本共産党関係治安維持法違反事件被疑者取調要項」（『資料集』第一巻）は一九二九年の四・一六事件直前に「我が敬愛する警察官諸君」に向けて作成したもので、「治安維持法に違反するや否やの事実調査」について捜査・取調の着眼点などを詳細に叙述している。「結社の組織者、役員、其他の指導者」については「速に之を発見し、之等を自白させることによって内容が明白になる、捜査が進展する訳であるのであるから、此者を発見したらば慎重な取調を為し、全部を自白せしむる様にせねばならぬ」と最重点をおく一方、「一枚の宣伝ビラでも等閑視する事は出来ない」として目的遂行罪容疑での捜査にも注意を喚起している。

こうした取調マニュアルの整備されたものが、一九三二年一一月作成の東京地裁検事局「思想事件聴取書作成上の注意」（『資料集』第一巻）である。司法警察官向けの取調要領で、「日本共産党に対する認識」として「共産主義者としての意識水準並信念の有無程度等を明にする為、特に所謂暴力革命の不可避性に対する認識、議会主義に対する見解等に留意し取調をなすこと」とする点などは、目的遂行罪の適用や後述する公訴提起の留保処分に関わる認識如何を問題にする部分である。

「国体」定義の確定へ

思想司法の形成・確立過程の問題点を三つみる。

一つは、大審院判決によって確定された「国体」の定義が、その後の治安維持法運用の基軸となり、威力の源泉となったことである。当初「国体」についての定義は、三・一五事件被疑者に対する「処分」段階では統一されていなかった。大阪地裁の三・一五事件公判で布施辰治弁護士が「福岡、岡山、神戸、京都、大阪、長野、名古屋、新潟、旭川、小樽、札幌、函館等に於ける同一事件の予審決定事実が大正十二年の堺利彦等に係る所謂日本共産党と今度の所謂日本共産党とは別個独立の組織なりや、将又加入勢力の萎微回復なりやに就て区々で、意見の決定に迷わざるを得ない」（「大阪地裁検事局」「大阪地方裁判所に於ける日本共産党事件公判概況」、一九二八年、東京大学社会科学研究所所蔵）と指摘する通りである。さらに各地裁の「予審終結決定書」の認識の相違を山辺健太郎が具体的に指摘したが（『現代史資料』16「解説」）、この不統一は警察の検事局送致の際の「意見書」、検察の「予審請求書」、そして公判における判決でも同様であっただろう。

三・一五事件公判　神戸地方裁判所
『労働農民新聞』64号、1928年10月6日

しかし、三・一五事件に関する大審院の最初の判決が判例となることにより、「国体」観念の定義は確定していく。一九二九年五月三一日、北海道・旭川グループへの判決である（『大審院刑事判例集』第八巻）。

我帝国は万世一系の天皇君臨し、統治権を総攬し給うことを以て其の国体と為し、治安維持法第一条に所謂国体の意義亦之れに外ならざるが故に、帝国に無産階級独裁の政府を樹立せんとするが如きは、即我国体の変革を企図するものと

云うべし

これ以降、各地裁予審終結決定や判決の共産党に対する定義が統一されていく。一九三〇年四月八日の徳田球一らに対する東京地裁予審終結決定の「革命的手段に拠りて我国体を変革し、私有財産制度を否認し、「プロレタリア」独裁の社会を樹立し、因て以て共産主義社会の実現を目的とする秘密結社」という定義が準拠されるべきものとなる（シリーズI『治安維持法の「現場」』）。

最終審でこうした判例が確立すると、下級審では日本共産党・日本共産青年同盟の目的についての認識を確認するだけで、問答無用の断罪に突き進んだ。たとえば、三二年五月二三日、大阪地裁が小宮山ひでに懲役六年を科した判決では「我国体たる君主制を廃止し、無産階級の独裁を樹立し、私有財産制度を否認して共産主義社会を実現することを目的とする結社たるの情を知りて」日本共産青年同盟に加入したと認定し、治安維持法第一条第一項を適用した（傷害罪を併合、高等法院検事局思想部『思想月報』第二巻第七号、三二年一〇月）。

警察の取調や検察・予審の訊問においても、この共産党・共産青年同盟の目的に対する認識の有無の確認が最大の焦点となった。

「天皇を君主として奉載するは我が国体なり」

大審院判決がこのように「国体」定義を確定していく前後の時期にあって、治安維持法事件の公判では「国体」をめぐって果敢に弁論が展開されていた。

村上由（ゆかり）ら北海道・札幌グループの大審院への上告趣意書で、弁護人の神道（じんどう）寛次・布施辰治らは「当面のスローガン中（五）〇〇（君主）制の撤廃の存するあり、原判決はスローガンを政綱と同意義に判示したれども、スローガンは相言葉と解すべきを正当とす……要するにスローガンとはその時々に応じて掲ぐる一時の相言葉に過ぎざるものなり」と主張したが、判決（裁判長島田鉄吉、一九二九年五月三一日）では「一時的の相言葉に過ぎざるやは治安維持法における秘密結社組織罪の構成に影響なき」と突っぱねた（『昭和思想統制史資料集』別巻下）。

また、前述の旭川グループの上告趣意書では弁護人の神道・布施は真っ向から「国体とは何ぞや」と問いかけていた。「国体」については「法律学者中非常なる異論あり」として上杉慎吉説や美濃部達吉説、さらに「国体とは伝統的風俗習慣道徳の謂なり」として「教育勅語」に言及したうえで、「国体の変革」とは「政治的革命に非ざること明瞭なり、否国体の変革と称する事実は生起し得ざるべし」「国体の変革なる事実は政治的結社の目的となすこと不能なるものなり」と論じて、「重大なる事実の誤認」として札幌控訴院判決の破棄を求めた。

布施・神道は二九年七月二九日の名古屋控訴院判決（長谷川民之助ら三人に禁錮刑）の上告趣意書でも日本共産党の弁護にあたっている。スローガンに過ぎない「君主制の撤廃」や「土地の無償没収」などをもって「日本共産党が所謂国体を変革し、私有財産制度を否認する根本目的を有する政党なりと認定するは事実を誣うるものなり……畢竟するに其の根本目的とするところは労働者階級の権益を真実に擁護するにある」と論じた。大審院判決（裁判長島田鉄吉）は、「根本目的を有すと否とに拘らず、苟も所論判示事項を以て其の主義綱領と為す結社」ゆえに治安維持法による処断は正当とする（『法律新聞』第三一一八号、一九三〇年五月一五日）。

大審院判決はその後も「国体」観念を補強していく。東京控訴院で懲役六年を科せられた山代吉宗は大審院に上告し、「日本共産党の現実当面の活動は法に所謂「国体の変革」及「私有財産制度の否認」を目的とする結社に非ざること明なり、既述の如く共産主義者は社会進化の歴史的必然性を信じ、高度に発展したる共産主義社会に於て国家が絶滅し私有制が完全に廃止さるべきを主張するも、斯る思想を抱き、斯る理論を主張することそれ自体は勿論該法の適用を受くべきものに非ず」と論じた。三二年七月九日の大審院判決ではこの上告を棄却し、「万世一系の天皇を君主として奉戴するは我が国体なり」「君主制の廃止は治安維持法第一条に所謂国体の変革に該当す」と断じた（『大審院刑事判例集』第一〇巻）。市川の無期懲役が確定する。

三四年一二月六日、大審院（裁判長泉二新熊）は日本共産党中央部統一公判組の市川正一の上告を棄却し、「我国は万世一系の天皇君臨し、統治権を総攬し給うことを以て其の国体と為すものなれば、我国に於て君主制を廃止してプロレタリアート独裁政治を樹立せんとすることは国体の変革を目的とする」もので、「単なる政体の変革に過ぎずして国体の変革に非ずと為すを得ざる」とした。これは、「（一）日本共産党が○○（君主）制を廃しプロレタリの○○（独裁）の政治を樹立せんとするは一時経過的の手段にして、其の究極の目的にあらず（二）○○制を廃しプロレタリアート政治を樹立するは政体の変革に過ぎざるが故に、同党の目的は治安維持法に所謂国体変革の目的に該当するものに非ず」という市川の上告趣意書での見解への応答だった。

この大審院判決は「国体」の絶対不可侵性の強調とそれへの介入の拒否・断罪をあらためて示したことになる。まもなく三五年二月の貴族院本会議における美濃部達吉非難から天皇機関説事件がはじまるが、この判決文をやや遅れて三五年三月一三日に掲載する『法律新聞』（第三八一三号）は「国体に関する大審院の宣言――時も時、美濃部学説事件に関連して」と題してコメントを付している。判決は演繹すると「天皇即国家なり」となるのではあるまいかと述べて、「帝国の最高法衙（ほうが）も亦反美濃部説であるらしい」と観測するのである。

治安維持法の条文に組み込まれ、その運用のなかで「国体の精華」的な魔力を蓄えてきた「国体」は条文の外に飛び出し、「国体明徴」の唱道を通じた思想統制・思想動員にとって強力な原動力ともなった（拙著『戦前文部省の思想統制』〈新装版、二〇二二年〉参照）。

目的罪からの逸脱と目的遂行罪の急激な拡張

思想司法の形成・確立過程の第二の問題点は、目的罪から逸脱し、目的遂行罪が拡張の一途をたどったことである。その警察・検察の運用の拡張を追認したのも大審院の判決である。目的遂行罪で最初の判例となったのは一九三〇年一一月七日の判決で、被告吉田雅雄は『無産者新聞』などの配布行為だけで懲役二年六月が決定した。吉田の弁護人布施辰治らは上告趣意のなかで、目的遂行罪の現況について次のように主張する。

其の意義頗る明確を欠き、制定当時の立法者の説明亦曖昧にして能く其の意を捉うることを得ない程漠然として居たものであるが、実施後の適用の実際に於ては何等明確なる基準なく日本共産党に関する限り直接間接あらゆる行為を此の条規に依て律せんとし、其の適用は驚くべき広汎なる範囲に亘り、殆ど限界なきが如くである、斯の如きは実に人民の自由権の尊重を以て其の主要なる使命とする近代的法治国家に於ける法律制度発展の傾向に逆行するものであって、厳に慎むべきことを要し、其の解釈適用には明確なる限界を付すべきものである

さらに目的遂行罪は具体的に「厳格に日本共産党に対して具体的直接的関連に立つ準党員又は党員候補者に対してのみ適用さるべきもの」として、広島控訴院の判決を「断然不当」とする。これに対して大審院では「該結社を支持し、其の拡大強化を図る行為を為したる者は同結社と組織関係を有せず、又は其の機関の統制指揮を受くることなきも、治安維持法第一条の所謂結社の目的遂行の為にする行為を為したる者に該当するものとす」(以上、『大審院刑事判例集』第九巻)として、上告を棄却した。

布施らは三〇年一二月二四日の被告真鍋喜一に対する広島控訴院判決の上告でも目的遂行罪適用に食い下がった。「社会的に重要なる関係を有する治安維持法に対しては特に厳格なる解釈態度が採られるべきであって、裁判所の使命またここに存する」としたうえで、「被告人の認定された行為が果して具体的に危険性あるものなりや、日本共産党の目的遂行の為の蓋然性を有するものなりやを検討し、右の如き危険性蓋然性ある行為に

対してのみ治安維持法を適用するの態度に出づるのが唯一の治安維持法適用の正しき態度でなければならない」と主張する。これに対して三一年四月一四日の大審院判決（裁判長島田鉄吉）は、「結社の主張に共鳴する者の多少は結社の勢力の消長其の目的の成否に関するを以て、是等共鳴者獲得の為にする宣伝煽動の如きは結社の目的遂行の為にする行為に外ならずして、其の社会的危険性を有すること自明なり」と上告を棄却した（『法律新聞』第三二九九号、一九三一年八月一八日）。

さらに五月二一日の大審院判決（裁判長西川一男）は「結社の目的遂行に資すべき一切の行為を包含するものと解すべき」として、「其の行為が国体の変革又は私有財産制度否認の目的に出でたると否と、又右目的と直接重要なる関係あると否とは、同法第一条第一項第二項各後段の罪の成立に消長を来すべきものにあらず」（同第一〇巻）、すなわち目的罪である必要はないとして上告を棄却し、被告石村英雄の懲役三年が確定した。

石村の弁護人山田勝利は上告趣意書で「裁判官の主観的且独断的観念を以て結社の大目的とはきわめて間接に、而して極めて軽微なる関係を有するに止る場合に於ても猶且本罪を構成するものなりと為し、其の甚だ酷なる結果を招来するに至るべきことも亦看易き道理」と主張していた。目的遂行罪の名の下に、わずかな共産党との関係をとらえて容赦なく「甚だ酷なる」判決を下す裁判官をきびしく批判したが、裁判官は意に解することはなかった（『法律新聞』第三二九〇号、一九三一年七月二五日）。

これらの大審院判決は重要な意味をもった。本来、目的罪を前提とした治安維持法では行為者が「国体」変革または「私有財産制度」否認の目的を有しない限り処罰されないはずだったが、実際の運用では共産党に対する認識さえあれば「一切の行為」が処罰対象となった。被疑者の行動を党の目的遂行に寄与すると警察や検察がみなせば、それだけで治安維持法違反とされることとなった。特高警察にすれば、事実上は実践してきたことにお墨付きを与えられたことになる。

こうした目的遂行罪の急激な拡張について、なかでも目的罪からの逸脱について思想司法の内部からも疑問の声があがったことはシリーズI『治安維持法の「現場」』で触れた。しかし、それらが共産党の壊滅を最優先する警察・検察にブレーキをかけることはなかった。

目的遂行罪の濫用に抗する

前述の一九三〇年一一月に判決となる大審院への上告趣意書のなかで、布施辰治らは目的遂行罪の適用が「驚くべき広汎なる範囲に亘り、殆ど限界なきが如く」と記していたが、その後も拡大の一途をたどり、治安維持法の悪法性を象徴するものとなった。それだけに大審院の判例が確立しても、弁護人らは目的遂行罪の濫用に懸命に歯止めをかけようとした。

この弁論の組み立て方には二つある。一つは、その取締対象がますます拡大され、軽微な言動や友情にもとづく言動さえも断罪されていく現在の適用はあまりに苛虐であるという訴えである。一九三二年五月二八日の名古屋控訴院判決に上告した被告石川友左衛門の弁護人柴田末治は上告趣意書のなかで、日本共産党の文書数部を配布した行為を第一条後段の目的遂行罪の解釈で処断することになれば、もはや第二条の協議や第三条の煽動を処罰する規定は意味をなさなくなり、また第一条第三項の未遂罪の適用もなされなくなるとした。そうした適用は「苛酷なる重刑を以て大衆を脅かし、その支持者を根絶し、以て日本共産党を徹底的に弾圧し尽さんとするもの」と論じたが、三三年二月六日、大審院（裁判長西川一男）は軽微な言動でも友情にもとづく言動でも「所謂結社の目的遂行の為にする行為とは該結社を支持し、其の拡大強化を図る等結社の目的遂行に資すべき一切の行為を包含するもの」として、この上告を棄却した（『法律新聞』第三五二三号、一九三三年三月八日）。

東京控訴院は太田哲二に懲役三年を科した。この上告審で、弁護人の東本紀方と牧野芳夫は「御院従来の判例は徒らに取締に厳重ならんとするの余り、法の精神を蹂躙して結社の為にする目的遂行罪を或は目的罪に非ずと判示し、或は又目的意思を要するとする場合も、その直接なると間接的なるとを区別せざるの態度を示せるは洵に遺憾」としたうえで、「上告人の一つの親睦団体のために為したる自主化運動をさえ捕え来りて犯罪視して」いるときびしく批判した。「速かに立法の精神に鑑み之を厳格に取扱って、党のためにする直接目的意思を以て為されたる行為のみを処罰するの態度に出でられんこと」を切望したが、三三年三月一四日の大審院判決は「該行為が目的遂行の為、直接なると間接なるとを問わず総て之を処罰すべき趣旨」とはねつけた（『大審院刑事判例集』第一二集）。

後藤寿夫（林房雄）は三三年一二月二六日の東京控訴院判決で懲役一年を言い渡され、上告した。弁護人今村力三郎は後藤に「該結社（日本共産党）を支持し、其の拡大強化を図るの意思なく、友誼上拒絶するに由なく該行為を為したるに止まるものなるに於ては、同罪を以て律すべきものにあらざるなり」と論じたが、三四年一〇月九日の大審院判決（裁判長宇野要三郎）は「論旨理由なし」とした。また、目的遂行罪は本来目的罪であるべきとする弁護人鈴木義男は、後藤が「自ら斯くの如き目的を有せず、単に無産階級解放に助力するの意図、又は黙し難き友情の為等より為す此種行為を包含するものにあらず」とし、「被告に罪責ありとするも第五条に問擬せらるるに典型的のもの」とした。これに対し判決は「該結社の目的遂行に資すべき一切の行為を包含するものと解すべき」と断じた（『法律新聞』第三七九四号、一九三五年一月二五日）。

鈴木義男
『近代日本人の肖像』（国立国会図書館、インターネット公開）

もう一つは、鈴木の弁論もそうであったが、治安維持法による処断は避けられないとしても、第一条第一項・第二項各後段の目的遂行罪ではなく第五条の金品供与を適用すべきとする論である。共産党に資金カンパをしたプロレタリア文学者片岡鉄兵が大阪控訴院で懲役二年を科されると、弁護人高山義三は上告趣意の第三で目的遂行罪ではなく金品供与の適用と執行猶予を求めた。「其の金額に於て又度数に於ても洵に寡少にして、被告人の為したる援助の為に共産党の運動に大したる影響ありたりと信ぜられず」とするほか、被告がすでに十分に「改悛」しているとも主張した。しかし、三二年四月二日の大審院判決（裁判長中西要徳）は「第一条所定の結社の目的遂行の為にする行為を為す者に於て第五条所定の行為を為すも、該行為は結社の目的遂行の為にする行為中に吸収せられ別罪を構成せざるもの」とにべもなかった（『法律新聞』第三四一八号、一九三二年六月一五日）。

司法官赤化事件で滝内礼作と福田力之助は三四年六月三〇日の東京控訴院判決に上告した。滝内の弁護人鈴木義男は「被告人の行為は党の目的遂行の為にする行為と云うは当らず、仮に百歩を譲りて日本共産党の目的綱領を知り、之に若干の援助を為すの意思ありしとするも、そは全く党外にありて金品を供与したるに止まり、自ら率先して党の目的遂行の為にする行動に従事したるに非ざるが故に治安維持法第五条を以て律せらるるは格別、同法第一条を以て問擬するは擬律錯誤の違法あるものにして破毀すべきものと信ず」と論じた。しかし、一一月一日の大審院判決（裁判長泉二新熊）は「治安維持法第五条は国体を変革し、又は私有財産制度を否認することを目的とするも未だ結社するに至らざる者に対し金員其の他の財産上の利益を供与する行為に関する規定なり」と断じて、上告を棄却した（『法律新聞』第三七九四号、一九三五年一月二五日）。

このように、裁く側が共産党の目的遂行のための行動と認めさえすれば、党と関係がなくても「一切の行為」が「総て」処罰の対象となった。

圧倒的多数が懲役刑――「転向」促進のための罰

思想司法の形成・確立過程の問題点の第三は、治安維持法の処罰刑としては禁錮刑と懲役刑の選択であったにもかかわらず、九九％までが懲役刑となっていることである。

三・一五事件に驚愕した田中義一首相の「事苟も皇室国体に関しては断乎として仮借するを許さない」という意向に沿って、検察・裁判所には「国体」変革を企てる不逞の輩ゆえ破廉恥（はれんち）犯に等しいという暗黙の了解があった。「本法の犯罪は原則として内乱罪に匹敵し、原則としては禁錮刑を科すべき性質のもの」と考える三宅正太郎は、この著しく偏った刑の選択に対して「立法の趣旨の徹底せざるやを疑わしむる」（前掲「治安維持法」）と批判する。また、自ら治安維持法違反の懲役囚として入獄していた鈴木安蔵は、労働の強制、独房、読書・執筆・通信の制限など、懲役囚であるがゆえの待遇の劣悪さを訴えている（「思想犯人の処遇について」『社会評論』第一巻第一号、一九三五年三月）。

例外的に禁錮刑が選択された事例もある。三〇年二月二一日の大審院（島田鉄吉）は長谷川民之助らに懲役三年の判決を言い渡したが（前述）、これは二九年七月二九日に三宅正太郎を裁判長とする名古屋控訴院が禁錮一年六月を科した判決を破毀したものだった（『大審院刑事判例集』第九巻）。ところが、三〇年一〇月二八日、大審院（裁判長宮本力之助）は労農党名古屋支部教育部長の加古貞吉に懲役二年（執行猶予三年）の名古屋控訴院判決を破毀し、禁錮二年（執行猶予三年）を言い渡している（検事上告を棄却）。「治安維持法違反は破廉恥罪ではない」という判

三宅正太郎
『大日本司法大観』

断だった（『法律新聞』第三一八五号、一九三〇年一一月三日）。

三三年三月一四日、名古屋控訴院（裁判長御園生淳）は四高生の大谷義信ら二人に禁錮二年、一人に禁錮一年（いずれも執行猶予四年）を科した。四高読書会で活動するほか、四高無青班委員会名で「四高無青班委員会は日本共産青年同盟の指導の下に四高学生運動をボルセヴキ化することを以て根本的任務とす云々、同盟指導の下に勇敢に闘争を展開し、他方学生の初歩的組織たる読書会の強化に努め、党同盟を支持しよう云々」という印刷物数十枚を作製、配布したとして治安維持法第一条第一項後段を適用するが、懲役刑ではなく禁錮刑を選択し、「犯情憫諒（びんりょう）すべきものあり」として執行猶予を付した。この控訴審は三一年七月一三日の金沢地裁判決に検事および被告人が控訴したものだったが、いずれも「理由なし」とされたことからすると、金沢地裁の判決も禁錮刑だったと推定される（朝鮮総督府高等法院検事局思想部『思想月報』第三巻第三号、一九三三年六月）。

懲役刑の選択は治安維持法違反犯罪に対する容赦のない断罪を意味するが、そうした苛酷な量刑、つづく行刑が「転向」を導くうえで効果的に作用するという判断も後押しした。出獄者および被告人・受刑者の思想転向率を「相当良好」とみて、「要するに所謂弾圧主義なるものは今日迄の成果を以てすれば、一概に共産主義者の思想を激成するものではなく、寧ろ反対に其の方向転換を促進する素因となる場合が極めて多かったと云うべきである」（「共産主義運動概観」、一九三四年）とする警保局の見解は思想司法の側でも共有される意識だったろう。東京地裁検事局の思想検事戸沢重雄は共産主義犯罪者について「結核菌」のようなものだから「健全な社会から永く隔離して置くことが必要」として、「一年、二年というような軽い刑でやるよりは、寧ろ有罪と認められ改悛の実なき者に対しては思切って重い懲役をおやりになるのが好い」（「日本共産党の真相と其の検挙史」、一九三三年の輔成会主催の思想犯に関する保護事業講習会での講演、輔成会『思想犯に関する保護事業参考資料』）とまで述べている。

最後に、大審院判事三宅正太郎の「治安維持法」（『現代法学全集』第三八巻、一九三一年三月、『資料集』第一巻）論の「結語」に触れておきたい。三宅は治安維持法の厳密な抑制的な運用を求める立場から、現実の便宜的で拡張解釈的な傾向に批判的だった。そして、治安維持法の本来の使命や目的を逸脱しないこと、法の執行者は犯罪者の思想の理解と心理を十分に洞察すること、適用にあたって常に時代を超越した寛容を持つこと、の三点を警告的に要望していた。「斯の如き広範な且捕捉すべからざる内容を有し重大な結果を持つ法律は、我国に在っては其例に乏しい」という治安維持法観にもとづく。三宅はさらに大審院判例の詳細な分析でもこの批判的立場を貫くが（「治安維持法に関する大審院判例」『警察研究』第三巻第九号〜第四巻第七号、一九三二年九月〜三三年七月、『資料集』第一巻）、実際の治安維持法はすべて三宅の要望とは正反対の方向に運用されていった。そして、三宅的批判ももはや日の目を見ることはなかった。

六 軍法会議における治安維持法運用

治安維持法で裁かれる兵士たち

治安維持法違反事件の公判の大部分は一般の裁判所でおこなわれるが、軍人・軍属の犯罪を処断する特別裁判所（大日本帝国憲法第六〇条）である軍法会議によってもなされた。おそらくその件数・人数は全体の一％から二%程度であろう。

この軍法会議は一九二一年四月に施行された陸軍軍法会議法と海軍軍法会議法によって運用された。両法についで松本一郎は『陸軍軍法会議判例集』第四巻「解説」(二〇一一年)で大正デモクラシーの影響を受けてそれまでの陸軍治罪法を一新したと指摘し、改正点として弾劾主義の採用、検察官(法務官)の設置、審判不干渉の原則の明記、裁判官に陸軍法務官を加えたこと、弁護人制度の導入、証拠裁判主義の明示、上告制度の採用などをあげる。一般の裁判所と異なる点は部隊長の統率権を最重要視したこと、兵科将校から任命される判士四人と陸軍法務官一人で構成されること(常設軍法会議〔第一審〕)、二審制であること、予審を起訴前の手続きとすることであった。

戦時に設置される特設軍法会議もあるが、ここで治安維持法の運用にあたるのは常設軍法会議である。やはり松本によれば「審判は法務官一人と素人の兵科将校四人の合議によるから、法の適用についてはもちろんのこと、事実認定の面でも、リード役を務める法務官の役割はきわめて重要である」。このことは、後述する実際の公判事例でうかがえる。だが、「法務官の地位と評価は低かった」という。法務官は検察官にもなった。

海軍関係の治安維持法公判は、山岸一章の小説『聳(そび)ゆるマスト』で知られる呉鎮守府軍法会議(五人に懲役六年から三年)、共産党軍事部機関紙『兵士の友』で知られる横須賀鎮守府軍法会議(三人に懲役三年六月から三年)という、いずれも一九三三年四月の二つの軍法会議にとどまると思われる。三三年度『海軍省年報』にある八人という数値はこれらの軍法会議の判決結果を示す。

これに対して、陸軍軍法会議による処罰人数は総計で一〇〇人近くに達すると推定される。陸軍省「最近五ヶ年間思想事件に関し、検挙起訴処罰せられたる者の数」では治安維持法による処罰では一九三〇年が五人、三一年が八人、三二年が九人、三三年が七人、三四年が一一人となっている(『資料集』第二巻)。憲兵司令部「思想要注意現役軍人及在郷軍人の概況と軍隊教育の影響」（大谷敬二郎『昭和憲兵史』、一九六六年）では二八年から三三年九月までの処罰者の合計は、現役軍人で陸軍が二九人（検挙は五二人）、海軍が八人（検挙は一九人）、軍属・軍職工では陸軍が三人（検挙は二〇人）、海軍は〇人（検挙は一〇人）となっている（備考に「軍属、軍職工は普通裁判所に送致するもの多く、此等は判決の不明なるもの多し」とある）。二八年と二九年は三・一五事件と四・一六事件の軍関係者と推測される。

これらの数値と合わないところもあるが、各年度『陸軍統計年報』からは治安維持法による処罰者は二九年から三六年までに合計五一人を確認できる（二八年以前と三七年はなし）。三八年以降、『統計年報』は刊行されていないが、戦時下の「陸軍軍法会議処刑罪数表」（『陸軍軍法会議判例集』第四巻）によれば、四二年が八人、四三年が五人、四四年（一一月まで）が一四人となっている（四五年は不明）。もっとも、この「陸軍軍法会議処刑罪数表」の総計は二万二二五三人となっており、治安維持法による処罰は〇・一％足らずにすぎない。しかし、戦時下においてこれだけの処罰者があったことに驚かされる。

先の陸軍省「最近五ヶ年間思想事件に関し、検挙起訴処罰せられたる者の数」では治安維持法違反での検挙者総数は六〇人であったが、これらの内偵捜査・検挙・取調にあたったのは思想憲兵の機能を強化した各地の憲兵隊であった。のちに東京憲兵隊長などを務める大谷敬二郎は「昭和四年頃より九年頃までは、軍隊は赤い思想に悩まされ、かつ、あらされていた。はげしい赤化宣伝は執拗につづけられ、軍隊内にも共産党の細胞が扶植（ふしょく）されるようになった……憲兵の思想警察は昭和四年頃からようやく積極的になってきた。各隊は競って共産党狩りに躍起となった」（『昭和憲兵史』）と記している。憲兵司令部『思想彙（い）報』第二九号（一九三二年五月）所収の「国際共産党の対軍隊運動方針と日本共産党」にも、「軍隊に対する宣伝が最も露骨に且つ頻繁に行われる様になったのも昭和四年以降」とある。

憲兵隊による検挙・取調後の司法処分は二つにわかれる。現役の軍人であれば軍法会議に送致され、軍属の多くと外部からの兵営内へのビラの投込みなどの一般人の反戦反軍運動であれば各地裁検事局への送致となった（拙著『日本憲兵史――思想憲兵と野戦憲兵』〔二〇一八年〕参照）。

軍隊内の反戦運動取締

憲兵司令部『思想彙報』から、軍隊内反戦運動の取締状況と治安維持法の運用状況をみよう。

第九号（一九三〇年一月）の「軍部より見たる思想状況」には、三・一五事件で「憲兵の取調を致した者が陸軍現役軍人二十七名、海軍兵一名、陸軍職工一名、海軍職工四名、計三十三名」で、軍法会議に八人、所轄地方裁判所検事局に海軍職工四人を送致したとある。四・一六事件で憲兵が検挙した者は平塚海軍火薬廠四人（うち一人起訴）、大阪工廠三人であったという。これらは主に特高警察からの通報による検挙だろう。

この数値に含まれると思われるが、元幹部候補生松延七郎は一九二八年八月に検挙され、第一二師団（久留米）軍法会議に送致された。共産党に加入後、「荏原（えばら）区鉄道細胞秘密文書係として文書の配布其他の実行運動に奔走し」ていたとして、二九年九月一二日、起訴されている。また、やはり三・一五事件で検挙された元幹部候補生倉重新は二九年一〇月七日の第一二師団軍法会議にかけられ、一六日に懲役四年の判決を言い渡されている（以上、第七号、一九二九年一一月）。

「日本共産党関係の幹部候補生判決（東京）」という記事（第九号、一九三〇年一月）には、二九年一二月二四日の軍法会議（師団名不明）で懲役四年（求刑五年）の判決があったとある。服罪したものの、「貧乏人は貧乏人自身が志願して貧乏人になる訳でなく、社会の迫害が貧乏人にするのだと言う点を自分の身に比べて考えて共鳴しました」などの公判の陳述を引いて、「改悛の情認められざる」としている。

三・一五事件や四・一六事件などに直接関連しない事例もある。姫路師団の思想要注意者（一等兵）は隊内で共産主義思想の宣伝や「結社加入」を勧誘したとして、憲兵の検挙・取調の結果、二九年九月、治安維持法違反と不敬罪で軍法会議に送致された。一二月、軍法会議の予審が終結、公判に付された。その予審調書には「他兵卒に対して、吾々無産階級から搾取するものは資本家である、資本家の最高は陛下である、陛下は吾々無産階級に対しては不必要であると言ったことは認めます」などと供述しているという（第九号）。三〇年一月二五日の二回目の公判で懲役三年（求刑三年六月）を科された（第一〇号、一九三〇年二月）。

第一一号（一九三〇年三月）には二月の「共産党関係の現役兵三、軍属一、軍職工一計五名」の検挙について、「生活の不平不満、私的制裁、勤労過激、階級的矛盾等の意識から現役兵卒が進んで隊外の同志、而も共産党の幹部に連絡し、其の指導下に兵卒委員会組織を企図せるものであった」とする。これらは憲兵が拘引し、取調の上、治安維持法違反で軍法会議に送致している。

検挙・軍法会議送致となったが、不起訴処分となった事例もある。ある幹部候補生は大阪在住中、共産党・同盟の「大阪地方アドレスとして書面の取次を為したる」ことが入営後に発覚し、憲兵により軍法会議に送致されたが不起訴となった（第二一号、一九三一年一月）。久留米師団のある一等兵は「入営後、私的制裁に反感を抱き」、中隊内講堂黒板に「君等は未だ矛盾を知らざるか」「彼（か）のブル階級と挑戦を試よ」と落書をしたとして、憲兵隊に検挙され、軍法会議に送致されたが、証拠不十分として不起訴になった（第二五号、一九三一年七月）。

第二〇号（一九三〇年一二月）の資料「軍隊内細胞組織運動の状況並に日本共産党員たること入営後発覚し、検挙処刑せられたる者の状況」では「細胞（読書会等を含む）組織を計画せるもの」が二九年に三件、三〇年に五件で、「隊内兵卒に主義を宣伝し、逐次細胞組織に進展せんとしたるもの」がそれぞれ二件と三件となっている。大部分が治安維持法違反容疑での検挙であるが、「運動は殆んど皆その未萌（みぼう）の間に芟除（さんじょ）せられた」という。

その「結言」では「今や共産主義思想、或は社会民主々義思想（これとてもやがては共産社会に到達すべきもので、そこに時間的差異こそあれ、窮極に於て我国体に相容れないものである）等の全国的瀰漫は蔽うべからざる事実であって、それ等の雰囲気中に育った壮丁が独り軍人になる故のみを以て完全に此等左傾思想より解放され、絶縁せらるる筈がない。必ずや何等かの機会に主義に感染せしめらるべき素質の言動を裏面に現すことあるのみならず、積極的な主義者は最も執拗に、巧妙に所謂彼等の最後の栄冠を戦い取る為に、決死的な努力を以て軍隊赤化にその鋭鋒を向けつつある」と強い危機感をもらしている。

軍法会議での治安維持法運用

治安維持法施行前、一九二四年一一月二五日、群馬青年共産党事件の藤田悟が陸軍技手だったため、前橋地方裁判所の公判とは別に第一四師団軍法会議（宇都宮）にかけられ、「資本家を罵倒する文書、即不穏文書を作成」したとして出版法違反で禁錮一年の刑を科せられたことは前述した。また、治安維持法施行後まもなく、二六年三月二四日の第一二師団軍法会議において九州青年同盟の結成を治安警察法違反に問われて（ほかに出版法違反）、川内唯彦が禁錮一〇月を科されたこともすでに述べた。この軍法会議では久留米憲兵分隊長福本亀治による訊問に「無産者の自覚と智識の向上に依りて将来は無産者の完全なる無産政党を組織し、以て多数無産者の幸福実現を期するの理想を有す」と供述していたことが証拠とされた（いずれも法政大学大原社会問題研究所所蔵）。

治安維持法が適用された最初の軍法会議の判決は二九年二月七日、第□師団軍法会議が元幹部候補生の滝本孝一と倉林梁作に科した懲役二年と思われる。いずれも入営前の行動が問われた。一般の裁判と同じく、弁護人が弁論を展開した。

この判決文は不明ながら、上告審にあたる二九年六月三〇日の陸軍高等軍法会議の判決をみることができる。滝本の弁護人難波源三の上告趣意書に引用された第一審判決では佐川という人物より「無産階級の運動は従来の如く合法的運動にては到底其の目的を達成し難きを以て、前衛隊(日本青年共産同盟)を組織し、非合法運動を為すべき」として滝本らが「前衛隊」に参加するよう勧誘され、「研究会」に出席するほか「反軍国主義宣伝の謄写物を交付」されたことなどが、治安維持法第二条(協議)に該当するとされた。

難波弁護人は「原審判決は治安維持法第二条所要目的を示さずして同法条に問擬したるものにして、破毀を免れざるものなり」と主張したが、高等軍法会議では「被告人は所謂国体を変革し、私有財産制度を否認するの目的を有したるものと認むべきが故に、原判決に上告趣意所論の如き違法の点あることなく」として上告を棄却した。

ここで注目すべきことは、師団軍法会議・高等軍法会議ともに滝本の日本共産青年同盟員としての活動を「国体」変革結社への加入ではなく、共産青年同盟の活動のための「研究討議相談」として第二条の「協議」罪を適用したことである。また、共産青年同盟について原判決で「軍隊内に反軍国主義の宣伝を為し、将来無産階級に依る革命闘争の際、其の先頭に立たしむることを期する秘密結社」と定義し、高等軍法会議もそれにしたがっている。これらは何を意味するだろうか。一般の裁判所での治安維持法違反事件公判が本格化し、当初は各地裁の独自の判断が模索されていたことは前述したが、それと同様に軍法会議でも独自の判断を下したということであろう。

もう一人の被告倉林梁作の弁護人岩田正夫・大矢道太郎の上告趣意の論点はユニークで、これらの軍法会議が治安維持法運用の初期段階にあることをうかがわせる。岩田らは「治安維持法は主義思想に基く犯罪に対する刑罰法規なるを以て、其の解釈適用に当りては特に其の身体精神の発育の状況を観察し、再び穏健思想に復帰するの道程にありや否やを考案する必要ある」とする。被告人はまだ若く「生理上より思想の動揺甚だしき時機にして、未だ確乎たる信念の下に行動したるものにあらざる」ことに加えて、被告が入営後「厳格なる軍務教育に服し、且既に将来共産者との関係を絶対に絶ち、真面目に軍務に服し、除隊後は適当なる職務に従事して」いることを考慮すれば、量刑が重すぎると主張した。

また、「通常の事犯、特に軍人たらざりし犯罪に付ては、軍事裁判所なるが故に重罰せられ、通常裁判所なるが故に軽く処罰するが如きは発覚の時期如何によりて行為者の責任に軽重を生じ、吾人の法律生活上に於ける公平観念に反するもの」として、この点からも「甚しく不法に科刑したる違法あるもの」と論じた。これに対して高等軍法会議では「上告論旨は原審の量刑に関する職権行為に付論議を為すに過ぎざれば、上告適法の理由と為すを得ず」とはねつけた（以上、『昭和思想統制史資料』別巻下）。

当初、軍法会議が独自に治安維持法の運用をおこなっていたことを示すもう一つの事例がある。三〇年一二月九日、第一師団軍法会議（裁判長原口真一中佐、陸軍法務官杉原瑝太郎）が元陸地測量部陸地測量手の金沢裕之に対して、新聞紙法・出版法違反で罰金七〇円を言い渡した判決である。金沢が陸地測量部勤務中、『戦旗』の販売に従事し、発売頒布禁止後に同僚に売却したことが新聞紙法などに問われたが、治安維持法違反とされなかったことが注目される。もちろん、法務官による検察の起訴段階でも治安維持法は視野外であった。これは一般の思想事件ならば治安維持法違反の目的遂行罪での司法処分がなされていたはずであるから、この軍法会議の判断は独自になされたといってよい（『我判決文』、法政大学大原社会問題研究所所蔵）。

平準化していく軍法会議判決

当初、軍法会議の独自判断にもとづく判決がなされる一方で、しだいに一般の治安維持法公判に準じた軍法会議の判決も出てくる。大審院判決で「国体」や「私有財産制度」の定義が判例化するにともなって一般の治安維持法公判の判決は平準化していくが、それは軍法会議におよんだ。

まず、一九三〇年一月三〇日の陸軍高等軍法会議の判決をみよう。二九年一〇月二一日、第□（ママ）師団軍法会議で横須賀△△△（ママ）連隊第四中隊の元幹部候補生川崎卓二（元日本農民組合兵庫県連合会常任委員）は有罪判決（量刑不明）に対し上告した。入隊前の二七年一〇月、神戸で日本共産党に加入したことが問われた。

川崎の弁護人神山安次は上告趣意書において「国体とは何ぞや」と問いかけ、大審院の三・一五事件の旭川グループに対する判決（前述）に触れて「治安維持法に所謂国体の意義を以て憲法第一条に規定する処と同一内容に解したりと雖（いえど）も、右は其の源泉と支流とを混同したる見解にして、実に国体観に関する本末を誤れるものなり」と論じた。これは旭川グループの上告趣意書で展開された前述の弁護人の神道寛次・布施辰治の論点をそのまま借用したものだった。また、「君主制の撤廃」のスローガンや私有財産制度についての論点も神道・布施の上告趣意を借用し、「日本共産党が所謂国体を変革し、私有財産制度を否認する目的を有する政党なりと認定するは事実を誣（し）うるものなり」と主張した。

これに対して陸軍高等軍法会議が「原判示の如く君主制を撤廃し、土地を無償没収することを企つるに於ては、治安維持法に所謂国体を変革し、私有財産制度を否認することを目的とするものと認むるに何等妨（さまたげ）あることなく……結局論旨は専ら原審の職権行為に属する事実の認定に云為（うんい）するに過ぎざるが故に、上告適法の理由と為すに足らず」と断じるのは、一般の治安維持法公判の判決に準じているといってよい（以上、『昭和思想統制史資料』別巻下）。

三一年七月三〇日の陸軍高等軍法会議の浦沢一郎（野砲兵第△（ママ）連隊第八中隊、砲兵一等兵）の判決もそうである。共産党加入により五月二九日に第□（ママ）師団軍法会議の有罪判決（量刑不明）に上告したもので、弁護人前田一嘉の上告趣意の第一は前掲川崎の上告趣意と同一だった。第二点として「原判決が「私有財産制度」の否認を以て日本共産党の目的なりと認定したるは誤謬にして、反対に所謂資本主義制生産方法こそ真実の意義に於ける私有財産制度を否認するものと謂わざるべからず」と主張したが、高等軍法会議は「苟も日本共産党にして財産の私有に関する国法の保護を排斥し、土地の無償没収等を企図するに於ては、即ち我現行の私有財産制度を根本的に破壊せんとするもの」として上告を棄却した。

三二年五月一六日、近衛師団軍法会議（裁判長三宅貞彦少佐、法務官岡村畯児）は〇〇喜久雄（一等兵）に懲役一年三月を、〇〇金雄（上等兵）に懲役一年を科す判決を言い渡した。「徴兵による失業反対！」「家族の生活を保証しろ！」「日本共産青年同盟に入れ！」などの共産青年同盟のビラを連隊内に貼撒布したことが、治安維持法第一条の目的遂行罪に問われたが、「犯情憫諒すべきものある」として量刑は少し軽くなった。

三三年一〇月九日、近衛師団軍法会議（裁判長三宅貞彦、法務官津村幹三）は〇〇為好（二等兵）に懲役二年・執行猶予五年を科した。入隊前の日本反帝同盟としての活動が目的遂行罪に問われたが、「被告人は輦轂（皇居のある地）の下に在隊するを名誉として軍務に精励し、今や過去の非を悔い、断然判示の如き不逞主義を清算し、同志と縁を絶ち、只管君国の為尽瘁せんことを誓い居れる」とみて執行猶予付の量刑となった（以上、松本一郎編『陸軍軍法会議判例集』2）。

陸軍法務官・島田朋三郎

同志社大学人文科学研究所に所蔵される『判決集綴　治安維持法違反事件』には、第一師団軍法会議の五つの判決が綴じこまれている。これらの判決に裁判官として関与した神保信彦大尉の旧蔵である。その仮表紙に神保の手により「理由及証拠論に於ける島田法務官の名判決を研究すべし」と書かれている。島田法務官とは

島田朋三郎
世紀の自決／島田朋三郎（asahi-net.or.jp）

第一師団の陸軍法務官島田朋三郎のことで、この『判決集綴』では二つ目以降の四つの公判に裁判官として関与し、実質的に判決を主導したと推測される。

島田は東京帝大法学部卒業後、一九二二年四月に陸軍法務官に任官し、朝鮮軍（京城）に配属され、第一一師団、第三師団を経て、三二年六月に第一師団に配属となった（西川伸一「戦前期日本の軍法務官の実体的研究——軍法務官一九三人の実名とその配属先をめぐって」『明治大学社会科学研究所紀要』第五三巻第一号、二〇一四年一〇月）。のちに相沢中佐事件では検察官を務める。

第一師団に配属となった島田が裁判官を務めた最初と思われる三二年九月一〇日の第一師団軍法会議判決（裁判長原口真一中佐）からみよう。検察官は匂坂春平陸軍法務官だった。

慈恵医科大学在学中、「マルクス主義の研究のための読書会」を組織したことのある被告西尾正栄は三一年四月、見習医官として歩兵第一連隊に入隊した。『思想彙報』第二五号（一九三二年七月）によれば、「入隊前より左傾思想抱持者なることを所属隊にて探知し、憲兵に於て其行動を内査したるに、左翼出版物により主義研究を為したるも未だ実行運動に携りたる形跡なき」という状況であった。

判決文では西尾が「将来共産主義社会実現の過程として暴力革命勃発したる場合に軍隊をして資本家階級より離反せしめ、之が擁護者たらしめずして同革命の遂行を容易ならしめ、以て日本共産党の目的遂行を支持する目的を以て、右離反の手段として同隊中の兵等をして自己の地位取扱に不平不満を抱懐せしめ、又は戦争嫌忌の念を生ぜしめ、若は幹部に反感を有するに至らしむる等の方法に依り之を煽動し、漸次反軍思想を醸成し、以て右離反の目的を達成する意思を以て」第三中隊軽機関銃班の兵士らに働きかけたとしている。「露西亜と戦う時は汝等は消耗品と同様に戦地に送られ、満洲にて死す、汝等は将校より犬畜生の如く取扱われ居るにあらずや」「兵卒は兵卒同志互に団結せざるべからず、幹部に接近するは不可なり」などと述べたことが、日本共産党の目的遂行罪に該当するとされ、懲役二年・執行猶予三年の刑を言い渡された。

執行猶予を付す理由として「従来未だ実際行動を為したることなく、又同主義実行運動者と連繫あるものにあらず、本件は実に被告人独自の立場に於ける実行運動の第一歩とも目すべきものにして、其方法も亦深刻過激ならざりし為、何等の影響を惹起するに至らざりし」というだけでなく、「本件犯行後深く前非を悔悟し、拘禁中は専心医学の研究に従事し、将来主義を清算し医師として社会に立ち、係累を扶養せんと決意し、再犯の虞なき」という判断にもとづく。裁判官の一人としてこの公判に加わっていた神保大尉が「理由及証拠論に於ける島田法務官の名判決」と称賛するのも、このあたりのことであろうか。

それは一二月五日の吉野源三郎を被告とする軍法会議（裁判長若月卓一中佐、検察官匂坂春平）判決にもうかがえる。予備役陸軍少尉の吉野は三一年七月一日、演習召集に応じて陸軍野戦砲兵学校に入校し、七月二二日に召集解除となっていた。懲役二年・執行猶予四年の刑を科されることになったのは、野戦砲兵学校入校前の東京帝大図書館事務取扱嘱託として勤務しているとき、「上海国際共産党極東事務局と日本共産党中央部との連絡仲介を担任」していたことからである。「日本共産党の目的達成の為必要なる運動に関するものなることを推知し、其の仲介の任に膺（あた）ることは同党の目的達成を援助するものなることを認識しながら」受諾し、その行動をとったことが目的遂行罪とされた。執行猶予を付す理由を、判決文は次のように記している。

被告人は温厚篤実にして態度厳正着実熱心にして進んで難局に当り、一年志願兵当時学術科の成績優秀にして勤務演習期末試験に於ては及第者十五名中第一位に在り、本件犯行は自己の専攻する哲学に関連して唯物史観を研究し、マルクス主義に共鳴すると共に、同主義者等の熱烈勇敢なる態度に感激同情したる為、遂に誘惑利用せられ誤て学術的研究の範囲より逸脱し、漸次深刻に陥りたるものにして情状洵に憫諒すべきものあり、今や深く前非を悔悟し、将来再犯の虞なきものと認むるを以て被告人に対しては姑く刑の執行を猶予し、改過遷善の機を得せしむるに於ては今後純真なる学者として学術の研究に精進し、相当社会に貢献する所あるべき

「上海国際共産党極東事務局と日本共産党中央部との連絡仲介」の担当という職務の重大性からいえば、懲役二年・執行猶予四年という量刑は軽いものだったといえるが、その背景には吉野に対する「純真なる学者」としての将来性に期待を寄せるという、一般の治安維持法公判を担当する裁判官にはほとんど見られない島田の見識があったといえよう。

三三年五月一三日の歩兵第四九連隊機関銃隊の一等兵三浦秀雄への判決（裁判長若月卓一中佐）でも懲役二年ながら、執行猶予五年が付された。横浜電気局の電車車掌として勤務中に共産党に入党し、生麦車庫における『第二無産者新聞』配布のキャプテンや細胞キャプテンとなり、機関紙『パンチ』を発行するなどの入隊前の活動が目的遂行罪に問われた。比較的寛大な量刑となったのは、検挙前に被告人は「前非を悔悟し、転向を決意し、爾来全く同志との連絡を断ち、党活動を廃止した」だけでなく、「入隊後は素行良好にして勤務に精励し、現に精勤章二箇を付与せられ居り、改悛の情顕著なるものあり」という「転向」を評価したからである。

なお、島田が裁判官となったもう一つの判決（一九三三年三月九日、裁判長若月卓一中佐）では、陸軍科学研究所技生で元陸軍軍属の林卓に対して懲役三年を科している。二九年一〇月に陸軍科学研究所に見習技生として雇用され、三一年一二月二八日に解雇されるまで日本共産党・日本共産青年同盟に加入し、『第二無産者新聞』を同僚らに配布するほか、科学研究所の状勢を報告したことなどの活動が問われた。

このように島田が実質的に主導していたと推測される判決は一般の治安維持法公判の判決と同様な論理構造になっているが、量刑の判断においては「転向」を評価し、総じて寛大な傾向があったといえる。

横須賀鎮守府軍法会議判決

京都・横浜・東京などの憲兵隊長を歴任した大谷敬二郎は『昭和憲兵史』で「日本共産党の対軍策動」として『海軍に細胞確立せらる』という項を設け、「共産党呉軍事部事件」と「横須賀における日共細胞組織」を叙述している。同書に収録された両事件の「系統要図」のうち、後者については「三水〔三等水兵〕河田（山城〔軍艦〕）、三水吉原（長戸）、三機兵〔三等機関兵〕西氏（榛名）の三名は昭和七年五月以来、隊外共産党軍事部の指導に依り、革命的グループを結成、各所属艦其他に於て巧に主義の宣伝をなし、之が拡大強化に腐心しつつありたること発覚せり」という「要旨」が付せられている。

海軍軍法会議
山岸一章『聳ゆるマスト――日本海軍の反戦兵士』

この二つの事件はいずれも一九三三年四月の軍法会議で判決が出されている。四月二二日の横須賀鎮守府軍法会議（裁判長杉本豊少佐、海軍法務官金井重雄）からみよう。被告とされた西氏恒三郎、河田毅、吉原義次はともに三二年一月に横須賀海兵団に入り、まもなく「互に所謂同志たることを自覚し」、八月末に検挙されるまで反戦活動をつづけた。判決文には「軍隊は資本家及地主階級の利益擁護の機関にして、戦争は右の目的達成の作用を営むものなるを以て、自分等無産者階級出身者は帝国主義戦争に絶対に反対し、戦争起らば之を内乱に導き、軍隊を共産主義社会実現の為其の支援者とならざるべからずと思惟し」ていたとされる。

三人は日本共産党・日本共産青年同盟が「現に存在し活動し居るを知悉し乍ら、将来其の指導の下に海軍部内に共産主義を宣伝し、同志を獲得し、右結社の目的を遂行せしめんと約し」、配属された各軍艦での活動を申し合わせたとされる。西氏は河田・吉原とともに共産党軍事部部員と会って「海軍赤化の目的に資すべく海軍の一般事情を報告説明し、海軍赤化の方法、殊に兵士に対する共産主義宣伝用「スローガン」を研究協議」したと認定された。河田は共産党軍事部の機関紙『兵士の友』掲載の目的で「入浴度数の増加」「煙草の公平なる配給」を要求する旨の原稿を作成するほか、海軍省教育局発行『海軍兵須知提要』や横須賀海軍人事部発行『海軍一般』各一冊を軍事部部員藻谷小一郎に渡し、軍事部部員森田二郎に「軍艦山城の性能要目を説明し、自ら作成したる班制度及衛兵制度に関する報告書」を渡したとされる。吉原は『兵士の友』のために「銹落し」という原稿を寄稿したとされた。

証拠調べとして各被告の公判廷における陳述、「予審官」による証人の訊問調書の供述が採用されている。

赤い水兵判決

裁判長から温情溢るゝ説諭

きのふ求刑通りに

【横須賀電話】横須賀海兵團所屬水兵赤化の治安維持法違反事件に關する横須賀鎮守府軍法會議の判決公判は、廿二日午後三時から開廷、裁判長松本少佐は審理の結果に基き治安維持法第一條第一項前段に第二項後段、刑法第五十四條、第十條、第二十一條等を適用し求刑通り左の如く判決言渡しあり、約二十分にわたり被告等に懇々と温情溢るる説諭をなし心機の轉向をすゝめ、被告等は直立不動のまゝうなだれて[illegible]しゆんを聴つてゐた

△懲役三年六月（未決通算三十日）元榛名乘組、三等機關兵、東京市本郷區 [illegible] 西氏恒次郎（二三）

△同上 元山城乘組、三等水兵、群馬縣 [illegible] 河田 毅（二三）

△懲役三年（未決通算三十日）元長門乘組、三等水兵、東京市本郷區 [illegible] 吉原 鐵次（二三）

「赤い水兵判決」
『東京朝日新聞』1933年4月23日

これらの活動が治安維持法第一条第一項後段・第二項後段の目的遂行罪に該当するとして、西氏と河田が懲役三年六月、吉原が懲役三年の刑を言い渡された（以上、法政大学大原社会問題研究所所蔵）。

なお、『兵士の友』第一号は三二年九月一五日に刊行され、吉原の「銹落し」が載っている。山岸一章『聳ゆるマスト』（一九八一年）から引用する。

で結局俺達、労働者、農民を殺す戦争には反対だ！　衛生設備を完備しろ！　戦争する金で失業者、農民を救え！　と意見が一致した、他の軍艦の兄弟も皆これと同じ様な不平を必ず持っている筈だと思う。だが、だまっていたんぢゃ駄目だ。皆が一緒になって固く腕を組んでやってこそききめがあるんだ、そうしてこそ日常の不平、不満をたたきつけて、少しでも俺達兄弟の生活を向上させるんだ。

ぢゃ兄弟！　俺は紙上で兄弟に握手をする！

呉鎮守府軍法会議判決

横須賀鎮守府軍法会議の三日後の一九三三年四月二五日、呉鎮守府軍法会議で五人の被告に判決が言い渡された。裁判長は太田泰治海軍大佐、裁判官の一人に鈴木正一海軍法務官がいた（ここからは判決文も含めて、山岸『聳ゆるマスト』による）。

三二年一〇月三〇日の熱海事件に連動して、広島でも五四人が特高警察によって検挙され、そのなかに呉海軍の反戦活動関係者一八人が含まれていた（一一月二日から一二月二四日までに検挙）。軍法会議で有罪判決を受けるのはそのうちの五人で、一一月二六日に起訴となっている（ほかに一人が起訴となっているが、軍法会議予審で証拠不十分により免訴となった）。下士官・兵士の検挙ながら特高警察によっておこなわれ、憲兵側に移送されたと推測される。その後は軍法会議に送致されたが、その検察・予審の状況は不明である。検察官を担当した海軍法務官の梁川源之丞は判決後の『中国新聞』で「捜査の苦心は、なみたいていのものではなく、被告のなかには口を割らず、なかには二週間も顔を見せたまま、一言も発せぬ者もあったくらいだ」と述べている。

三三年四月一七日が初公判となり、一八日と一九日(検察官の論告求刑)の公判を経て二五日の公判で判決が言い渡された。小倉正弘(海軍二等機関兵)が懲役六年ともっとも重く、稲垣宏(海軍一等看護兵曹)と佐藤彊(海軍一等水兵)が懲役四年、北田建二(海軍二等機関兵)と宮内謙吉(海軍三等看護兵曹)が懲役三年であった。小倉は初公判の際、「法廷の正面で、天皇の権威を示している金色の菊の紋章に、「敬礼」の号令をかけられても頭を下げ」なかったという(山岸『聳ゆるマスト』)。

判決文「理由」では各被告の共産主義思想に傾倒する経緯を述べたあと、全体の出発点を木村荘重の活動とする。海軍一等機関兵の木村は三二年五月、「現役満期後広島市に居住し、日本共産党に入党し、同党員前掲予備役海軍二等機関兵坂口喜一郎と提携して同党の党員獲得及党勢拡張の運動に従い、其の後喜一郎の後を承け、同党の呉海軍部内に対する右運動の責任者となり、予て海軍兵員間に左翼思想を扶植し延(ひ)いて以て党本来の目的を達成せん為、左翼意識昂揚の記事を掲載して発刊し居たる「聳ゆるマスト」と題する印刷物の編輯配布等の衝に当り居りたる」とする。

小倉は検挙される直前に木村から勧誘されて共産党に入党したとされるほか、木村を支援して共産党の「拡大強化を図る意思」の下での行動が六件列挙される。『聳ゆるマスト』や『文学新聞』(日本プロレタリア作家同盟)、『赤旗(せっき)』などの受領、木村らと会って「海軍兵員間に現役満期者の生活保障要求並現役満期強制延期反対の気勢を煽り、以て左翼意識を昂揚すること、及之が運動方法に付協議」したこと、木村との間で「兵員の左翼意識を昂揚する為、近く挙行せらるべき海軍小演習中、上官に不当の処置ありたるときは之を捉えて抗議運動を起すこと、及兵員の不平不満を取扱いたる原稿を「聳ゆるマスト」に投稿することを協議決定」したことなどである。五人の被告のなかではもっとも活動が活発で、なおかつ共産党に加入したことで懲役六年という重い刑を科された。

佐藤の場合は、木村・小倉と会って「被告正弘の現役満期後は同人の後を承け荘重と連絡して運動すること、艦隊入港中の目下の好機会に於て活発に同志の獲得に努むべきこと」などを協議したことが、目的遂行罪に問われた。宮内は木村から「最近の海軍志願兵学歴別及入籍前の職業別の調査」を稲垣宏に依頼するよう手紙で求められ、この件を稲垣に知らせたことなどが目的遂行とされた。いずれもまだ具体的な行動に出る前に検挙となるが、懲役四年から三年という厳罰となった。

証拠調べでは各被告の公判廷における陳述に加えて、予審官の木村や証人への「訊問調書」が用いられている。たとえば、小倉の入党の経緯について木村は「当時党中国地方委員会は未だ建設途上に在りたるものにて、入党に付ての権限は当然「オルグ」に在り、十月十六日、呉に赴きたるとき、「オルグ」錦織彦七は正弘の資格を認め、自分に入党を慫慂する様申したるに依り、十一月三日、正弘を勧誘したるに之を本人が承諾したる」と供述している。

法律の適用では小倉は「国体」変革結社への加入、他の四人は目的遂行の適用となった。判決の最後で太田裁判長は被告たちは共産主義という「悪性の流行病」にかかったとして、次のように述べたという。

被告たちがこうした反逆的思想によって行動したことは、彼らの先祖が築いてきた三千年にわたる国民的歴史に一汚点を印したもので、実に遺憾に堪えない、過去を追想してみよ、父母のあふるる慈愛、友人の篤実なる友情および指導、そして光輝ある国体、そうしたものを裏切った被告たちの行動は帝国の臣民として、ことに光栄ある軍人として、まことに恥ずべきこと、被告たちは極めて悪性の流行共産病にとりつかれたもので、これに対する外科手術もなく、また適合する医薬もない。被告たちは悔恨の情にもだえて

いるが、この病気を治す手段は他にない、心をもって心をなおすほかないのである

ここでは「極めて悪性の流行共産病にとりつかれたもの」「心をもって心をなおすほかない」とするように、司法処分にとどまらず、「国体」に反し、軍人にあるまじきとする道徳的断罪の意図があらわになっている。

Ⅳ

治安維持法再「改正」の頓挫とその後の運用

池田克
（『大日本司法大観』）

平田勲
（『昭徳』第1巻第5号、1936年12月）

戸沢重雄
（『大日本司法大観』）

一　治安維持法の再「改正」へ

思想対策協議委員「思想取締具体案」

一九三一年七月の思想係検事事務打合会で、思想犯罪と対峙する「現場」の思想検事によって治安維持法違反犯罪の「処分」の工夫や「思想犯罪の予防並思想犯人の改善方法如何(いかん)」という新たな課題への対応が早くも協議されていた。それらのうちほとんどは後述する三四年の治安維持法「改正」案に組み込まれていくが、なぜそれがまず三四年というタイミングでなされていくのかという点について考えておこう。

三一年前後から思想検事たちは治安維持法をかなり自在に使いこなしはじめていた。共産主義運動をより効率的に的確に、そしてできるだけ広範に取締るために治安維持法の条文や判例が研究され、その開発されたノウハウは思想検事や判事らの思想実務家に共有された。しかし、一方で法の厳格な運用を尊ぶ思想検事たちには治安維持法の拡張が一人歩きをしはじめることには居心地の悪さがあったようである。この辺の微妙な感覚は、司法省刑事局の司法書記官大竹武七郎の著した『思想犯罪取締法要論』(一九三三年二月)にみることができる。「思想犯罪に関する法律の規定とその解釈」と題する一節のなかで、まず一般論として「凡(およ)そ法令の規定はその意義曖昧とならざる限り、包括的たることは差支ない」と述べたうえで、「ことに絶えず急速に変化しつつある社会運動とか思想犯罪とかいうものを対象とした」治安維持法の場合、あらかじめ「広い規定を設けて置き、これを適当に運用して、時々刻々急速に変化しつつある社会運動、思想犯罪を適切に取締り、思想犯罪を禁遏し、社会運動をして矯激に亘らしめず、常軌を逸せざらしめるところに法律運用の妙があるのではなかろうか」と述べる。これは、すこし前に内務官僚の木下英一が「法の弾力性」(『特高法令の新研究』一九三二年一一月)を主張していたことに通ずる、弾圧最優先のご都合主義の法理論である。

ただし、思想司法の側に位置する大竹が特高警察側に位置する木下と異なるのは、その拡張解釈が「意義曖昧」ないし「意味不明」となることは望ましくないと限界を設けている点である。どれほど社会運動の取締に便利だからといって、条文の「文理を無視して解釈することは許されない」とするのは法律家の矜持といえる。もっとも大竹の真意は拡張解釈を制約するところにあるわけではない。「文理」の尊重以上に実際運動の取締に即した「法律運用の妙」が優先されつつある現状の運用を肯定しつつも、「規定自体が広過ぎるとか、あまりに包括的に過ぎるという非難」が寄せられることに法律家として居心地の悪さを感じていたのではないか。

そうであれば、規定自体を広げてしまおう、「文理」の方を実情に即したものに変更してしまおうという衝動が治安維持法の運用者には強まったはずである。大竹の著書は現行法令の解説書だけに、かろうじてその衝動が押さえられてはいる。「法律の適用者にして健全なる常識のある限り、おのづからそこには限界がある」とも大竹はいうが、目的遂行罪の拡大や「国体」変革結社の認定範囲の拡大は「法律運用の妙」といえども、もはや「限界」に達しつつあり、「健全なる常識」からはみ出しはじめているという自覚が三三年前後には大竹を含めて思想実務家の間に広がっていた。

ちょうどそうした時期に三二年以来の血盟団事件や五・一五事件などの右翼テロ事件の続発、そして司法官赤化事件、華族子弟赤化事件、長野県教員赤化事件などが頻発したことで、左右両翼の社会運動の激化が頂点に達するという事態となり、為政者層の危機感を醸成した。この危機感は一挙に思想問題を政治問題に引き上げた。衆議院・貴族院はいずれも思想対策を求める決議をおこない、民政党・政友会もそれぞれ「思想対策要綱」を策定した。政府（斎藤実首相）でも三三年四月、思想問題に関わる各省次官による思想対策協議委員を設置し、「思想対策の樹立に於て十分連絡協調を図る」（堀切善次郎内閣書記官長の指示、『思想対策協議委員要覧』、国立公文書館所蔵）こととした。

この第一回会合における斎藤首相の「近時我国民の一部には内外諸般の情勢に刺戟せられて矯激なる思想を抱懐し、其の実行行動に加わる者輩出し、而も年々深刻になってゆく実情を見ますることは邦家の為、寔に憂慮に堪えぬ所であります」という訓示のなかに、為政者層の危機感は明らかである。

八月一〇日からの思想対策協議委員の会合では、内務・司法両省の協議案「思想取締方策要綱」（警保局案として提出、『治安維持法関係資料集』（以下『資料集』と略）第二巻）を原案に審議を進め、九月一四日に「現行取締法令の運用を一層適切にし、之が欠陥を整備し、以て取締を強化して不穏思想に対する予防鎮圧を完からしむ」という前文をもつ「思想取締方策具体案」（『資料集』第二巻）を決定し、翌一五日の閣議に報告した。

（一）国体変革に関する犯罪と私有財産制度否認に関する犯罪とを分離して、別箇に規定すること

（二）国体に関する犯罪に就ては其の罰則を整備すること

（1）刑罰を重化すること

（2）所謂外廓団体に関する処罰規定を設くること

（3）国体変革に関する事項を宣伝したる者に対する処罰規定を設くること

これら以外にも特別な訴訟手続の制定、「思想犯人の教化乃至再犯防止の為、特別の制度を設くること」も含まれている。この時点で、治安維持法「改正」の大枠は固まった。そこには一九二八年の「改正」時にはまだあった当局者内の異論や躊躇はもはや存在しなかった。

内務省と司法省の対応

思想対策協議委員の審議と並行しながら進められた治安維持法の再「改正」をめぐる内務・司法両省の対応をみていこう。

内務省では一九三三年四月一日の通牒「警察部長会議諮問事項に関する件」で各府県当局者の意見を求め、それらの答申を「共産主義運動対策に関する意見要旨」（五月、『資料集』第二巻）にまとめている。その「第一」は「共産主義運動取締関係諸法令の整備運用に関する事項」で、治安維持法の具体的「改正」の要望点が列挙されている。それらも参考にして警保局では「思想対策案」（『資料集』第二巻）を練り上げ、四月二一日、思想対策協議委員（幹事会）に提出した。「不穏思想の鎮圧策」として「現行法令の運用」と「取締法令の整備」が挙げられる。前者の治安維持法に関する部分は、次のような内容である。

（イ）国体変革に関する罪を犯したる者に対しては刑の量定を一層重くすること

（ロ）現在所謂外廓団体として取扱われ居る団体中に於ても、党又は同盟と目的を同じくすること明瞭なる団体に対しては今後一層峻厳なる態度を以て泣むこと

（ハ）所謂外廓団体を組織し、又は之に加入したる者は党の目的遂行の為にする行為を為したる者と認め、治安維持法中の当該条項に問擬し、情状に依り之を処罰すること

（ニ）起訴留保、起訴猶予、保釈、仮出獄等の処分を行うに当りては其の趣旨に副う様、一層考慮すること

さらに「取締法令の整備」には「国体変革に関する罪に対しては特に立法を考慮すること」「思想犯罪に対する特別裁判手続法を制定すること」が含まれる。この時点では治安維持法の「改正」も考慮されているとはいえ、現実的な対応として「現行法令の運用」の厳重化と工夫が重視されている。

一方、司法省では五月の司法官会同および六月の思想実務家会同で「思想犯罪を取締る対策に就て如何なる立法を為すべきか、如何に取締るべきか」（『法律新聞』第三五五九号、一九三三年六月八日）を諮問し、さらに各地裁検事局にも同様な諮問をおこなった。東京地裁検事局の答申案は「検事、司法警察官の無制限の拘束権を認むべし」「思想犯人の事実審理は地方裁判所の一審に限る」「思想転向被告の保護係を検事局に新設すべし」（『東京朝日新聞』一九三三年五月二三日）などであったという。

これらの答申を参考にして司法省では六月から七月にかけて治安維持法「改正」の具体的作業を進め、七月二八日には「思想取締方策具体案要綱」（『資料集』第二巻）として思想対策協議委員に提出した。そこでは「治安維持法を改正して思想犯罪の鎮圧並予防の作用を一層効果的ならしむること」「治安維持法の罪に対する訴訟手続を改正すること」とあるように、治安維持法「改正」の方向が明確に打ち出された。

内務省警保局の「思想対策案」との相違は、「国体」変革の宣伝行為までを処罰対象に含めていることと「思想犯人の教化乃至再犯防止の為、特別の制度を設くること」（「予防拘禁」と「保護観察」）としている点である。かつて過激社会運動取締法案や治安維持令のなかにあった「宣伝」処罰は、二五年および二八年の治安維持法においては取締対象を結社行為に絞るということで除外されていたものであるが、取締範囲の拡張のなかで復活してきた。思想実務家の間では、すでに「結社の拡大強化を目的とした宣伝は第一条に所謂結社の目的遂行の為にする行為として処罰されるであろう」（大竹前掲書）という解釈が登場してきていた。

また、後者は「転向」政策を重視するようになった司法省・検察の独壇場であった。三一年の時点では未「転向」のまま出獄し「公然社会に存在」する思想犯に対する「予防拘禁」を否定していたが、それを一八〇度転換して導入を図ろうとした。どの時点でこの転換がなされたか不明だが、思想犯に対して「こわもてに転じ、締めつけをはかりはじめた」（奥平『治安維持法小史』）ことのあらわれであろう。

司法省の「改正案」立案

一九三三年九月一四日の思想対策協議委員「思想取締方策具体案」の決定を前に、治安維持法の起草作業ははじまっていた。かつての治安維持法案の立案過程を詳細に追えたような両省内部の各種草案は不明ながら、『東京朝日新聞』がよくその経緯を追跡している（『資料集』第二巻）。

常に改正作業を積極的にリードしたのは司法省で、思想対策協議委員の決定がなされる前から次の通常議会提出がめざされていた。六月二一日、できあがった刑事局の素案について大審院長や検事総長らも加えた省議を開いた。刑事局立案による「改正要綱」は「一、事実審理の一審制度採用　二、外廓団体の取締　三、宣伝行為の処罰　四、起訴留保処分規定の明示　五、不定期刑若くは予防拘禁制の採用」というものであった。「事実審理の一審制度」は東京地裁検事局の答申に沿っているが、これについては「裁判所構成法を改正せねばならず、枢密院の態度も問題であり、また治安維持法違反の罪を内乱罪と同じ取扱をすることにも疑問あり」などの理由で反対論が大勢を占めたという（『東京朝日新聞』一九三三年六月二二日）。

七月三一日には「治安維持法改正　司法省の原案成る」として、内務省に提示した改正法案の大綱を報じている。

一　治安維持法違反事件の事実審理は一審制の議もあったが、治安維持法違反は大衆的犯罪になった今日、これを内乱罪扱いをして一審制とするは面白くないから従前通りとする

一　現行法においては国体変革を目的とする所為と私有財産制度の否認を目的とする所為を対立的に取扱い、共に第一条に挿入しているが、改正法においてはこれを条文に分かちて取扱い、国体変革を目的とする所為に対しては厳罰方針をもって臨む趣旨を明かにする

一　前記の目的をもって結成せられたる秘密結社と目的遂行上の連絡を有する外廓団体に加入したる者といえども、秘密結社に加入したる者と同様に処罰する規定を設ける

一　秘密結社並にその外廓団体に属せざる者といえども、国体変革及び私有財産制度否認の宣伝をなす者は処罰する規定を設ける

一　治安維持法を犯したる者に対しては不定期刑を課し得る規定を設ける

一　治安維持法を犯したる者にして所定刑期内に改しゅんの状（ママ）を示さざる者に対しては引続き予防拘禁をなし得る規定を設ける

ほかに治安維持法違反事件を各控訴院所在地の地方裁判所に特設した「思想公判部」で審理すること、警察の「聴取書」に証拠能力を持たせて「審理の促進」を計ること、転向した者に起訴の「留保処分」の規定を設けること、転向者はいつでも仮釈放を可能とする規定を設けること、「保護観察」を実施することにおよぶ。

そして、八月一二日には「議会提出に決した治維法の改正案　内容を整備具体化す」と報じられた。省議の決定はまだで、内務省との合議もこれからだが、「通則」「罪」「刑事手続」「保護監察」「予防拘禁」の五章で全四〇条におよぶという。

そして、司法省ではこの「改正」実現後の必要経費を一九三四年度予算案に計上していく。「治安維持法の改正に伴い思想掛裁判部を特設し、思想犯罪事件の審理を適切且（かつ）迅速ならしめ、又保護観察及刑務委員会の各制度を採用すると共に、司法保護事業をも擁護助成して思想犯罪に因る釈放者及受刑者の再犯防止を期することは刻下喫緊の要務なる」（『昭和九年度司法省所管予定経費要求書』（『思想対策委員協議要覧』））という理由にもとづき、「思想掛裁判部」＝「思想裁判所」は枢要の一二の地方裁判所に判事三六人と書記三六人を、「思想検事の増員」は六五人（ほかに書記六五人）を設置する計画だった。これらの予算案は判事・書記各八人の増員、検事・

書記各一七人の増員という規模で圧縮されている（「司法省関係の思想対策具体案概要」、『資料集』第二巻）。

立案の中心人物である池田克が「思想の一角より見たる思想対策問題」を『警察研究』に発表（第四巻第八号、一九三三年八月）したのは、治安維持法「改正」による取締強化の必要性を周知させる環境づくりの意味があったろう。ほぼ確定した「改正」の方向が解説されるなかで、二つのことが注目される。一つは、現行の「人権の保護を基調」とする刑事手続は「国家防衛を基調とした」ものに変更されねばならないという認識で、その第一歩が「思想犯事件の訴訟手続」であるという。これは戦時体制に呼応した法制のファシズム化を志向・予告するもので、治安維持法がその先鞭をつけるという位置づけとなっている。

もう一つは、具体的な「改正」点の説明のなかで「保護観察」制度についてもっとも力が入っている点である。「今日は折角思想が転向しながら保護観察制度が確立されていない為に、其の者をしてみすみす再犯に陥らしめている如き悲しむべき状況」という現状認識にもとづいており、この時点での思想司法上の最大の課題であったことを示している。それゆえに、後述するように二度の「改正」失敗後には思想犯保護観察法の成立がめざされることになる。

こうして治安維持法「改正」の環境を整えつつ、次のような「司法省思想対策要綱」が作成される（「治安維持法改正問題一件／拓務省関係資料」、「外務省茗荷谷研修所旧蔵記録」、アジア歴史資料センター）。

一　治安維持法中、国体変革に関する処罰と私有財産制度否認に関する処罰規定とは之を分離して、各別個の条文と為すこと

二　治安維持法の国体変革に関する犯罪に付ては其の刑罰を重化すると共に、所謂支援結社に関する処罰規定及国体変革に関する事項を宣伝したる者に対する処罰規定をも設くる等其の罰則を整備し、現行法に比し特に其の取締を徹底周匝（しゅうそう）ならしむること

これらのほかに「特別なる訴訟手続」「保護観察」「予防拘禁」などが規定されている。その後、三三年一二月一三日、司法省刑事局では議会提出に向けて「改正」法案を決定し、内務省と最終調整に入った。五章構成で全四一条となる（『資料集』第二巻）。

第三条　国体を変革することを目的として結社を組織したる者、又は結社の役員、其の他指導者たる任務に従事したる者は死刑又は無期、若は七年以上の懲役に処し、情を知りて結社に加入したる者、又は結社の目的遂行の為にする行為を為したる者は三年以上の有期懲役に処す

二八年「改正」の現行法とこの第三条（第一条・第二条は「通則」）を比較すると、刑期が重くなっていること（結社組織などで「五年以上」を「七年以上」に、目的遂行罪で「二年以上」を「三年以上」とする）、「禁錮」刑の削除という変更がある。第四条では「国体」変革の結社を「支援」する結社組織・加入、目的遂行の処罰が新たに加わる。第五条第二項で「宣伝」の処罰を規定する。「私有財産制度」否認は第七条・第八条で規定される。第九条は「騒擾、暴行其の他生命、身体若は財産に害を加うべき罪を犯すことに依り治安を妨ぐることを目的として結社」の組織や加入、協議について

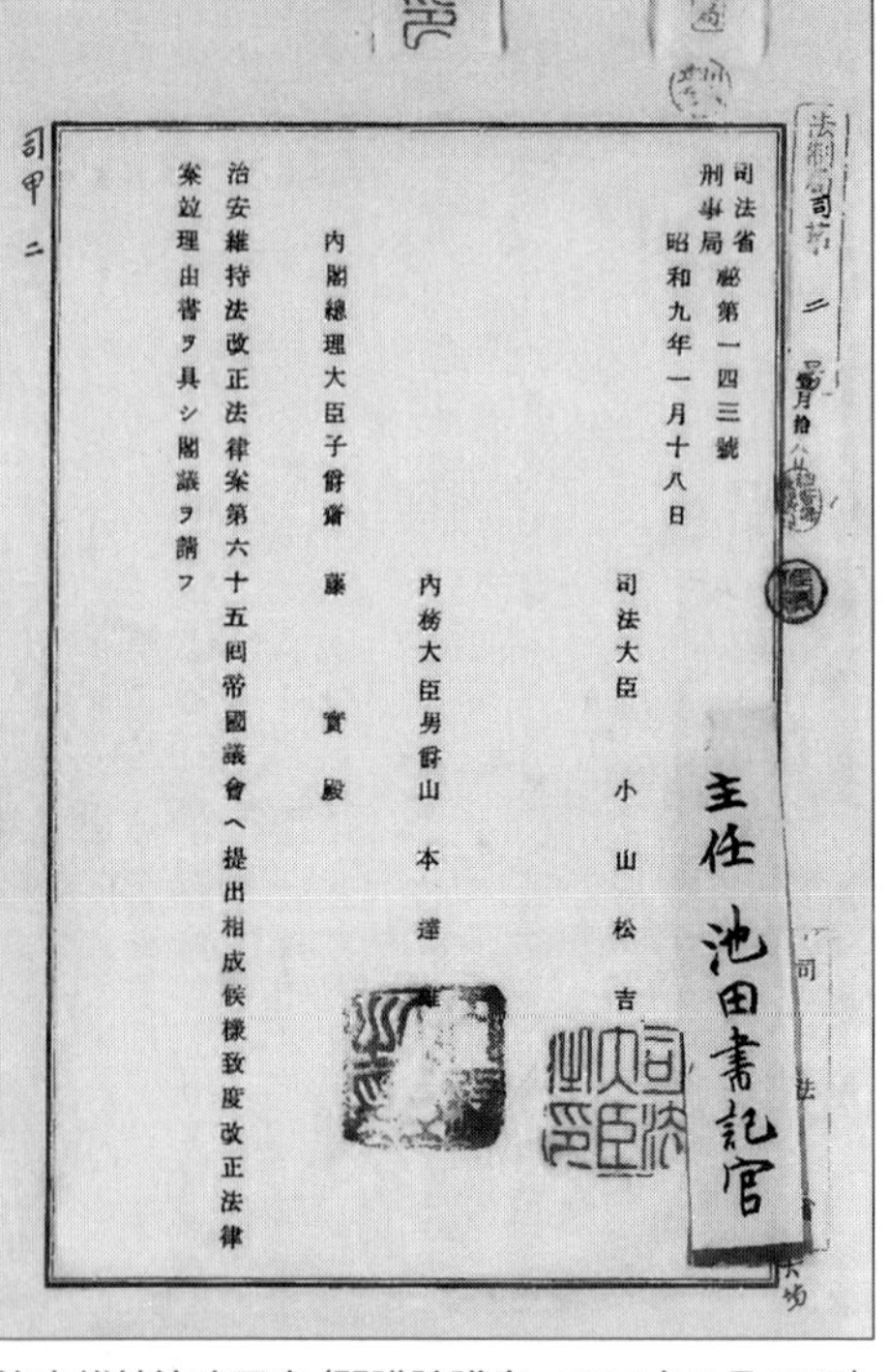
司甲 二

司法省
刑事局 秘第一四三號
昭和九年一月十八日

司法大臣 小山松吉

内務大臣男爵山本達

内閣總理大臣子爵齋藤實殿

治安維持法改正法律案第六十五回帝國議會へ提出相成候樣致度改正法律案並理由書ヲ具シ閣議ヲ請フ

治安維持法改正案（閣議請議書、1934年1月18日）
「公文雑纂」1934年・第49巻・未決法律案20/88、国立公文書館所蔵

の処罰規定である。「刑事手続」では検事が被疑者を勾引・勾留・訊問できることを新たに規定する。それらは検察の念願としていることだった。

八月段階の改正案から削除となったのは、「転向」者の随時釈放の規定、思想公判部の設置、警察の「聴取書」に証拠能力を持たせる規定などである。予算措置がなされている思想公判部の設置を断念した理由は不明である。「転向」者や「聴取書」の問題は、刑事処分全般におよぼす影響が大きく性急な措置が避けられたためだろう。この刑事局の「改正」原案をもとに内務省と協議し、三四年一月上旬までに合意に達するが、その間の経緯は不明である。一月一八日、司法省主管（主任池田克）で閣議に請議書が提出された。

司法省「治安維持法改正要旨」

一九三四年一月上旬の合意を受けて、司法省と内務省はそれぞれ議会審議に向けての資料作成につとめた。司法省の「治安維持法改正要旨」（三四年一月、『資料集』第二巻）には、次のようにある。

一　現行治安維持法中、国体変革に関する処罰規定と私有財産制度否認に関する処罰規定とは之を分離して各別個の条文と為し、国体の尊厳を規定の上に明徴ならしめること

二　国体変革に関する犯罪に付ては其の刑罰を重化すると共に、支援結社に関する処罰規定及国体変革に関する事項を宣伝する者に対する処罰規定を設くる等、其の罰則を整備して思想犯罪に対する取締の周匝徹底を期したること

三　私有財産制度否認に関する犯罪に付ては制度の進化に関する観念を重視し、現行治安維持法の規定を踏襲したること

「新旧刑罰比較表」が付せられている。「国体変革に関する罪」ではすべて「新法の刑重し」となっているの

に対して、「私有財産制度否認の罪」では「協議」「煽動」などは「新法の刑軽し」となっている。

二月九日付の「治安維持法参考資料」(『資料集』第二巻)には各種の治安維持法違反事件の司法処分の表が収録されるほか、「保護観察に関する勅令案要項」や「予防拘禁者処遇大綱」などが含まれる。後者は次のような内容である。

一　予防拘禁者処遇の基本方針

国体観念に関する認識を深からしめ、国民精神及遵法の念を助長する為、必要なる教誨教育を施すこと

二　予防拘禁者に対する教化方法

イ　精神的教化を講ずること

ロ　社会的教化を講ずること

ハ　労作教育を施すこと

ニ　家庭に対する思慕の念を助長する手段を講ずること

三　予防拘禁執行の準則

懲役囚に準じ、之に関する監獄法規に拠ること

実際に「予防拘禁」制が実施される一九四一年の新治安維持法が「転向」の促進と社会からの「隔離」を目標にしていたことと比べると、この一九三四年段階の「予防拘禁」構想はまだ「転向」の完成に限定されているといってよい。しかも、それは「国体観念に関する認識を深からしめ」という抽象的な次元に止まっている。四一年段階になるとその要求されるレベルは「忠良なる日本臣民」に引上げられる。

警保局「改正治安維持法義解」——禁錮刑の削除・「支援結社」処罰の新設

内務省では一九三四年一月、警保局保安課で詳細な大部な「改正治安維持法義解」(『資料集』第二巻)を作成している。「緒論」「総論」「罪」「刑事手続」「保安処分」という構成で、司法省に劣らず内務省もこの「改正」に並々ならぬ意欲をもっていたことをうかがわせる。こうした解説では珍しく運動と取締の現状を詳細に分析するとともに、大審院判例に即して、あるいはそれを批判しつつ処罰の範囲と方向を再確認し、「改正」の必要性を理由づける。その際、「法の伸縮性」の解釈の伸びきったところに合わせて「改正」を試みたことが随所で解説される。

たとえば、「国体変革に関する罪」の厳重化では「従来の行刑成績」を参考にしているという。すなわち、二八年から三三年一〇月までの有罪判決の「約六割は三年以下の懲役」であったが、「刑期の長い受刑者は意識程度も割合に高く、転向率も比較的小なるべき筈」と予想されていたのに反して、実際にはかえって「転向する割合が高くなったとする。ここからむしろ重い量刑を科すことが「転向」を促進させるという都合のよい判断が導かれ、全般的に刑期を引き上げる根拠とされた。

禁錮刑を除外したことについて「現行法適用の既往の実績に徴するに、従来内地に於ては殆んど懲役刑のみ」という実績に加えて、共産党の三二年テーゼが『日本の支配体制として天皇制、土地所有制及資本主義制の三者を挙げ、其の比重関係に論及して天皇制を最も重し』としていることに注目し、禁錮刑の該当要件である「道義上、又は公益上宥恕すべきもの」とかけ離れているとするのは「極めて実状に即した議論」と断じる。

「支援結社」処罰を新たに規定する第四条の立法理由については、次のように説明する。

吾々は外廓団体に対する場合には常に之を党に対する関係に於て評価せねばならぬ。現に外廓団体を構成して居る分子には意識も低く、闘争経験にも乏しい者が少くない。だが之は大衆団体としては当然のことである。併し夫れが党に対して果しつつある貯水池的及ベルト的任務は既述の如く全運動に対して決定的重要性を有する。此の一事を看過して、取締の正鵠を期せんとするが如きは木によって魚を求むるの類である。本法第四条の立法理由は蓋し此の一点に在る。

外廓団体を「高度の目的」を有するもの、「低度の目的」を有するもの、「準外廓団体」の三つに分類し、それらの実勢に触れたのち、「支援」という概念でこれらをくくったことについて、「党と同じく高度の目的を有し、之と協力関係に立つ結社でなくては処罰できぬというような規定では適用に困難である。自ら其の目的を有せずとも、他の結社の同一目的を支持援助する限りは処罰が出来るという立前にした方が遥かに実際の運用が容易である」と説明される。施行後の運用として当面は「高度の目的」を有する外廓団体に限られ、「準外廓団体」まで及ばないのは「証拠材料に欠くる現状」のためであるとされ、「其の材料さえ備われば最早第四条の適用も困難ではない」という。

「保護観察」と「予防拘禁」について「保安処分」と一括し、「転向」状況を概観したうえで「大体に於て刑事政策上の成功を物語る」と自賛する。刑罰の厳重化に加えて、この「保安処分」制度を新設する理由について「国体変革に関する犯罪は国家としては絶対に之が絶滅を期せねばならぬ。故に刑事政策の領域に於ても総ゆる手段方法を尽すのが当然である」とする。

なお、刑法の特別法として制定・運用されている治安維持法について、「国体変革に関する罪の如きは之を刑法典の中に規定するのが至当だとの意見が相当有力である。恐らく来るべき刑法改正に当っては必ずや此の事が考慮に値する一問題となるであろう」としていることが注目される。「国体」変革の処罰を「内乱罪」や「騒擾罪」のように刑法の規定のなかに組み込み、恒久的な規定にすることが志向されている。

法曹関係者の「改正」意見

司法・内務両省の治安維持法「改正」に向けた立案作業とは別に、治安維持法の運用に関わる法曹関係者の「改正」意見が発表されていた。「思想問題」が社会問題化するなかで提言されたもので、それらと比較してみると「改正」案のめざすものが浮き彫りとなる。

「改正」案が「国体を変革することを目的とする犯罪と、私有財産制度を否認することを目的とする犯罪との規定を、全く別条に規定致したこと」は、弁護士の鈴木義男や大審院判事の三宅正太郎の求めるところでもあった。ただし、二人の論点は異なる。

鈴木の論拠は「合法的無産政党運動の自由、諸々の資本主義是正運動の寛容」のために、「私有財産制度」否認の規定を厳密・明確化し、それを「国体」変革とは別条とすべきというもので、「私有財産制度」否認を切り離すことによって治安維持法の拡張解釈を防止しようという戦略である（「治安維持法の改正に付て」『法律新聞』一九三三年一二月〜三四年二月、『資料集』第二巻）。分離するという「改正」の方向は同じだが、当局の意図はいうまでもなく「国体」変革処罰のさらなる厳重化にある。

それでも鈴木が「国体」を絶対視するのに対し、三宅は大審院判例の徹底分析を通じて、「共産主義の本格的な主張は国体変革よりはむしろ私有財産制度否認にあって、国体変革はその第二次的又は政策的な主張と見るべきである」（「治安維持法に関する大審院判例」『警察研究』三二年九月〜三三年七月、『資料集』第一巻）と論じて、「国体」変革規定を刑法に移し、共産主義は本来の「私有財産制度」否認によって取り締まるべきだとする。これは当局とも鈴木とも認識に大きな相違がある。それゆえに、ますます治安維持法を「国体」変革処罰に特化するための「改正」をめざす取締当局は、三宅の提言を一顧だにしようとしない。

三宅も鈴木も外廓団体の取締にあたって目的遂行罪を目的罪として運用することを求めているが、「改正」案は現実の運用を踏襲して非目的罪となっている。この点についての「甚しき苛酷不自然な処罰の行わるる危険のある」という三宅らの警告は完全に無視される。

「反法者の処遇」も三宅・鈴木の期待の対極にある。三宅らの「刑の減免の規定を置くこと」「不定期刑を認むること」などの主張の背景には思想犯への教化善導の重視があるが、当局にすれば「徹底的に弾圧を加え、彼等をして蠢動の余地なからしむること」こそ優先されねばならず、そのために「保護観察」と「予防拘禁」は発想されたのであった。したがって、「保護観察」にしても「予防拘禁」にしても思想検事の関与が大きい規定となっていた。これに対し、三宅は「裁判所の機能を判決以後に持続せしむること」を提言して、検事の権限の拡大に釘をさしていた。

治安維持法公判に三宅も鈴木も深く関わるだけに、実際の運用状況が条文で解釈可能な範囲から逸脱しており、その是正のためには何らかの「改正」が必要という認識をもっていたことは確かである。「国体」変革と「私有財産制度」否認の区別の徹底という鈴木の見解や「特別な智能識見を有する裁判官によって構成せられる裁判所」への事件の集中という三宅の見解は、部分的には当局の「改正」案と重なることもあった。当局は思想対策ブームから生み出された治安維持法「改正」の要請のなかから、現実の運用の便宜と将来的な運用の予測のうえに立って、思うがままの「改正」案を作成したといえる。

二　廃案となった一九三四年の治安維持法「改正」案

議会審議の経過

一九三四年二月一日、確定した治安維持法「改正」の政府案（『資料集』第二巻）が第六五議会に提出された。五章全三九条から成る。

二月三日、本会議で提案説明に立った小山松吉法相は「苟も国体を変革致しまして、労農階級の独裁政治を企画するが如き、凶悪極りなき思想運動者が潜行的に活躍する今日に在りましては、先づ之に対し徹底的に弾圧を加え、彼等をして蠢動の余地なからしむることは現下の急務である」と述べる（『第六十五回帝国議会　治安維持法に関する議事速記録並委員会議録』『思想研究資料特輯』第一七号）。

衆議院に提出された「改正」案は、二月三日に成立した特別委員会で実質一四日間の審議の上、三月一五日に「刑事手続」と「予防拘禁」に関する条文の一部を修正し、可決された。第一四条の検事による被疑者の勾引では「捜査上必要ありと思料するときは」が「急速を要し、判事の勾引状を求むること能わざるときは」と限定が付された。第一六条の勾留も同様である。「予防拘禁」では裁判所の決定に際し「本人は弁護人を選任することを得」ることが追加され、予防拘禁の場所を「監獄内の特に分界を設けたる場所」から「適当なる施設」に修正した（附則では「当分の間」、監獄内の「特に分界を設けた場所」を認めた）。さらに「現時の世相に鑑み、政府は宜しく朝憲紊乱せんとする暴力行為を厳重に取締り、且之に関する適当の制裁法規を立案して速に帝国議会に提出すべし」という右翼取締の希望条項が決議され、三月一六日に本会議で可決された（『資料集』第二巻）。

貴族院では三月一九日から特別委員会で実質六日間の審議の上、二五日に修正案を可決、同日の本会議でも可決された。統治組織の不法変革の処罰の追加（第八条）、「私有財産制度」否認宣伝行為の処罰の追加（第九条第二項）という修正である。「予防拘禁」の章はすべて削除された。これには「予防拘禁制度の精神に関しては深く賛成する所なるも、本案の規定は幾多審議すべきものありと認むるを以て、政府は速に適切なる立案を為し、更めて提案せられんことを望む」という希望決議が付された（『資料集』第二巻）。

衆議院と貴族院の修正が異なったため、二五日夜、両院協議会が開かれ、貴族院議決案が協議案となった。しかし、第六五議会の会期が同日で終了したため、治安維持法「改正」案は審議未了で廃案となった。

対立の焦点――右翼取締

審議にかけた時間でいえば、一九二五年の第五〇議会や二九年の第五六議会の審議を上回るとはいえ、「改正」案への全面的反対論は乏しく、両院の修正や決議にみられるように、もっぱら右翼による「朝憲紊乱せんとする暴力行為」の取締が「改正」案に欠如している点に論戦は集中し、あわせて「刑事手続」における検事の権限拡大に歯止めをかけようとした。「予防拘禁」削除については後述する。

内務省警保局が第六五議会の審議を内容別に分類した「議事速記録要綱」（『資料集』第二巻）は、そのことを裏書きする。「緒論」では「転向問題」とともに「右翼運動」を取りあげ、「右翼取締立法論」としてさまざまな「改正法案に挿入意見」と「特別取締法制定意見」に整理している。衆議院の委員会で益谷秀次（政友会）は「刑法の内乱罪、或は爆発物取締規則違反、或は出版物法、其他の現今の法律を以てしては処罰取締をすることが出来ないものが沢山あると存ずるのであります、故に吾々は政府は之に関する適当の制裁法規を立案して、速に帝国議会に提出すべしと云うことを要求せざるを得ないのであります」と発言した。こうした意向が前述の「希望条項」の決議となった。

鵜沢総明は貴族院の委員会で統治組織の不法変革の処罰の追加について、次のように発言している。

憲法に於ける統治の機関として現わされて居ります議会、政府、枢密院、会計検査院、裁判所、斯う云うようなものに対して之を破壊するような不法なる運動に対しましては取締るべき必要が当然だと云う趣旨を以ちまして、憲法の定むる統治組織の機能を不法に変壊する、即ち不法の手段に依って変壊すると云う意味を以て、改正案を作った次第であります

こうした右翼取締の要求に対して、小山法相が貴族院の委員会で「改正」案の「立案の際にも考慮を致した訳でありますが、現行の刑罰法規で大概取締が出来ると確信いたしましたので、此治安維持法に追加いたした条文がありますけれども、所謂右翼を目指して斯う云う取締をすると云う規定を置かないことに致したのであります」と答弁するように、特別取締法の制定は拒否した。

この「議事速記録要綱」の「本論」では、右翼取締にも関連して「私有財産制度」の節のみで全体の六割以上を占めた。一方で、もはや議論の余地のないものとされた「国体」変革については簡略である。これらは実際の審議の質と量をほぼ反映している。前掲の警保局「改正治安維持法義解」では「治安維持法に所謂国体の意義に関しては、今日では最早何等疑を容れる余地がない」と断言していたが、小山法相は衆議院の委員会で「国体」について「国柄、国振と云う基本的状態」であり、「建国の精神と国家の歴史とに原因する国家の基本的状態」とするが、その神秘性や不可侵性をあえて力説をしようとはしない。「斯う云う位に説明すれば私は反対論もなし、大体宜いのぢゃないかと思って居ります」という見通し通り、「国体」の変革の重罰化は大前提のこととして共有され、もはや「改正案」審議で焦点となることはなかった。

なお、「議事速記録要綱」では「刑事手続」「保護観察」「予防拘禁」については、主に司法省の領域と考えたのか、簡略な扱いとなっている。

議会審議中に作成された内務省の「治維法修正案に対する意見」(『資料集』第二巻)と「治安維持法中に「政体」変革に関する規定を設くべしとする案に対する反対理由」(『資料集』第二巻)は、この「改正」案でもっとも論

議の集中した右翼・国家主義運動の非合法不穏行動の取締策欠如という批判に対する反論である。松本学警保局長が右翼テロを「一時的のものでないか」「共産主義に比べて見るならば余程軽いのぢゃないか」(『第六十五回帝国議会　治安維持法に関する議事速記録並委員会議録』)などと発言するように、特高警察は国家主義運動へ理解を示し、取締は軽視される。

「治維法修正案に対する意見」でも「愛国主義、皇室中心主義に立脚し、国体擁護の立場より現在の政治運用の実情には甚だ慊(あきた)らざるものありとして、之が革新を計らんとするの運動」とみなし、政友会などの修正案に絶対反対の立場をとる。この点で、修正案を受け入れてもよいとする司法省と立場を異にする。実際に国家主義運動と接する内務省と、犯罪行為の法的糾弾を第一義とする司法省の間には温度差があった。

対立の焦点——「予防拘禁」削除

「予防拘禁」については貴族院で削除されるように、政府と議会の対立の焦点の一つであった。衆議院の委員会審議では「予防拘禁」について裁判所の決定に際し「本人は弁護人を選任することを得」ることが追加され、場所を「監獄内の特に分界を設けたる場所」から「適当なる施設」とする修正がなされた。それらは基本的に「予防拘禁」制度を認めたうえでの微修正であり、司法省も同意していた。これに対して、三月一六日、国民同盟の松谷(まったに)与三郎は衆議院本会議に「予防拘禁」の章を削る修正案を提出した。松谷は次のように説明する。

　政府は此予防拘禁は刑罰に非ずして、一つの行政処分だと言って居るのであります、若し果して行政処分なりとするならば、尚更不当であって、単なる行政処分で以て、無期懲役に等しき拘禁をなすが如きは、行政罰の範囲目的を超越したものであって、本員の断じて賛成出来ない次第でございます、加之(これにくわえ)此予防拘禁なる制度は刑務委員会の議を経て裁判所之を決定すとなして居るのでありまして、而も此決定は行政罰である、行政処分であると云う以上は、裁判所をして行政処分をなさしむる結果となって、結局憲法違反の謗(そしり)を免れないのでございます……裁判所は裁判以外に行政処分にまで嘴(くちばし)を容(い)るることが出来ないのに拘らず、之に嘴を容るると云うことになるならば、是は明(あきらか)に三権分立の制度を根本的に破壊する結果となるのでありまして、憲法違反であると云うことは、極めて明白でございます、而(しか)も斯(か)くの如き憲法違反までも敢てして、予防拘禁を認める必要が何れにありや、私共は此趣旨から致しまして、此予防拘禁の制度に反対する所以(ゆえん)でございます

憲法違反とまで言い切りながらも、松谷は再犯の恐れがある者への措置をとる「政府の御苦心と又御努力に対して、多大なる敬意と同情とを有つ」と述べて、「予防拘禁」削除の代替策としてあらかじめ刑期を定めない不定期刑を提案する。「斯くの如くするならば、憲法違反の謗を免るると同時に、犯人の意思のみを処罰するものに非ずと云うことも言い得るのでありまして、被告をして一日も早く改悛せしむるという励みにもなる」とする。治安維持法による断罪を前提とする一方で、「予防拘禁」制度は三権分立の大原則を崩す憲法違反という観点からの主張である。これは賛成少数で否決され、先の委員会修正案が可決された。

貴族院では衆議院とは異なり、「予防拘禁」の章を削除するという大きな修正をおこなった。その先鋒の一人、小野塚喜平次（政治学者、東京帝大総長）は三月二三日の委員会で「予防拘禁」を「行政処分」とみて、再三再四小山法相に質問している。ただし、そこでも『予防拘禁と云うようなものの必要であるのだろうと云う実質に付ては、私は了解して居る」という。鵜沢総明は二四日の委員会質問を「予防拘禁」の問題に絞り、やはり行政処分として実施されることを繰りかえし批判した。「ただ裁判所が裁判をしての言渡でなくて、一種の手続で予防拘禁に付するなんかと云う事になりますと、是は一方に於て殆ど憲法の規定に依らずに人を拘禁する

と云うようなことになります……是は我国の制度の上に非常な不信を来すものではないか、即ち此刑事裁判の制度の上に、非常な欠陥、不信を来すものでないか」と迫る。鵜沢も代替案として不定期刑で臨むべきとする。

これに対して小山法相は「今の予防拘禁を設けました理由は、社会防衛とか、社会保護と云う立場の方を主要として居りますが、実は此案は国体を擁護する為に、国体変革を目的とするものとしては、何等不逞の行動を逞うすることを得ざらしむる為に此制度を執ったのであります」と答えている。執拗に繰りかえされる批判的質問に対して、「国体」擁護のためという理由を持ち出して封じ込めを図るが、委員会の空気は「予防拘禁」削除に傾いた。

委員会では鵜沢ら六人の小委員会による「修正の成案」を作ることになり、「予防拘禁」の章を削除する修正案をまとめる。二五日の委員会でこれが賛成多数で同意された。一条実孝委員長は本会議での報告のなかで、次のように「予防拘禁」削除の理由を述べる（以上、『第六十五回帝国議会　治安維持法に関する議事速記録並委員会議録』）。

> 此制度が如何にも新たなる試みであり、又他の関係に於きまして即ち憲法の条章なり、裁判の信用なり、政治及道義上の本義に照しまして、斯の如き制度を立つる場合には各般の影響を十分に調査いたしまして、万違算なきを期することが必要であろう……此短期間における審議は到底不可能のことであるから、政府の意のある所、予防拘禁と云う事柄を政府が原案の第三条の凶悪なる犯罪者に対して之を設くると云う精神は、委員が深く賛成を表するのでありまするけれども、直に本案に依って其目的を達することを急ぎます為に、却て他の方面に色々の疑惑を生ずる、尚ほ政府に於て十分に審議を尽くされて、もっと適切な案を議会に提出されたい、斯様な趣旨で之を削除と云うことに致したのであります

貴族院では「予防拘禁」導入は拙速にすぎるとし、「予防拘禁」の趣旨を含む「適切な案」の再提出を求めた。

不可解な廃案理由

なぜ第六五議会で治安維持法「改正」案は成立しなかったのか。貴族院の議決が最終日になったとはいえ、「予防拘禁」削除などの修正案に政府が同意し、議会の会期の延長を図れば成立する可能性は高かったにもかかわらず、である。

『社会運動通信』の報じるところによれば、司法省が「予防拘禁」削除について「法案不成立を賭してもあく迄反対した」(一九三四年三月二七日)結果、審議未了となったという。衆議院の「予防拘禁」のわずかな修正には応じる姿勢をみせるが、貴族院委員会での「予防拘禁」をめぐる小野塚喜平次や鵜沢総明らの批判に司法省側は強く反論し、妥協の姿勢を見せなかった。小山法相が「国体」擁護という理由を持ちだしたことは前述したが、鵜沢の質問に「金甌(きんおう)無欠の国体を傷つけらるると云うことを知りつつ(刑務所から)出すと云うことは、是はどうも国家の為政者と致しましては堪えられぬことであります」「若しも飽く迄も共産主義を捨てずして、我が国体の変革を企てる思想を持って居る者があったと致しましたならば、是はどう致しても出すことが出来ない」とも述べている(三月二四日、『第六十五回帝国議会　治安維持法に関する議事速記録並委員会議録』)。

先の『社会運動通信』によれば「司法当局は政友会幹部に対し、たとえつぶれてもよいから両院協議会において衆議院の院議を固執してもらいたい旨交渉」し、同意をえたという。そして、両院協議会において衆議院側の委員は「国体変革と云う者に対してだけ適用する条文であって、外の者に適用するのぢゃないからそう云う危険な者に対しては矢張り必要であろう」(『第六十五回帝国議会　治安維持法に関する議事速記録並委員会議録』)と発言するが、結局、貴族院側の譲歩を引き出すことはできなかった。ここに至って政府(司法省)は会期延長の道は選ばず、廃案もやむなしとした。

それにしても、第六七議会に「予防拘禁」を削除した「改正」案を再提出していくことからすると、ここで司法省が「法案不成立を賭してもあく迄反対した」という真意は依然として不可解である。おそらくこの時点でも「支援結社の処罰規定、刑事手続の特例及保護監察制度の三者」の「緊切性」（池田克「治安維持法案の覚書」『警察研究』一九三四年八月、『資料集』第二巻）は十分に認識されていたはずで、「緊切性」という点では前三者よりも低い「予防拘禁」制度の導入に拘泥したのは司法省の判断ミスといえる。それほど「国体」変革の意志を持ちつづけることが国家の為政者としては堪えられぬことだったという、法律の領域を超えたところに執着していたというほかない。第六七議会における「改正」案の廃案が「天皇機関説問題」の余波として説明しうるのに対し、第六五議会の「改正」は「刑事手続の特例」に一部制約が加えられたものの、「支援結社の処罰規定」と「保護監察制度」の「緊切性」に関する議会からの異論はなかっただけに、司法省の現実的妥協があれば実現可能であった。

無言の脅威――「改正」案の影響

一九二〇年代の治安維持法論議の際と異なり、三五年の場合も含め、治安維持法「改正」案への論評は影を潜めた。わずかに田口進（日本労働組合総評関西地方協議会）「治安維持法改正案に対して」（『社会運動通信』一九三四年三月一五日〜一七日、『資料集』第二巻）が、合法労働運動への波及を憂慮した内容となっている。自らの属する総評関西評議会が外廓団体扱いを受けるかという点では、「党との関係又は明白に共産主義組合でない以上、将来とも問題たり得ない」とするものの、新たな宣伝処罰規定では「危険性をもつと思われる」と予想し、その脅威を指摘する。

また、内務省警保局保安課の「改正治安維持法義解」（一九三四年一月）は「本法施行の暁には、純然たる外廓団体は更に其の衰退の傾向を促進されるであろう」と予測していた。

すでに「改正」案の立案過程で「無気味なる緊張　左翼陣営の混乱漸く激しく」（『社会運動通信』一九三三年九月二七日）などと観測されていたが、実際に議会に上程されると、外廓団体は無言の脅威を感じた。日本プロレタリア作家同盟は「今日全般的に我々のプロレタリア作家は、現在の活動の形態のままでは、かかる情勢に対応し、××階級の攻撃に対抗して、自己の活動の途を拓き得ない情態にある」（「ナルプ解体の声明（一）」『社会運動通信』一九三四年三月二六日）として解散を余儀なくされた。地方の日本プロレタリア文化連盟傘下の各団体も解散していく。

外廓団体への今まで以上の取締強化の予測は、合法運動の枠のなかに自らを萎縮させたり、自主的解散を迫り、共産主義運動の孤立化を加速させた。治安維持法「改正」こそ実現しなかったが、こうして「改正」でもくろまれた意図の一部は実現していった。

三　またも廃案となる一九三五年の治安維持法「改正」案

国家主義運動への対応

「予防拘禁」制の導入にこだわったために、成立目前の治安維持法「改正」案を見捨てる結果となった司法省では、次議会への提出を早い段階で内定していた。それは一九三四年四月一〇日、斎藤実内閣が閣議であらためて三大政策の一つとして「教育の革新並に思想対策の樹立」を決定したことや、五月の地方長官会議で左右両翼思想運動の防止の徹底や直接行動への取締強化が強調されたことと連動している。ただし「改正」案の再提出にあたって、検討しなければならない課題が二つあった。右翼・国家主義運動の不法行動を治安維持法の取締対象とするかどうか、そして「予防拘禁」制導入の可否という、第六五議会で焦点となり、両院の修正を受けた問題である。

まず、前者は五月下旬の思想事務会同で議論となった。この会同では共産主義取締対策の諮問はなく、「国家主義、国家社会主義を標傍する団体員の犯罪取締に付考慮すべき点如何」が司法省側の諮問事項の第一であった。これに対して思想検事の対応は割れた。森山武市郎東京控訴院検事に代表される「日本主義、国民社会主義乃至国家社会主義を標傍する結社と雖も、私有財産制度の否認を目的とする場合に於ては、治安維持法に違反するものとして処断し得るは明かなり」という肯定論と、平田勳東京地裁検事に代表される「彼等の主張は私有財産制度の否認に非ずして唯其制限に過ぎぬ。之を表現する言葉の問題を別とし、実質的に見れば既に世界並に日本に於ける一般社会通念と一致するが故に、今日に於ては最早治安維持法の対象とならざるものと思料す」という否定論である。ほぼ互角であったが、木村尚達刑事局長は司法省の立場は未定としつつ、治安維持法の適用には「尚考慮の余地あり」と述べる（以上、『昭和九年五月　思想事務会同議事録』『思想研究資料特輯』第一六号）。

その後は、議会との関係を配慮して、治安維持法「改正」案とは別法案を準備することで調整が図られ、三五年三月四日、「不法団結等処罰に関する法律案」（全五条、『資料集』第二巻）の提出となる（結局、廃案となる）。

第一条　人の生命を害し、又は人の身体に傷害を加えんが為、相団結して其の実行の予備を為したる者は

五年以下の懲役又は禁錮に処す

治安を紊す目的を以て前項の罪を犯したる者は七年以下の懲役又は禁錮に処す

第二条で「煽動」を、第三条で金品の供与などの処罰を規定する。「理由書」には「治安の保持上、須臾も之を忽にすべからざるを以て、之が取締法を急速に制定するの必要あり」とある。

「予防拘禁」への執着、断念

「予防拘禁」制については、貴族院の根強い反対論を前に一応断念される。一九三四年九月二七日の『社会運動通信』は「改正治維法案から予防拘禁制を削除」と報じる。その理由は「司法省より内務省に依頼して調査した本年度思想犯釈放者の出所後の行状は現在その半数に就き得たる調査によれば再犯の恐れ極めて少なく、残余の半数の調査到着を見て愈々此事実が立証されれば予防拘禁制を除去するも差支えなしと司法省当局を確信するに至らしめた」という。この削除により『改正』案の「来議会通過は確実」と観測された。

ここで三四年「改正」案起草の中心であった司法書記官池田克（刑事局兼行刑局）が『警察研究』第五巻第八号、第九号（一九三四年八月、九月）に発表した「治安維持法案の覚書」をみよう（『資料集』第二巻）。「特殊の事情により審議未了で廃案となった「改正」案のうち、「刑事手続」と「保護観察」について解説したもので、「思想対策、殊に所謂国家総動員の準備工作と云う立場から見ると、いつまでも未了の儘の状態にあらしめることを許さないと考えられる」と述べるように、次の議会での「改正」案成立を期す立場からの執筆であった。「法案が実現せんとした支援結社の処罰規定、刑事手続の特例及保護監察制度の三者の如きは、今日に於ても其の緊切性に少しも変りがない」として両院の修正案に解説を加えた。

池田は「幸いにも此の頃の新聞を見ると、司法省に於ては治安維持法改正法律案を再吟味の上、次議会に提出の議があることが報道されている」と第三者的にいうが、当の池田こそ再提出を画策する中心人物にほかならないし、この「覚書」の発表自体がその予告的な意味合いをもったというべきである。池田にとって審議未了は「特殊の事情」による事態であって、治安維持法の拡充強化と運用勝手の便宜さは一刻の猶予もならない必要事だった。

三五年一月一六日の『社会運動通信』（『資料集』第二巻）は「治安維持法改正案　議会提出に決定　「予防拘禁」は削除」と報じている。「昨冬来、既に省議に於て確定しているが、本案に就ては内務省との関係もあり、その意見を聴取するため、両省の協議会を開いて近く正式に決定を見る筈であると」して、第六五議会で修正されたものをそのまま第六七議会に提出することを決定したとする。二月一四日の『社会運動通信』（『資料集』第二巻）によれば一二日の省議で最終決定し、内務省の承認後、内閣法制局に回付の手続きをとるという。ただしこの時点では全三〇条となっていたが、実際に議会に提出された「改正」案（『資料集』第二巻）は全二五条であり、議会提出前に修正を加えたことが推測される。

第六七議会へ再提出された「改正」案は「予防拘禁」削除のほかにもう一点を除けば、第六五議会における衆議院の修正案と同じ内容となった。もう一点というのは、「予防拘禁」制を断念する見返りに「保護観察」に付す対象者を起訴猶予者と執行猶予者だけにとどめず、満期釈放者と仮釈放者にまで広げるという改変をおこなったことである。「予防拘禁」制は満期釈放者中の非「転向」者を対象とするものであった。前述の池田克「治安維持法の覚書」ではまだこの追加はなされていない。すぐ後でみるように司法省は表向き「予防拘禁」制の導入をあきらめながらも、状況によっては再「改正」案に盛り込むことを画策していた形跡がある。三四年秋から議会提出案を省議決定する三五年二月一二日までの間、「予防拘禁」制断念の一部見返りといえる「保護観察」対象の拡大、あるいは「予防拘禁」制そのものの復活という二段構えをとっていたと推測される。

そのように推測するのは第六七議会審議の前後にあらわされた二つの解説、青野原吉「改正治安維持法案解釈」(『法律新聞』一九三五年二月三日〜三月二〇日〔なお青野については「判事」とあるが不詳〕、『資料集』第二巻)と深谷成司編纂『改正治安維持法　現行治安維持法解説』(三五年七月、『資料集』第二巻)の存在である。冒頭「今議会に司法省から提案された問題の改正治安維持法案につき解釈を試みる」として青野論文が取りあげるのは、第六五議会の衆議院の修正案そのままである。『法律新聞』の第一回掲載となる二月三日の時点ではまだ閣議決定されていない状況であり、第六五議会提出の「改正」案がそのまま提出されるという前提で、見切り発車的に連載が開始された可能性が高い。さらに、第六七議会での廃案後の七月に刊行された深谷『解説』が、「改正治安維持法中予防拘禁に関する規定」として「第五章　予防拘禁」を「解説」し、「予防拘禁者処遇大綱(政府案)」「刑務委員会規程勅令案(行刑局案)」をも収録するのは不可解というほかない。

いずれも「予防拘禁」制への司法当局の執着を物語るというべきだろうが、表向きの「予防拘禁」削除の「改正」案のほかに「予防拘禁」を含むもう一つの「改正」案が存在したと考えれば二月三日から連載のはじまった青野論文の場合は説明がつく。最終的に二月一二日の省議で「予防拘禁」削除の方向が確定したあとも、『法律新聞』には「予防拘禁」の章の「解釈」が掲載される。それは司法省のなかに「予防拘禁」について第六五議会での修正案程度が望ましい、さらに第六七議会での成立が可能だろうという判断があったことを推測させる。

なお、青野論文では「予防拘禁の目的は応援ではなくして本人の社会復帰にあるや勿論である」としたうえで、その処遇について「基本精神は、国体観念に関する認識を深からしめ、国民精神及遵法の念を助長する為、教誨教育を施すこと」とする。完全な「転向」に進まない限り、「予防拘禁」が終了することはない。

「予防拘禁」をめぐる司法省内部の逡巡、そして「不法団結等処罰に関する法律案」をめぐる司法省と内務省との調整の難航（二月一五日に司法省は原案を決定するも、一九日に内務省は不同意を表明）などの要因で、治安維持法「改正」案の議会提出は大幅に遅れた。そこには「議会通過は確実」という楽観視があったのかもしれない。

「天皇機関説」問題の出現による廃案――衆議院での審議

治安維持法「改正」案は「不法団結等処罰に関する法律案」とともに、司法省主管（主任船津宏）で、一九三五年二月二八日閣議に請議書を提出、三月二日の閣議決定と四日の天皇裁可を経て、同日衆議院（第六七議会）に提出された。第六五議会に比べると、一カ月以上も遅い。本会議には七日に上程された。

衆議院ではほぼ連日にわたる審議を重ねながらも、「天皇機関説問題」という思わぬ伏兵があらわれ、「改正」案は衆議院さえ通過しないまま、二五日で議会会期が切れて廃案となった。特別委員会委員長宮古啓三郎（政友会）の最終第一三回の委員会（三月二五日）での発言――「毎日国体に関する質問があった」ほか、「人権問題が此議会の大なる問題となって、此方の質問並に論議も亦中々に多かったのであります、寧ろ本案に付ての質疑の如きものは洵に少かったので

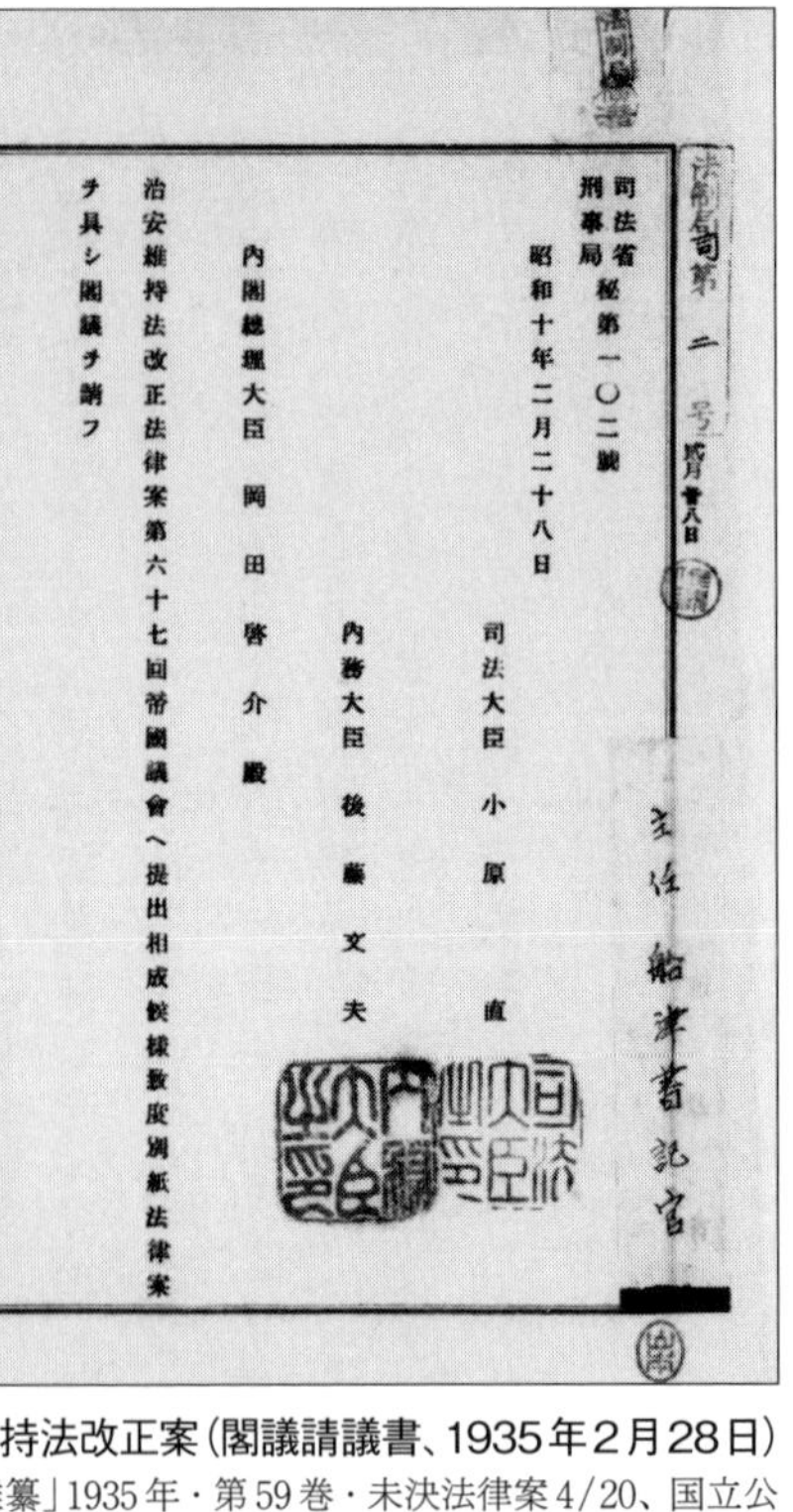
司法省
刑事局 秘第一〇二號
昭和十年二月二十八日
司法大臣 小原直
内務大臣 後藤文夫
内閣總理大臣 岡田啓介殿
治安維持法改正法律案第六十七回帝國議會へ提出相成候様致度別紙法律案ヲ具シ閣議ヲ請フ
主任船津書記官

治安維持法改正案（閣議請議書、1935年2月28日）
「公文雑纂」1935年・第59巻・未決法律案4/20、国立公文書館所蔵

あります」(『第六十七回帝国議会　治安維持法、不法団結等処罰に関する罰則議事速記録並委員会議録』『思想研究資料特輯』第二〇号)――に、審議経過が集約されている。宮古は「此議会が多少の延長がありましたならば、衆議院は通過し、貴族院に於ても恐らく通過したであろう」とも述べている。

政府の提出が遅れたこと、「不法団結等処罰に関する法律案」にかなり論議が集中したこともあり、「改正案」そのものの質疑は少なかった。「天皇機関説問題」で政府の見解を引き出すのに格好の舞台となり、首相、内相、法相のほか、文相や陸・海相まで「国体明徴」の信念の程度が問われた。政友会の牧野賤男(しずお)は三五年三月二〇日の第九回委員会で治安維持法「改正」案にからめながら、天皇機関説の攻撃に加わっている。かつて緊急勅令による治安維持法「改正」をきびしく批判した評論を含む『現代憲政評論』の著者美濃部達吉について、「帝国大学の教授であって、憲法行政の権威であると云う人が、治安維持法は悪法であって、憲法に違反する、そう云うことが教壇に立って学生に教えられ、刊行物として街頭に鬻(ひさ)がれて居る」ことを問題視し、小原直法相や後藤文夫文相を問い詰めた。さらに、この「改正案」審議という「誠心誠意国体の尊厳なることに付て国民に之を知らしめて、而して異端者に向っては厳罰に処すると云う法律を議する」にあたり、小原法相や後藤夫文相に「国体」の認識について追及する。これに対して、小原法相らは「国体」について「大日本帝国は万世一系の天皇、之を統治す」という定義を繰りかえすのに終始する。

「天皇機関説問題」を絶好の機会とみると、反美濃部論者はあらゆる角度から政府を責め立てるが、この治安維持法「改正案」審議でもそれは効果的に活用された。その際、神をまつるときなどに心身を清め、汚(けが)れを去ることとして用いられる「斎戒沐浴(さいかいもくよく)」までが大仰(おおぎょう)に持ち出され、如何に自らが「国体」信奉者・擁護者であるかを誇った。「天皇機関説問題」にからめて「改正」案の審議で「斎戒沐浴」して臨まなければならないほど「国体」はますます祭壇高く据えられ、一指も触れさせないものとなった。

ところで、「改正」案からはずれた質疑と応答が多かったなかで、注目される点もある。その一つは、「国体」変革と分離されて第八条以下に規定された「私有財産制度」否認についてである。三月一八日の第七回委員会で小原法相は、佐野学や鍋山貞親らの「転向派」が「国体」変革を放棄しながらも依然として私有財産制度を否認する理論を主張しているとして、その「国体に触れないで共産主義を実行することが必要」とする論の危険性を指摘し、取締が必要となると強調する（『第六十七回帝国議会　治安維持法、不法団結等処罰に関する速記録』『思想研究資料特輯』第二〇号）。これは「私有財産制度」否認処罰の規定を不要とする見解や、逆に「国体」変革への処罰と同等にするべきだという見解に対する反論としてなされた。不法な国家主義運動取締の欠如に関連して議論が集中した第六五議会の審議のなかでも、当時の小山法相は「国体」変革は主張しないが、共産主義は放棄しないという思想が「将来も段々出て来るだろう」と警戒を向けていた（『第六十五回帝国議会　治安維持法に関する議事速記録並委員会議録』）。

小山や小原が想定しているのは「所謂転向派」であるが、もし「改正」が実現していれば、「転向派」に限らず合法無産政党や「労農派」もこの第八条適用の標的になっていった可能性は高い。そうした推測をするのは「私有財産制度の否認のみを其主張として、国体変革を其主張として居らぬ」共産主義者の取締が、この「改正」前後の思想実務家会同でしばしば協議事項として論議されているからである。たとえば、一九三五年六月の会同では札幌控訴院検事局から「合法団体に於ける詭激（きげき）分子の活動を取締るべき方策如何」が提出され、現在の「検挙も困難な情勢」が訴えられている（『昭和十年六月　思想実務家会同並司法研究実務家会同議事速記録』『思想研究資料特輯』第二二号）。この「改正」が挫折するため、実際には「労農派」などへの治安維持法適用は「国体」変革の拡大解釈によってなされていくが、三五年前後には「国体」変革の一本槍から転換して、「私有財産制」否認の規定を機能させてより広範な運用を図る可能性があったといえる。

朝鮮における治安維持法の運用においては、朝鮮共産党などには「民族」独立=「国体」変革と「私有財産制度」否認が該当するとされていたが、一九三〇年半ばころには「私有財産制度」否認のみの共産主義運動・思想を処罰する状況が生まれていた（シリーズⅢ『朝鮮の治安維持法』参照）。

第六七議会の審議経過のなかでもう一つ目を引くのは、その「植民地の治安維持、共産思想問題」についての質疑応答がなされていることである。第六五議会でもこの問題をとりあげた政友会の高見之通（ゆきみち）は「法律ばかり拵えても植民地なり台湾あたりの共産思想が、相当跋扈横溢（ばっこおういつ）して行くことに対する対策はちゃんと御持ちになって居らぬといかぬだろう」と司法当局などに迫った。そして、朝鮮の思想犯罪における共産主義運動と民族独立運動との関わり、教育による「帝国の忠良なる臣民」の達成具合、「内鮮融和の実情」、武器密輸の状況、「上海及間島（カンド）に於ける鮮人の共産主義者の情勢」、さらに台湾における思想犯罪の状況などについて朝鮮総督府や拓務省の当局者から答弁を引き出すのである。林繁蔵朝鮮総督府財務局長は「現在の朝鮮に於ける共産運動と云うものは、純然たる他の外国に於ける共産運動と違って、其反面にはどうしても民族運動の思想を矢張持って居るように考えられる」と答弁している（『第六十七回帝国議会　治安維持法、不法団結等処罰に関する速記録』）。

また、この「改正」案審議を通じて司法省の押し進める「刑

思想実務家会同　1935年6月6日　小原直法相の訓示
（『法律新聞』第3848号）

事手続の特例」の意味が明確になってきた。帝人事件捜査などを機として人権蹂躙の事例が顕在化し、「司法ファッショ」という批判が高まるなかで、この「改正」案における検事権限の増大に懸念が表明されるが、小原直法相は警察取調べ中の拷問などの存在を暗示しつつ、その是正策として「法律に於て検事が特に勾引を為し、勾留を為すことの出来る規定を設けて、今日まで警察が或は非難せらるるが如き手続の下に、長い間留置をして置くと云うことを合法化する」と述べて、批判をかわす。これは治安維持法違反容疑者に対する取調べの簡易化や効率化をねらったものだが、警察との関係でいえば捜査・取調べにおける検察の主導権の確保という意味合いをもっている。「改正」の失敗後、三六年七月、司法省は大臣名の訓令「司法警察官吏訓練規定」により、捜査の「適正」化と能率増進を理由に検察による警察の指導を規定した。治安維持法「改正」案でめざされていたものの一部がこれで実現されていく。

しぼむ「改正」の「緊切性」

第六七議会への治安維持法「改正」案の提出は、池田克の言を借りれば「支援結社の処罰規定、刑事手続の特例及保護監察制度」の「緊切性」からであった。果たしてそれらはどれほどさしせまっていたのか。議会での主に司法当局の説明と、廃案後の三五年六月の思想実務家会同の議事を比較すると、その「緊切性」の程度が見えてくる。

「共産党の所謂外廓団体に対する取締の上に、不備の点のあること」（衆議院本会議における小原直法相の提案説明）が「支援結社の処罰規定」を必要としたことになっているが、三五年六月時点では「日本共産党及其の外廓団体」の「勢力は著しく微弱となって居る」「治安維持法違反事件の漸次減少しつつある」という現状認識で、その間には明らかに差違がある。思想実務家会同における司法省側からの諮問事項の第一は「最近に於ける思想運動情勢の変化に鑑み、検察並に裁判上考慮すべき点如何」（『昭和十年六月　思想実務家会同並司法研究実務家会同議事速記録』）であり、「思想運動情勢の変化」に注目しつつも、もはや検挙・取調べ過程で外廓団体への治安維持法適用の解釈の工夫を競うという段階は過ぎて、「再犯を防止する為、保護会の利用其の他適当なる具体的方法如何」（諮問事項の第一の具体的例示）などに論議の焦点は移っていた。五月の全国警察部長会議で示される警保局の認識も「秋風落莫、全く萎微不振の状況」「曾（か）つて見ざる極度の沈衰状態」（永野若松「凋落期にある共産主義運動に対して」『特高警察関係資料集成』第五巻）というものであった。取締当局の立場からみて三三年前後には高まっていたといえる「支援結社の処罰」の「緊切性」も、三五年には急速にしぼんでいたのが実情である。

第二の「刑事手続の特例」についても「思想運動情勢の変化」に伴い、かつての緊急性は薄らいでいた。三五年になって検挙件数・起訴件数とも前年より大幅に減少したことは、検事の勾引・勾留権限の拡大と管轄移転の規定（思想専門の判事による公判）という、思想犯罪処分の「適切化」および迅速化や効率化の要請を相対的に弱めることになった。また、第六七議会で刑事訴訟法の拘留を規定した部分が改正され、未決拘留期間の短縮が求められたことも、治安維持法「改正」案における検事の権限拡大という「特例」が時代おくれであることを際だたせることとなった。

第六七議会での「改正」案廃案の背景では、このように司法当局には不利な状況が生じていた。もはや「改正」への展望が開けなくなると、思想犯罪処分の残された課題は現行法・機構の運用によって実現がめざされることになる。六月の会同では「従来の実績に鑑み治安維持法違反事件の起訴の方法、予審並に公判に於ける審理の方法、程度に付、更に考慮すべき点なきや」（諮問事項の第三の例示）が論議されるほか、はじめて「司法警察官の捜査の実績を挙ぐるに付、考慮すべき点如何」が諮問される。これは前述のように翌三六年、「司法警察官吏訓練規定」として制度化され、実施される。

このように「支援結社の処罰規定、刑事手続の特例」については、実現すれば取締当局にとっては便利かつ威力倍増の取締手段の獲得になっただろうが、客観的にはその「緊切性」は薄れていた。第六七議会の会期延長を図らず、「改正」への執念をみせなかったこと、三度目の「改正」案を提出する運びとならなかったことは、おそらく当事者にもこの状況が認識され、現行法の活用でまかなっていくことが可能という判断がなされていたからであろう。

それに対して「保護監察制度」の「緊切性」の認識は不変だった。六月の会同の諮問事項の例示の第一は「治安維持法事件の釈放者（刑期満了、仮釈放、刑の執行猶予、起訴猶予、留保処分）の再犯を防止する為、保護会の利用其の他適当なる具体的方策如何」であったし、小原法相の訓示でもここに力点がおかれていた。そして、新たな「改正」案はこの「保護監察制度」に特化したもので提案され、実現していく。

四　一九三〇年代後半の治安維持法運用の膨張

「改正」案にそった運用拡大

一九三四年と三五年の治安維持法「改正」案はそれまでの「弾力」的運用が限界に達したと認識されたとこ

ろで運用の実態を追認し、さらに破壊力と効率性を増すためのものとして試みられたものであった。思想対策ブームに乗って、また「国体明徴」が唱道されるなかで「此法律案はどうしても我が国体を守ります上に必要な為に生れて参った法案でありますから、私の信念と致しましては、是非本議会に通過をさせたい」「国体の変革を企てる所の左翼分子が相当ある、之を取締らなければならぬ所の眼前の事実に対して此法律が必要なんだ」（第六七議会の第七回委員会における藤田若水〔民政党〕の発言〔一九三五年三月一八日〕、『第六十七回帝国議会　治安維持法、不法団結等処罰に関する速記録』）という認識はほぼ議員間に共有されるとともに、取締当局の欲していた治安維持法機能の拡大への大方の理解は得られたと考えられた。したがって、法の「改正」という点では失敗しても、当局の被った痛手はそれほど大きくけなかった。「改正」の「緊切性」は実質的には消滅していたが、「我が国体を擁護する為」に治安維持法の厳重化の要請は二度の議会審議を通じて承認されたと都合よく当局者は解釈しようとした。

それを臆面もなく表明するのは、三五年七月に刊行された深谷成司編纂『改正治安維持法案　現行治安維持法解説』である。「凡例」冒頭で編者は次のように記している。

> 改正治安維持法案及び不法団結等取締法案は当期議会に於ける政府の一般的政略の犠牲に帰し、遂に他の重要諸法案と共に其成立を見ずして了（おわ）りたり、然れども既に実情不即の弊に耐えざる現行法規の内容に斧鉞（ふえつ）を加えんとしたる以上は、縦令（たとい）其業就（な）らずと雖（いえど）も、今後に於ける此種事案の取扱並に法令の運用は専ら改正法案の趣旨に準拠せらるべきこと敢て贅言（ぜいげん）を要せず、本書刊行の要、即ち此点に存す

当初には『改正治安維持法解説』として刊行する予定だったと思われるが、「改正」案が廃案となったため、こうした通常では考えられない弁明が付せられた。そして現行治安維持法の解説が追加され、そこでは「亦本法改正法案の解釈説明と其揆（そのき）を一にす」とされる。「本法制定の目的」として「法の普遍性よりして本法の規

定する各条項に触れ、犯罪の構成要素を充たす者の出づる限りは、其の動機の共産主義より来たると、又は他の方面より来たりたるとを問わず本法に依りて其取締に任じ、治安を維持せなければならぬこと勿論である」と論じるところには「共産主義」とは異なる「方面」への取締が示唆されており、注目される。

一九三〇年代前半の治安維持法の運用の実情を「改正」案は追認しようとした。その挫折にもかかわらず、三〇年代後半の治安維持法はその「改正」案の内容で拡張されて運用された。三〇年代全般を通じて治安維持法は一本調子で拡張されたのではなく、この二度の「改正」案をステップの一つとして（もう一つのステップとなったものについては後述）成長していったのである。そうして拡張運用が展開される一方で、思想犯保護観察法にもとづく「保護観察」が加わった結果、一九三〇年代後半には思想犯「処分」は新たな段階ともいうべきものに移行した。

三〇年代後半には治安維持法による検挙人員がピーク時の三三年前後の一〇分の一程度になるのに対し、起訴の割合は著しく増大した。三〇年代前半がほぼ一割以下であったのに比べると、三七年は一六%、三八年は一八%、三九年は五四%、四〇年は二八%という数値を示す。もっとも重い刑を科せられたのは三七年では懲役一〇年、三八年と三九年は懲役六年であるが、三〇年代前半であれば起訴猶予ないし留保処分とされたものが一転して起訴となり、公判では重い量刑となった。

これは第一線で取締の実践にあたる特高警察からの要請――起訴猶予ではなく起訴処分を、執行猶予付ではなく実刑判決を――であるとともに、思想実務家会同で「思想運動情勢に鑑み裁判上並に検察上考慮すべき点如何」が常に議題とされるように、思想検事が銃後の治安維持の確保を最優先とするために徹底した断罪をおこなった結果である。

三〇年代前半、軍隊内の反戦反軍運動の高まりに対応して軍法会議で治安維持法公判がおこなわれたことは前述したが、三七年から四〇年にかけて軍法会議で治安維持法違反事件はあつかわれなかったと推測される。思想憲兵は軍内外の反戦反軍思想の抑圧や防諜体制の整備に重点を移していった。

憲兵司令部第二課長の職にあった野口正雄は三七年一二月の人民戦線事件後に「一斉転向」が出現し、「国内に一見左翼団体らしいものの存在がなくなった」（「最近に於ける思想運動概観」『偕行社記事』一九三九年六月）と述べている。また、四二年一二月の陸軍省副官「軍紀風紀等に関する情報」第六号（防衛省防衛研究所所蔵）には、三七年七月の盧溝橋事件後、軍人軍属の治安維持法違反事件は四〇年まで「毎年三件を出でず、又其の態様に於ても特筆すべきものなかりし」とする。起訴まで至らなかったと思われる。

大審院

三八年一月の東京憲兵隊長「東京陸軍兵器支廠内左翼組織「親睦会」関係者検挙に関する件」によれば、八年前から「部外者の指導を受け、「マルクス」主義の研究会」として組織されていた「親睦会」を内査し、不穏言動をなすもの二、三人を取調べたが、治安維持法違反容疑としていずれも「送局の程度に至らざる」内容だった。おそらく社会科学書籍の読書会程度だったと推測される。「厳重説諭し、「将来を誓約せしめ」て釈放したという（「密大日記」）。

大審院判決の一時的緩和

二度の治安維持法「改正」の試みは共産主義運動への追撃的取締を拡大し、効率的に押し進める意図を有していたが、客観的には一九三五年前後は共産党の組織的活動の抑え込みにほぼ成功した時期であった。その司法処分上の顕著な特徴として、三四年末から三六年前半にかけて大審院判決が一時的に緩和されたことがあった。それらが下級審の判決にどのような影響をおよぼしたかは不明である。

緩和の手始めとなったのが、三四年一二月六日の泉二新熊裁判長による西村祭喜に対する「事実の審理を為す」という決定である。三二年に新潟地裁で懲役一〇年を科された西村は三四年の第二審では懲役六年に減刑されていたが、「共同被告中の或者等に比して刑の量定が頗る不均衡にして不当」として上告していた。上告審判決では西村の「転向」を良好と評価して、原判決の「刑の量定甚しく不当」とした。泉二裁判長による一二月二四日の判決では懲役二年、執行猶予五年と大幅に減刑された。

これを契機とするかのように、確認できる範囲で八件が「事実審理」の決定、ついで執行猶予付の減刑の判決となる。泉二も複数回あるが、他の裁判長もあり、大審院刑事部全体の流れといえる。これらの上告に共通するのは「一度検挙せられ、自己を静観し得るに及んで翻然として転向し、共産思想を根本的に解消し……法律上の純正転向なることは言を俟たず……只管過去の一切を清算し、厳粛なる謹慎生活に始終し、只管精進の途に努めたり」（丸山賢三の弁護人鈴村金一の上告趣意、三五年二月二八日判決、裁判長遠藤誠）という「転向」状況を評価してほしいという訴えであった。

この判決では「被告人の年齢境遇犯罪の情状等」や「諸般情状、殊に犯行後に於ける思想転向の模様、家庭の状況、将来の予想等」などが斟酌された。多くは目的遂行罪の適用で、原判決の量刑は不当として執行猶予付の懲役二年に減刑された（以上、『昭和思想統制史資料』別巻下）。

これらの上告審が一段落し、新たに人民戦線事件の司法処分に直面すると、「転向」を高く評価し、緩和に傾いていた判決の流れはとまることになる。

もちろん、この時期においても「転向」を受け入れない被告には重い司法処分が加えられた。三五年七月五日、東京控訴院（裁判長小林四郎）は石上長寿に懲役七年を言い渡した。共産党に加入するほか、全協中央常任委員長として「公判闘争、ロシア革命記念日の闘争、第六十四議会反対闘争、建国祭反対闘争等の各種の闘争その他組織及活動の全般を統括指導」するなど、指導者たる任務に従事したことに治安維持法第一条第一項前段・第二項を適用した（朝鮮総督府高等法院検事局『思想彙報』第五号、一九三五年一二月）。

また、布施辰治は三五年一二月二七日、東京刑事地方裁判所（裁判長大塚今比古）で治安維持法第一条第一項後段・第二項に該当するとして懲役四年を科されている。犯罪事実とされたのは、第一に「赤救（日本赤色救援会）に従属する統制ある階級的弁護士団を結成し、弁護士たる地位を利用して党を中心とする解放運動の犠牲者に対し、専門法律的技術に依る物質的精神的救援活動を展開し、以て党の拡大強化を図らんことを謀議」したこと、第二に全農全国会議弁護士団を結成、幹事長に就任して諸般の活動をしたこと、第三に岩田義道や小林多喜二労農葬カンパニアに参加したことであった（『思想月報』二三、一九三六年五月）。

目的遂行罪の適用がさらに拡大

先の深谷編纂『改正治安維持法案　現行治安維持法解説』にある「今後に於ける此種事案の取扱並に法令の運用は専ら改正法案の趣旨に準拠せらるべきこと」という方針が、実際にどのように貫かれたかを大審院判例からみてみよう。

第六七議会で「改正」案の審議中に下された一九三五年三月一八日の判決は、目的遂行罪の適用を一段と押し広げる新判例となった。その要旨は「日本共産党と主義目的を同じくする日本労働組合全国協議会の機関紙として其の主義主張を宣伝煽動する秘密出版物たる労働新聞の原稿を作成し、且之を印刷に付し、以て頒布の準備行為を為すことは治安維持法第一条に所謂結社の目的遂行の為にする行為に該当す」（警保局保安課『社会運動関係判例集』『特高資料』第一一輯、一九三六年）となっている。これまでの判例に加わったのは、新たに「国体」変革結社の認定を受けた全協のその「目的遂行」行為とされたこと、出版以前の原稿作成の行為すらも目的遂行罪として処断されたことの二点である。全協が「日本共産党と主義目的を同じくする」というこの認定からは、「結社の為めに其結社の拡大強化を図らんとして為す総ての行為」（深谷前掲書）が目的遂行罪に問われることとなる。

「改正」案において目的遂行罪は「必ずしも団体員の指揮、若くは団体員との意思の連絡あることを要せない、又行為者自身に於て国体を変革せんとする目的を有することを要件とせない」（深谷前掲書）と解釈されていたが、そこからは「具体的には何等結社との関連なく、又結社の目的と関連なきもの」に対する適用が導かれる。三八年八月に東京控訴院で懲役二年を科された日暮甲一の上告に対する一一月一六日の判決（裁判長織田嘉七、上告棄却）である。新判例となったのは次の二点である（『大審院刑事判例集』第一八巻）。

一　治安維持法第一条所定の結社を支持し、之が拡大強化を図るの行為を為したる者は同結社と具体的組織的関連を有せざるも、同条に所謂結社の目的遂行の為にする行為を為したる者に該当す

二　上叙の結社を支持し、之を拡大強化する意図の下に合法場面を利用、又は擬装して為したる行為は其の外観に於て同結社の目的と何等の関連なきときと雖、同法第一条に所謂結社の目的遂行の為にする行為に該当す

この判決では「具体的には何等結社との関連なく、又結社の目的と関連なきもの」でも、コミンテルンおよび日本共産党の目的を「知悉（ちしつ）」＝よく理解していれば、その行動を日本共産党の拡大強化を図ろうとしたものだと認定する。この時期の判決文でよく使われる「知悉」はさらにより一般的な「認識」＝知っていた・知っ

ているの次元の概念に移行し、目的遂行罪の範囲を大きく押し広げていく。

ついで四〇年九月一二日の「経済事情研究の範囲を超越したる左翼運動」への判決も新判例となった。五月三一日、東京控訴院で懲役二年を言い渡された慶応義塾大学の学生松沢元典の上告審（裁判長織田嘉七、上告棄却）で、判例要旨は「日本共産党の目的達成に資するものなることを認識し乍ら、学内に於ける経済事情研究会の指導幹部と為り、諸般の協議決定を為し、雑誌に執筆して左翼的啓蒙を図り、或は日本革命の戦略戦術を講じ、以て会員又は参加者の意識の昂揚に努むるが如きは、日本共産党の目的遂行の為にする行為に当るものとす」というものである。弁護人篠田保吉は「往昔織田徳川時代に耶蘇教の信仰を厳罰したるが如きは思想信念其ものを処罰したるもの」だったが、「現時の法制に於ては此種の処罰法規あることなし」と断じ、控訴審判決には「左翼思想共産主義の研究強化＝共産党左翼運動」という即断があるなどと詰め寄った。これを退ける大審院判決の論拠はコミンテルン・日本共産党への「認識」のほか、「結局に於て」目的遂行のための行為をなしたという認定である。

この判決文を掲載する『法律新聞』第四六一一号（一九四〇年九月二八日）は「如何なる限界を以て学徒研究の範囲と看做すや、如何なる言動を以て研究範囲を逸脱せる実践運動と観るや、思想が死想に非ず、生躍流動する関係上、其限界を判定するは甚だ困難である。左の事件は共産党事件に関し研究の範囲なりや、行動に逸脱せりやを具体的に示唆せる判決である」というコメントを付して注目する。

こうした大審院の判決はいうまでもなくその後の裁判の判例となるわけだが、一方ではこれまで下級審で積み重ねられてきた判決の確認という意味合いをもっている。たとえば、先の松沢の上告審判決の場合、三九年一一月に予審が終結し、四〇年五月に控訴審で判決があった。検挙・立件はさらにさかのぼる。これらの一連の過程でコミンテルン・日本共産党への「認識」と「結局に於て」論ないし「窮極に於て」論を自在に駆使することで、「左翼思想共産主義の研究」はすべて取締と処罰の対象となってしまっていた。
一応は法の厳密な運用を尊ぶ司法官僚においても「我が国体を擁護する為」を錦の御旗に、このように「法の弾力性」を最大限に発揮するに至った。

「凡ゆる角度より推論追及して」から「些々たる法的技術に捉われず」へ

「法の弾力性」を「現場」においてもっと自在に使いこなしたのが特高警察である。思想司法とそれらは五十歩百歩の違いといえなくもないが、とくに一九三〇年代後半以降の運用が如何にでたらめであったかを示すものとして、特高の治安維持法運用の一端をみていこう。

一九三六年七月三一日、警保局長からの各府県知事宛の通牒「共産主義運動の取締に関する件」では、「検挙上注意を要する点」として「運動は必ずしも結社第一主義を採らず、主として合法団体に潜入し、或は合法場面を利用せんとしつつあるを以て、治安維持法第一条の結社罪を適用し得ざる場合あるべし、其の際は仝法第二条以下を適用し、可成早期に検挙するものとす」とあり、つづけて「之が取締は凡ゆる角度より推論追及して其の実情を明かにするの要あり」と指示する（警保局『特高警察例規集』一九三九年、『特高警察関係資料集成』第二三巻）。

この通牒では治安維持法「改正」が不発におわった事態を埋め合わせるために、第一条に限定されていた従来の運用を第二条の「協議」や第三条の「煽動」に拡大する方針が打ち出されている（この直前には山田盛太郎・平野義太郎らが第二条・第三条に該当するとして検挙された「コム・アカデミー」事件が起きたばかりだった）。第一条の目的遂行罪の適用範囲の拡大とは異なる方向への運用の工夫が求められた。「凡ゆる角度より推論追及して」とあるように、治安維持法の拡大運用がかり立てられている。

そうした治安維持法の拡大運用のかり立ては、内務省警保局→県警察部→各警察署へと指示が下りていくにしたがって、便宜的・予断的な運用を促すことになる。そして、次のような法の遵法性をかなぐり捨てた指針が出されるに至る。三七年三月の大阪府警察部特高課作成の「最近に於ける共産主義運動の動向と其の危険性」と題する資料の一節である(『特高警察関係資料集成』第五巻)。

従来の如き取締態度を以て此の屈伸性弾力性ある合法擬装、又は利用の下に於ける活動に対処せんか、遂には立遅れを来すこと必定にして、為に共産主義運動は不知不識の間に社会各層に瀰漫し、広範なる組織を形成するの事態に立至るの虞なしとせざるなり

茲に於てか、此の共産主義運動の取締に当りては日独防共協定締結の趣旨をも考慮し、国家的大乗的見地に立ち、更に一層積極的熱意を以て査察内偵に努め、取締の徹底を期し、些々たる法的技術に捉われず、現存法規の全的活用を図り、法の精神を掬みて其の適用を強化拡張し、苟も共産主義を基調とする運動なるを確認するに於ては、非合法は勿論、仮令表面合法たりとも仮借なく断乎制圧を加え、以て斯の種運動を我国より一掃せんことを期すべきなり

国家「非常時」に直面して総力戦体制の構築を急ぐ「国家的大乗的見地」を名目に、些々たる法的技術に捉われずとは、すなわち刑事訴訟法上などのさまざまな検挙・取調べ上の制約から自由となり、「現存法規の全的活用を図」ることがあからさまに奨励される。「法の精神を掬みて其の適用を強化拡張し」とは、具体的には二度の治安維持法「改正」案で実現がめざされていた「国体」変革行為への重罰と拡大、刑事手続の簡略化・効率化などを意味しよう。「凡ゆる角度より推論追及して」という中央からの指示は、ここに「些々たる法的技術に捉われず、現存法規の全的活用を図」ることという具合に意訳されて、励行が指示された。

こうした上からの指示を具体的に実践する「現場」においては、法の遵法性にはますます鈍感となる。たと

えば、司法警察官吏訓練規定にもとづく神戸地裁管内特高主任会議（一九三六年九月二八日）で「思想犯罪捜査手続に関し考慮すべき点如何」という諮問に対する各警察署特高主任側の答申の第一は「現下の社会情勢に照し、思想犯罪の捜査、検挙、取調等に付ては総て必要なる限度に於て従来の慣習を踏襲することは已むを得ざるものと被認（みとめられる）」というものであった（司法省刑事局『司法主任特高主任会議諮問、協議事項』『特高警察関係資料集成』第二六巻）。その理由は思想犯罪の特殊性と「特高警察の使命遂行上」の要請とされるが、この「従来の慣習」が容疑不十分な者への検挙・検束、長期間の留置やたらい回し、拷問などを指すことは明らかで、それらは「已むを得ざるもの」とされた。

この事例ではまだ抽象的だが、次の東京地裁検事局思想部主催の「特高主任会議」（警視庁特高第一課員と思想検事の座談会、三九年七月五日）で「身柄問題に就いて」、ベテランの特高警察官の吐露する部分は捜査手続がいかに便宜的に運用されているかを如実に物語る（東京刑事地裁検事局『特高主任会議議事録（其の二）』『特高警察関係資料集成』第二六巻）

林〔警部、特高一課内の内偵事務を担当〕〔勾留の〕期間を区切ってあると其期間が来ればと思うのですね、検束の蒸し返えしに限りますよ。

安斎〔警部、転向者団体〕何時までも置くと云うことが武器ですから、昔と違って手荒な取扱はしていませんから、此の権限を取り上げられれば事件の真相は出ません。（後略）

藤井〔警部、要視察人〕長い事繰り返えし同じ事をやる、何時迄かかるか判らぬと云う処で自白するのです。

思想検事側では「留置期間の短縮」について注意を促すが、この「検束の蒸し返えし」については黙認している。なお、この会議で文化運動を担当する高木という警部は「認識が重要な問題となるので、之を被疑者が知って居て此点を非常に頑張るのです」と発言して、取調べの困難なことを強調する。これは先の大審院判例でみたように、目的遂行罪の適用にあたってコミンテルン・党に対する「認識」が焦点となっていたことと符合する。

以上のような一九三〇年代後半の治安維持法運用の際限のない拡張は、三四・三五年の「改正」案をステップとしていた。

人民戦線事件への発動

一九三五年の「改正」案廃案直後の共産主義運動に対する現状認識は「全く萎微（いび）不振の状況」「曾つて見ざる極度の沈衰状態」というものであったが、八月にコミンテルンで人民戦線戦術の決議がなされると、一挙に警戒感が強まった。一一月の思想実務家会同の諮問事項の第一は「国際共産党第七回大会に於て決議せられたる運動方針に鑑み、検察並に裁判上注意すべき点如何」となる。三六年一月の『思想月報』（一九）は「国際共産党第七回大会と其の我国に対する影響」を分析して合法左翼方面や「転向」者の動静に注意を喚起するとともに、「被疑者の取調及審判」面での対策として「本人の思想の推移、認識の程度、運動の経歴、組織との関係等に関し一層詳細に究明し、総ての証憑（しょうひょう）を蒐集調査し、事案の真相を突止む」べきことを求める。

さらに三八年二月の『思想月報』（四四）は「最近に於ける共産主義運動情勢並に之に対する治安維持法違反事件概況」を掲載し、「現下大衆間の反ファッショ的気運盛（さかん）なる国内情勢に於て、特に共産主義運動の危険性は実に人民戦線運動に在り。蓋し（けだし）本運動は日本共産党のコミンテルンの新方針に基き合法を仮装する活動に利用せらるるに止まらず、所謂労農派の主張に胚胎し、其の反ファッショ人民戦線樹立には反天皇制を内包し、窮極に於て勤労大衆の階級的窮極目標たる共産主義社会の実現を目的とする為に之を実行せるものなればなり」と総括している。期せずして「窮極に於て」の語句があるように、思想司法のレベルにおいてこうした論法を駆使して治安維持法の拡大解釈が展開されたことは、すでに大審院の判例の推移からみた通りである。

後述するようにいわゆる大本教事件は内務省・特高警察の主導によるが、この人民戦線事件とその後の拡大解釈は内務・司法両省の共同の産物といえる。日本で人民戦線運動を推進していると目された労農無産協議会が日本無産党に発展した一九三七年四月以降、内務・司法両省は「其の綱領並に運動方針活動状況及組織の中心人物（所謂労農派分子）の思想動向に就き、巨細に亘り徹底的検討を加え」、その結果「日本無産党は当面所謂反ファッショ人民戦線を統一し、之を強化して「プロレタリアート」独裁政治の樹立を企図するものにして、我国体変革の目的及私有財産制度否認の目的を包蔵する結社に外ならず」（兵庫県警察部『日本無産党事件概記』一九三八年五月、『特高警察関係資料集成』第五巻）という判断を固めた。

それは同年一二月の第一次人民戦線事件検挙へつながった。この前後、内務省が各府県の特高警察を動員して「中心人物の動静を内査」させている一方で、司法省は治安維持法適用の法解釈の開発に努めた。三八年三月、日本無産党関係事件検察事務協議会を開催するところに司法省の意気込みがうかがえるが、そこで泉二新熊検事総長は「関係者の取調を為すに当りては、所謂反ファッショ人民戦線の樹立がプロレタリア革命の手段方法たること、及其の所謂ファシズムには国体に関する事項をも内包するものなること、従てファシズムを打倒することは国体の変革をも意味するものなること、又所謂勤労大衆の階級的目標はプロレタリアの「己むを得ざる」独裁の実現を目的とするものなることの認識の有無並に其の程度を明確ならしむるの要あるべし」（『季刊現代史』第七号、一九七六年六月）と訓示している。この検察の方針は、各控訴院管内の思想実務家会同の場で徹底が図られていく。なお、泉二が人民戦線事件の検挙に関して、時代の要請と運動の進展に対応して今のうちに断行する「己むを得ざる」必要があった旨の発言をしている点からは、司法当局内に「国体」変革結社概念の拡大に忸怩（じくじ）たるものがあったことをうかがわせる。

しかし、ひとたび新たな運用方法が開発されると、その後はエスカレートの一途を辿るというのが、すでに一〇年余を経過した治安維持法の鉄則であった。人民戦線事件についていえば、第一次の日本無産党・日本労働組合全国評議会などの検挙にとどまらず、三八年二月には第二次として「労農派教授グループ」の検挙がつづく。「労農派教授の社会改造意見」は「直ちに治安維持法の第一条に抵触する」と言いきるのは、内務省警保局の保安課長清水重夫である（「事変下に於ける国内思想運動其他」一九三八年一〇月、『特高警察関係資料集成』第一九巻）。なにより特高警察にとっては合法運動への治安維持法発動による弾圧封じ込めこそが重要であった。日本無産党などを「国体」変革結社と決めつけることにより、その結社禁止処分はたやすいものとなったし、「労農派教授」の社会的影響力も抹殺しえた。

人民戦線事件は社会民主主義に対する弾圧として一つの画期をなすが、「労農派」を「国体変革の意を有する」と認定する判断は「民主主義、自由主義等の思想を抱持する者及び之等の影響下にある者は今日相当多数であるが、之等の人達の不用意に唱えるファッショ反対は人民戦線派の主張と客観的には一致するので、共産主義は之等の叫びを極力利用して自己の運動展開の具に供するのである」（警保局発表「人民戦線運動の本体」『社会運動通信』第二四二七号〜第二四三二号、一九三八年一月〜二月、『資料集』第二巻）という強引なものであった。

反ファシズム、すなわち「国体」変革という論理

人民戦線事件における「反ファシズム→国体変革」という論理の開発は、治安維持法の運用をさらに容易にした。一九三七年七月以降の日中戦争全面化にともなう治安維持の確保の絶対的な要請もこれに拍車をかけた。それは二方向に進む。当局が「共産主義運動」とみなす領域の拡大、そしてその「温床」とみなす自由主義・民主主義への抑圧取締である。

当局が「共産主義運動」とみなす領域の拡大は、一九三八年六月、茨城県の各警察署の特高主任の会議で県特高課が指示した「共産主義運動の視察内偵に関する件」によくうかがえる。三五年前後の「萎微不振」という認識が急展開し、そのえぐり出しに狂奔（きょうほん）している様子がよくわかる。一三項目におよぶ「労働者、農民、小市民其の他一般大衆の動向」を列挙し、「取締の実績」を挙げよと督促する（「茨城県署長・特高主任会議関係書類」『特高警察関係資料集成』第二五巻）。

（3）極左運動の華かなりし頃浸潤したる共産主義思想の「バチルス」（細菌）は相当根強き大衆の意識系統の中に喰込んでいること

（6）極左的行動なることを表面に現わさずして為したる行動（仮令（たとえば）西瓜県営検査反対運動等の如し）が所謂治安維持法第一条の結社の目的遂行に該当する場合、往々あること

（8）出征兵士遺家族等に対し同情的態度の下に戦争の悲惨なる状況を語合い、巧みに反戦思想の扶植（ふしょく）に努むるものの散見さるること

こうした厳重な「視察内偵」の方針にそって、三八年二月には雑誌『世界文化』グループ、九月には日本共産主義団、一一月の唯物論研究会関係者などの検挙が相ついだ。警視庁が三九年四月の時点でまとめた「管下に於ける共産主義運動の情勢と検挙学生の取調状況に関する件」（『特高警察関係資料集成』第五巻）によれば、運動の形態を「所謂合法的左翼団体の動向」「国家機関並其の外廓組織、自治団体、各種合法団体等に潜入する者」「非合法グループの結成」「所謂転向者の動向」に分類し、これらに対し「現下の情勢に対応する為、苟も共産主義思想を抱持し、之が実践に関与するに於ては事犯の軽重を問わず、仮藉なく検挙を断行し」という取締方針を立てている。「仮藉なく検挙を断行」という方針からは日常的な経済・生活問題の改善運動や出征兵士遺家族への慰問程度までもが警戒の対象となり、実際に治安維持法が発動されている。それは「労働者、農民、

小市民其の他一般大衆の動向」のなかに「共産主義運動」の兆候を無理矢理に嗅ぎだして、えぐり出そうとするものであった。

コミンテルンを理由とした取締

一九三〇年代末時点の「共産主義運動」取締は三つに分類できる。

一つは前述した数次の人民戦線事件で、非共産党的な社会民主主義を対象とする。

二つめは日本共産党に直接つながると当局がみなしたもので、後述する唯物論研究会事件のほか、思想犯前歴者を中心とするプロレタリア文化運動なども対象となる。

シリーズI『治安維持法の「現場」』で取り上げた大竹広吉の事例も二つめの事例である。三八年四月の東京刑事地裁の「予審終結決定」(予審判事徳岡一男)では『社会評論』発刊について、「所謂自由主義的、若は左翼的読者層を対象として、且之等一般大衆を啓蒙し以て「党」活動に寄与すべき意図の下に、ソビエト連邦の学者等が共産主義的観点に於て執筆したる論文批評、又は同連邦の成功的場面を紹介する記事等の翻訳掲載を目的とする政治経済に関する所謂総合雑誌の発刊を企て……労農独裁下に於ける諸制度を謳歌すると共に、共産主義の宣伝煽動を為し」として、治安維持法第一項・第二項の目的遂行罪を適用して、公判に付した(『思想月報』四七、一九三八年五月)。ここでは目的遂行とされるのは党のみで、コミンテルンはでてこない。

三つめは日本共産党に直接つながらない、あるいは結びつけられない「共産主義運動」である。これらをも治安維持法にからめとろうとして編み出されたのがコミンテルンへの目的遂行である。三〇年代半ばからは党およびコミンテルンへの目的遂行と並列していたが、三八年後半からはコミンテルンを優先させる事例がでてくる。すでにコミンテルンは日本の「国体」を変革する結社となっていた。

三八年九月一七日、岡山地裁（裁判長江本清平）は倉敷一般労働組合を結成し、日本無産党・日本労働組合全国評議会に加入した重井鹿治に懲役三年を科した。判決冒頭では「「コミンテルン」（国際共産党）は世界「プロレタリアート」の独裁に依る世界共産主義社会の実現を目的とする結社、日本共産党は其の日本支部にして革命的手段に依り我国体を変革し、且私有財産制度を否認し「プロレタリアート」の独裁に依る共産主義社会の実現を目的とする結社」と定義する。それらを「知悉」した被告の行動は「日本共産党、日本無産党及「全評」の各目的遂行の為にする行為を為したるもの」とするが、起訴事実にあったコミンテルンへの目的遂行については証明が十分ならずとした（『思想月報』五一、一九三八年九月）。

この判決を過渡期として、三九年の司法処分ではコミンテルンへの目的遂行罪が認定されていく。一月三一日の神戸地裁の予審では、山城善光について「大宜見（おおぎみ）消費組合内に党機関紙赤旗等の廻読会なる非合法グループを形成」し、「コミンテルン並党組織の強化を図りて各其（おのおの）の目的遂行の為にする行為を為」したとして公判に付す決定をした（『思想月報』五七、一九三九年三月）。三月一七日の東京刑事地裁検事局の原喜代次郎に対する「予審請求」ではコミンテルンの定義を先に掲げたうえで、「文芸の分野に於て大衆に共産主義意識を浸透せしめんことを企て」、三六年一月から雑誌『次元』を刊行し、「自ら「第一歩」と題し、資本主義制度下に於ける小工場主の必然的没落過程を描写し、支配階級に対する闘争こそ労働者に課せられたる歴史的使命なる旨強調せる短編小説」を掲載したことなどが、「「コミンテルン」並日本共産党の目的遂行の為にする行為を為し」とされた（東京刑事地裁検事局「起訴事実通報」第五回、「太田耐造関係文書」国立国会図書館憲政資料室所蔵）。

起訴・予審の段階でコミンテルンへの目的遂行を優先して認定する処分に、判決もつづく。六月一五日、静岡地裁（裁判長亀崎引尚）は鈴木清一に懲役二年を科した。判決では前述のようにコミンテルンを定義したのち、被告が雑誌『東海文学』を発刊し、「鎌倉静枝の執筆に係る「どよめきの中に」と題する反戦思想を鼓吹（こすい）せる散文詩を掲載し」たことなどが「読者をして人民戦線結成の必要を覚知せしめ」たする。これらが「以て「コミンテルン」並に日本共産党の目的遂行の為にする行為を為したるもの」と処断された（『思想月報』六一、一九三九年七月）。

四〇年九月一八日の東京刑事地裁予審（予審判事石田和外）は佐伯嶺南ら四人の東京高校生徒を「現下我国内外の情勢並に学生たるの立場に鑑み、学内に於ける左翼組織の確立並に共産主義意識の啓蒙昂揚等の運動を通して「コミンテルン」及日本共産党の各目的達成に資せんことを決意し」とみなし、公判に付す決定をした。三八年「夏頃より革命家への途を論議して、自己を当来革命を指導すべき真の革命家に陶冶せんが為には学生たる所謂プチブル階級よりプロレタリア階級への階級変更、即ち家庭、学校を抛棄して労働者の群へ「飛込み」を敢行するに然かずとの見解を漸次濃厚ならしむる」などの「最も極左的なる特徴」をもっとして、目的遂行罪を適用した（『思想月報』七五、一九四〇年九月）。

すでに日本共産党の組織的運動は壊滅させられ、実在しないにもかかわらず、「党」の存在を前提に目的遂行罪を適用することは思想検事らの間にも具合が悪いと認識されてきたため、実在するコミンテルンへの目的遂行を前面に押し出すことになったといえる。

『治安維持法の「現場」』でも触れたように、三八年頃、東京控訴院検事局思想部は「「コミンテルン」と治安維持法との関係」「「コミンテルン」の目的遂行罪に関する起訴状の雛型並若干の資料及注意」という文書を作成し（「太田耐造関係文書」）、「「コミンテルン」の目的、性質を知り、且其の目的遂行に資すべきことを知り乍ら当該行為を為すに於ては、治安維持法第一条後段の目的遂行罪の成立すること勿論と云うべく」と明言していた。また、四〇年六月の宮城控訴院管内思想実務家会同で戸沢重雄大審院検事は、日本共産党の「存在認識を欠き、又真実存在せぬものと信じて居る」被疑者や被告人に対しては、党の目的遂行行為ではなくコミンテルンの目的遂行為で処分する方針で臨んでいると発言していた（『思想研究資料特輯』八一、一九四〇年一二月）。

自由主義・民主主義に対する排撃と抑圧へ

日中戦争の長期化にともなって厭戦的気分が広がる気配が生じると、「大衆の意識」そのものを治安維持法は標的にしはじめる。一九四〇年二月の茨城県特高主任会議では「戦争反対、戦争忌避的思想の抱持者及是等言辞を吐露する者なきや」「現下の統制経済を捉えて大衆を煽動し、巧みに結束を図るの状況なきや」（「茨城県署長・特高主任会議関係書類」）などを「視察要領」の留意点にあげているが、これらは明らかに「大衆の意識」すなわち一般民衆の生活と思想が治安維持法発動の対象として注視されていることを物語る。

「共産主義運動」への弾圧の拡大のなかで、その「温床」と考えられた自由主義や民主主義に対する排撃と抑圧が加わっていた。警保局が発表した「人民戦線運動の本体」では、次のような論理が展開されている（『社会運動通信』一九三八年一月～二月）。

> 個人的唯物的世界観や人生観に基く風潮が活々として世を風靡し、我が国本来の思想、すなわち肇国以来の光輝ある日本精神の顕現に及ぼしたる悪影響は甚だしいものがある。延いてその見えざる害毒、被害は思想文化その他の各方面に亘り、今日に至って大をなしている
>
> この虚を衝いて、赤化の魔手が自由主義、民主々義を利用し、之と協力提携せんとするに及んで、その危険性は愈々拡大され、普遍化されるに至るのである。従って国内防共の完璧を期する為には、従来の如く単に共産主義を目標として之に対するのみでなく、広く国内思想一般に対し、苟も国体の本義に相容れざるものは勿論、国体に対する国民の確信に疑惑を抱かしめるようなもの、乃至国体明徴の実践的動向に反逆するようなもの等を広範囲に亘り国内防共の対象となすの必要に迫られているのである

ここで自由主義や民主主義は「国体」に対する国民の確信に疑惑を抱かせかねないもの、あるいは「国体明徴」の実践に背反し反抗するようなものとして捉えられている。自由主義的・民主主義的な思想の持ち主に治安維持法が直接襲いかかるわけではないが、河合栄治郎や津田左右吉の著書発禁や出版法違反での断罪などは、この反・非国体観をも射程に入れた治安維持法体制の下でこそ可能となった。

警保局の山路定事務官は三八年四月の「自由主義を清算すべし」と題する論文で「自由主義的イデオロギーこそ、我が思想界を謬り、社会を分裂、対立、無秩序に導く頽廃の思想原理である」と決めつけ、「より高次の国家的見地から速に之を検討克服し排除」しなければならないと述べていた（『警察協会雑誌』第四五五号、一九三八年四月）。

「急進的自由主義」処断のからくり

「自由主義、個人主義、民主主義的思想」が共産主義の「温床」とみなされるなかで、唯物論研究会はその根強い牙城とみなされていた。岡邦雄・戸坂潤・永田広志ら三九人が一九三八年一一月に一斉検挙されたことについて、警保局『特高月報』三八年一一月分は「時局の重圧に依り擬装的解散を為したる後、中心分子は秘かに裏面に於て秘密グループを形成して研究会を開催し、或は又労働者学生等の左翼グループの指導に当たる等、益々非合法的傾向を示しつつありて、銃後の治安維持上一日も放任し得ざる実情に立ち至りたる」ためとする。内務省からの情報にもとづくと推測される文部省教学局の『情報』第一〇号（三九年一月）には唯研が「知識層の間に多大の影響と勢力を保持し来った」とし、「共産主義理論の基礎理論を啓蒙普及し、延いては「党」の活動に寄与し、その目的遂行に資し来った」とある（『文部省思想統制関係資料集』第七巻）。

その後も唯研関係者の検挙はつづいた。福岡県特高課では三九年一月に福岡商業学校教諭山川康人を検挙し

唯物論研究会　研究会風景　中央に戸坂潤（1936年6月頃）
岩倉博『ある戦時下の抵抗——哲学者・戸坂潤と「唯研」の仲間たち』

ている。『特高月報』三九年二月分では、山川が唯研を「日本共産党の外廓的団体としてコミンテルン並に日本共産党の目的とする共産主義社会実現の為、マルクス主義の拠って立つ弁証法的唯物論の研究並に啓蒙宣伝を目的とする団体なりと認識し」たうえで、大学以来つちかってきた自らの教育技術を通じてコミンテルン・党のために実践運動をおこなおうと決意し、各種研究会に出席、機関誌『唯物論研究』にも寄稿したとする。「商業学校生徒への啓蒙宣伝活動」が詳細に列挙されるが、「啓蒙」とされるなかには生徒にドストエフスキーや芥川龍之介らの「プチブル文献」を貸与したこともあった。その後の司法処分の状況は不明である。

唯研については三二年一〇月の結成以来、取締当局は監視と警戒を怠らなかった。先の『特高月報』は「マルクス主義者、急進自由主義者等を広く糾合して結成」されたとし、日本共産党の「外廓団体たること明瞭」としていた。三九年一〇月の思想実務家会同で司法省刑事局第五課長の清原邦一は「コップ落伍者と自由主義者の中の尖鋭なる分子、相寄り集ってより広汎なる大衆を抱擁し得る文化団体」ととらえている（『昭和十四年十月　思想実務家会同講演集』『思想研究資料特輯』第七三号）。

河合栄治郎と津田左右吉がいずれも出版法違反を問われたのに対して、唯研の場合は治安維持法違反容疑での検挙・起訴、公判での断罪であった。ただし、その司法処分にあたっては標的と定めた「急進自由主義」自体を「急進自由主義」であるがゆえに処断することはできなかった。特高警察が治安維持法を行政警察的に運用して「急進自由主義」を取締ることは可能であっても、司法処分において直接的に「急進自由主義」自体を処断することはできなかった。からくりを用いる必要があった。

これに関連して手がかりとなるのは、三九年七月の東京刑事地裁検事局主催の特高主任会議でのやり取りである。文化運動担当の警視庁特高第一課の警部は「マルクス主義の長所は取り入れるが、実践運動はやらないと云う場合」、立証が窮屈なので「何とか治安維持法の解釈を広くして頂き度い」と要望する。検事局思想部長は「主義と云う言葉を罰条に入れる事は出来ない」としつつ、「国体変革を目的として其の啓蒙宣伝を為したる者」とすれば処罰が可能になると、からくりを示唆していた（『特高主任会議議事録（其の二）』、『特高警察関係資料集成』第二六巻）。

このからくりに不可欠な「宣伝」は「協議」や「煽動」よりも広い概念であり、四一年の新治安維持法第五条に組み込まれていくが、すでに唯研の追加的検挙のなかで「啓蒙宣伝」が取締の標的となっていた。神奈川県特高課による四〇年一月二四日の横浜商業専門学校教授の早瀬利雄の検挙である。四〇年一〇月分の『特高月報』によれば、早瀬は、「教授たるの地位を巧に利用し、学内凡ゆる機関を動員活用して数年間に亘り常時マルクス主義の宣伝啓蒙に努め来りたるものにして、之が一般社会、特に学生に与えたる思想的影響は相当深刻なるものありたり」とされた。

唯物論研究会の場合――「党の同伴者団体」として

先の東京刑事地裁検事局思想部長が示唆した「国体変革を目的として其の啓蒙宣伝を為したる者」の処断とは、具体的には治安維持法拡張のテコとなった目的遂行罪の適用を意味する。そのためにはまず被疑者・被告を共産主義者に仕立て上げることが必要となる。

唯物論研究会も共産党に関わる団体とみなされた。警察「意見書」および検察「予審請求書」（起訴状）の所在は不明であるが、その痕跡を岡や戸坂の警察における「手記」に認めることができる。検挙から数カ月後、岡は三九年四月に麹町警察署で、戸坂は五月に杉並署で、ともに「唯物論研究会に対する認識」という手記を「提出」している。岡や戸坂の意思に反して特高警察が求めるかたちに「手記」が作り上げられたことは、後述する戸坂の公判における陳述からも明らかである。戸坂「手記」の結論には、次のように記されている。

(イ)唯研はその規約から見れば、哲学、自然科学、社会科学、芸術及び文化一般に於ける唯物論の研究啓蒙が仕事であります。即ち弁証法的唯物論を基調として唯物論の具体的検討展開による研究及び啓蒙を行い、之を以て文化面を通じての共産主義運動に貢献し、従って文化面を通じて日本共産党の拡大強化に資する事がその目的であります

（略）

(ト)唯研をその組織、団体の性質から見る時、即ち日本共産党との関係から見る時、之は組織上日本共産党と関係のある外廓団体ではなくて、党と目標を共通にしながら党の指令とは独立に活動し、党との組織的関連を有たぬ処の党の同伴者団体と見做すことが出来ます。かかる形態に於て、上述の目的を追究しました

これらは六月に司法省刑事局から『思想資料パンフレット特輯』として刊行された。その「はしがき」には唯研を「理論活動の分野に於て「コミンテルン」並に日本共産党を支援する為、共産主義の基礎理論たる弁証法的唯物論を研究して所属会員等の理論水準を高むると共に、大衆に対し其の啓蒙運動を為すことを目的」とするとしている。戸坂のいう「同伴者団体」をここでは「支援」と読み替えているが、刑事局の清原は三九年

一〇月の思想実務家会同では「党の同伴者的の団体」としている。この認識が、以後の唯研事件の司法処分の前提となった。「同伴者団体」とは広義の外廓団体という位置づけで、新治安維持法では第二条に「支援結社」と規定される。

「左翼的啓蒙」まで目的遂行罪を拡張

唯物論研究会の中心メンバーの司法処分に先行して、地方の関係者に対する判決がなされている。一九四一年二月八日の長井一男に対する神戸地裁（裁判長玉置寛太郎、立会検事横田静造）の判決で、懲役二年・執行猶予五年を科した。長井は戸坂の著作などに影響を受け、「マルクス主義の基礎理論たる弁証法的唯物論の正当性」を信じるようになったとされる。ついで、日本共産党とコミンテルンの目的を「知悉」するとともに、唯研が「共産主義的啓蒙運動を為すことを任務とする文化団体」であることを認識して加入したとされ、研究会での報告を通じて「会員等の左翼意識の啓蒙昂揚に努め」たこと、機関誌『唯物論研究』への投稿を通じて「自然科学者等の読者大衆を左翼的に啓蒙」したことなどの活動が目的遂行行為と認定された。適用条文は二八年改正の治安維持法第一条第一項後段と第二項となる。この判決文を『思想月報』八〇（一九四一年二月）では、唯研をコミンテルン・党の「支援団体たることを認定したる最初の確定判決」とした。

目的遂行行為という処断の論理は、四一年四月の東京刑事地裁における伊藤至郎と沼田秀郷に対する「予審終結決定」（いずれも予審判事谷中董）に踏襲される。学生の組織と指導の中心とみなした沼田に対して「現下の社会情勢等に鑑み、マルクス主義に基くプロレタリア・レアリズムを主張し、弁証法的唯物論の立場よりする科学的精神乃至合理的精神の提唱等に依り、専ら文化運動の領域に於て一般学生層、知識層を通じて窮極的に前記両結社〔コミンテルンと党〕の目的達成に資せんとする意図の下」に唯研の諸活動をおこなったと断じて、治安維持法第一条第一項後段・第二項に該当するとした。「窮極的に」は目的遂行罪適用の際の常套句である。伊藤の「犯罪行為」とされたものは「「数学方法論」を著述出版して、大衆の唯物弁証法に対する理解を深からしめ、之を通じて共産主義理論水準の昂揚に資し」たことなどだった(『思想月報』八二、一九四一年四月)。岡邦雄・戸坂潤らの「予審終結決定」も四一年四月中になされているので、伊藤・沼田らと同じ論理により治安維持法の目的遂行罪の該当とされたはずである(その後の唯物論研究会事件の司法処分については、VIで述べる)。

唯研事件で開拓されたともいうべき「マルクス主義の宣伝啓蒙」「左翼意識の啓蒙昂揚」がこれ以降、重宝な処断の武器として猛威を振るっていく。四〇年夏、「「京大俳句」関係事件概要」として京都地裁検事局の思想検事は「主たる活動としては、此の雑誌に発表したところの論説或は俳句によって読者を左翼的に啓蒙することにあったのでありますが、其の外毎月各グループに於て研究会、俳句会、座談会等を開催して会員並一般誌友の左翼的啓蒙を図って居った」と報告している(「太田耐造関係文書」、国立国会図書館憲政資料室所蔵)。

たとえば、姫路高並神戸詩人クラブ事件の重松景二に対する四一年四月二四日の神戸地裁の「予審終結決定」(予審判事岡田政司)では、「文芸部の活動を通じて学内一般学生の反ファッショ機運の醸成並左翼思想の啓蒙に努力する目的」でおこなった「進歩的作家阿部知二を囲む座談会」開催、神戸学生映画連盟での活動、姫高文芸部先輩団の結成協議などが目的遂行罪に問われた(『思想月報』八二、一九四一年四月)。

新治安維持法下、この「左翼意識の啓蒙昂揚」による処断はさらに活用されていく。

「類似宗教」=「邪教」取締の本格化──大本教事件

治安維持法の拡大運用のステップとなった一九三五年のもう一つの状況の変化は、大本教に対する適用によって「国体」変革に「類似宗教」という質的に異なる観念が付け加わったことである。この点については「治安維持法の宗教団体への発動をめぐって」を副題とする渡辺治「ファシズム期の宗教統制」（東大社研編『戦時日本の法体制』所収、一九七九年、改訂されて渡辺『天皇制国家の専制的構造』〔二〇二一年〕に収録）が委細を尽くしているので、私は行論上二、三の点に触れるに止まる。

人民戦線事件とその後の治安維持法の適用が三四年・三五年「改正」案のめざす延長線上にあり、コミンテルンの人民戦線戦術の決議がなかったとしても、早晩、社会民主主義への弾圧は必至であったのに対して、大本教を契機とする「類似宗教」への適用は少なくとも三四年と三五年の「改正」案では想定されていなかった。これが第一の論点である。すでに一九三〇年代前半から灯台社や大本教に対する特高警察の関心は高まり、三四年七月からは大本教取締に向けて京都府特高課の内偵が始まっていたが、治安維持法を「類似宗教」取締に活用する発想はまだ生まれていなかった。

全国的な検挙を前に警保局が「大本教治安維持法違反並不敬事件概要」（一九三五年一一月、『特高警察関係資料集成』第二〇巻）をまとめたこと自体、かつての三・一五事件直前の警視庁『秘密結社日本共産党事件捜査顛末書』を想起させるが、その「結語」では「我が刑法は勿論、治安維持法と雖も斯くの如き不臣に対する処罰は全く予想をも為さざりし処」と述べている。しかし、「区々たる法規解釈の末節に捉わるることなく断乎極刑を以て之に臨み、禍根の一掃を期すべきものとす」という決意の下で大弾圧が展開された。

「区々たる法規解釈の末節に捉わ」れず、すなわち厳密で厳正な法の解釈にあえてこだわらないという取締優先の超法規的運用がうたわれているが、それは「王仁三郎等一味の者は名を大本の宣布に借りて紊りに国体の本義に対し異端邪説を放ち、不敬不穏の思想を宣伝流布して国民精神の荼毒を来しつつあるのみならず、何たる不軌、何たる大逆ぞ、畏くも我国体其のものも変革し、彼王仁三郎を以て我が大日本帝国の統治権者たらしめんと企図しつつあるやの疑あり」という認識によっている。

出口王仁三郎
『大本七十年史』上巻

　この弾圧の主役は内務省・特高警察であった。京都府特高課の内偵をもとに、警保局の事務官と京都地裁の思想検事を交えた三五年九月下旬から一〇月上旬にかけての「大津会合」の協議では「未だ治安維持法違反に就ては研究の余地」が残ったために、「更に深く教理を研究し、治安維持法違反、即ち国体変革部分の抽出に努め」、一一月下旬に成功したという（古賀強「大本事件の真相について」『警察協会雑誌』第四三四号、一九三六年七月）。この「国体変革部分の抽出」の「成果」が「大本教治安維持法違反並不敬事件概要」であったが、そこでは「みろく神政（建替・建直）は国体変革の思想なり」→「みろく神政の担当者は王仁三郎なり」→「王仁三郎は日本の統治者たるべきことを自認せり」という論法によって、「王仁三郎の目的は国体変革にあり」が証明されたとする。

　したがって、検挙後の被疑者の取調では「治安維持法違反罪構成の必須要件」として「国体変革目的に対する認識」に焦点があてられた（警保局「大本事件被疑者聴取書作成要綱」一九三六年五月一四日、『資料集』第二巻）。大本教事件での検挙者は約七〇〇人にのぼり、起訴者も六一人を数えた。教団の「皇道大本」などは治安警察法第八条の行政処分により結社禁止となり、教団施設も徹底的に破壊されたが、これらが可能となったのも「国体」変革を理由に治安維持法が発動されたからである。大本教事件への発動によって、治安維持法には新たな役割が付与されることになった。内務省では大本教事件を契機に特高警察の一角に宗教警察を新たに設置し、反国家的・反社会的とみなした「類似宗教」＝「邪教」取締を本格化させる。

第二の状況の変化は、三・一五事件がそうであったように、大本教事件の立件でも内務省の後塵を拝した司法省のその後の対応である。一言で言って、内務省への追随である。三六年六月の思想実務家会同では第一の諮問事項「最近に於ける思想運動情勢に鑑み、検察上考慮すべき点如何」の例示の第三項目に「類似宗教に対する取締方策」が挙げられたものの、その内容は内務省の追認にとどまった。三六年一一月の『思想月報』（三〇、一九三六年一二月）では「類似宗教の勃興に関する調査」を載せるが、その材料が内務省警保局編の『出版警察報』に負っているのも司法省独自の取組が立ち遅れていることを示そう。『思想月報』三三（一九三七年三月）掲載の「大本教事件に関する統計的考察」では「斯くの如き邪教に対しては益々取締を厳にし、其の根絶を期すること固より贅言を要せざるところなり」と断じている。

教団施設の破壊

『大本七十年史』下巻

「司法警察官吏訓練規定」により各地裁検事局管内で三六年秋に開催された特高主任会議では地方によって状況の相違があるからであろう、思想検事たちの訓示中で「類似宗教」取締の指示がなされるのはそれほど多くない。それでもこれに言及すると「仮借する所なく之を検挙し」（福井地裁）、「断乎検挙の鉄槌を下して之が壊滅を期せねばなりませぬ」（青森地裁）などと激しい言葉が飛び出した。司法省刑事局の思想

大本教事件公判　京都地方裁判所（1938年8月）の被告
『大本教七十年史』下巻

大本教事件公判　京都地方裁判所判決
『大本教七十年史』下巻

取締の陣容が拡充整備されて、第五課の分掌事務に「類似宗教に関する事項」が加わったのは三七年九月一日であった。

三八年一一月の天理本道の大検挙に際して、検察当局は捜査方針を「大体確定」していたが、検挙自体は特高の主導でなされた。翌三九年三月になって、司法省では関係府県地裁の検事を召集して「被疑者の供述、若は警察当局に於ける捜査、被疑者取調の状況等に関し各報告を徴し、将来の具体的対処方針に就き審議を遂ぐる所」があった。そこで「当初の見透（みとおし）通り」、治安維持法・不敬罪での問擬が確認された（『特高月報』一九三八年三月分）。これは依然として特高の方針に追随し、追認するものである。

三九年六月の灯台社事件になると、検察側の事前準備がようやく整いつつあった。一二日の検挙直後、大審院検事局では「検挙着手前の資料に基き、早急に立案した」という「灯台社事件被疑者取調要綱」(『資料集』第二巻)を作成している。翌四〇年四月にやはり関係各府県地裁の検事を召集し、具体的対応方針を協議している。

大本教・新興仏教青年同盟などへの適用

一九四〇年四月末現在の司法省「治安維持法違反事件(年度別)処理人員表」(『資料集』第二巻)には、「皇道大本教」「新興仏教青年同盟」「天理本道」「天理三輪講」「三里三腹元」「根株天理教」「灯台社」関係の個別表が含まれている。それらの総検挙数、起訴者数は合わせて八九八人、三四四人で、当該時期の合計のそれぞれ一二・八%、二九・四%となる。起訴率の高さが目立つ。

一九三六年三月一三日、大本教の出口王仁三郎ら六一人が京都地裁検事局から起訴・「予審請求」された。王仁三郎が「素戔嗚尊(すさのおのみこと)の霊統を承(う)け、其の再現者として我国を統治すべきものなりと僭称し、且立替立直は之に至る手段たると同時に、現議会政治を一変し土地財産の私有を禁じ、租税制度を廃止する等、現国家社会の政治経済其の他の機構を根本的に変革し、惟神(かんながら)の神政を樹立実施せんとするもの」として「国体」変革と「私有財産制度」否認を認定する。刊行物のなかから「日本も余り外国の真似をいたして全部外国の性来(ママ)になりて了(しま)うて居るので、上の守護神と人民に一日も早く改心致せと申しても改心致すような優しい守護神でないから、もう神は一切に致すより仕方がないぞよ」(機関紙『瑞祥新聞』、一九三五年四月)などを抽出し、不敬罪も適用した(朝鮮総督府高等法院検事局思想部『思想彙報』第八号、一九三六年九月)。

大本教幹部の出口伊佐男を公判に付す京都地裁の「予審終結決定」(予審判事西川武)では、治安維持法第一条第一項前段を適用した。「万世一系の　天皇を奉戴(ほうたい)する大日本帝国の立憲君主制を廃止して、日本に出口王仁三郎を独裁君主とする至仁至愛の国家を建設することを目的とする大本と称する結社を組織」した、とされ

た（『思想月報』四六、一九三八年四月）。

三七年一〇月に一斉検挙となった新興仏教青年同盟に対する司法処分は地方で早く進んだ。三八年八月三日、広島地裁は前田陸雄に懲役二年・執行猶予五年の刑を言い渡した。同盟を「仏教真理の現代的実践を標榜し、我が国体を変革し私有財産制度を否認し、以て無搾取無支配なる共同社会、所謂仏国土建設の実現を目的とせる結社」と定義し、その加入と活動に治安維持法第一条を適用した（『思想彙報』第一六号、一九三八年九月）。

九月九日、同地裁は吉藤智水にも懲役二年・執行猶予五年を科した。執行猶予を付した理由について、「本件事犯固（もと）より其の罪責軽しとはせざるも、仏教真理の探究に忠実なるの余り軽卒にも事茲（こと）に出でたるものにして、其の動機や寧ろ純なりと云い得べきのみならず、其の程度並犯情に於て必ずしも重大なるものと称し難く」としたうえで、被告の「転向」状況が加味された（『思想月報』五一、一九三八年九月）。

三八年一二月一四日には妹尾（せのお）義郎ら三人の中心人物に対する東京刑事地裁の「予審終結決定」（公判に付す、予審判事鈴木忠五）があった。「遂に多数大衆の福利の為め徹底的に資本主義機構を改革するには資本主義社会の根幹を為す私有財産制度と共に　天皇制を廃止し、真に無私有無支配平等の共同社会たる仏国土の実現を期せざるべからざることを確信するに至りたる」として、治安維持法第一条第一項・第二項各前段が適用された（『思想月報』五六、一九三二年二月）。

三理三復元の幹部山本栄三郎は、三九年一二月二二日、高松地裁予審（予審判事日下基）で治安維持法第一条第一項前段の適用を受け、公判に付された。「万世一系の　天皇は宇宙創造神である月日両神の意思に拠られず神国日本を儘にせられて居るから神様が怒って居る、万民は神様の此の御胸を聞分けて神の思惑である甘露台世界打樹（うちたて）に働かねばならぬと云う不敬不逞の教説を為して我国体観念を考え直おさせ、我国を石々川（いしいしかわ）駒吉の独裁統治の下に置くことを当面の仕事とする結社「三理三腹講」の組立を完成」したという理由である（『思想月報』六七、一九四〇年一月)。

「国体」変革から「国体」否認へ

一九三〇年代後半、大本教事件を文字どおりの突破口に新興仏教青年同盟事件、天理本道事件、灯台社事件などと「類似宗教」に対する治安維持法を発動した弾圧がつづくが、その過程でも治安維持法の運用が拡張されていった。すなわち「国体」変革から「国体」否認へという流れで、これは一九四一年の治安維持法「改正」に盛り込まれていく。

大本教事件の立役者である永野若松は「宗教警察に就て」(『警察協会雑誌』第四三四号、一九三六年七月)という論文で、宗教警察の根本指標の第一に「国体の擁護と不敬思想の撲滅」をあげ、「自らの宗教に対する盲目的信仰は、軈て自派の祭神又は宗祖に対する没常識的過信に依って現実の国家権力を否定又は蔑視し、甚しきに至っては神の降臨又は再現の妄説を盲信し、宗教的世界の域を脱して現実の国家社会機構の顛覆に依る地上天国建設の思想を醸成するの虞がある」と論じていた。そこでは「現実の国家権力」の否定・蔑視→「現実の国家社会機構の顛覆」という論理にもとづき、治安維持法の適用が合理化されていた。

大本教にしても新興仏教青年同盟にしても、「国体」変革の結社性という認定が必要だった。「皇道大本」については「万世一系の天皇を奉戴する大日本帝国の立憲君主制を廃止して、日本に出口王仁三郎を独裁君主とする至仁至愛の国家を建設することを目的とする大本と称する結社」と定義され、新興仏教青年同盟についての定義は「仏教教理の現代的実践を標傍し、革命的手段に依り我国体を変革し、私有財産制度を否認し、以て無搾取無支配の共同社会たる所謂仏国土建設の実現を目的とする結社」(神戸地方裁判所検事局思想部「治安維持法に於ける結社定義集」、一九三八年頃、『資料集』第二巻)となった。

ところが、日中戦争が長期戦の様相を呈し、銃後の治安確保が重要視された一九三八年以降、先の永野論文でいえば、第一段階の「現実の国家権力」の否定・蔑視だけで治安維持法の適用は可能だという方針が打ち出されてくる。三八年一一月の天理本道事件はその転換点となった。天理本道が標的となったのは「其の活動活発となりて、銃後国民の国体信念を攪乱（かくらん）すること甚しきものある」（『特高月報』一九三八年一一月分）という判断が下されたからであった。

また、同時に香川県を中心に検挙された天理教系の三理三腹元の事例もこの転換を象徴する。のちの四二年九月の「中国、四国ブロック特高実務研究会」で香川県特高課の警部の語る検挙の経過（外勤巡査の報告による端緒、左翼転向者をスパイとして潜入させて情報把握に成功）も興味深いが、「本事件は香川県のみで、而も不敬罪で解決する心算でありましたが、本省と連絡の上、遂に全国的な事件として、而も治安維持法違反として検挙する事になった」（『特高警察関係資料集成』第二六巻）という発言は、不敬罪的な「国体」否認の教義が内務省の指示によって治安維持法にからめとられていったことを示している。

内務当局が下した天理本道の定義は「天理本道は天理教本部に対立し、大西愛治郎を以て神格者たる甘露台にして究極に於て世界の統治者たるべきものなりと為し、先づ我国に於て国体を変革し、同人が独裁統治する社会を実現することを目的とする結社にして、当面匂掛（においがけ）、其の他宣伝啓蒙運動の方法等に依り、我国民の国体観念を変革することを任務とするものなり」（『特高月報』一九三九年三月分）である。ここで「究極に於て」と「当面」を使い分ける点は、「共産主義運動」結社を治安維持法に強引に結びつけるために開発されたノウハウの応用であった。

三九年四月の地域別の特高課長会議用に警保局で作成した「宗教関係より見たる治安対策」は「要注意活動の状況」として「反国体思想の宣布」「反戦反軍思想の宣伝」「外人宣教師の策謀」「迷信誑説（きょうせつ）の流布」をあげ、その影響が「如何に怖るべきもの」かを説いている。共産主義のような理論によってはゆらぐことのない「国民の信念」であっても、「反国体的思想傾向を持つ宗教活動」はそれを根本からくつがえし、「容易に国体変革思想に駆らしむる」危険性を有しているとみなすからである（「特高ブロック会議書類」『特高警察関係資料集成』第二六巻）。

この直前に開催された司法省の思想実務家会同において、松阪広政刑事局長から「事変を利用して不逞の目的を遂げんとし、或は銃後の秩序に混乱を生ぜしむるが如き言動に出づる類似宗教団体」への警戒が指示されていた。松阪は「類似宗教」は、大本教・天理本道のように不敬不逞の意図を「元来其の教義、教説中に内蔵」しているものと、教義・教説自体は不敬不逞とはいえないが、「事変下に於きまして左様な教義、教説を流布宣伝致しますことが反戦的反軍的と認められ、銃後の秩序に妨害となる」ものに分類されるとする（『昭和十四年三月　思想実務家会同議事速記録』『思想研究資料特輯』第六二号）。後者で想定されているものはキリスト教系の宗教団体である。『特高月報』ではしばしば「時局下に於ける基督教界の動向」をとりあげるが、そこでは「其の教義に反国体的素因、其の他容疑すべき内容を包蔵し居るが如きもの」（一九三九年八月分）などへの警戒が向けられている。

また、三九年一〇月の思想実務家会同で「宗教犯罪、出版犯罪に就て」と題する講演をおこなった司法事務官柳川真文は「不穏宗教団体の特殊性」として「所謂意識革命、無血革命」を指摘するほかに、「結社と云う観念がしっかりして居ない」とも述べている（『昭和十四年十月　思想実務家会同講演集』『思想研究資料特輯』第七三号）。こうした「特殊性」からも広く「不穏宗教団体」全般を取締対象とするためには「国体」変革の結社性をあえて追及せず、「国体」否認の教義・教説の不逞不敬性で治安維持法適用の要件は足りるとした。

一九四〇年になると当局の指示はもっと直截的なものとなる。二月の茨城県特高主任会議で水戸地裁検事正は「宗教の持つ現世否定的傾向と其の理想社会への希求とは容易に宗教的妄想と結合し、動もすれば不敬乃至国体否認的傾向を生ずる」(「茨城県署長・特高主任会議関係書類」)と訓示していた。五月の思想事務家会同では刑事局長自ら「早期に其の検挙を断行し、其の蔓延を未然に防止することが最も必要」(『昭和十五年五月　思想実務家会同議事録』『思想研究資料特輯』第七九号)と指示を与えている。

ここまでくると「法の精神を掬みて其の適用を強化拡張」することはお手の物であったし、銃後の治安維持の要請がそれを後押しした。たとえば、灯台社に対する当局の定義は先の天理本道に対する「究極」と「当面」の論法を踏襲するにとどまらず、「我国民の国体観念を腐食せしむると共に、現存秩序の混乱動揺を誘発することを当面主要の任務とする」(『特高月報』一九四〇年五月分)とされる。天理本道の場合、まだ「我国体観念を変革することを任務とする」とされていたが、灯台社の場合は「国体観念」の「腐食」という「国体否認的傾向」の認定で十分となったのである。

一九三七年に一三人と激減した宗教関係者の治安維持法による検挙者数が、三八年に一九三人、三九年に三二五人と再び増加に転じるのも、この治安維持法の拡張解釈によるところが多いはずである。しかも「反国体思想の宣布」に対する治安維持法の直接の発動はなくとも、「反戦反軍思想の宣伝」「外人宣教師の策謀」「迷信誑説の流布」とみなした教義・教説は監視と抑圧の対象とされ、この面からも国民の生活と思想の統制は進められたといえる。

在日朝鮮人運動への運用厳重化

一九四〇年代前半は在日朝鮮人に対する治安維持法の発動が際立って増加するが、その徴候は三〇年代後半にもうかがえる。前掲の司法省「治安維持法違反事件(年度別)処理人員表」には「朝鮮人に関する治安維持法違反事件調」(起訴者、一九四〇年四月末現在)が含まれている。二八年から四〇年四月までの起訴処分となった朝鮮人の合計は三二八人で、これは起訴総人員の六・三％となる（二八年と二九年は〇人）。

一九三三年から三五年までが起訴総人員の一〇％を越えているが、これは在日朝鮮人が日本労働組合協議会関係の労働運動に参加し、治安維持法による処断を受けた事例が多いからである。一例だけをあげると、三三年一月一九日、大阪地裁（裁判長遠井金三九）は全協産業別労働組合大阪支部協議会責任者の趙夢九（チョムグ）に懲役四年の刑を言い渡した。「日本共産党の目的政策を正当なりと確信し、全協の活動を通じて同党の目的達成の為に努力せんと決意し」、『第二無産者新聞』の配布やメーデー準備などの活動が目的遂行とされた（高等法院検事局思想部『思想月報』第三巻第三号、一九三三年六月）。

表「事件調」に戻ると、三七年には朝鮮人の起訴者は二四人で、全体の一一・四％となる。三八年は八％弱で、その後減少するが、四〇年後半から急増する（後述）。

特高警察ではこの方面を「内鮮警察」として拡充強化した。警保局保安課「支那事変に伴う不逞鮮人の策動状況」（一九三七年九月、『特高警察関係資料集成』第一二巻）には、「何時之等不逞鮮人が内地に潜入し、不逞不軌をなすやも保し難き実情にあり」と危機感を募らせていた。さらに、警視庁特高部内鮮課長榎本三郎は四〇年三月の奈良県警察部での「居るぞ！　不逞鮮人」という講演で、「現状」について「要するに不逞鮮人の問題が決して海の向うの問題でなく、既に潜入し又今後も潜行的に入りこむであろう事を考えた時は少しも偸安（とうあん）を許しませぬ」と述べていた（『特高警察関係資料集成』第一二巻）。さらに警保局の年報『社会運動の状況』中に占める「在留朝鮮人の運動」の叙述の分量は三九年以降増加し、約二割を占め、四〇年には各項目中の最大となる。

在日朝鮮人の司法処分の状況を二つみよう。まず、三七年六月一二日の東京刑事地裁検事局（井本台吉検事）の朴台乙（パクデウル）の起訴（「予審請求」）である。起訴事実とされたのは「コミンテルン決議に基づき、主として内地在留朝鮮人大衆の意識を昂揚せしめ、以て所謂人民戦線を確立せんが為め、諺文（おんもん）（ハングル）新聞紙の発行並に

昭和十二年四月十二日
宣告
裁判所書記 犬飼一夫

判決

本籍 茨城県多賀郡華川村　番地
住居 前同所
著述業
鈴木靖之
当三十五年

本籍 岡山県吉備郡庭瀬町　番地
住居 東京市荒川区　番地
無職
宮崎晃
当三十八年

本籍 鹿児島県肝属郡垂水町　番地
住居 名古屋市東区　番地
長野県物産販売斡旋所事務員
星野準二
当三十二年

本籍 長野県西筑摩郡福島町　番地
住居 大阪市此花区西九条　方
著述業

裁判所用紙

農村青年社事件公判　長野地方裁判所判決

『農村青年社事件・資料集』II

発行に伴う諸般の活動を為し、之を通して同党〔日本共産党〕の目的遂行に資する意図の下に朝鮮新聞社を創立し……階級的民族的意識の昂揚を強調する朝鮮新聞を前後八回に亘って発行」し、数千部を配布したことや非転向で出獄した金天海の慰安会を開催したことなどが「全協並に同党の目的遂行の為めにする行為」とされた（「起訴事実通報」第一〇回、「布施辰治文庫」明治大学図書館所蔵）。

もう一つは、四〇年八月二三日の神戸地裁（中川種治郎予審判事）の裵祥権ら四人を公判に付す「予審終結決定」である。彼らは「朝鮮民族の真の幸福の為、其の解放を図るには海外の朝鮮独立を企図する団体と連絡提携、此等団体並朝鮮基督教を通じて英、米等より軍事並経済上の援助を受け」、日本敗戦の機に「内外相呼応し、所謂暴力革命の手段に依り我天皇制を打倒否認し、即ち我が国体を変革して朝鮮をして日本の統治権の支配より離脱せしめて朝鮮民族の独立国家を建設する」ことを目的に、在日朝鮮人学生・大衆を「民族的に啓蒙指導する中心勢力たるべき団体」の結成を協議したとされた。また、「朝鮮独立万歳を三唱」し、「朝鮮独立の為蹶起すべきことを煽動」した。これらが治安維持法第二条と第三条に該当するとされた（『思想月報』七四、一九四〇年八月）。

この事件の判決（裁判長小野田常太郎）は一二月一六日に言い渡され、裵祥権は懲役三年を科された（他の三人は懲役二年・執行猶予四年）。判決文は「予審終結決定」とほぼ同じだった。

無政府主義運動への発動

一九三〇年代後半以降の治安維持法思想犯「処分」では「共産主義運動」として適用する範囲の拡大や不逞不敬とみなした宗教団体への適用のほかに、農村青年社・日本無政府共産党という無政府主義運動への発動もある（拙論「「農村青年社」事件と治安当局」参照、『増補新装版　特高警察体制史』）。神戸地方裁判所検事局思想部「治安維持法に於ける結社の定義集」（一九三八年頃）では農村青年社を次のように定義している。

農村青年社は自主分散連合組織に依り、我国農村を中心として無政府主義思想の浸透を図り、自主、自治、自給自足の実行たる全村運動を経て各村の同時蜂起及都市焼却等の暴力革命手段に依り我国体を変革し、私有財産制度を否認し、自由村落（自由コンミュン）を樹立し、其の自由連合に依る無政府共産主義社会の実現を目的とする結社

なお、この「定義集」では「外国関係」として義烈団、民族革命党、中国共産党などもあげている。

V

思想犯保護観察法と運用

第二回保護観察所長会同 1937年6月
（『昭徳』第2巻第7号、1937年7月）

一 思想犯保護観察法の背景

「検挙時代」から「保護観察」時代へ

司法省における思想犯罪問題の第一人者池田克は思想犯保護観察法の施行を控えた一九三六年一一月の「思想犯人教化の経験批判」（『警察研究』第七巻第一一号）のなかで、「今や共産党運動者に対する検挙時代、行刑教化時代を越えて、保護観察時代に推移している」と述べている。こうした認識は池田に限らず、思想司法の当局者には広く共有されていた。一九二八年の三・一五事件以来の「検挙時代」が三五年まででほぼ終息する（新たに「人民戦線運動」に対する取締がつづく）一方で、三一年頃から始まった「行刑教化時代」は「転向」施策の導入とともに本格的に展開していた。すでに前章でみたように三三年前後を境に思想当局の課題はしだいに「思想犯罪の予防」から「思想犯人の改善」に移ったが、それは「行刑」の次元に止まらず、釈放後の「保護」の次元の問題として意識されはじめていた。ここでは、思想犯保護観察法成立の背景にあった「保護観察」への気運の高まりからみていく。

司法省保護課が三五年一〇月にまとめた『司法保護事業研究会協議事項類輯』（『司法保護資料』第二輯）には、各控訴院管内の保護事業研究会で論議された問題が事項別に整理されている。「思想犯罪者保護に関する事項」では、早くも三・一五事件直後から議題にのぼっているところもあるが、おおむね三一年までは「保留」「意見聴取に止む」という状況で、三二年になって東京や大阪で「思想犯釈放者の保護対策」が「委員付託」とされるようになる。東京管内の場合でみると、三四年には「対策に付、研究会を設立することを司法省に建議すること」を決定し、三五年には「思想犯人に対する保護事業を更に拡張刷新する具体的方法如何」を論議している（委員付託）。

三二年一一月の第一八回免囚保護事業講習会は「保護実務主任者会議」として開かれ、司法省から「思想犯人釈放後の保護方法如何」という諮問がなされている。また、『保護時報』や『刑政』誌上にも三三年以降、思想犯保護に関する論文・記事が増加する。司法保護関係者や思想司法・特高警察の関係者と「転向者」を交えた座談会なども各地で実施されている。そのうち、輔成会が三三年八月に刑務・保護事業関係者向けに開いた思想犯に関する保護事業講習会では三日間の座談会のうち、第二日目は「主として釈放後の保護」が議題となっていた（輔成会『思想犯に関する保護事業参考資料』）。

思想犯の保護が論議されはじめた当初、その対象者は満期釈放者や仮釈放者が第一義であり、ついで執行猶予者であった。先の座談会でも具体的に話題に呈されたのは主に釈放者の就業問題である。「転向」した思想犯の逆「転向」や再犯を防止するために保護の重要性は説かれるものの、まだこの時点では指導の理念は確立していなかった。輔成会の考える保護の重点は「皇恩に円融せしめ、親子愛の喚起に努め、宗教的情操の扶植をなし、中正堅実の思想を樹立せしむること」（前掲書）などであったし、民間の司法保護団体でも指導方法は一定していなかった。仮釈放後、帝国更新会に加わり、自ら思想犯保護に奔走した小林杜人は「親鸞の御同朋主義に立脚すべき」（「思想犯の保護を如何にすべき」『保護時報』第一七巻第五号、一九三三年五月）だとした。

思想犯保護事業の位置づけ

すでに一九二三年より少年保護が実施され、「保護デー」の実施などにより釈放者保護事業への社会的理解も進むなかで司法保護法制定の運動が展開され、三三年の第六四議会では議員提出の同法案が審議された（衆議院は通過したが、貴族院で審議未了。第六五、六七議会でも同様）。この提出議員の一人は思想犯保護観察法案審議のなかで、司法保護法案の意図について「一般の犯人に対しまして恩情と厳戒とに依る所の、目に見えざる糸に依って之を改過遷善させると云うことは、一方に於て犯罪再犯を防止すると同時に、一般の犯罪の誘致を防ぐことが出来るのであります」と述べる（『第六十九回帝国議会　議事速記録並委員会議録（思想犯保護観察法案）』『思想研究資料特輯』第二八号、一九三六年六月）。

こうしたなかで思想犯保護事業は、一般釈放者保護事業の法制化のための礎石と位置づけられていた。その点で治安維持法「改正」案に「保護観察」が盛り込まれることに、民間の保護事業関係者は積極的評価を与えていた。三五年の二度目の「改正」案審議にあたっては、「吾々保護事業家の立場からは司法保護事業制度化の先駆とも云うべき本案の通過を極力援助すべく、議会に対して適当な工作がめぐらされた」（近藤亮雅「思想転向者の保護観察に就て」『保護時報』一九三五年七月）という。また、司法官僚ではあるが、矯正保護の専門家の立場から正木亮も、治安維持法「改正」案に「保護観察」制度が盛り込まれたことを「国家の慈愛心の発露であってその制度の拡まるところ、即ち教化主義の拡まるところ」（「編輯余録」『刑政』一九三五年四月）と評価する。

「転向」施策の仕上げとしての「保護」

民間の司法保護関係者がまず就職の斡旋、復学・就学の斡旋、家族の保護などの観点から思想犯の保護に乗りだす一方で、司法当局は「転向」施策の仕上げ、すなわち社会運動抑圧取締の一環として国家が関与することを構想しはじめる。「行刑教化」の次の段階として、再犯防止のための「転向」の確保および推進が重視されてくる。

こうした認識をいち早くもった司法官僚は、まず個人の資格で思想保護団体の創設や育成に関わった。東京地裁検事正の宮城長五郎を会長とし、市谷刑務所教務主任の藤井恵照を常務理事とする帝国更新会はその先駆であった。一九三四年六月には司法次官皆川治広が「刑務所や検事局から釈放せらるる学徒の更生を輔成することを火急の要務」(『法律新聞』第三七一〇号、一九三四年六月二五日)として「大孝塾」を創立し、三五年五月には名古屋控訴院検事長の職にあった塩野季彦を中心に「明徳会」が創立される。司法保護関係者のなかからも「特設保護機関設置の要望」があがった(本城徹三「転向と保護に関する考察」『保護時報』第一九巻第一〇号、一九三五年一月)。

そして、司法省も、三三年の思想対策協議委員の場に提出した最初の取締案のなかに「被釈放者に対する「保護観察制度」を確立すると共に、其の強化指導の為に施設せらるる団体を擁護助成すること」(七月二八日)を加えており、第六五議会提出の治安維持法「改正」案では執行猶予者と起訴猶予者が「保護観察」の対象に、非「転向」の満期釈放者が「予防拘禁」の対象とされた。司法省ではこの「改正」実施を見越して「執行猶予及起訴猶予処分者に対する「保護観察」制度の確立」と「司法保護事業奨励費の増額」として一五万円を計上していた。

ついで「予防拘禁」の削除を余儀なくされた第六七議会提出の「改正」案では、保護観察の対象は満期釈放者と仮釈放者も含まれることになり、「予防拘禁」の部分的代替が図られた。のちに刑事局保護課属の大橋大秀は「思想犯保護観察法が公布せらるるまで」という文章のなかで、この拡充は次のような「保護観察精神」

の転換をもたらしたと評価する（青森保護観察所『思想犯保護観察法』所収）。

> 予防拘禁の条章を伴う前の改正法律案の保護観察精神は事犯軽微にして思想浸潤の程度も浅きものなるが故に、再び犯罪を為すの危険から防止する為に警戒監視する——観察に中心を置く消極的保護であるといい得る。然るに予防拘禁の条章を削除し、且満期受刑釈放者及び仮釈放者までも保護観察の対象者とする後の改正法律案の保護観察精神は相当期間受刑者として行刑教化したる結果、その功績顕れたる者に対し更に罪を犯すの危険を防止するは勿論、進んで正業に就かしめ、良民的生活に誘致せんとする——観察よりも積極的保護に中心を置かんとする精神なることが充分察知し得られる。之は思想犯人が監視に対する常に強い鋭い反発性から逃避するが為にも必要なことである

後述するように、思想犯保護観察法は条文上では治安維持法「改正」案の「単なる延長拡充と考えてはならない」（大橋）という修正を加えながらも、この「観察よりも積極的保護に中心を置かんとする精神」をそのまま受け継いでいるといってよい。

思想犯保護観察制度の生みの親——森山武市郎

共産党「検挙時代」の終焉を控えて、「保護観察」制度は司法省の刑事政策の一つとして、具体的には「思想犯罪の予防並思想犯人の改善」として構想されることになった。一九三六年の思想犯保護観察法の成立もここに起点をおくことになるが、ある司法官僚の存在を抜きにしてその成立と運用を語ることはできない。思想犯保護観察制度の生みの親であり、育ての親である森山武市郎である。森山は一九三〇年前後の五年間、司法省行刑局の書記官として司法保護事業と関わり、ついで三二年からは東京控訴院検事局の思想検事として三・一五、四・一六事件の控訴審を担当する。そして三五年四月からは司法省保護課長として思想犯保護観察法の

森山武市郎
『司法保護の回顧　森山武市郎先生顕彰録』

成立と実施に中心的役割を果たした。その経歴が示すように、司法保護事業の一翼かつ先駆としての思想犯保護の意味と「思想犯罪の予防並思想犯人の改善」としての「保護観察」の要請をよく認識しうる人物であったし、自ら積極的にこの新たな刑事政策の領域の開拓に取り組んだ。

まずここでは東京控訴院検事局検事の時期の彼の思想犯罪観をみておきたい。佐野学・鍋山貞親ら「転向」派への森山の論告は一九三四年四月二〇日におこなわれ、求刑は控訴審中になされた「転向を斟酌（しんしゃく）」し、第一審判決よりも減刑されたものとなった。森山はこの論告の大半を「犯罪後の情状、所謂（いわゆる）転向問題」に割いてその意義や問題点、社会的影響の程度などを総合的に検討したうえで、「将来の展望」として「社会の発展に関する被告等の現在の立場は、総合弁証法的とでも申しましょうか、既に極端なる非合法的生活の世界観より前進して、合法的世界観に近づきつつあり、転向声明後における理論も上申の都度精錬化され、合法化され、益々日本化されつつあるを見るは、喜ぶべき現象たるを失いません」と論じた（『思想月報』一、一九三四年七月）。「転向」を多面的に検証し、そのあるべき姿として思想・理論の「日本化」を志向したことは、のちの思想犯保護観察法の運用の理念に発展していくものとして興味深い。

早くもこの時点で森山の関心は「行刑教化」の次元に止まらず、「保護」の次元にも向いていた。日本共産党中央部統一公判の控訴審での思想検事としての経験をふまえて、森山は三四年五月の思想実務家会同において「最近の情勢に鑑（かんが）み、思想犯処分上注意すべき点如何」を発言しているが、そこでは「転向」思想犯の検察・

公判・行刑上の留意点を指摘したのち、次のように論じている（『昭和九年五月　思想事務会同議事録』『思想研究資料特輯』第一六号、一九三四年一〇月）。

転向者に対する保護、監察及び指導は今や思想犯対策の極めて重要なる部分となるに至れり。転向者に対する保護は一般の犯罪者の保護と異なり、単に釈放後に之を行うに止らず、検挙当時に遡り、起訴猶予、執行猶予の処分を受けたる者に対しても直に保護を開始すべく、行刑中の者に対しては収容中に之を開始することを要すべし。即ち保護事業は従来消極的なりしを変更して、積極的に之を為すの必要あるべし。又保護は従来個別的なりしを総合的集団的に之を為すことは極めて効果的なるべし。又保護に付き、単に民間有志の手に委ねるに止めず、検察当局に於て必要にして相当なる範囲の協働を為すことは、保護事業の積極化に伴う必然的結果なるべし。

森山は、この年九月の東京控訴院管内司法保護事業研究会総会の講演でも同趣旨を語っている（「思想犯人保護の基本問題」『保護時報』第六巻第一二号、一九三四年一二月）。

これらで注目されるのは「保護事業の積極化」を強調し、起訴猶予・執行猶予段階から「保護、監察及び指導」をはじめるという点である。すでに廃案となった治安維持法「改正」案ではこの観点から起訴猶予者・執行猶予者の「保護観察」が規定されていたし、先の思想実務家会同では「保護監察機関は是非欲し、治安維持法改正案は通過せざりしが、勅令、命令等に依り改正案の保護監察と実質上同様なる効果を生づる何等かの方法に依る保護監察機関は出来ざるや」という発言をする思想検事もいた。森山も含めて「思想犯対策」において「保護」の不可欠なことが要請されはじめていた。そこで求められているのは単なる「保護」ではなく再犯防止の「保護観察」であり、しかも「観察」=「監察」に比重がおかれていた。

二度目の治安維持法「改正」が挫折した直後、司法省保護課長に就任した森山がまず着手したのは「思想犯保護の中央機関の設置」＝昭徳会の設立であった。一九三五年六月に発表された趣意書には「今や思想犯対策の重点は之に対する保護観察の時代に入れりと謂うことを得べく、而も現時の社会情勢は思想犯人の保護善導を最も効果的に為し得るの時期と認むべきを以て、此の機を逸せず急速に思想犯の保護施設を調整するの必要あることは思想実務家の均しく痛感するところなり」とあり、「思想犯保護事業の全国的指導、統制、助成」を第一の目的とした。総裁を法相、会長を司法次官、常務理事を司法省保護課長（森山）が占めるように、全面的に「司法省を背景」としている。寄付金募集などを経て九月に認可されたものの、本格的活動は思想犯保護観察法の成立後となった（以上、「財団法人昭徳会概要」『昭徳会報』創刊号、一九三六年八月、『治安維持法関係資料集』（以下『資料集』と略）第三巻）。

検挙より「転向」重視

このように治安維持法「改正」による「保護観察」制度導入は一頓挫したけれども、「行刑教化時代」から「保護観察時代」への移行は思想司法当局者によく認識されていた。さらに付け加えれば、前章でもふれたように一九三五年六月の思想実務家会同の諮問事項「最近に於ける思想運動情勢の変化に鑑み、検察並に裁判上考慮すべき点如何」の例示の第一は「治安維持法違反事件の釈放者（刑期満了、仮釈放、刑の執行猶予、起訴猶予、留保処分）の再犯を防止する為、保護会の利用、其の他適当なる具体的方策如何」であった。

しかも遅まきながらも、これに近い認識を内務・特高警察当局も持ちはじめていた。三五年五月末の全国特高課長会議では従来の検挙第一主義を改め、非「転向」者の「転向」への誘導と既「転向」者の「転向」の確保が指示された。この方針転換にそって各府県では対策を開始するが、警保局の年報『社会運動の状況』（一九三五年版）では「先づ転向者に接触し其の心情を究め、各種の方法によりて転向を完からしめ、或は適切なる組織を設けて、職業の斡旋其の他一身上の事項に対して懇切なる指導援助を与えて漸次忠良なる臣民となさんと努めつつあり」として、成果もあがりつつあるとしている。

その具体的一例として、広島県の特高課長が丙子会という思想犯保護会の創設（三六年五月）を報告している。設立過程で会を自主的のものにするかどうかという問題が浮上した際、「単に会員の希望等を伝達し、以て会の事業に反映せしむる委員制度を設けること」にとどめ、自主的運営を認めなかったことは取締当局の「監察」下におかれたこの種の「思想犯保護会」の性格をよく示している。特高警察の積極的な意欲は認められるものの、やはり主導権が思想検事側にあったことは会長が地裁検事正、常任理事が控訴院や地裁思想検事など（特高課長の場合も）で占められていることにうかがえよう（以上、青木貞雄〔特高課長〕「思想犯保護会の創立」『警察協会雑誌』第四三五号、一九三六年八月）。

二　思想犯保護観察法の成立

「威嚇弾圧」の立法から「保護指導」の立法へ

二度目の治安維持法「改正」案が廃案となった直後の一九三五年四月、「転向」問題への造詣の深さが認められてのことだろう、東京控訴院検事局検事であった森山武市郎は司法省保護課長に就任する。保護課から保護局への拡充後の一九四三年一一月まで一貫して思想犯保護観察制度の創設・運用にあたった。その森山は思想犯保護観察法制定の経緯をしばしば回顧しているが、『昭徳』四〇年二月号（第五巻第二号）所収の「思想犯保護観察制度実施の回顧」では「岩村（通世）刑事局長とも御相談の結果、治安維持法改正法律案中の保護観察に関する規定とは異る趣旨に於て、即ち保護の立場に立って思想犯保護観察法というものを立案することとした」と述べている。

ここで注目される「異る趣旨」とは、保護観察の目的を「威嚇弾圧」重視から「保護指導」重視に転換するという意味である。実際の思想犯保護観察法がそうとも言い切れないことはすぐあとでみるが、森山らは廃案となった治安維持法「改正」案の「保護観察」規定をそのまま抜き出して思想犯保護観察法が立法されるのではないという立場をとった。施行後に刊行した白らの著作『思想犯保護観察法解説』（一九三七年三月）においても「在来の行きがかりを一切捨てまして、全然新なる基礎の下に立案した」と述べている。「思想犯対策の法律」は「当初は威嚇弾圧を主眼として立法せられ、そうして徐々に保護指導の立法へ移って来た」（森山「思想犯保護観察制度の回顧と展望」『昭徳』第六巻第九号、一九四一年九月）と述べるように、「保護」重視という大きな刑事政策の流れのなかに位置づけようとした。

保護事業関係者にとっても「思想犯罪の予防」を前面に打ち出した治安維持法「改正」案中の「保護観察」よりも、「保護指導」重視の方が受け入れられやすかった。たとえば、「今日としては思想運動の取締を第一とする治安維持法そのものの改正よりも、むしろ弾圧科刑後、転向者続出の現状に対応するためには、転向者の保護を専門とする保護観察法を制定するのが急務であり、且つ必要である」（近藤亮雅「思想転向者の保護観察に就て」『保護時報』第一九巻第七号、一九三五年七月、『資料集』第三巻）という見解は、その代表的なものである。森山はこうした要請を受けとめるかたちで、思想犯保護観察法の立法化を試みた。

三五年の治安維持法「改正」案が廃案となった時点で、その「改正」の主眼であった「支援結社の処罰規定、刑事手続の特例及保護監察制度」（池田克「治安維持法案の覚書」『警察研究』第五巻第八号、一九三四年八月）のうち、前二者の「緊切性」は消滅していた。治安維持法の全面的「改正」の火種が消えてしまったわけではないが、三年連続で同内容の「改正」法案を提出する空気は司法省内部でも消えていた。依然として「緊切性」をもつ「保護監察制度」をどのように立法化するかが、次の問題であった。司法省内部の調整状況は不明ながら、この懸案は従来の刑事局主管から大臣官房の保護課主管に移される。それには岩村刑事局長の了解を得た森山保護課長の奔走があったことのほかに、司法省全体として「保護観察時代」への移行という認識の共有や司法保護事業全般への理解の深まりのあったことも、追い風となったといえよう。

「保護指導」への方向転換の内実

思想犯保護観察法の条文は「森山さんが誰の助力も借りずに、単独で、書いたり消したり、骨身を削る苦労をして、一条、一条と書き上げられたものである」（平野利「敬愛する偉大な先輩」『司法保護の回顧　森山武市郎先生顕彰録』、一九六九年）という。その森山の立案した思想犯保護観察法は、具体的にはどのような点に治安維持法「改正」案の「保護観察」の規定と「異る趣旨」が見いだせるだろうか。

思想犯保護観察法は保護観察の対象者について一九三五年の治安維持法「改正」案で拡張された四つの領域（満期釈放・仮釈放・執行猶予・起訴猶予）をそのまま踏襲したことに示されるように、根幹の部分で二度の「改正」案中の「保護観察」の規定を継承している。ただし、森山が刑事局から引き取って保護課主管とすることにより、「威嚇弾圧」から「保護指導」に比重を移し、「異る趣旨」と見えるような工夫を凝らした。

二度の治安維持法「改正」案では、いずれも保護観察に付す権限は検事がもつとされていた。これについては司法官僚の中にも反対論があった。思想犯保護観察制度自体には賛意を表する泉二新熊（このとき大審院判事）であるが、検事の権限を定めた「法案第二十二条の規定は検察、裁判、行刑の職分に関する従来の根本方針を攪乱し、自由制限の期間の重大性を看過したるものに非ずやとの疑いを惹起する規定である」（「治安維持法改正法律案に於ける保護観察」『刑政』第四八巻第五号、一九三五年五月、『資料集』第三巻）と批判する。起訴猶予処分者はともかく、それ以外までも検事が関与し、権限が拡大することは「威嚇弾圧」的な色彩を濃厚なものとしていた。

これに対して森山は保護観察に付す決定を保護観察審査会でおこなうこととし、その審査を請求するのは保護観察所とした。この修正の意図について森山は「判事二名、検事、思想補導官及刑務所長各一名、都合五名、斯う云うようにしたらどんなものであろうか、起訴猶予に付ては検事が一番能く認定が出来ますが、執行猶予の場合には寧ろ判事の方が能く認定するのではなかろうか、或は仮釈放、若は満期釈放に対しては検事も判事も或る程度の認識はありますけれども、一番能く認定するものは刑務所長であろうと思います。而して斯う云うような人達が集りまして、そこで委員会を構成してやれば極めて穏健適切且妥当に行くのではないか」（三五年一一月の思想実務家会同における説明、『資料集』第三巻）と述べている。

「改正」案中には規定されていなかった「保護観察」の期間を思想犯保護観察法では二年（更新可能）としたことも、制度の恣意的運用を避けるという意味からの修正だろう。どのような「保護観察」をおこなうのかという点でも、「改正」案中の「本人の更に罪を犯すの危険を防止し、日本人をして正業に従事せしむることに留意すべし」から、「本人を保護して更に罪を犯すの危険を防止する為、其の思想及行動を観察する」に修正された。

確かに「威嚇弾圧」から「異る趣旨」の「保護指導」への方向転換は図られようとした。森山によれば、こうした転換は「当時に於ても其の可否につき種々論議があり、特に特高警察の方面に於ては相当強硬な反対意見があった」（「思想犯保護観察制度実施の回顧」）という。釈放者に対しては従来から防犯警察と特高警察の二方面からの視察があり、新たな保護観察制度の実施によりそれらの自粛が求められることに、「転向」施策の導入に踏み切ったとはいえ、本質的には「威嚇弾圧」こそ思想犯罪防止策の第一と考える特高警察からは「相当強硬な反対意見」があったと推測される。

しかし、思想犯「保護指導」法ではなく思想犯「保護観察」法であったことは、根幹の部分で「改正」案の規定を継承したものであることを物語る。それは、森山自身の「何とかして将来社会情勢がどんなに変りましても手も足も出ない様にしてしまう必要がありはしないか」（思想実務家会同における説明、『資料集』第三巻）という発言にも明らかである。議会審議に向けて司法省が作成した「思想犯保護観察制度の必要」（一九三六年四月）では、ほとんど「思想犯対策」の観点から説明されていた。

「第一　憂慮すべき思想犯人の情勢」では「転向を肯んぜざる共産党首脳部の存在」「爾余の非転向者の存在」「所謂一国社会主義者派の存在」「所謂転向者の曖昧なる態度」をあげるが、「第二　警戒すべき客観的諸情勢」では「被釈放思想犯人の夥多」「知識階級、学生層の共産主義に対する愛着」から「アメリカ共産党の働きかけ」「コミンターン大会開催」「支那に於ける共産主義運動状況」という対外情勢の変化を列挙している。

「第三　思想犯対策の緊要」では「転向を表明したる者に対しては克く之を監視し、且指導誘掖することによりて其の転向を確保し」とする。最後の「現在に於ける思想犯保護観察の不備欠陥」では警察視察制度について「其の運用の跡を見るに、警察官の監視方法往々にして妥当を失し、折角自力更生の途を進みつつある被釈放者の生活の安定を奪い、之をして自暴自棄に陥らしめ、再び犯行を累ねしむるの実情に在りて、警察視察は寧ろ被釈放者の怨府たるの観なきにしも非ず」ときびしく批判している。

後述するように、保護観察所の所長が思想検事の転換組か現職者の兼務であり、保護観察審査会の決議でも審査請求の棄却はごくわずかであったように、森山の「穏健適切且妥当」という机上の想定とは異なり、明らかに思想検事が運用の主導権を握ることになった。しかも「保護観察」の「観察」の部分には、「威嚇弾圧」という取締の論理が厳然と内在している。

立案の経過

思想犯保護観察法の立案の経過をみると、一九三五年一一月の思想実務家会同で森山が「思想犯保護観察制度」について説明している。すでにこの時点までに治安維持法「改正」案の三度目の提出は断念され、「保護観察制度」のみの単行法案提出の方針が確定していること、それにともない保護課主管となり、内容もほぼ固まっていることが類推される。なお、この会同では各地の保護会の状況も聴取されており、「民間に委ねることなく、国家的施設として保護制度に対して国家が適当な施設を考えてやって戴きたい」などの要望もでている。

三六年一月八日、「思想犯保護観察法要綱」(『資料集』第三巻)が司法省の省議で決定された。この「要綱」の第二には「治安維持法違反に問擬されて起訴猶予処分に付せられたる者及釈放決定者ありたるときは、検事及刑務所長は所轄思想犯保護観察所の輔導官に其の氏名、年齢、職業並に犯罪の概要に併せて諸般の参考状況を通知すると共に、其の身柄を引渡し、強制的に満二年以内の保護観察を加えること」とあり、先の森山の説明と若干の差違がある。執行猶予者が対象から漏れていること、保護観察の決定・実施が保護審査会を経ることなく自動的・強制的であること(審査会の役割は「如何なる種類の保護観察に付すべきかを決定する」と規定)の二点で、「保護指導」から「威嚇弾圧」に逆戻りした内容である。なぜ、そうした省議決定がなされたのか、また、思想犯保護観察法でもとに戻る事情などは不明である。この「要綱」をもとに第六八議会への提出が予定され

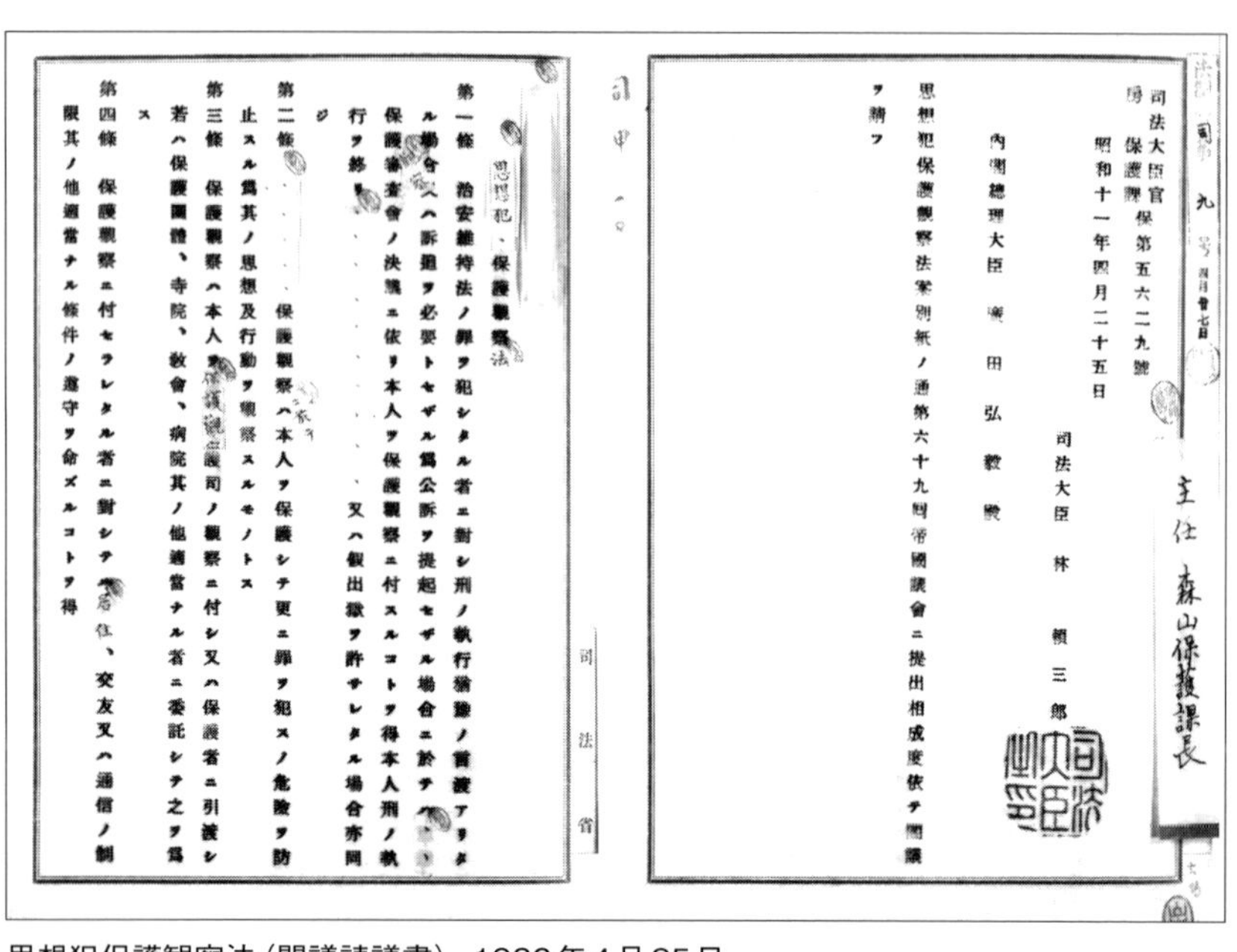

司法大臣官房保護課保第五六二九號
昭和十一年四月二十五日
司法大臣　林　頼三郎
内閣總理大臣　廣田弘毅殿
思想犯保護觀察法案別紙ノ通第六十九回帝國議會ニ提出相成度依テ閣議ヲ請フ

思想犯保護觀察法
第一條　治安維持法ノ罪ヲ犯シタル者ニ對シ刑ノ執行猶豫ノ言渡アリタル場合又ハ訴追ヲ必要トセザル爲公訴ヲ提起セザル場合ニ於テハ保護觀察審査會ノ決議ニ依リ本人ヲ保護觀察ニ付スルコトヲ得本人刑ノ執行ヲ終リ……又ハ假出獄ヲ許サレタル場合亦同ジ
第二條　……保護觀察ハ本人ヲ保護シテ更ニ罪ヲ犯スノ危險ヲ防止スル爲其ノ思想及行動ヲ觀察スルモノトス
第三條　保護觀察ハ本人ヲ保護觀察所ノ保護司ノ觀察ニ付シ又ハ保護者ニ引渡シ若ハ保護團體、寺院、教會、病院其ノ他適當ナル者ニ委託シテ之ヲ爲ス
第四條　保護觀察ニ付セラレタル者ニ對シテ居住、交友又ハ通信ノ制限其ノ他適當ナル條件ノ遵守ヲ命ズルコトヲ得

思想犯保護観察法（閣議請議書）、1936年4月25日
「公文類聚」第60編・1936年・第57巻10,11/40、国立公文書館所蔵

ていたのかもしれないが、まもなく議会は解散となった。総選挙後の議会に向けて立案作業がつづけられたはずだが、二・二六事件の勃発で遅延を余儀なくされる。

市谷刑務所教務課長の藤井恵照は帝国更新会の理事も務めていたが、三六年一月の「思想犯保護事業の展望」（『昭徳』第二〇巻第一号、一九三六年一月）で思想犯保護観察法の成立は確実という判断を下し、「その実施を目前に差し控えて、保護の実務に当る我々としては、之に対処する充分の覚悟と用意とを怠ってはならない」という立場から、民間保護団体関係者の奮起を呼びかけている。

第六九議会（五月四日開会）提出に向けて司法省案（『資料集』第三巻）がまとまり、四月二五日、閣議に請議された。すでに一五日には参考資料として「思想犯保護観察制度の必要」（『資料集』第三巻）なども作成されている。この「思想犯保護観察法案」は全三一条で

「第二章　保護観察所の組織」「第三章　保護観察所の手続」を含んでいたが、これらは内閣法制局の審査で削除され、別個に勅令で規定されることになった。「法案」の第二〇条が「保護観察所は事情に従い、本人に対し仮に第三条及第四条の処分を為すことを得」とされていたことは、一月の省議決定を引きずっているといえるが、この仮処分は法制局の審査を経て第三条（保護司や保護団体などの観察に付す）の適用に限り残された（第四条は「居住、交友又は通信の制限」など）。

この法制局の審査過程（おそらくそれ以前の内折衝を含めて）には特高警察＝内務省との「相当激しい論争」（森山「思想犯保護観察制度実施の回顧」）もあったが、四月二七日に閣議決定、二八日に天皇裁可があり、五月四日に全一四条の法案が衆議院に提出された。

第一条　治安維持法の罪を犯したる者に対し刑の執行猶予の言渡ありたる場合、又は訴追を必要とせざる為公訴を提起せざる場合に於ては、思想犯保護審査会の決議に依り本人を保護観察に付するを得、本人刑の執行を終り、又は仮出獄を許されたる場合亦同じ

第二条　保護観察に於ては本人を保護して更に罪を犯すの危険を防止する為、其の思想及行動を観察するものとす

加藤勘十の反対論

思想犯保護観察法案は一九三六年五月一六日に衆議院本会議に上程され、一八日からの実質三日間の委員会審議で可決、同日に本会議でも可決された。森山は、議会の「空気は一般的に険悪であった。本法案に対してもはじめの間は立案の趣旨について多少の誤解もあり、雲行はかなり激しかった」と回想する（森山「思想犯保護観察制度の回顧」）。立案趣旨についての「多少の誤解」とは「保護観察」の実施が新たな監視制度の創出と

なり、人権の抑正制限となるという観点からの批判であった。

委員会では新たな監視制度の創出という点に質問が集中した。政府は「保護」を重視するもので、「厳父慈母の考で温い感情を以て之に当る」（岩崎幸次郎委員長の本会議での報告）と答えた。委員会では「政府は保護観察審査会が本法第一条及第五条の決議を為すに当りては慎重なる態度を執り、苟も怨嗟の声を聞くが如きことなきよう努力すべし」という付帯決議を付した。

本会議・委員会審議とも孤軍奮闘して政府に迫ったのが、労農無産協議会所属の加藤勘十であった。加藤は、第一に「自ら法律の形態が保護観察であっても、実際に於て是が運用される場合には、勢い監視取締の方に主眼がおかれるようになると云うこと」、第二に「特に急を要すると云うようなことを見出すことが出来ない」こと、第三に居住・信書の自由の制限など「国民の権利の実体を侵害するような立法」であることを反対理由にあげる。これに対して、答弁の中心となった森山は、第一・第三については思想犯保護観察法の本質は「厳父慈母的」な点にあることを強調する一方で、第二については「昨年、今年或はここ二、三年来の刑務所から出て非転向の活動力の旺盛な、而も不逞思想を絶対に捨てないと云う人間、斯う云う人間が出て参ります、斯う云う有ゆる諸情勢に思想運動上の特殊性を加味して考えますと、私共としては、どうもここ二、三年、所謂思想運動の前途に対して憂慮措く能わざるものがある」と開き直ったかたちで反論する。しかも、非「転向」者に対しては「どんなに本人が嫌がりましても、亦恐らく本人は嫌がるでありましょうが、決して差支ない」と強権的な処置をとるとする。それは「保護観察処分は結局に於て善である、本人の利益を寧ろ図ってやる処分である」という、独善的な論理から導かれていた。

委員会では加藤の反対のみで可決、本会議でも同様だった。加藤は本会議の反対演説の最後で次のように述べた（以上、『第六十九回帝国議会議事速記録並委員会議録（思想犯保護観察法案）』『思想研究資料特輯』第二八号）。

> 個人の自由を制限し、信書の自由を制限すると云うことになって居るのでありまするが、今日国民の憲法に依って規定せられた正当な権利は、色々な権利は、色々なる法律の名目に依って有るか無きかの状態に奪去られて居る（拍手）、此僅に有るか無きかに奪去られて居る権利の実態を、更に此法律に依って、縦んば思想犯に関連した一部の者であるにしろ、国民が奪去られると云うことになりますならば、国民の権利を確保し自由を保障する所の人々は是が為には戒心を用いなければならないと思う……斯う云う点から見ますならば、実は名は保護観察であると雖も、実質的には監視取締に転化せられる虞れ多分にあり、現実には権利の実態を失わしむるの危険ある法律である

こう述べる加藤の言外には治安維持法によって自由が「有るか無きかの状態に奪去られて居る」現状への強い批判がある。その残された「僅に有るか無きかに奪去られて居る権利」も思想犯保護観察法によって奪い去られることに反対の意思を示しつづけた。そしてその加藤自身も、三七年一二月一五日の第一次人民戦線事件で一斉検挙される一人となる。

貴族院では二日間の委員会審議、本会議とも全会一致で可決した。第六七議会の治安維持法「改正」案で「予防拘禁」を削除したことからするとほとんど無抵抗で、「右翼犯罪の取締」について政府の姿勢を問う質問があったことが衆議院審議との相違であった。こうして、思想犯保護観察法は修正を受けることなく、五月二九日に公布された（『資料集』第三巻）。

公布後、一一月一日からの施行をめざして司法省では準備に追われる。思想犯保護観察法施行令・保護観察所官制・保護観察審査会官制などの勅令のほか、仮出獄思想犯処遇規定・保護観察所保護司執務規範などの関連法令（『資料集』第三巻）を立案する一方、保護観察所の施設整備、保護観察所長や輔導官・保護司の選任なども急がねばならなかった。各種の官制公布に際して内閣法制局の審査に手間取ったことや保護観察所長・保

護司の人選が難航したことにより、施行は予定より遅れて一一月二〇日からとなった。

この思想犯保護観察制度はやや遅れて植民地の朝鮮と租借地の関東州でも施行された。

積極的な「思想の指導」＝「日本精神の体得」

思想犯保護観察法は第六九議会の審議では「厳父慈母的」、あるいは「愛護思想」という説明のされ方で「保護」重視が強調されたが、その指導理念については質問が及ばなかったこともあって、森山武市郎らはあえて開陳しなかった。森山によれば「これはわざと出さなかった」という。臣民の権利制限などについて最小限に規定するものの、保護目標の積極化の明示は勅令以下に規定するという立法姿勢は、「形を捨てて実を取」（森山「思想犯保護観察制度の回顧と展望」）るためであった。過去の治安立法の不成立の教訓に学んだとされるが、これは「法案」の趣旨に「誤解」を招き「雲行」があやしくなることを懸念したからにほかならない。思想犯保護観察法が成立すると、「誤解」や批判に応えるため、また保護事業関係者に新制度への理解を求めるために、森山は各所での講演や法曹雑誌への寄稿などに奔走するが、それらを通じてみると思想犯保護観察法の意図がどこにあったのかが明確となる。


司法省名で発表された「思想犯保護観察制度の実施」（青森保護観察所『思想犯保護観察法』所収、『資料集』第三巻）も森山の手になることは間違いないが、「思想犯に対する保護観察は何を目的とするか」の項を立て「一面に於て思想犯罪を防遏（ぼうあつ）して治安の確保に資益すると共に、他面に於て日本的思想行動の醇化（じゅんか）と明徴とを招来すべき使命を有する」と論じ、「思想犯保護観察制度は思想国防戦線の一鐶（いっかん）としての姿を現わす」とまで言い切る。

こうした目標は本法では慎重に隠されるものの、運用の実際を規定する関連の勅令などで明確に設定される。

勅令の思想犯保護観察法施行令の第一条では「本人の思想転向を促進し、又は之を確保する為、其の思想の指導及生活の確立に付、適当なる処置を為すべし」とある。司法省訓令「保護観察所保護司執務規範」（『資料集』第三巻）では第二条で「保護司は我が国体に関する明徴なる観念を把持すると共に、常に社会状勢の推移、人心の趨向に留意し、之に関する適正なる認識を有することに努むべし」とされる。「思想の指導」とは「国体」観念の明徴＝「日本的思想行動の醇化と明徴」、すなわち「日本人としての正道に復帰せしめ、または正道を確保せしむること」（「思想犯保護観察制度の実施」）を目標とすることにほかならないとされた。

これを具体的な実践に移すうえですぐに問題となるのは、「保護観察の要否決定」の基準である。仮釈放者と執行猶予者の場合は、それぞれの仮釈放期間と執行猶予期間の間はほぼ自動的に「保護観察」に付されるとされるが、それ以外の基準は「思想犯人の心境変化」、つまり「転向」の度合に関係する。森山はこれを主題とする論文のなかで「非転向者」は「思想善導的立場」によりすべて「保護観察」の対象とし、「準転向者」もやはり「転向促進の立場」よりすべて対象とすべきだとする。

森山の論点はさらに「転向の相対性という事と転向の進化性という事」におよぶ（「保護観察の要否決定の標準」、前掲書、『資料集』第三巻）。一九三〇年代前半の検察・裁判中心の時代と保護中心の時代とでは、「転向」の基準は異なるとする。一九三七年三月刊の『思想犯保護観察法解説』ではそれを五段階に区分した。「マルクス主義の正当性を主張し、又は是認する者」（第一段階）、「マルクス主義に対しては全く、又は一応無批判的にして、今尚お自由主義、個人主義的態度を否定し得ざる者」（第二段階）、「マルクス主義を批判する程度に至りたる者」（第三段階）であり、つづいて第四段階は「完全に日本精神を理解せりと認めらるるに至りたる者」であり、第五段階は「思想完成の域」たる「日本精神を体得して実践躬行の域に到達せる者」とされる。このうち第四段階を「一応目標」とする。これは「革命思想を抛棄し、一切の社会運動より離脱せんことを誓いたる者」を基準の第一とした三三年段階の「転向」基準からみて、飛躍的に「進化」している。

こうした思想犯保護観察制度の目標を積極的な「思想の指導」におくことは、もちろん森山の独善ではない。たとえば、一九三六年七月から三カ月間、「思想犯の保護に就て」を研究テーマとした名古屋地裁検事局の思想検事長部謹吾は、その報告書「思想犯の保護について」(『司法研究』第二一輯一〇、一九二七年三月)のなかで次のように述べて「完全転向」をめざすべきとする。

思想犯保護の将来への展望は「日本人たる事の自覚」を「平凡なる市民へ」と謂う形態より出発して、「輝ける日本の将来への道」「本来の正しき日本の姿の再認識に基く展開」へ進展せしむる事にある。其処にはじめて転向者に約束された輝かしき完全転向があり、又日本の世界文化指導者としての建国理想発現の第一歩がある事を確信する

その長部は思想犯保護観察法施行を控えて『昭徳会報』(一九三六年一一月)誌のアンケートに同僚検事とともに答えるなかで、「転向」の基準を七段階に分ける試案を示しているが、その最終段階を「革命思想に対し理論的に主義の清算を為して日本国民精神に覚め、其の立場より国家社会の為め積極的に貢献を為す事を決意したるもの」とする。

後述するように、思想犯保護観察法に対して「観察」重視の抑圧と制限の法という批判が法学者や「保護観察」対象の候補者からなされた。これに対して森山らは「保護」重視の「愛護思想」にもとづく社会政策的な法という主張を繰りかえした。それは単なる思想犯罪の再犯防止に止まらず、「日本精神の体得」をこの制度の本旨とする立場からは当然であった。施行直後に召集された第一回保護観察所長会同で、林頼三郎法相は「正義と共に仁愛を以て根本精神」とすると述べたうえで「本人の国民的自覚を促し、之をして真の日本人に還元せしむることを要諦とする」と訓示する。これに呼応して、平田勲東京保護観察所長は「転向の本質」を「日本人たる自覚を取戻すと云うことにある」と言い切る(以上、『第一回保護観察所長会同議事録』『司法保護資料』

第一五輯、『資料集』第三巻）。

保護事業関係者や法学者、弁護士による批判

思想犯保護観察法の公布後、司法省の姿勢がしだいに明確になると、保護事業関係者の思想犯保護観察制度への期待との間にズレが見えてくる。保護事業関係者は、思想犯に限るとはいえ司法保護が国営化されたことを一般保護事業実現の第一歩として歓迎していたが、彼らの期待は「思想の指導」よりも「生活の確立」を優先した「保護」にあった。このズレは「保護観察」の重点をどこにおくかという点にあらわれる。

「思想転向」の促進および確保を至上課題とする司法省では「非転向者」や「準転向者」を無条件に「保護観察」の対象とするのに対して、保護事業関係者は「保護観察の対象として非転向者を加うることは転向を促進するため努力する意味に於て一応首肯し得るも、観察を主とする意味を強めるならば、寧ろ保護観察の域外に置き、特高視察の範囲に属せしむる方が当然ではなかろうか」（「思想犯保護観察法公布さる　次は一般犯人の保護観察実施へ」〈巻頭言〉『昭徳会報』創刊号、一九三六年八月）と異論を呈した。帝国更新会理事で、施行とともに東京保護観察所の保護司に就任する藤井恵照も「必ずしも之を求めるもののみに加うるに非ずして、反ってややもすれば保護観察の細目から脱出せんとする者に之を強要し、強制せんとするものである」（「思想犯保護観察法に就て」『保護時報』第二〇巻第七号、一九三六年七月、『資料集』第三巻）と指摘する。専任の、あるいは嘱託の保護司に予定している関係者からの異論は、森山らの懸命の弁明にもかかわらず、思想犯保護観察法の本質を露呈させるものであり、しかもその運用の難しさを予想させる。

「保護観察」に付される側にとってはおせっかいな「保護」であり、犯罪者扱いの「観察」=「監視」と受けとめられた。小林杜人は「転向者」の声を代弁して「最初は此の法律を喜んだ心持で迎える気持にはなってい

なかった」と率直に述べ、「改悛者と改悛せざるものに対し、明確に方針をきめず同一に扱うとする本法は、司法保護法として未だ研究すべき幾多のものが残されている」と不満を隠さない（「思想犯保護観察法に対する若干の考察」『保護時報』第二〇巻第七号、一九三六年七月、『資料集』第三巻）。森山自身、「転向者」の間には「誤解に基づく反感が相当広く蘊醸されて居った」（「思想犯保護観察制度実施の回顧」）と認めていた。

法学者の間では賛否が分かれた。すでに一九二八年の治安維持法「改正」にも肯定的評価をしていた牧野英一は「思想犯保護観察法の思想的意義」と題する論文で「この新法律は、確信犯人に対する教育的処遇の可能と必要とを率直簡明に承認したもの」という理解を示す。そして「政府は治安維持法の適用上、その威嚇性を強めるべく仕事を進めないで、方向を保護観察の方面に向けて一変することになった」（『刑政』第四九巻第五号、一九三六年七月）と、立法姿勢の転換を評価する。牧野と同じく教育教化の可能性を是認した立法と評価するのは正木亮（このとき大審院検事）である。

判事青野原吉（おそらく変名）は『法律新聞』第四〇〇〇号（一九三六年六月三〇日、『資料集』第三巻）で保護の点で「時代に適応したる立法」と認めつつ、旧刑法の下での「監視刑は再犯の発生に反って拍車をかけたるが如き結果を生じた」として、同様に監視刑的に運用されかねないことに懸念を示している。

総じて法学者の多くは思想犯保護観察法に対して批判的だった。治安維持法とは「異る趣旨」の法律であるという立て前になっていたことが、まだ批判を可能にした。小野清一郎は従来の「保護観察」制度を「遥かに超越している」として「其の意図如何に拘らず、之が運用によって不当に本人の「思想及行動」の自由を制限する虞はないか」（「思想犯保護観察法」〈新法令解説〉『法学協会雑誌』第五四巻第七号、一九三六年七月、『資料集』第三巻）と痛論する。また、小野を含む法理研究会では三七年六月例会で森山に講演を依頼しているが、そこでは「穂積〔重遠〕・小野両博士より保護司人選の困難、審査会の審議の形式化の虞、強制濫用・人権蹂躙の弊害等に関し、相当立ち入った質問」(「雑報」『法学協会雑誌』第五五巻第八号、一九三七年八月)があったという。

管見の限り、もっとも根本的な批判を展開したのは弁護士の森長英三郎である。森長は思想犯保護観察法を司法保護の思想から生まれたという当局の説明を否定して、治安維持法の系譜上に捉える。そして、保護司の人選に運用の成否がかかっているという見方を批判して、「制度そのものにその効果の発揮を妨げるものが伏在する」と喝破する。やはり本質は再犯防止の「観察」にあるとみるからであり、ここからは「それは旧刑法上の監視刑以上であって、一種の獄外監獄ともなり、思想犯人をして刑罰を受ける以上の苦しみを味わさないとも限らない」(「思想犯保護観察法に就いて」『法律新聞』第四〇六二号、一九三六年一二月五日、『資料集』第三巻)という鋭い観測が導かれる。

三 思想犯保護観察法の運用

思想犯「処分」の新段階

思想犯保護観察法により、思想犯の司法的「処分」は検挙・取調、検察、公判、行刑の四つの段階に加え、「保護観察」という新たな段階を加えることになった。それは満期釈放者・仮釈放者に対する行刑の先に設定される第五番目の段階の追加にとどまらず、検察の次元からは起訴猶予者を、また公判の次元からは執行猶予者を対象とするものであった。すなわち、第一に思想犯「処分」の時間的な延長となり、第二に「思想の指導及生活の確立」という従来にない理念にもとづく「処分」の実行となった。前章で述べた「思想犯」概念自体の拡張とともに、この「処分」過程の延長と新たな理念の追加により、一九三〇年代後半の思想犯「処分」の過程は一歩進んだ段階に移行したということができる。

この「保護観察」制度の導入は思想司法の領域と権限の拡張であったが、とくに思想検事の「処分」過程全般における主導権を確立させるものとなった。一九三六年七月には「司法警察官吏訓練規定」により、特高警察の領域である検挙・取調段階への指導権を獲得していた。すぐあとでみるように、この制度の要である保護観察所長はすべて思想検事からの転官か、現職の兼務となっている。

「保護観察」に付される対象者はすでに特高警察による監視、防犯警察による監視、および思想憲兵による監視という三重の眼にさらされていたが、これで四重の監視下におかれることとなった。しかも前三者の再犯防止の監視とは異なり、「保護観察」は生活や思想の内面に容赦なく入り込んでくるものであった。

思想犯保護観察法はどのように運用されたのだろうか。その概略をみよう。

三六年一一月一日の施行予定が遅延した理由は、保護観察所官制の構想が難航したこととその所長や保護司の選考に手間取ったからである。前者は当初控訴院所在地七カ所に保護観察所を置き、他はその支所とする計画だったが、指揮系統などの煩雑さを避けるためか、同列で二二カ所に設置されることになった。運用の中心となる保護観察所長の選任は、すべて思想検事からなされた。二二カ所のうち大阪・名古屋・広島・札幌（いずれも控訴院所在地）の所長は思想検事から転官した専任者が就き、他は地裁の思想検事が兼務した（横浜は施行当初、選任できず代行をおいた）。

例外は東京である。創設時、全国の「保護観察」の対象候補者九〇〇〇人余のうち、東京保護観察所（東京府と埼玉・千葉・山梨県が管轄地域）の管内だけで三〇〇〇人余を占めるだけに、この所長の選考は最重要であった。森山は思想検事のエース格の平田勲を現職の大審院検事のまま所長にすえた。平田の承諾を得たとき、森山は「これでこの事業も完成した」（平野利「敬愛する偉大な先輩」）と喜んだという。平田の下で輔導官となった中村義郎も「思想係検事としてのその道の権威が夫々新制度の下に所長として就任されたことは、新法の運営に当り、転向者の将来に誠に輝かしい光明を与えられたるのみならず、本法の運営に従事する者全般に対し、同様に明るい希望に充ちた将来を約束された様な感」（「新法施行の意義に就て」『昭徳会報』第二巻第二号、一九三七年二月）がすると持ち上げている。

司法省では思想犯保護観察法の施行直後と三七年六月に保護観察所長会同を開き、創設した新制度のスムーズな運用と定着を図ろうとした。そのいずれの会同でも平田東京保護観察所長はトップをきって実践ぶりを披露する。全国の三分の一前後の対象者を抱える東京は、必然的に全国のモデルとなった。

所長に次ぐ要職は「調査及観察事務を掌る」保護司（定員三三人）である。東京の七人の専任の保護司のうち、奏任（四等以下の高等官）待遇は市谷刑務所教務課長であった藤井恵照と警視庁特高第二課長であった毛利基の二人であり、判任官（高等官の下位の官職）では司法関係者とともに警視庁内鮮課の警部補もいた。名古屋の保護司の一人も特高関係者だった。

なかでも「特高警察の至宝」といわれた毛利の転官は森山の懇願があったといわれ、「検挙時代」から「保護観察時代」への転換を象徴するものとして新聞でも大きく報じられた。実際上の「保護観察」の難点として特高的監視との重複の発生が指摘されていたことへの対策であり、嘱託の保護司や保護審査会の委員にも多数の特高関係者が委嘱されている。特高側としても「保護観察時代」に乗り遅れてはならないという思惑があったと思われる。ただし、保護観察所長会同で繰りかえし特高との連絡協調が協議されるところからしても、こうした特高関係者の起用が十分な成果をあげたかは疑わしい。鳴り物入りで転官した毛利も、ほぼ一年で内務省警保局外事課に移ってしまう。

思想犯保護観察法の「現場」

思想犯保護観察法は一九三六年一一月から四五年一〇月までの九年間、運用された。四四年六月までの統計数値が明らかになるが、日本国内で裁判所や刑務所などから保護観察所が受理した人数は八七一〇人、そのうち保護観察所の判断で保護観察審査会に審査を求めた者が五三五三人、審査会で「保護観察」不要とされた者はわずかに一六人である。「保護観察」に付された者の九割以上が保護司の観察下におかれた。また、「保護観察」に付された割合は執行猶予者が三二%、起訴猶予者が四三%、満期釈放者が一三%、仮釈放者が一二%である。この四者のなかで「思想犯罪」の程度からいえば最も軽いと思われる起訴猶予者の場合、審査の未請求の割合がやや高い。

「保護観察」の期間は二年間であるが更新が認められており、その回数についても規定がなかったので、「非転向」を貫く場合三回以上の更新もありえた。司法省編『司法一覧』(一九四五年)所収の「保護観察処分成績」表の六三五二人という「保護観察人員」と、前掲の「処分処理状況」表中の数値との間にかなりの開きがあるのは、この更新人員を含んだ延べ人数であるためと思われる。その六三五二人のうち「保護観察」の必要がなくなり、「取消其他の終了」となったのは三九一九人で、残りの二四三三人が四四年六月末段階の「保護観察」人員となる。その「成績」で「不良」とされるのはわずかに一七人だけで、他は「良」「稍良(やや)」とみなされている。すでにこの時点では新治安維持法の「予防拘禁」制施行によって「非転向者」は予防拘禁所に収容されており、「保護観察」対象者中からも予防拘禁所に移されていた。「良」「稍良」といっても「思想の指導及生活

福岡保護観察所
『昭徳』第2巻第7号、1937年7月

の確立」のためにはまだ「保護観察」が必要という判断であった。

四一年三月までの数値しか明らかにならないが、「保護観察人員」を保護観察所別でみると東京が二八％で群を抜き、ついで大阪、福岡、神戸、札幌とつづく。「個別輔導状況」の件数をみると（四〇年末まで）、就職斡旋・就学斡旋・生業援助・生活扶助などの「慈母」的な「生活の確立」に関わるのが合わせても全体の一六％にとどまるのに対して、「思想の指導」という「厳父」的な保護司らによる「出張、観察」は四七％にのぼる。

こうした思想犯保護観察法の運用の数値をみるだけでも、新たな思想犯「処分」過程が一九三〇年代後半以降の治安維持法体制の重要な柱であったことが了解されよう。「三〇年代前半試みられた治安維持法全面改正の縮小版」（奥平康弘『治安維持法小史』）という位置づけは誤りではないが、その構想のなかに、そして実際の運用を通じて単なる「縮小版」の追加ではない、治安維持法体制の質を転換させる思想犯「処分」観念があったことを見落としてはならない。しかも、構想と実践のなかに「予防拘禁」制を先取りすることにより、四一年の治安維持法全面「改正」実現への橋渡しをしたということもできる。

運用九年間の推移

治安維持法がそうであったように、思想犯保護観察法の九年間も一本調子ののっぺらぼうの運用であったわけではない。一九三〇年代後半の治安維持法の運用が社会運動との対抗関係というより、政治・社会状況の転回に対応して拡張展開されていったことと歩調を合わせて、思想犯保護観察の方針も転換がなされ、しかも拡張されていった。

思想犯保護観察法の運用は、一九四〇年を境に大きく前後に分けることができる。大審院検事から司法省保護局第三課長に就任した平野利は「思想犯保護観察制度の一考察」(『昭徳』第七巻第一〇号、一九四二年一〇月)のなかで、「其の初期に於ける保護に重点を置いた華やかな積極的活動から漸次観察に重点を置いた質実な内省的方向へと移行して行った」と述べる。また、森山武市郎も四一年七月の保護観察所保護司実務研究会での講演で、過去数年「全般的に見れば良好な成績を示して来た」と述べたうえで、「ところが最近に至って長期戦下に於ける思想犯保護の指針の上にいろいろな批判が加えられ、検討を施さなければならぬのではないかということになりました」という。「泰平の時代」から「狂瀾怒濤の中に棹ささなければならぬようになった」(以上、「思想犯保護観察制度の回顧と展望」)という認識が生まれた。

森山はさらに前半数年間の「輔導の具体的方法」について、「非常な弾力を持ちながら激しい移り変りをして来て居る」とも述べる。これは「個別輔導」から「集団輔導」、そして「個別輔導」への再帰という流れである。

もう少し具体的な位置づけをするのが、大阪保護観察所長桜井忠男の「新なる出発点に立ちて」という論文である(『昭徳』第四巻第一一号の保護観察法実施三周年記念号への寄稿、三九年一一月)。第一期を創立から三七年七月の日中戦争全面化まで、第二期を三九年六月の第四回保護観察所長会同までとし、現段階を「反省期」たる第三期とする。「第一期は創業当初であるため、活動の重点も観察所機構の整備、活動方針の探究、転向者の生活確立等」におかれ、「第二期は国策遂行の大スローガンの下に、思想国防、日本精神の把握、国民戦列への積極的参加、人的資源動員等の具体的活動目標を与えられ」、総じて第一・二期は「生活保護の具体的解決」に重点があったという。この区分と森山のいう「個別輔導」中心の指導方針は対応する。ところが、三九年後半からそれまで順調であった思想犯保護観察制度に「種々な批判」が加えられはじめたという。その具体相はふれられていないが、この論者は第三期を「反省期」としなければならないとして「精神輔導」の強化の方向を指し示す。この一段階先に、平野らのいう「保護」から「観察」重視への転換があった。

そうすると大まかにいって思想犯保護観察制度の運用は一九四〇年で大きく前半と後半に分かれ、その前半はさらに三七年七月の日中全面戦争を境に小区分することができる。

「保護」重視・「生活の確立」の方針

施行からまもなく、一九三六年一二月一四日、東京保護観察所長平田勲は保護団体連絡協議会の場で「保護観察所の使命」と題して、次のように説示する（青森保護観察所『思想犯保護観察法』一九三七年、『資料集』第三巻）。

保護観察所の使命は、私の考へますところでは三つになると考へます。第一は、刑事政策を通じまして日本精神——日本精神という言葉は非常に意味が狭くなりましていろいろ誤解を受けることもありますが、広い意味に於きましての真の日本精神——の実践と宣揚が我々の任務であると、斯う考えて居ります

第二は、此の思想犯保護事業は一般釈放者保護事業国家統制の礎石になるのではないか、又他日一般釈放者保護事業国家統制の試金石となるのではないか、そういう重大な任務を持つものではないかということ

とであります。第三は、世界的な思想混乱時代に於きまして、我国に於きましての思想国防の一鐶なる役割を務めるのではないか、即ち共産主義運動の防火壁たる役割を持つのではないか、此の三つの点であると考えています

民間の保護団体関係者を対象としているためか、重点の置きどころが議会説明や森山の説くところとかなり異なる。「思想国防の一鐶なる役割」「共産主義運動の防火壁」という点は思想検事平田ならではといってよい。「日本精神の実践と宣揚」を第一に掲げるように、制度開始にあたり、かなり前のめりになっている。

平田は「思想犯保護観察法実施一周年に際して」という文章では試行錯誤の一年を振り返って、「刑事政策的、再犯防止的観点」→「社会政策的、慈善事業的観点」→「教育的育英的観点」という指針の推移があったとする（『昭徳会報』第二巻第一一号、一九三七年一一月）。また、東京保護観察所『事務成績報告書』（一九三七年、『資料集』第三巻）によれば、開設から八カ月余りを「東京保護観察所の任務はその対象たるべき三千の思想犯の中、その五分の二を占むる完全優秀転向者に対しては積極的に之を後援して社会的進出の途を開き、国家社会のため活躍せしむる機会を与え、その五分の二に該当する完成途上に在る転向者に対しては生活の確立を通じて転向の完成に努力し、将来完全優秀なる転向者として社会に復帰せしむべく、残り五分の一の所謂非転向者に対しては社会復帰を達成せしめ」と概括している（第二回保護観察所長会同における平田の発言）。

こうした「保護」重視、すなわち「生活の確立」を優先する方針はこの新制度に対する強い批判への配慮を背景にしている。ただし、被保護者の三分の一強は警察関係の嘱託保護司の下にあり、しかも「非転向者」がそうした「観察委託」を受けることが一般的になっていたようであり、「保護」を基調としつつも「観察」機能もしっかり働いていた。

しかし、施行後半年程度で運用が軌道に乗りはじめると、内部から「保護」偏重気味の方針に軌道修正の声

があがってくる。「面倒を見れば見る程、骨を折れば折るほど相手は抱っこと言えば負んぶと云う風になって来る……何か知らぬ我々の仕事の上に重苦しいような不愉快を感じて参った」（昭徳会『保護観察所の展望』、一九三九年）などの不満が高まってきた。そして「日本精神の体得」という「思想の指導」に、より力を注ぐべきという主張が強まる。ここに日中戦争の本格化という外在的要因が加わり、早くも「保護観察」の方向転換が図られていく。

「転向者の愛国運動」の推進

『保護観察所二年間に於ける活動実績』（『司法保護資料』第一九輯、一九三九年四月、『資料集』第三巻）によれば、当初東京と大阪を除いて十分に機能していなかった各地の保護観察所の活動が一九三七年後半以降、ようやく活性化する。どの保護観察所でも時局対応座談会、国防献金運動、遺家族慰問などの「対象者の活動」が列挙される。こうした状況を、森山保護課長は次のように観測する（「思想犯保護観察制度施行一年を顧みて」『昭徳会報』第二巻第一一号、一九三七年一一月）。

転向の醇化は、今次事変によって触発せられた謂ゆる「転向者の愛国運動」にその最高の表現を見出した。転向者の愛国運動こそは、思想犯保護観察法の下における一年間の転向者の成長の最高段階に近いものであるということが出来よう

既に思想的に完全な日本国民となった転向者としては、国家非常の時局に際会して「転向者も亦国民の一員としておのづから熱き感慨が身内に沸き騰るを禁じ得ず」、「日本人たるの意識は、過去の何時にも増して強く我等の胸に燃え旺る」（東京管内応召者後援会の声明書）ことは、自然且つ当然のことであった。この至純なる国民的感情に甦ったとき、一面において転向者たちは既に或る程度の社会復帰を完了し、

社会人として（正しくは日本社会の人として）の積極的な活動の地盤を確保していたのであった。

三八年八月には保護観察所の拡充が実現する。保護司の定員を三三人から八人増員する理由として、次のような「社会諸情勢」を列挙する。

第一　支那事変の長期化とソ連邦の態度の我国内思想情勢に及ぼす影響尠（すくな）からざるものあり、之が対策として保護観察所に於ける農村及思想問題の指導的任務の倍加

第二　事変の末期乃至終了時に来るべき社会的経済的諸情勢の変動に伴う対策樹立の為の保護観察所の任務の倍加

第三　人民戦線派の検挙に伴う保護観察所の事件受理の増大

第四　非転向者の出獄及出獄期の切迫並日和見主義的転向者の残存に伴う保護観察の強化完璧を期する必要に迫りたること

第五　現在保護観察中の思想転向者を国民精神総動員運動に積極的に参加協力せしめ、益々日本精神の昂揚確立に尽すべき重要時期なること

第六　現在保護観察中の思想転向者の長期戦下に於ける生活安定に関し、保護観察所は益々具体的方策を決定し、且指導する必要あるに至ること

第七　優秀転向者を大陸に派遣し、以て彼等の活動性を発揮せしむるは現時孰（いず）れの方面よりするも必要事にして、之が為めにも全国保護観察所は敏活周到なる活動を要するに至りたること

日中全面戦争後の思想犯保護観察制度の運用の概要は『保護観察所二年間に於ける活動実績』のほか、三八年八月の保護観察所の拡充を説明するために作成された保護課「保護観察所職員の増員を必要とする資料」にも詳しい。たとえば、全日本司法保護事業連盟を主体とする全国保護観察所（思想犯転向者）の「国民精神総

動員実施参加要綱」「時局対応全国委員会開催要綱」「北支工作班派遣要綱」「思想犯転向者の「北支、南支皇軍慰問団」活動概況」「被保護者の時局救援活動状況」などからは、被保護観察者が自発的に、あるいは強制的に銃後ばかりでなく前線においても戦争遂行にさまざまなかたちで協力していく、ないしは協力させられていく様相が浮かび上がる（以上、「保護観察所官制中改正」、「公文類聚」第六二編・一九三八年・第一〇巻、『資料集』第三巻）。

国民精神総動員運動への参加

一九三八年五月に召集された第三回保護観察所長会同における塩野季彦法相の訓示で強調されるのは、「思想の指導」の強化である。「既に健全なる国民的思想を体得せる者をして愈々不動の信念に悟入せしむると共に、未だ思想完成の域に達せざる者に対しては克く之を輔導して日本国民たる自覚に甦らしめ、本人に潜在せる国民的性情を顕現せしめ、以て今後如何なる社会的情勢の変化に際会しても、思想犯人の中より思想動揺の禍根を萌さしむることなきよう格段の努力を払われ度い」という。その具体的行動が「政府の提唱せる国民精神総動員運動に積極的に参加せしめ、又は国策の線に沿うて大陸に進出せしむる等」であった。これに対して第一線の所長らからは「現下時局に鑑み思想犯の保護観察上、特に留意すべき事項如何」という諮問に対する答申として「国民精神総動員に積極的に参加せしむる様指導するの件」「転向者の大陸進出に関する件」があげられた（以上、『第三回保護観察所長会同議事録』『司法保護資料』第一四輯、一九三八年六月、『資料集』第三巻）。

この国民精神総動員運動への参加は、三八年六月の時局対応全国委員会設立により組織化される。その実践目標は「国民精神総動員の国策に則り、応召者後援、国民精神の作興、生活の刷新、勤労奉仕、国民体位の向上に努め、特に思想国防に協力参加し、国民思想の確保に努むること」と設定される。三八年末の時点で一四六人の「思想転向者」が「満洲国」や中国などに進出している（『保護観察所二年間に於ける活動実績』）。

その実践報告は全日本司法保護事業連盟『司法保護叢書』第一九輯（一九三九年五月）の『興亜の礎石（転向者の大陸進出記録）』として刊行されている。森山は「序に代えて」のなかで「この秋に際会して嘗ての思想事件の転向者が大陸に進出し、或は戦火の下を潜って宣撫班に参加し、或は国策の推進力となっていることは取りも直さず国家に忠誠を誓う所以であり、更生道場としてのかれ等の大陸進出は最も当を得たものであろう」と述べている。同叢書には『国民総動員と転向者の活動』や『硝煙の中を馳駆して――転向者・前線慰問報告』もある。

「個別輔導」から「集団輔導」へ

こうした戦争遂行体制への関与は、先の「思想の指導」の強化の要請とも相まって創設当初の「生活の確立」をめざした「個別輔導」中心の性格を変えていった。森山のいう「集団輔導」への転換である。「保護を要求しない、併しながら社会的に進出する為に非常に苦しんで居る。そう云う人達を拾出して我々は援助しようと云う方針」（『保護観察所の展望』）を採用するようになる。

『保護観察所二年間に於ける活動実績』では「個別直接保護活動」と「一般間接保護活動」に分けて、各観察所の活動状況を記録する。前者は就職斡旋・家庭訪問・人事相談など対象者個別の処置方法であり、後者は「対象者一般の「思想転向を促進し、又は之を確保する為に」間接的に或は集団的に実施した」講演会やピクニックなどを指す。国民精神総動員運動への参加もこの分類に含まれる。東京と大阪を除く二〇保護観察所の活動状況の総計をみると、「個別直接」では「昭和一二年度」が一万七一件、「昭和一三年度」が一万一一二〇件とほぼ横ばいであるのに対して、「一般間接」では「昭和一二年度」の回数が八六一回、参加人員四万三〇五人から、「昭和一三年度」の一三八八回、一九万三〇四四人へと飛躍的に伸びており、「個別直接」から「一般間接」へ、すなわち「個別輔導」から「集団輔導」への指導方針の転換を明らかに裏付ける。

「集団輔導」の積極的導入は必然的に「思想の指導」の強化に連動し、「日本精神の昂揚」を強調させた。施行後しばらくは「思想の指導」の目標を「転向」の第四段階＝「完全に日本精神を理解せりと認めらるるに至りたる者」に置いていたが、三七年後半以降、「日本精神を体得して実践躬行の域に到達せる者」という第五段階に格上げされるようになる。大阪保護観察所長の安達勝清は三八年一二月の地裁検事局主催の特高主任会議の講演のなかで、「観察所は第五段階に達することに依って初めて転向者は保護を要せざるものと解し、其の目的に向って傾注している」（司法省刑事局『大阪に於ける司法警察官吏訓練概況』『司法警察官吏訓練資料』第一四巻、一九三八年五月）と述べる。

橿原神宮建国奉仕修養会　特別部隊の勤労奉仕
『昭徳』第4巻第5号、1939年5月

これは森山のいう「転向の相対性という事と転向の進化性という事」が、現実化したものにほかならない。そして「日本精神」の実践躬行のために「行」の精神訓練の強調が流行する。たとえば「講演会、座談会、研究会等の文化的理論方面は畢竟消極的効果を得るに止まり、更に積極的効果を挙ぐるには行的体験的方策を加味するの要、切実なるものある」（「建武の中興を偲びて昭和の興亜に及ぶ」『昭徳』第四巻第一一号、一九三九年一一月）と論じるのは、神戸保護観察所長の生島五三郎である。橿原神宮での集団勤労奉仕や皇陵神社史跡の巡拝などが「予期せざる効果」をおさめたという。

「思想の指導」「集団輔導」が大きな流れとなったが、実際の運用ではまだ紛糾や混乱もあった。そのように判断するのは、三八年五月の第三回保護観察所長会同における平田東京保護観察所長の「悪い過ち」「三つの欠点」という発言からである。第一に「警察方面、検事局方面と全く連絡なしに本当に観察所だけが先に進みましたと云うこと」、第二に「所謂優秀転向者のみを偏愛致しまして、一般の二千数百人に余ります転向者を度外視」したこと、第三に観察所の本来の業務がおろそかになり、外廓団体である昭徳会支部と密着しすぎたことをあげる。それゆえ保護団体や転向者から「東京の保護観察所は宣伝のみ是努めて居る。そうして実体を忘れて居る」という痛烈な批判が寄せられたという（司法相『第三回保護観察所長会同議事録』、『資料集』第三巻）。平田はまもなく八月に「満洲国」最高検察庁次長へと転出する（後任の所長は市原分）。その理由の一つに、東京保護観察所の運営に対する「功利主義的な、自由主義的な、個人主義的なものの考え方」という「悪い過ち」への自己批判もあったと推測される。

「保護観察」対象の拡大――個人主義・自由主義の精算へ

「思想の指導」の強化は、観念的な「行」万能論とは別の方向にも向けられた。母法たる治安維持法が反・非国体的とみなした自由主義や民主主義の思想を射程に入れていくことに歩調を合わせて、思想犯保護観察法もそうした方向に運用を拡大していこうとするのである。一九三八年五月の第三回保護観察所長会同では人民戦線事件の検挙に触発されて、「自由主義、功利主義、個人主義の思想迄清算させなければならぬのぢゃないか」（平田東京保護観察所長）、「優秀転向者は比較的少数にして未だ個人主義、功利主義、自由主義、民主々義の領域に低迷せる転向者の数は決して鮮しとせず」（福岡保護観察所からの協議事項提出理由）などの発言が散見する。

これらは「現下の時局こそ防共の域を脱して、攻共の域に迄進出する必要」（名古屋保護観察所長）（『第三回保護観察所長会同議事録』『司法保護資料』第一四輯、一九三八年六月、『資料集』第三巻）を論じることと表裏の関係にある。こうした方向に対しては外部からだけでなく、思想犯保護観察法の枠を逸脱するのではないかという批判と戸惑いの声が内部からもあがったが、それらは押しのけられていく。

　この転換の先頭に立った東京保護観察所では、一九三八年一〇月、刑法学会のメンバーを招き、「思想犯保護観察活動の限界を如何に規定すべきか」と「思想犯保護観察の対象者の限界を拡張する必要はないか」という二つの問題について意見を聴取している。第一問は「共産主義の清算からして更に個人主義、自由主義の清算に迄入る必要がありや否やと云う問題」であり、第二問は「警察限り」の釈放者まで「保護観察」の対象を広げることの可否である。出席した九人の刑法学者のおおよその見解は第一問が可、第二問が否ということになった（『保護観察所の展望』）。このお墨付きを得たかたちで具体的な「転向」の基準を「個人主義、自由主義の清算」に置いて、既成事実を積み重ねながら「思想輔導」の限界は拡張されていく。

　一方で「保護観察法の積極性」が発揮されるにつれて、「保護観察」では対応しきれない「非転向者」への処遇が新たな課題として浮上する。一九三八年五月の第三回会同で大阪保護観察所から「非転向者」に対して、「現在の保護観察所の組織機構並方法を以てしては目的の遂行困難なるを痛感」することが表明され、思想保護政策の再検討が提言される。この説明に立った安達所長は現状には「最初に出発したような徳化主義とか人格主義、斯う云った個人の最高人格の完成と云うことでは間に合わない」として、「善い者は何処迄（どこまで）も引上げてやる、傾向の悪い者は何処迄も鑑別しまして国家社会の最悪な場合に善処し得る所の基礎を作って置かなくちゃならぬ」とする。具体的には「保護事業の権道（けんどう）」と断りつつ、保護観察所自身による「特高的な視察」の必要性を主張した。

この一歩先にあるのは「予坊拘禁」制であり、実際にもそうした要求が出されてきた。広島保護観察所長の吉岡幸三は「輔導三年の所感」の一つとして「来るべきエポックに於ては対象者の如何によって保護を為されざる場合あり、亦為すとも玉石の間に差違を設けらるるに至るであろう。思想犯予防拘禁制度の提唱の如きもかかる動向の一表現に外ならない」（『昭徳』第四巻第一一号、一九三九年一一月）と述べる。一九四〇年五月の保護観察所長会同で三宅正太郎司法次官が「予防拘禁の制度なき現状の下に於きましては、之に対する保護観察所の責務は極めて大なるものが存する」（『昭徳』第五巻第六号、一九四〇年七月）と発言するのは、「非転向者」に対する「保護観察」の実施が「予防拘禁」制の代用と先取りであったことを物語る。

一九三九年六月の第四回保護観察所長会同（少年審判所長・矯正院長との合同）の様子は、「過去二ヶ年の業績の自己批判であった」と評された（「傍聴記」『昭徳』第四巻第七号、一九三九年七月）。「転向者」が「余りに主智的なるが故に、常に批判的懐疑的態度を持するが如き点」および「社会的関心の余りに強きが故に自己完成未しきにも拘らず、只管観念的なる革新的運動に走り勝なる点」に社会的批判が強まり、観察所の運営方針が疑問視されてきたことを背景として、自己批判の空気がこの会同をおおったのである。各種の「集団輔導」の実施や国民精神総動員運動への参加は特高警察や思想検事の一部の反発を招いたが、まだこの時点では路線変更をするには至らない。「思想犯保護観察制度の本来の目的は過りて危険思想を抱懐せる者をしてその思想を清算し、日本精神に目醒めせしめ、更にその有する能力を国家に奉献せしめ、皇国臣民としての本分を十二分に発揮せしむること」（以上、第四回会同の保護観察所長答申書、『昭徳』第四巻第七号）と、積極的な「思想輔導」の推進を再確認する。

思想保護団体の統合

思想犯保護観察制度の一翼を担う思想保護団体の統一は早くから要望されていたが、既述のような「思想の指導」の強化が実践されるなかで、各地で急速に取り組まれる。一例として一九四〇年初頭、札幌控訴院管内（北海道・樺太。札幌と函館に保護観察所を設置）の思想保護団体を糾合した尚和会をみると、その設立の目的は次のようになっている（尚和会『思想保護団体　尚和会要覧』一九四〇年、『資料集』第三巻）。

> 思想保護の目標は彼等を指導誘掖して帝国国民として完成せしむること、即ち、上御一人の大御心に帰依随順し奉り、天壌無窮の皇運を扶翼し奉らしむることでなければならず、更に言葉を代うれば日本精神を体得し、実践躬行の域に達せしむることであります。之を従来の如く再犯防遏、社会の安寧秩序と云う消極的目標に止ったり、罪刑法定主義、即ち法律なければ刑罰なし、如何に不道徳な行為があっても法律がそれを犯罪と見ない限り放置するとの観念に捉われたり、或は慈善事業として世の弱者に対する落葉拾的行動に終始することは時代が許さないことは勿論、家族国家規範、日本精神にも反し、司法権行使の効果は多分に抹殺せられ、更に個人主義、功利主義を基調とする単なる個人生活の確立、個人的生活安定に転落せしめたり、或は憐れみの対象として卑屈ならしむるに止るのであります

ここには、これまでみてきたことが集約されている。しかも罪刑法定主義をも公然と否定していることは、あらためて思想犯保護観察法が治安維持法と同様に、その運用において本来の法規定の逸脱を重ねて拡張解釈の一途をたどっていくものとして注目に値する。尚和会では収容保護と一時保護の二種類をおこなうとしているが、そのうち収容保護では実質的に予防拘禁的な処置が可能となっている。事業には「道場の施設」「思想指導」「生活輔導」などが規定されている。

見直される運用――「観察」の重視

一九四〇年になると、「保護観察」をめぐる状況は急速に動きはじめる。それは、五月の第五回保護観察所長会同（少年審判所長・矯正院長と合同）の諮問事項「最近に於ける社会的経済的諸情勢に照し、思想犯の保護上考慮すべき方策」にまずうかがえる（前年の諮問は「時局に鑑み司法保護の実績を更に向上せしむる為、特に考慮すべき事項如何」）。森山保護課長は指示事項の伝達のなかで「今後戦時体制の進展に伴い、各種の思想的社会的運動が活発となり、経済関係の推移に伴い、一般的社会不安が蘊醸せられ、思想事件関係者の生活の基礎も亦動揺を感ずるに於ては、是等の者の社会的関心は再び熾烈となり、誤れる方向に逸脱するの虞なきを保し難いのでありまして、指導上、特段の注意を要する所であります」と述べる（『昭徳』第五巻第六号、一九四〇年七月）。前年の会同で顕在化した「転向者」の態度や社会的進出への批判が持続しているほか、今後「危険性濃厚なる」思想犯の釈放が予想されること、「類似宗教」関係者への「保護観察」など、新たな事態が生じてきた。そして、なによりも日中戦争の長期化にともなう「社会的経済的諸情勢」の変化に、思想犯保護観察制度は運用の全体的見直しを迫られることになった。

四〇年九月の『昭徳』（第五巻第八号）誌上で各観察所長の論じるところは、揺れ動きはじめた「保護観察」の運用の実際である。桜井忠男大阪保護観察所長は「曾つての政治指導分子七万の存在は平常時と違って質的重大な意味」をもつとしたうえで、運動への回帰をめぐる「転向者内部の思想動揺と思想の分化対立も激しくなって来た」と警戒する（「現下の社会情勢に於ける思想犯指導の具体策」）。生島五三郎神戸保護観察所長は「転向者の動揺防止について」論じ、名古屋の河村泰三は保護観察所の重点は「集団輔導」ではなく「個人輔導」にあるべきだという立場から「文書指導通信指導について」という一文を書く。また、大阪控訴院検事の小野謙三は「類似宗教関係者の取扱方につきての一考察」を論じるといった具合である。

ただし、基調は「思想輔導」の強化徹底にある。桜井の言を引けば、「万民輔翼の新国家体制の能動的翼賛者としての真の臣民道の実践的行者に迄思想犯を輔導することを以て、社会復帰の完成と解さねばならぬ」となる。それは五月の第五回会同の諮問への答申の第一が「保護対象者に対する目標は、天皇帰一、職分報国の精神確立にある事を一層徹底せしむること」であったことと符合する。

四〇年一一月には、二つの試みがなされる。一つは、各観察所の保護司を集めた司法保護実務家会同が初めて開かれたことである。三宅正太郎司法次官の訓示では「思想事件関係者に極めて微弱ながら思想運動の兆(きざし)を生じ、再犯のものさえ発生す、従て思想犯保護観察制度は今や一大試練に逢着す、一段の奮起を望む」(『法律新聞』第四六三七号、一九四〇年一二月三日)と注意が喚起される。もう一つは、一九四〇年一一月、司法省の大臣官房内の一課であった保護課が保護局に昇格したことと保護観察所機構の拡充である。人員としてはほぼ二倍となる保護局への昇格には、次のような「保護対象の情勢」に対する現状認識がある(「公文類聚」第六五編・一九四一年・第一五巻、『資料集』第三巻)。


約八万人を算する思想犯前歴者は所謂新体制問題に対し深き関心を有し、自ら政治的運動に乗出し、其の中心的精鋭分子たらんとして暗躍するの傾向あり、他面長期戦下に於ける諸情勢を巧(たくみ)に利用して日本共産党の再建を図り、又は大学内に研究会を設くる等の方法に依り共産主義運動の展開を企つる者漸く多きを加えんとするを以て、思想犯輔導の任に当る保護観察所の責任は大に重加するに至れり

保護観察所全体では輔導官三人・保護司一人などの増員が認められるが、その要求理由でも「銃後に於ける思想犯の防遏を図り、国内治安の完璧を期するの肝要」(「公文類聚」第六五編・一九四一年・第一六巻、『資料集』第三巻)となっていた。いずれも「保護」よりも再犯防止をめざした「観察」重視の観点からの実現であり、そ

れはまもなく実際の運用にもあらわれてくる。なお、保護局長にはそのまま森山が昇任した。思想犯保護は第三課が担当する。

「厳父」性への方向転換

次章でみるように、一九四〇年になると治安維持法の「改正」が具体化し、「予防拘禁」制の導入も確定的となった。この面からも、思想犯保護観察制度の運用は早急な見直しを迫られることとなる。

一九四一年五月の第六回保護観察所長会同（少年審判長・矯正院長との合同）は、「保護」から銃後の治安維持を至上課題とした再犯防止のための「観察」への方向転換を確定づける会議となった。諮問事項「時局下司法保護の重要性に鑑み、更に其の実績を向上せしむる為、特に考慮すべき事項如何」に対してなされた答申から「思想犯保護」に関する部分をみると、この会同の空気がわかる。「司法保護、就中（なかんずく）思想犯保護の重要性」は「一人の異心あるを許し得ず、一人の落伍者を許されない」状況の確立にあるという認識に立って、次のような項目で現状の運用方針を定めるほか、司法省に向けた要望をまとめる（『少年審判所長・保護観察所長・矯正院長会同議事録』『司法保護資料』第二七輯、一九四二年七月、『資料集』第三巻）。

第一　予防拘禁制度の実施と保護観察制度の運用

(一)予防拘禁制度の実施に当り、保護観察制度の重要性を一層深く認識すること

(二)保護観察制度の運用上考慮すべき諸点

(イ)対象者の調査を一層厳密に為すべきこと

(ロ)右再調査を為すに要する制度、方法、機構等の整備

(1)職員の質的、量的の向上充実及び之が待遇の改善

(2)嘱託保護司の数の増加、教養訓練、整理、常勤制の設置等有効なる運営方策の実行
(3)検事局、特高警察、憲兵隊等関係諸機関との緊密なる連絡の強化
(4)思想犯保護観察法第四条〔居住、交友、通信などの制限〕の活用及び之に応ずべき諸施設の整備
(5)非転向者、偽装転向者と目せらるる者に対する調査の為め、強制力の行使を認むる法規の制定
(6)悪質転向者の逃走、偽装転向を防止発見する方法

第二　類似宗教関係者に対する輔導対策
(一)保護司に其の適任者を得ること
(二)指導力あり且つ転向容易なりと認めらるる対象者に輔導の主力を集中し、其の者の影響力を活用すること
(三)保護司自身に於て対象者の関係したる事件の内容を検討、理解し置くこと
(四)保護司は類似宗教事件の左記の如き特徴を理解し置き、具体的事件に付ては是等の特徴に対応する輔導方法を採ること

〔略〕

第三　時局に即応する保護方法の再検討

最後の項目の意味するところは「漫然たる一律の集団的輔導」から「先づ一応全対象者をして自己沈潜、個人完成の方向に輔導し、次いで対象者の転向段階により夫々之に照応せる保護方法を講」ずるべきだという点にある。

この会同では治安維持法の大「改正」が実現し、「予防拘禁」制が実施されはじめる段階だけに「予防拘禁制度の実施と保護観察制度の運用」に論議が集中した。各観察所から提出された協議事項でも、半数がこの「予

防拘禁」制がらみであった。そこでの了解事項は、長谷川瀏東京保護観察所長の「此の予防拘禁制度の対象となります所の領域は、保護観察制度の元々対象として居った所の領域の一部分に過ぎない、即ち保護観察制度が対象として持って居った所の領域の一部に施された所の一つの補強工作に過ぎない」という発言を踏まえて、両者の緊密な協調連絡のうえで「悪質」な「非転向者」とそれ以外の思想犯を峻別し、前者に拘禁と思想矯正を目的とした強権を行使することであった。したがって、「予防拘禁」制を有効に機能させるために、思想犯保護観察制度の運用では対象者への精緻な「観察」がより要請されることになった。

　九月二一日、保護局から発せられた通牒（『資料集』第三巻）では「転向」を再分類し、「予防拘禁」に回すものとその予備軍などの調査と資料の準備を指示した。「非転向」を五段階に細分し、そのうち「1　思想及言動に於て何等反省なきもの」と「2　客観情勢に対し日和見的態度を持し、実践行動に出でざるも過去の思想を抛棄せざる者」には無条件に「予防拘禁」の手続きが開始されるとした。

　このように四一年五月の会同ではかつての「厳父慈母的」性格の両様性が否定され、内外情勢の緊迫化に対応するためとして「厳父」性が強調された。たとえば、その代表格は林隆行広島保護観察所長の「従来は専ら慈母の態度を以て接して居った、観察所は対象者に対して睨みが利かぬと云う点に於て厳父の威厳を欠いて居た」という発言である（前掲『司法保護資料』第二七輯、『資料集』第三巻）。こうした再犯防止を第一義とする思想犯保護観察法の新解釈は、さらにより効果的な機能発揮のための法「改正」などの誘惑に導いていく。

　ただし、必ずしも過去数年間の思想犯保護観察法の実際の運用が「慈母」的なものであったわけでなく、「厳父」的な峻厳さをともなっていたことはすでに見たとおりである。「生活の確立」に比重をおくことから「思想の指導」重視への転換は日中戦争全面化以降、盛んに叫ばれ実践されてきていたが、「思想犯保護観察制度の受難時代」という認識のもとではそうした運用でも「因循姑息、徒らに消極的態度を就り、事勿れ主義に終始せん」（岡本吾市「転換期に於ける思想犯保護観察制度」『昭徳』第六巻第六号、一九四一年六月）とあえて否定的にとらえられた。大審院検事の平野利も「従来の暗中模索的な消極主義を一擲(いってき)して、明朗闊達なる積極的方針を確立しなければならぬ」（「戦時下に於ける思想犯保護観察制度の一考察」『昭徳』第七巻第一〇号、一九四二年一〇月）と述べている。

「思想国防」と「錬成」

アジア太平洋戦争下において思想犯保護観察の「現場」での運用はどのように変化したであろうか。保護観察所全体の受理件数をみると一九四〇年が一五一〇人で施行以来の最低を記録したのに対して、四一年は上半期だけで一〇五四人を数えることは運用の活発化を物語る。そして、その半年間に保護観察に付した八六四人のうち三四％が期間更新者で、三九％が期間再更新者であることも運用の度合いがきびしくなってきていることを物語る。

四一年四月には官庁事務再編のために保護司が一人減る（東京保護観察所で減員）が、一一月には再び保護司四人が増員される。「保護観察中の対象者にして再犯の虞れ顕著なる非転向者に対しては予防拘禁の申立をなす手続を行う為、新たに種々複雑なる事務を必要とする」こと、保護観察所の処理すべき事件数のうち半数以上が未整理となっていることを理由にあげる（「公文類聚」第六五編・一九四一年・第一六巻、『資料集』第三巻）。

広島の林隆行所長は「直面する思想犯輔導の二問題」（『昭徳』第六巻第六号）という文章のなかで、「対象者指導の根本理念」として「物的援助より心的輔導へ」と「全体の為の一部犠牲」を掲げる。前者は「生活の確立」から「思想の指導」への流れのなかにあるが、後者は「偽装転向者」などの「社会の誤解を招く原因を醸成する一部対象者は涙を揮(ふる)って之を斬らねばならぬ」という趣旨で、具体的には就職先の照会や斡旋をおこなわないなどの対応をあげる。この論者は「予防拘禁」制によって新しい「斬る方法」が生まれたともいう。

また、東京保護観察所輔導官の糸賀悌治は「東京保護観察所の一年――昭和十七年の回顧」（『昭徳』第七巻第一二号、一九四二年一二月、『資料集』第三巻）と題する文章で、アジア太平洋戦争の及ぼした左翼思想の残滓の清算や日本的思想の自覚などの影響を自画自賛するほか、外廓団体の東京昭徳会内に創設した東亜思想研究室の活動ぶりを語る。「東亜思想」を研究するのは、保護観察所は過去において共産主義などの「非日本的思想」との思想戦に勝利した経験を米英との思想戦に活用するだけでなく、「東亜の諸民族」に対して「此等諸民族の特殊性を研究し之を悦服せしむべき日本的政治理念、日本的経済理念等を確立するの必要」があるからである。この日本的な政治理念や経済理念は、国内の思想指導においても寄与することができるとする。毎月一回の講演会活動のほか、長谷川瀏所長の『東亜を貫く思想戦』などを刊行している。

先にもふれたように四一年九月二一日の各保護観察所長宛の保護局長通牒では「転向」基準の見直しを示した。「非転向」と「準転向」のそれぞれの範囲を精密に区分するかわりに、「転向」は「過去の思想を清算し、日常生活裡に臣民道を躬行し居るもの」だけとなった。思想犯保護観察法施行当初の「日本精神を体得して実践躬行の域に到達せる者」という基準は、「日常生活裡」の「臣民道」の主体的取組と実践へと固定化された。「全体の為の一部犠牲」を厭わず非転向者を予防拘禁所に送り込む一方で、それ以外の対象者にはこの「日常生活裡に臣民道を躬行」する「錬成」が目標とされた。四二年六月の第七回保護観察所長会同の答申（『資料集』第三巻）では、「対象者指導目標」を「特に皇国民として没我帰一の精神に徹底せしめ、国民一体化を図らねばならぬ」と設定した。

新潟保護観察所が四二年六月頃に作成した『保護観察所のしおり』では保護観察所を「反国家思想の防止絶滅を目的とする官庁」としたうえで、「思想国防こそは焦眉の急務と謂うべき」とする。一般の寄付による観察所庁舎の建設に向けて呼びかけた「趣意書」には、次のようにある（「布施辰治資料」、明治大学図書館所蔵）。

仮令一人でも、忠良なる日本臣民に還元せしめ、皇恩に些少たりと雖も応え奉るところあらしめ得たとしたならば、それは大いなる日本人的同胞愛の結実であり、愛国心の実践化であり、国民一体化の具現であって、そこに真個の美しさが存すると言い得るであろう……治安維持法違反者をして再び忠良なる日本臣民に復帰せしめ、更に共産主義運動を絶滅せしむるが為めには、それ等の違反者を個々に、或は集団的に観察し保護し、時に依りては集団的に座談会、精神修養会等を開催して指導誘掖し、其間転向の機会を得せしめ、進んで転向を確保することに努力せねばならない。之と同時に指導者自身も多方面に亘って研究を積み、其の研究成果を活用して行かねばならない。

こうした実践策の一つとして、思想犯前歴者を「大東亜共栄圏建設の聖業」へ参加させることが打ち出された。「非転向者中再犯の虞顕著ならざるもの、又は準転向者中其の儘国内に居住せしむるを不適当と認むるもの」について、「南方諸島中適当の島嶼にして日本人の居住せず、又駐兵の必要なき島嶼を選び、此処に於て必要なる監督の下に夫々適当なる業務に当らしむること」（陸軍省「思想犯経歴者南方に収容する件」一九四二年八月一四日、赤沢史郎・北河賢三・由井正臣編『資料日本現代史』13『太平洋戦争下の国民生活』所収）が計画された。これは体のいい「島流し」方策であった。実際に四四年七月、第一次「図南奉公義勇隊」三〇人をはじめとする人々がボルネオ島に送られている。

なお、四二年六月の保護観察所長会同の答申中にはじめて「半島出身対象者に対する輔導」の項目が加わった。この場合は在日朝鮮人中の対象者への警戒で、「彼等の一部が抱ける謬てる思想を払拭し、真の皇国民としての精神に徹底せしめねばならぬ」とする。

単なる再犯防止に止まらない「思想の指導と生活の確立」をめざし、思想犯保護観察法の制定と運用に努めてきた森山保護局長はもちろんこうした指導理念の転回の責任者であった。森山のこの保護観察制度に関わる、おそらく最後の文章が『昭徳』一九四三年一月号（第八巻第一号）に発表した「思想犯保護観察制度の現代的使命」である。森山はこの制度の「思想戦としての役割」を強調し、そのための「適切且つ強力なる輔導処置」の実行を説く。輔導方法については「行動鍛錬を主とする厳正な指導」であるべきこと、現状の「個別的輔導」を再修正して「集団的輔導、特に錬成の実施に相当の重点を置くべきこと」の二点に論及する。また、共産主義運動関係の対象者の「落潮」とともに、「類似宗教」および民族運動関係の対象者が「逓増」しつつあることにも注意を喚起している。

戦局の悪化にともない、全般的な行政機構の整理がなされるなかで思想犯保護観察の機構も縮小を余儀なくされた。四二年一一月には輔導官三人と保護司一〇人が減員となる。さらに四三年一一月、保護局は行刑局とともに廃止された（刑政局を新たに設置）。森山も大審院検事に転出した。

戦局悪化のなかでの保護観察のあがき

保護局の廃止後も、「聖戦」遂行のためにますます銃後の治安維持は急務となり、思想犯保護観察制度自体の運用方針は拡大の一途をたどった。すでに一九四一年の保護観察所長会同などで対象範囲の拡大の声はあがっていたが、四四年一月の『司法輔導』（第九巻第一号）誌上で大阪保護観察所長の勝山内匠は「思想的静謐が絶対的要請」との立場から、思想犯保護観察法の対象を治安維持法違反者に限定せず、「詭激思想懐抱者が当該思想により為したる所為にして刑罰法令に違反したる者」に拡大すべきだと提言する。勝山の論理は思想犯保護観察法は「正義と仁愛の法なのだから適用を受くるは却って特権を与えられるもの」という、独善的なものである（「思想犯保護観察の対象に就いて」、『資料集』第三巻）。

また、四四年一一月には刑政局で「思想事件関係者勤労動員計画」が立案された。「時局の緊迫に伴い、思想事件関係者の輔導を強化する為、之を直接戦力増強に寄与すべき業務に動員し、勤労を通じ皇国民としての再起奉公を実践せしむると共に銃後思想治安の確保を図らんとす」という目的を掲げ、保護観察対象者などのなかから選定した者を「思想事件関係者勤労輔導所」に送り込むという計画である。立案の過程では「一事不再理の原則を放棄し、保護観察終了者にして保護観察の要ある者を速に立件すること」(司法省「思想事件関係者勤労動員関係綴」『資料日本現代史』13所収)も考えられていたように、「思想的静謐」のためにはなりふりかまわず強権の行使を図ろうとしている。この計画は実施には至らなかったと思われるが、各観察所では思想保護団体などを通じて「錬成」を名とする「勤労輔導」を進めていた。たとえば、札幌の尚和会の四四年度活動方針には「特設錬成道場に於て強制的錬成実施の実現を図ること」(同前)とある。

一九四五年の敗戦前後の思想犯保護観察法の運用状況については、GHQの「人権指令」により治安維持法とともに思想犯保護観察法が廃止される段階で二〇二六人が「保護観察」処分の下にあったこと(一〇月一〇日までに「処分解除」、終戦連絡中央事務局第一部『執務報告』第一号、一九四五年一一月一五日)以外に資料を見いだすことができない。

Ⅵ

新治安維持法と運用

朕帝國議會ノ協贊ヲ經タル治安維持
法改正法律ヲ裁可シ茲ニ之ヲ公布
セシム

裕仁

天皇御璽

昭和十六年三月八日

内閣總理大臣公爵 近衛文麿
内務大臣男爵 平沼騏一郎
拓務大臣 秋田清
陸軍大臣 東條英機
海軍大臣 及川古志郎
司法大臣 柳川平助

内閣

新治安維持法（1941年3月8日）
「御署名原本・1941年・法律第54号1, 2/13, 国立公文書館所蔵

一　新治安維持法の成立

「改正」案提出の模索

一九三四年と三五年の二度にわたる治安維持法「改正」はその試み自体は挫折したものの、三〇年代後半の拡張解釈への踏み台を用意するとともに、三六年から思想犯保護観察制度を創出させることに成功した。前章で述べたように、三五年秋頃、思想犯保護観察法案が単行法として構想される一方で、三度目の治安維持法「改正」は断念されていた。

しかし、三六年一二月八日の『社会運動通信』で「司法省では右改正案の第七十議会再提出是非を過般来協議の結果、遂に治安維持法改正法律案は今議会に提出せざることに決し」と報道されたことは、思想犯保護観察法の成立後も司法省刑事局において治安維持法「改正」案の再々提出が摸索されていたことを推測させる。この記事では「改正」案の骨子は「予防拘禁」にあったとしつつ、それは「数年来準備中で一、二回後の議会に提出さるべき刑法改正案中に包含されているからそれ迄の間議会に単独提出して無理をするよりも、現行法を巧みに運用してその目的を果し、正式に法律化するのは刑法改正の機会迄待つ方が得策である」と判断されたとしている。

治安維持法「改正」の試みはここにひとまず放棄されたことになるが、二、三の注目すべき点がある。「改正」

の目標が「予防拘禁」に収斂され、「支援結社の処罰規定、刑事手続の特例」（池田克）は後景に退いていること、その「予防拘禁」も近年中の刑法の改正をつうじて実現を企図していること、そしてその実現までは「現行法」の運用で代用しようとしていることである。思想犯保護観察法はすでに「非転向者」への観察を通じて「予防拘禁」的機能の一部を有していた。

ところが、日中全面戦争後は銃後の治安維持を至上課題としたため、再び「支援結社の処罰規定、刑事手続の特例」と「予防拘禁」制が強い「緊切性」をもって当局者に認識されはじめる。

ここで指摘しておかねばならないことは、四一年三月に実現をみる治安維持法「改正」が単なる三〇年代中葉の「改正」の試みの再現でないことである。四一年「改正」法が三四年・三五年の「改正」案の「支援結社の処罰規定、刑事手続の特例」を大幅に超えた内容になっているように、日中全面戦争以降の新たな状況が付け加わった。

「改正」作業の進展

具体的にはどのように治安維持法「改正」の要請が強まってきたのだろうか。一九三八年になると、治安維持法「改正」の必要性が「現場」の思想検事を中心にあがってくる。管見の限りもっとも早いのは六月の思想実務家会同においてで、東京刑事地裁の思想検事は「大正末期乃至昭和初期の思想情勢に対応して作られた現行治安維持法を以て現在の思想運動を取締ろうと致しまするのは、恰も真直なる物尺を以て曲りくねった材木を計ろうとするに等しく、其の不便なことは誠に想像に余りがある」（『昭和十三年六月　思想実務家会同議事録』『思想研究資料特輯』第四四号）と述べて司法省に考慮を求めた。この年からは控訴院別の思想実務家会同もはじまったが、そこでも「改正」を求める声が散見する。これらに対して司法省では「法律改正は慎重を要し、色々の観点から検討を加えて懸らねばならぬので、ここで直に申上げられませんが、研究を致します」（広島控訴院管内思想実務家会同における司法書記官清原邦一〔刑事局第五課長〕の発言、一九三八年七月、『昭和十三年度控訴院管内思想実務家会同議事録』『思想研究資料特輯』第四七号）と含みのある発言をした。

三九年六月の思想実務家会同になって、司法省は年末の第七五議会に向けて治安維持法「改正」作業を進めていることを明らかにする。控訴院別の会同では各地の検事・判事から具体的な「改正」点の提案がなされるが、それに対して司法書記官太田耐造〔刑事局第六課長〕は、次のように応答する（『昭和十四年度控訴院管内思想実務家会同議事録』『思想研究資料特輯』第七八号）。

此の類似宗教に限らず、一般の治安維持法違反の刑余者に就いて只今刑事局としましては之に対して予防拘禁制度が必要であろうと云うことで其の調査を致し、出来得べくんば来議会に法案として提出したいと云う計画を有って居ると云うことを一寸御報告申上げて置きます（八月、広島控訴院管内会同）

太田耐造
『太田耐造追想録』

現行法は結社を中心として規定せられ居り、その範囲が狭く、取締検察に不便があるので、結社に関係のない国体変革の問題に付、どうも取上げ難い現状にあり、例えば類似宗教の検察取締に就ても同法に含めてはどうかと言う事も問題にして居るので、只今、本省に於ても同法の実質的改正が必要だと言うことで考慮中であります（九月、長崎控訴院管内会同）

この時期には思想司法関係者ばかりでなく、第一線の特高警察官からも検挙・取締の便宜の観点からの治安維持法「改正」の要望が寄せられていた。三九年七月の東京刑事地裁検事局主催の特高主任会議の席上、警視庁特高部特高第一課からは「非転向者を五年なり十年なり期間を切って、社会から隔離して社会に出さないと云う治安維持法違反事件の行刑的考慮が必要」「一般社会への宣伝啓蒙と云う一条を挿入すれば、短時間に調が済む」などのほか、強制留置期間の拡大も求められている。中村絹次郎特高第一課長の「現在の処、左翼の方から見れば非常に乱暴と思われる様な法律でも通り易い様になった」（以上、東京刑事地裁検事局『特高主任会議議事録（其の二）』一九三九年七月、『特高警察関係資料集成』第二六巻）という率直な発言に抑圧取締最優先の論理が如実にあらわれている。

一九三九年の「治安維持法改正法律案」

大審院の思想検事として治安維持法の運用状況全般を把握している池田克は、一九三九年八、九月に発表した『治安維持法』（『新法学全集』第三八巻、『治安維持法関係資料集』〔以下『資料集』と略〕第二巻）の冒頭で「其の適用範囲は年毎に拡大され来たり、今や解釈運用の限界点に到達し、次々に生起する新たなる事態に対応して治安維持の目的遂行に支障なきを期するが為には、規定を実態的にも手続的にも整備することを緊切とする」と論じる。現行法の法学的考察のかたちをとりつつ、治安維持法が「解釈運用の限界」に達していることを法曹界ないし社会に訴え、「改正」のための環境づくりをも意図しているといえよう。

この『治安維持法』刊行と並行して、池田と太田耐造を中心に大審院検事局で実際に「改正」作業が進められていた。前述の太田の広島・長崎各控訴院管内会同での発言に相当するものだろう。現在、明治大学図書館所蔵「布施辰治文庫」に「治安維持法改正法律案（試案）」と「治安維持法改正法律案（参考案）」の二つの草案が含まれている。前者には（昭和一四・九・八大検印）、後者には（昭和一四・九・一二大検印）とあり、大審院検事局でタイプ印刷されたと推測される。後者の表紙には「長谷川検事殿」と手書きされ、「長谷川」の印も押されている。東京控訴院検事局の思想検事であった長谷川瀏と思われるが、どのような経緯で布施がこれらを所蔵することになったのかは不明である。池田・太田が中心となり、司法省刑事局や東京控訴院・東京刑事地裁の各検事局と協議し作成した途中経過の産物が「試案」「参考案」と考えてよいだろう。

「試案」は全三九条、「参考案」は全三八条からなり、いずれも「第一章　総則」「第二章　罪」「第三章　刑事手続」「第四章　予防処分」「付則」という構成で、四一年三月に公布となる新治安維持法の原型がすでにできあがっている。新治安維持法は条文をさらに増やし、「予防処分」を「予防拘禁」とするような変更がなされる（「第一章　総則」はなくなる）。「試案」と「参考案」の条文数の違いは「刑事手続」のところにあるが、ここからは「参考案」を検討して、どのように四一年の治安維持法につながっていくかをみたい。

まず「第二章　罪」で一九二八年改正治安維持法に追加されたのは次の条文である。

第五条　皇室の尊厳を冒瀆し、其の他人心を惑乱すべき教説を流布することを目的として多衆を結合したる者は一年以上十年以下の懲役に処し、情を知りて結合に関与したる者、又は結合の目的遂行の為にする行為を為したる者は七年以下の懲役に処す

新治安維持法に登場する「国体」否定の語はまだないが、三〇年代後半に治安維持法運用の拡張により対象となった「類似宗教」を「国体」変革の拡大解釈によって処断する窮屈さを回避するためにこの条文が案出された。「多衆を結合したる者」は新治安維持法においては結社と集団とに分けて規定される。

この「参考案」と新治安維持法の大きな相違は、「国体」変革の「支援結社」「準備結社」「集団」、そしてそれぞれの目的遂行罪という何重にも設定された処罰の構造がまだ整っていないことである。したがって「参考案」第四条では「協議」「煽動」とそれぞれの目的遂行罪を規定する。これから一年有余の期間に「支援結社」処罰

などの重層的構造が綿密・周到に練り上げられていくことになる。

「国体」変革に関する処罰刑は二八年改正治安維持法の「懲役又は禁錮」から「参考案」では「懲役」のみになった。それは実際の運用状況に沿うとともに、「国体」変革・否定へのいっそう強くなった懲罰姿勢ゆえにといってよい。

まだ二八年改正治安維持法とこの「参考案」の量刑は同程度であったのに対し（三四年と三五年の両「改正案」では量刑を引上げようとした）、新治安維持法ではより重く引き上げられていく。たとえば、第三条の「国体」変革結社の組織・指導は「死刑又は無期、若は五年以上」が、新治安維持法では「死刑又は無期、若は七年以上」となっていく。目的遂行罪も「二年以上」が「三年以上」となった。

「第二章　罪」における「試案」と「参考案」の違いは第七条にある。「試案」が「不法手段に依り私有財産制度を否認」とするのに対して、「参考案」では「不法手段に依り」がなくなっている。この「不法手段に依り」は治安維持法の起草段階でしばしば登場していた。「不法手段に依り家族制度、私有財産制度を変壊し」などが考案されたのは新治安法案の恣意的な拡張解釈を回避するという意図にあったが、一九三〇年代末の時点では合法的な「私有財産制度」否認については認められるべきだという声を意識することが一瞬ながらあったということだろう。ただし、すぐにそれは削除された。

「第三章　刑事手続」の内容は三五年の「改正案」に近いもので、思想犯罪処分の「適切化」および迅速化や効率化、強制捜査権の付与などの検事権限の強化が盛り込まれた。新治安維持法との大きな違いは、弁護権の制約と控訴審を省略する二審制の規定がまだ盛り込まれていないことである。

「第四章　予防処分」の内容は三四年「改正案」の「第五章　予防拘禁」の条文をほぼ踏襲しているといってよい。第二四条で「第三条乃至第五条の罪を犯し刑に処せられたる者、其の執行を終り釈放せらるべき場合に於て、釈放後更に其の罪を犯すの虞あること顕著なるときは、裁判所は検事の請求に因り本人を予防処分に付する旨を命ずることを得」と規定する。「予防拘禁」という強い響きを考慮してであろう、「予防処分」とぼかす工夫をしている。新治安維持法では「予防拘禁」の対象を刑期満了の非転向者や準転向者だけでなく、「保護観察」中の非転向者や準転向者にも広げた。

この三九年九月段階の二つの「治安維持法改正法律案」がもつ意味は、日中戦争長期化にともなう治安確保の緊要性に対応して「改正」気運が高まるなかで、大審院検事局の池田と司法省刑事局の太田らを中心とする立案作業が積極的に進められていたこと、四一年の新治安維持法の原型が固まりつつあったという点にある。しかし、一挙に一二月の第七五帝国議会に提出するまでには至らなかった。

戦時下、日本国内よりも治安維持法の運用への関心が高かった朝鮮において、その改正への動きを新聞が報じている。四〇年三月二日の『朝鮮新聞』は木村尚達法相が一日の貴族院予算委員会で次議会に治安維持法改正案を提出するという発言を受けて、「治安維持法改正の要点」という記事を載せる。三五年の「両院協議会の問題となって握潰しになった案に若干の修正を施」したものと観測し、その要点を掲げた。

一、治安維持法適用範囲を若干拡大して、左右両翼以外の悪質思想をも取締り得るようにする
一、集団犯罪取締に必要なる手続法を加える
一、治安維持法に触れたる者に対して予備拘禁をなし得る規定を設ける

この時点では、まだ先の三九年「参考案」の内容に近いものと推測される。三月末の議会終了を待って、立案に着手し、次議会（一二月）への提出をめざすという。

思想実務家の「改正」要望

本格的な治安維持法改正案の立案作業の一環であろう、司法省ではあらためて一九四〇年五月の思想実務家会同で「実務上の経験に徴し、治安維持法の改正に付考慮すべき事項如何」を諮問し、全国の控訴院・地裁の判事・検事の意向を広く聴取した。会同における発言とは別に、それぞれから詳細な文書による答申もなされている（『昭和十五年五月　思想実務家会同議事録』『思想研究資料特輯』第七九号）。そこでは「無理に有らゆる方面から証拠を蒐集して」とか、「治安維持法の解釈を最大限度に拡張して、辛うじて時代の要求に応じて居る状態」など、如何に現行法の規定が窮屈でその運用に苦労しているかが吐露された。「非常に乱暴と思われる様な」願望までが列挙されている。

司法省が諮問事項の例示に示すように、「改正」の方向は「第一条乃至第三条の規定を拡張するの要ありや、若しありとせば其の内容如何」「治安維持法違反事件に付、特に強制捜査に関する規定を設くるとせば、其の要綱（強制捜査の主体、範囲、拘束期間、行政検束との関係等）如何」「刑の執行を終了したるものにして、仍再犯の虞ある者に対し予防拘禁制度を設くるの要否」の三点に集約されていた。各答申の最大公約数は一二月開会の第七六議会に提出の「改正」案の内容といえるが、ここではそこに盛り込まれなかった提案の主なものをみておこう。

第一の点では「私有財産制度」否認を目的とする外廓団体や宣伝行為に対する処罰、右翼に対する取締規定を必要とする意見が少なからずあった。第二の点では検事の強制捜査の見返りに廃止されようとする行政検束の存続の容認を求める声がある。第三については不定期刑の導入を求める意見や時期尚早という答申もなされるが、大勢は「予防拘禁」に同意している。この問題では一家言を持つと自負する正木亮広島控訴院次席検事が長広舌をふるって、論議をリードする。「今迄私が学問的に扱いました点に於ては絶対不定期刑を固持する、不定期刑制度を主張して居るが、私は私の信念を一歩譲りまして、茲に予防拘禁と云うことを採ることの方が皆さんに妥協を申込むことが出来ると同時に、其の方が今日の制度より一歩進んで国家を救う所以であると考えまして、私は私の確信を一歩譲歩致します」と述べた。

　この会同に関連して二つのことを指摘しておきたい。一つは「実務の経験は何と申しましても東京刑事思想部が一番豊富」（思想検事平野利の発言）という自信と自負にもとづき「改正」要求をおこなう東京刑事地裁検事局に代表される、強硬かつ広範な内容が司法省「改正」案に強く反映することである。いくつかの他の地裁・検事局からの答申では「改正」の内容・範囲として第六五、ないし第六七議会提出の「改正」案に準じたものを想定しているが、平野検事は「昭和九年、十年の時代と現在の支那事変下の情勢とは全く異って居」るとして、それらにとらわれる必要はないと批判する。検事による拘留期間についてみると「最少四月、それから其の必要ある場合一月毎に更新、一年を超ゆることを得ず」という答申中もっとも強硬な要求が出され、これが最初の拘留期間を二月と絞るほかはそのまま実現していく。

　もう一つはこの会同に限ったことではないが、裁判所（判事）側からも治安維持法「改正」に積極的な意向が示されることである。「国体」変革・否定への重罰付加はいうまでもなく、刑事手続きにおける検事の強制捜査権についても多少の制限を要望するものの、「是は洵に已むを得ざるに出でたる刑事訴訟法の例外規定」（大阪地裁の田淵史郎判事の発言）と理解を示す。裁判所側からの「改正」提案はこれらにとどまらない。控訴院ないし控訴院所在地の地裁に思想犯罪専門の公判部を設置する提案のほか、東京刑事地裁や仙台地裁からは二審制までが提言された。後者の点について、東京刑事地裁の山本謹吾判事は「従来に於ける治安維持法違反被告事件の審理の結果に徴しまするに、此の種の事案にして無罪の判決を受けたというが如き事例は極めて実例に乏しい」「其の事実の認定が一審と二審とに依って異なるというが如き事例も亦極めて寥々たるものではないか」などと説明して、「審理の促進」の観点から二審制導入を主張する。司法省ではこうした提案にも乗っていく。

四〇年六月から九月にかけて開かれた各控訴院管内別の思想実務家会同でも、司法省への「改正」要望があげられていく。九月の大阪控訴院管内の会同では「非転向」の思想犯受刑者に対する「非常立法により単行法の制定が焦眉（しょうび）の急」とする京都地検に応えて、刑事局の司波実事務官が「改正」案の進捗状況を次のように披露している（『昭和十五年度控訴院管内思想実務家会同議事録』『思想研究資料特輯』第八六号）。

> 改正に当りましては是等思想犯の予防拘禁と同時に実体法の整理、手続の整備と云う様に三本建主義をとって居るのであります
>
> 実体法改正の骨組丈を申せば現行法規は既に過去の刑罰法規となって居りますので、現今の如き犯罪の新傾向に対し新しい手段として保安処分等に依り新に思想犯防止の方法を講ずると共に、左翼運動の取締強化、類似宗教取締等を包含せしめた相当広範なる実体法規の制定を計画しているのであります
>
> 又手続法の整備に於きましても行政捜査の任に当る検事に強制権を与える建前とし、又拘留期間は最長六ケ月に延長すべしと云う意見があります
>
> 以上の作案（ママ）に対しましては改正委員会に於ても非公式乍（なが）ら認められて居るのであります。

最後の「改正委員会」については不詳だが、すでに骨格はかなりできあがりつつあることがわかる。

なお、これらの会同に先立ち、四月二六日、司法省では「刑法改正仮案」を発表した。改正の眼目は「国体の明徴、醇風美俗の尊重を旨とし、個別処遇の原則に即しまして本人の教化と社会の防衛とを完（まっと）うすること」（四〇年四月の泉二（もとじ）新熊（しんくま）大審院長の訓示、泉二『法窓余滴』所収）にあり、大きな流れとしては刑法の特別法である治安維持法「改正」もこのなかにある。一時「予防拘禁」制度が刑法「改正」として期待されていたように、この「仮案」では新たに設けられた「保安処分」規定の一つに「予防処分」が想定されている。ところが近衛内

閣はこの大「改正」を見送り、一部の「改正」の実現にとどめてしまう（四一年三月一二日、刑法中改正）。刑事局内部では「刑法改正仮案」の実現の見通しが立たないことを見越して、「予防拘禁」制を治安維持法「改正」として実現させることを早い段階で判断していたと思われる。

「大体の成案」——思想取締の「完璧を期する」ために

一九四〇年秋の段階の「改正」作業をあとづける資料は、まだ見いだし得ていない。司法省が新たに発刊した『思想特報』（一九四一年一月一五日）に「漸く大体の成案を得た」として「治安維持法改正法律案（未確定）」（『資料集』第四巻）が載るのは、第七六議会の開会（四〇年一二月二六日）後である。付記として治安維持法の制定・「改正」経緯を略述したのち、次のように記している。

今日に至る迄の間、我国の社会状勢並に思想運動情勢は著しい変化を見て居り、此の変化に対応して治安維持法を改正して思想犯取締の完璧を期するの緊要性は、思想犯取締の任に在るものの斉しく痛感し居る処である。仍て本省に於ては予てより本法の改正を企て、思想実務家会同等の機会を利用して実務者の意見を徴するに努むると共に法案の作成を急いで居たのであるが、漸く大体の成案を得たので参考の為、茲に法案の全文を掲げた次第である

「罪」「刑事手続」「予防拘禁」の三章構成をとり、条文数こそ全六〇条で「改正」治安維持法の全六五条と異なる（増加する条文は軍法会議や朝鮮における適用に関する規定）が、内容上も用語上もほとんど差違はない。わずかな相違はこの「改正」案が「予防拘禁」に関して検事に対する申し立てを「監獄の長」と「保護観察所の長」にも認めていること、仮処分の期間についての規定が欠けていること程度である。主な条文を掲げる。

第一条　国体を変革することを目的として結社を組織したる者又は結社の役員、其の他指導者たる任務に

従事したる者は死刑又は無期若は七年以上の懲役に処し、情を知りて結社に加入したる者又は結社の目的遂行の為にする行為を為したる者は三年以上の有期懲役に処す

第七条　国体を否定し、又は神宮若は皇室の尊厳を冒瀆すべき事項を流布することを目的として結社を組織したる者又は結社の役員、其の他指導者たる任務に従事したる者は無期又は四年以上の懲役に処し、情を知りて結社に加入したる者、又は結社の目的遂行の為にする行為を為したる者は一年以上の有期懲役に処す

第三十七条　第一章に掲ぐる罪を犯し刑に処せられたる者、其の執行を終り釈放せらるべき場合に於て、釈放後に於て更に同章に掲ぐる罪を犯すの虞あること顕著なるときは、裁判所は検事の請求に因り本人を予防拘禁に付する旨を命ずることを得

第一章に掲ぐる罪を犯し刑に処せられ其の執行を終りたる者又は刑の執行猶予の言渡を受けたる者、思想犯保護観察法の規定に依り保護観察に付せられたる場合に於て、保護観察に依るも改悛せしむること甚しく困難にして、更に同章に掲ぐる罪を犯すの虞あること顕著なるとき亦同じ

この「改正」案は前年までの思想実務家会同などでの現場からの要望を最大限に取り込んだかたちとなっているが、ここではじめて登場する条文もある。一つは弁護権の制限（指定弁護士制度、弁護人数の制限、訴訟関係書類の謄写・閲覧の制限）で、治安維持法「改正」案に先だって議会に提出されていた国防保安法の同様な規定を借りたといえる。もう一つは「予防拘禁」の対象者が「刑の執行を終了し」ながらも依然として「非転向」を貫く者にとどまらず、「保護観察に依るも改悛せしむること甚しく困難」な者をも含むとされたことである。これは、思想犯保護観察制度の運用の側からの要請といえる。

司法省ではこの「大体の成案」を得ることと並行して、内務省・陸軍省・海軍省・拓務省（植民地主管）と

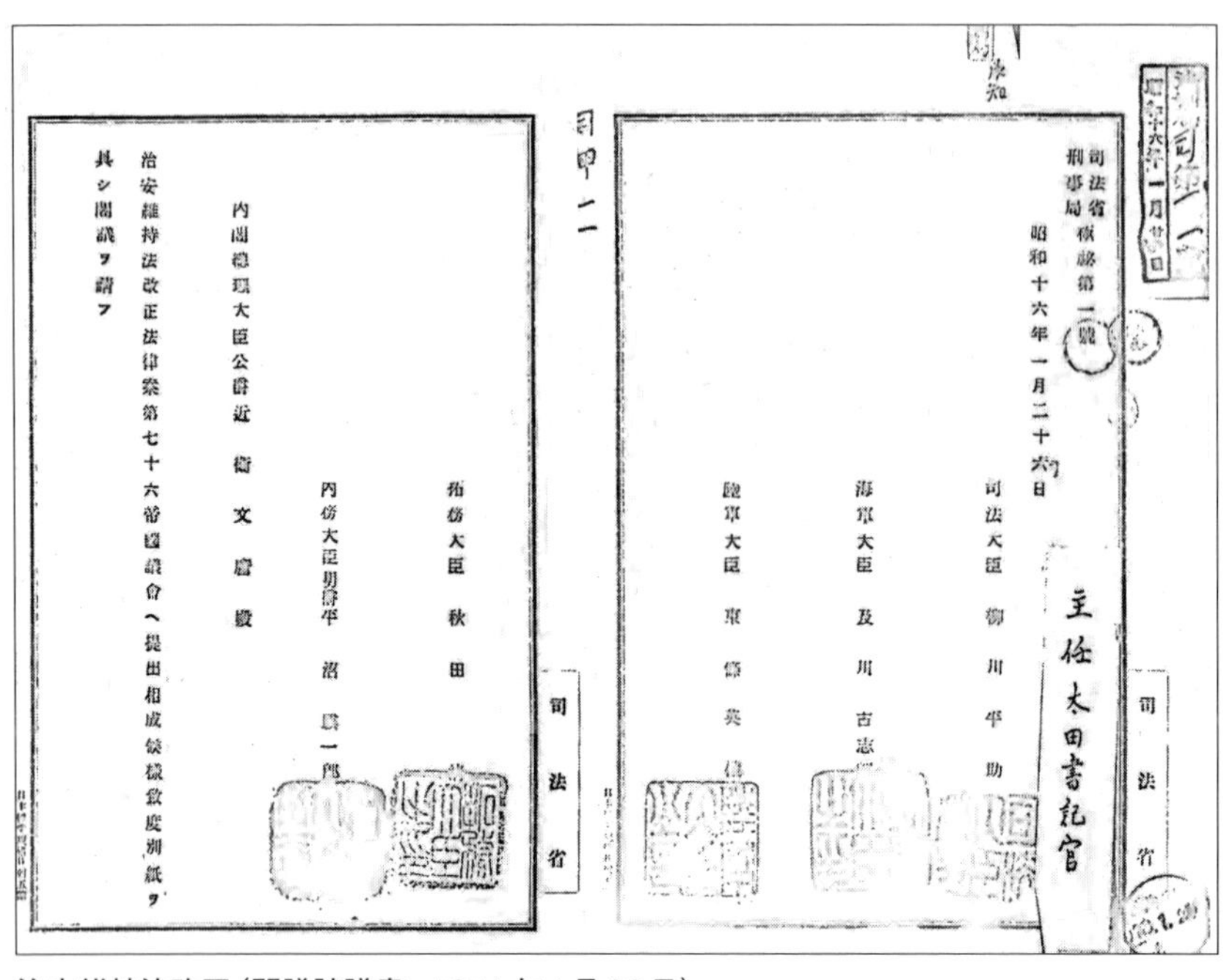
司法省
刑事局秘第一號
昭和十六年一月二十六日
司法大臣 柳川平助
海軍大臣 及川古志郎
陸軍大臣 東條英機
主任 太田書記官
司法省

拓務大臣 秋田
内務大臣男爵平沼騏一郎
内閣總理大臣公爵近衛文麿殿
治安維持法改正法律案第七十六帝國議會ヘ提出相成候樣致度別紙ヲ具シ閣議ヲ請フ
司法省

治安維持法改正（閣議請議書、1941年1月26日）
「公文類聚」第65編・1941年・第128巻141,142/323、国立公文書館所蔵

協議してその関係の条文を追加したのち、一月二六日、五大臣名で閣議に提出した。すぐに内閣法制局の条文審査がなされ、「第一章　罪」の実体的規定はごくわずかな修正にとどまったものの、「第二章　刑事手続」「第三章　予防拘禁」はかなりの語句上の修正を受けた。とはいっても、法技術上の修正であり、大きな内容的な変更はない。二月七日、閣議決定され、議会提出の政府案が決定した（以上の経緯は「公文類聚」第六五編・一九四一年・第一二八巻）。司法省の「改正案」起草の中心は刑事局第六課長の太田耐造である（第六課は国家主義運動・宗教運動を担当。第五課が共産主義運動を担当）。公布後、太田は「改正治安維持法を繞る若干の問題」（『法律時報』第一三巻第五号、一九四一年五月）などを執筆している。

無修正での議会通過

大きな内容変更であったにもかかわらず、治安維持法「改正」案は無修正で議会を通過、成立する。一九四一年二月七日に衆議院に提出、翌八日の本会議に上程され、柳川平助法相の提案理由の説明があったが、ここでは異例にも一つの質問もなされず、すぐに委員会に付託される。この間には、まだ抵抗が予想された「予防拘禁」制導入を万全にするために「政府は事前に種々の議会工作をして協力を求めるとともに、その交換条件として議員の任期一年延長法案の好餌(こうじ)を出したりした」(第一東京弁護士会『われらの弁護士会史』)という。具体的なことは不明ながら、こうした議会工作が功を奏し、そして議会全体が治安法制の強化に積極的に賛同した結果、この「改正」案はそのまま無修正で成立していく。

委員会での審議は七日間おこなわれたが、「改正の必要性及び原案の内容に関しては、委員間に殆ど異論を見なかった」。わずかな批判的質問は検事に強大な強制捜査権を付与することや二審制の採用、「私有財産制度の否認の意義如何」などであるが、これらも政府の説明に納得してしまう。むしろ、委員からは「政体の変革に関する処罰規定を此の改正案に設くべし」などの、より広範な取締能力を持たせるべきだという質問が相ついだ(以上、委員長服部英明の本会議における報告、『第七十六回帝国議会　治安維持法改正法律に関する議事速記録並委員会議録』『思想研究資料特輯』第八三号)。委員会(二月一九日)も、本会議(二〇日)も全員一致で可決された。

貴族院でもほとんど状況は同じである(二月二一日に本会議上程、二二日委員会成立、二八日委員会可決、三月一日本会議可決)。一議員から第一〇条と第一一条に対する修正要求——「政体の変革を企つるものを取締り、私有財産制度否認を目的として之を宣伝する者を取締ると云うこと」——が出されたが、これは第六五議会で貴族院が当時の治安維持法「改正」案に加えた修正を尊重するという趣旨であった。この修正案自体は否決されるものの、法相から近い将来での実現という言質を取り付け、「私有財産制度」否認宣伝の処罰に関しては四三年三月の戦時刑事特別法の「改正」に盛り込まれていく。

委員会では「政府は速かに各省に亘る思想問題に関し徹底的統合を図り、斯の種思想の因って生ずる所を究め、未然に之を防止するの途を講ずると同時に、教学を根本より刷新し以て思想犯罪の絶滅を期すべし」（『第七十六回帝国議会　治安維持法改正法律に関する議事速記録並委員会議録』）という「希望決議」までが付される。こうして委員会、本会議で可決され、治安維持法「改正」は実現した。このあと、三月四日の閣議で上奏を決定、八日に天皇の裁可（本章扉参照）があり、一〇日の公布となった（『資料集』第四巻）。付則で勅令により定めるとされた施行日は五月一五日となった。朝鮮・台湾でも施行された。

無批判な報道と法学者在野法曹

かつては治安維持法の制定や「改正」について、その起草過程から批判的報道をおこなった新聞も、この「改正」には議会通過などの事実を短く報じるにとどまった。完全に社会運動が封じ込まれている状況下では、もちろん「改正」反対の声さえあげることはできなかった。なお、朝鮮の新聞紙においてはまだ関心が高かったことについてはシリーズⅣ『朝鮮の治安維持法』で触れた。

「刑事手続」改正や「予防拘禁」制の導入に対しても、「若しいつもの場合でありましたら在野法曹から非常に大きな反対をかったのだろうと思いますが、在野法曹の反対はそれ程でありませんでした」（四月の臨時思想実務家会同における三宅正太郎司法次官の挨拶、『昭和十六年四月　臨時思想実務家会同議事録』『思想研究資料特輯』第八八号）という状況だった。

「改正」にともなって公表された解説類は、刑事局第六課長太田耐造「改正治安維持法を繞る若干の問題」

（『法律時報』一九四一年五月）と内閣法制局参事官山崎丹照「改正治安維持法概説」（『警察研究』第一二巻第三号～第七号、一九四一年三月～七月、『資料集』第四巻）という法制局官僚によるものに限られた。

山崎丹照は内務・警察畑を進み山梨県特高課長を経て、内閣法制局に移っていた。法制局で新治安維持法の審査に関わった関係で、この「概説」を書いたと思われる。「概説」の結びに「改正治安維持法はその実体的規定に於て重大なる改正を見たるのみならず、其の刑事手続に於ても画期的の大改正を施し、他面又予防拘禁の制をも定めて非転向者の処遇に新分野を開拓」したと論じるように、新治安維持法に諸手をあげて歓迎している。「予防拘禁」について「思想の改善を図り、以て忠良の日本人に立返らしむる」とする点など、司法省解説よりもその真意は鮮明である。

宮城控訴院検事長の石塚揆一は「時局柄、それが力強い効果を期待すると共に其の事に当る者としては、これが運用に万一の過誤及び遺憾無き様、十二分の用意を要する」（「治安維持法改正法律」中川善之助編『第七十六議会　新法令解説』一九四一年一二月）と述べている。

在野法曹の一翼を担う法学者でも、たとえば「国体」変革の宣伝とその目的遂行に対する新たな規定について、団藤重光は「極めて包括的な構成要件であるが、現在の情勢においてはかかる規定を設けることは已むを得ないことであろう」（「治安維持法改正法律」我妻栄編『第七十六帝国議会　新法律の解説』一九四二年九月）と理解を示す。牧野英一は刑事手続の特例に「刑事訴訟法一般に対する重大なる修正の前駆者となるわけのもの」（「非常時立法としての刑罰法規の強化」『法律時報』第一三巻第三号、一九四一年三月）と積極的評価を与えていた。また、「予防拘禁」についても「非常時発展の系列」に位置すると捉え、「刑罰のために有終の美を済すべき」ものと論じた。さらに刑事犯罪の確信犯に対しても予防拘禁制の拡大を提案している（「予防拘禁の思想的意義」『刑政』第五五巻第二号、一九四二年二月）。

二　新治安維持法の概要

一九二五年の治安維持法と二八年の緊急勅令による「改正」治安維持法はいずれも全七条であったのに対して、この四一年の治安維持法の「改正」が刑罰規定の厳重化だけでなく、「刑事手続」と「予防拘禁」の規定を持ち、条文数も六五条に及んだことからすると、これは第三次の治安維持法でありつつ、実質的に「新治安維持法」と呼ぶべきものである（奥平康弘『治安維持法小史』も「新治安維持法」を用いる）。立法の当事者にもそれはよく認識されていた。刑事局第六課長の太田耐造は「名は法律改正であるが、其の実質は全く新たな立法と云うに足る大改正」（「改正治安維持法を繞る若干の問題」）とする。山崎丹照の位置づけでも「全く面目を一新するに至った」（「改正治安維持法概説」）とされる。したがって、本書でもこの二度目の改正治安維持法を「新治安維持法」と呼ぶ。

新治安維持法の概要を司法省刑事局が作成した「改正治安維持法説明書（案）」（一九四一年三月、『資料集』第四巻）を中心にみてみよう。これは新治安維持法が公布されたあと、施行までの間に用意された思想実務家向けの解説と推測される。全体にわたり、議会審議のために準備された説明資料がそのまま転用されている。「改正」趣旨と条文解釈の徹底を通じて、その早急・効率的な運用が意図された。長野県特高課ではこの逐条解釈の部分をそのまま転載したものを作り、課内および各警察署に参考資料として配布している。

「第一章　罪」の増補強化

「第一章　罪」は実体規定の増補強化である。「改正治安維持法説明書（案）」は「概説」として「改正」の理由を現行法（二八年の「改正」治安維持法）の欠陥と「我国内外の情勢」から説明する。日本共産党への適用を想定して立案・運用されてきたが、その後「正統派共産主義運動と対立的なる所謂労農派グループ及其の一派の階級的諸組織に対し、或は日本無政府共産党、農村青年社の如き無政府主義運動に対し、更に又新興仏教青年同盟（仏青）、皇道大本、天理本道、灯台社の如き類似宗教結社、若は朝鮮、台湾の民族独立運動等に対しても亦適用せられる等、今や同条の解釈運用は立法当時の想定を超えて年毎に拡大せられ来り」とする。そして、当の思想司法自身が特高警察とともにその拡大を主導してきたにもかかわらず、「今や同条の解釈運用の限界点に到達したるやの観あり」と他人事のようにいう。

また、現状を「党は殆ど全く其の活動を休止し、外面上其の存在を認め難き」としつつ、「従来の統一的組織的形態より一転して分散的個別的態様に移行」したことに加え、「党の組織再建準備、又は党的気運の醸成のための活動に終始するに至りたり」とみる。党そのものは実態がないため、結社取締の適用や目的遂行罪の認定は困難となった。それゆえ、「分散的個別的態様」および「党の組織再建準備、又は党的気運の醸成のための活動」を無理なく、効率的に処断しうる規定が必要になってきているとする。

これらに加えて、戦時体制の進行により「詭激思想運動を徹底的に取締るの必要急なるものあり」という治安確保の絶対的要請にもとづき、「早期検挙の励行」がどうしても必要とする。しかし、現行法では「次々に生起する新たなる事態」に対応できないため、その改正によって「実体規定を整備すること、寔に緊切なる」とする。

「現行法の不備なる点」としてあげるのは、「支援結社に関する処罰規定を欠如せること」「準備結社に関する処罰規定を欠如せること」「結社に非ざる集団に関する処罰規定を欠如せること」「宣伝、其の他国体変革の目的遂行に資する行為に関する包括的処罰規定を欠如せること」の四点である。新治安維持法ではこれらの欠陥を埋める「改正」をおこなうこと以外に、「国体」変革処罰に関して現行法の禁錮刑の削除と刑期の全般的な引上げ、そして「不逞」な「類似宗教団体」を「国体」否定という新たな概念で処罰する規定が加わった。

これらの「改正」点は、三四年、三五年の「改正」案を引き継いだもの――禁錮刑の削除と刑期の引上げ、支援結社の処罰、宣伝などの行為の処罰――と、その後の実際の運用で必要に迫られたもの――準備結社の処罰、「集団」の処罰、「類似宗教」結社・集団の処罰――に大きく分けられるが、いずれも拡大解釈の運用によって一九三〇年代後半には実際的に遂行してきたことを追認する合法化・遵法化にすぎない。もちろん、こうした「改正」によって運用はさらに効率化・簡易化される。

「分散的個別的態様」への移行や「党の組織再建準備又は党的気運の醸成のための活動」に対処するためとして、準備結社とそれへの「目的遂行」行為、「集団」とそれへの「目的遂行」行為、さらに宣伝とその「目的遂行」行為と、およそ考えられる可能性のすべてを網羅的に処罰し得る重層的な規定となった。従来、外廓団体の指導者・組織者は第一条の「国体」変革結社の「目的遂行」行為として処断されてきたが、新治安維持法では第二条の支援結社の規定を用い、死刑までの重罪を科すことができるようになった。準備結社（第三条）の規定は第一条結社の存在しない場合の組織の予備行為を想定したもので、「結社性を認め得る読書会、研究会の如く集会、宣伝、啓蒙等の方法に依り党的気運の醸成に努むると共に、共産主義者を養成結集して党再建に資するが如き行為を担当せるものをも包含する趣旨」であることから、その活用は十分に予想された。

そして、それ以上に「実益は相当にある」（四一年四月の臨時思想実務家会同における太田第六課長の説明、『昭和十

六年四月　臨時思想実務家会同議事録』『思想研究資料特輯』第八八号、『資料集』第四巻）と期待されていたのが、第五条の「宣伝」と「其の他、其の目的遂行の為にする行為」に対する処罰である。これらは結社の存在と無関係であるゆえに「一切の個人的行為を処罰する包括的規定」（同前）となるほか、結社性になじまない性質を持つ民族独立運動や無政府主義運動への適用が予想されていた。

新治安維持法の第七条は「国体」否定と「神宮若は皇室の尊厳を冒瀆すべき事項」流布に対する処罰規定であり、第八条はそれらについての「目的遂行」罪を規定する。いうまでもなくこの両条は「不逞不穏の教説を流布する類似宗教団体を処罰の対象」とするものであるが、それにとどまらない。「国体変革思想は国体否定思想を前提とし、進んで之を破壊せんとする思想なるを以て、国体否定思想は常に国体変革思想の前提思想にして国体変革思想を含んで更に広き観念なり」という見方をすることによって、「天皇機関説の流布を目的とする団体或は機械的唯物論又は所謂真正無政府主義特有の団体」（太田、『昭和十六年四月　臨時思想実務家会同議事録』）への適用の可能性も示唆される。

「国体」変革が能動的な行為であるのに対し、「国体」の否定は人間の内面の信条・信仰における観念的な否認という静的行為であるが、そこまで処罰されるようになったことはいままで以上に思想そのものが取締対象となったことを意味する。

「第二章　刑事手続」——審理の促進と簡易化

「第二章　刑事手続」は、刑事訴訟法に対する特例措置である。「改正治安維持法説明書（案）」は「改正」の背景と理由を次のように説明している。

本法の取締対象たる思想犯事件は、他の一般犯罪と著しく其の性質態様を異にす。思想事件は確信犯なる

> が故に、国憲国法を無視して酷烈果敢なる活動を展開し、或は検挙を免れんが為に地下に潜入し、捜査官の取調を受くるに当りては長期間沈黙を続け、容易に真実を告げず、公判の審理を受くるに際しては所謂法廷闘争の挙に出づる等、極めて執拗なるものあるのみならず、組織的且集団的犯罪なるが故に、捜査及審理手続が長期に亘り、且複雑化する傾向を有す。斯くの如き事態は現行刑事訴訟法の予想せざりし処なるを以て、同法は之を思想犯事件に適用して其の捜査及審理を遂行するに付、多くの不備欠陥を有するは寧ろ当然なり、翻って現下内外の情勢を観るに、此の種犯罪を萌芽の中に芟除し、其の組織を徹底的に破砕すると共に、其の裁判を迅速に確定せしめて、思想国防の完璧を図るの要緊切なるものあり

治安維持法違反事件においては司法処分のいずれの段階でも刑事訴訟法の想定する適用を困難にしていると主張するが、地下潜入も法廷闘争もかつての三〇年代前半の共産党との全面的対峙の段階ではあてはまるとしても、四〇年前後の状況は地下潜入も法廷闘争もないことからすれば、詭弁といってもよい。捜査・検挙や取調を困難にしているのは、取締当局自身がフレーム・アップにより実態のない思想犯罪を無理やりに作り上げるからであった。この改正に「司法手続」の簡略化を盛り込んだことは、三〇年代に二度頓挫して以来の念願だったからであり、「現下内外の情勢」に要請された治安の絶対確保ということが大きい。

その要点は検事に広範な捜査強制権を付与したこと、控訴審を省略する二審制を採用したこと、弁護権に各種の制限を設けたこと、裁判管轄の移転を請求し得る場合を拡張したことの四点である。これらは刑事手続の面から審理の促進と簡易化を進めるための特例措置だが、それが容認されるのは「国家統治権の作用として立法、行政と相並んで、司法を認める我法治国家体制は「まつろわざるもの」をも陛下の赤子としてまつろわしむべく抱擁せらるる大御心を中心とするところの、我国体に淵源しているものと信ずる」（太田「改正治安維持法を繞る若干の問題」）という独善的信念によっている。

したがって、四つの「改正」点についての理由づけはどれもご都合主義的であったり、論理のすり替えであったりしながらも、当局者には反対に「人権尊重の精神に合致するものであり、文化国家としての我国の一躍進」（同前）と自負される。

検事への強制捜査権の付与で理由の第一にあげられるのは、警察官による行政検束濫用の弊害を「人権尊重」の観点から防止するというものである。しかし、行政検束はこれまで「謂わば必要なる害悪、或は権利の流用」（同前）として大いに活用してきたものであり、立法者の「人権尊重」の言明にもかかわらず、その抜け道が開発されていくことは四〇年五月の思想実務家会同で表明されていたことであり、また実際の運用が証明する。

控訴審省略の「改正」を促すのは「刑事裁判が其の敏速を欠き、検挙後数年を経過するもなお判決の確定を見ざるが如きは、刑罰の効果を減殺（げんさい）すること著しきものである。而して現在此の裁判遅延の最大の原因を為すものは実に三審制の採用である」（山崎「改正治安維持法概説」）という認識である。確かに司法官僚にすれば長期裁判が「刑罰の効果」減殺を招くという懸念はありうるが、一般刑事事件はともかく治安維持法事件でみれば、公判中の身柄は拘置所ないし刑務所に収容され、その間に「転向」への誘導が絶え間なくおこなわれたわけだから、むしろ裁判遅延を有効に活用したのは司法当局自身というべきであった。

この理由づけでも足りないとみた当局は、治安維持法が「内乱罪」「外患罪」と同等の罪質を持つとみなすかつての論理を持ち出し、大審院における一審かつ終審の特別権限事件にも匹敵すると述べつつ、実際にはそうなった場合の審理の遅延を回避するためとして、二審制が順当と導く。なお、これを規定した第三三条の「第一章に掲ぐる罪を犯したるものと認めたる第一審の判決に対しては控訴を為すことを得ず」という条文からは、無罪判決の場合、検事は控訴しうることになる。もちろん、条文の意図は有罪の場合に被告人は控訴し得ないという点にあるが、この不公平の発生については「已むを得ないこと」（太田「改正治安維持法を繞る若干の問題」）

と関知しない。

弁護権の制限では、かつての法廷闘争の記憶を呼び起こす。山崎「改正治安維持法概説」の説くところは「所謂札付きの弁護士が被告人の弁護に名を藉りて、所謂法廷闘争を為さんとするのを防止せんとする趣旨」と露骨である。「改正治安維持法説明書（案）」は「被告人と同一乃至同傾向の思想を抱懐せる弁護士が或は被告人に否認を慫慂して審理を妨げ、或は被告人の転向を阻むの虞あるべきは見易き道理なり」という理由まで持ち出す。こうした危険性を排除するためとして、「予め弁護士の思想動向を調査し、不適当と認むる者は之を除外し、最も適当と認むる者のみを指定して思想事件担当の弁護士たらしむる制度」が強引に採用される。

さらに審理の促進の名のもとに、弁護人の数の制限や訴訟記録の謄写・閲覧の制限までが規定される。これほどまでしても「正当なる弁護権の行使」の制限にあたらないと強弁するのは、治安維持法裁判における弁護は「被告人を思想的に指導誘掖し、之を純化して日本精神に復帰せしむる」（以上、「改正治安維持法説明書（案）」）ものでなければならないという信念で固まっているからである。

新治安維持法の第三二条で規定する裁判の管轄移転についても請求権は検事のみにあり、被告人には認められていない。それも「事件審理の便宜」（太田『昭和十六年四月　臨時思想実務家会同議事録』）で片づけられる。裁判の遅延や法廷闘争にしても一九三〇年代半ばまでは司法当局にとっては深刻であったが、この「改正」の時点で実際に直面する問題ではなかった。被疑者・被告人にとっては「審理の促進適正化」の名のもとに導入されたいずれの刑事手続の特例措置も、従来以上に不利益となる「改正」であった。奥平康弘の指摘するように「治安維持法にとっての裁判を、ますます形骸化する方向へ押しやった」（『治安維持法小史』）。

「第二章　刑事手続」は裁判管轄の移転を除き、先行した国防保安法でも採用され、これらは「非常時立法」と弁明されたが、アジア太平洋戦争開戦以降の「非常時」のなか、戦時刑事特別法や裁判所構成法戦時特例なった。

どにより一般犯罪の処分に拡大された。その意味でこれらの規定は刑事訴訟法の枠組みを崩していく先駆とな

「第三章　予防拘禁」──罪刑法定主義を大きく逸脱

特例措置だらけの「刑事手続」以上に、罪刑法定主義の大原則を崩していったのは新治安維持法の「第三章予防拘禁」である。それは思想実務家の圧倒的な支持のもとに、しかも議会審議でさしたる抵抗を受けることなく、いとも容易に導入された。

「予防拘禁」の趣旨は「詭激思想を放棄せず、再犯の虞が顕著なる者、所謂非転向分子に対し、国家治安に関する危険を防遏するの効果を完璧ならしむるため、一定の条件の下に之を社会から隔離し、悪思想の伝播を防止し、併せて強制の方法に依って思想の改善を図り、忠良なる日本人に立帰らしむるに在る」（太田「改正治安維持法を繞る若干の問題」）とされる。前大審院長の泉二新熊は「頑迷固陋」な「悪思想の黴菌保有者を釈放して再び社会に病菌を振り撒かしむることは国家防衛上の大問題である」（「高度国防刑法の概観」『法律新聞』一九四一年七月、『法窓余滴』所収）とまでいう。

「改正治安維持法説明書（案）」では「思想犯人は矯激なる主義乃至信念を抱有し、彼等の所謂理想社会を希求するに止まらずして、之が実現の為の実践を伴うを常とす」という前提を立て、「故に思想犯人は其の主義乃至信念を抛棄せざるかぎり、更に同質の罪を犯すの虞あるものと謂わざるべからず」と断定する。ついで現状では再犯者が増大しているとして保安処分の必要性を述べ、思想犯保護観察制度では非転向者に有効に対処できないとしたうえで、次のように展開する。

最近に於ける我国共産主義運動の情況を見るに、活動の中心を為すものは非転向刑余者又は偽装転向に因

る執行猶予者、或は執行猶予者にして逆転向を為したる者にして、彼等は事変下の社会不安に乗じ、或は熾烈なる日本共産党の再建運動を展開し、或は合法を仮装して左翼文化運動に従事する等、其の影響真に恐るべきものあり、而して是等のものは殆ど強制力を施用せずして専ら本人の保護善導を建前とする保護観察制度の対象者たるに適せざること明にして、上述の如き治安維持上深刻なる影響を及ぼすべき所為に出づること顕著なる場合と雖も、現行法の下に在りては拱手傍観の罪を犯すを俟ちて断罪するの外なし、其の対策の完備を要すること贅言の要なかるべし

現行法では手をこまねいて傍観するほかなしという見当違いの無念さが、やはり三四年「改正案」以来の宿願を果たすべく実現を強く後押しした。

「予防拘禁」の対象となる「再犯の虞顕著なる者」とは、具体的には受刑者中の「非転向者」と思想犯保護観察法によって「保護観察」を受けつつある者のなかの「非転向者」「準転向者」である。この新制度が緊急を要すると声高に叫ばれるもう一つの理由は、三・一五や四・一六事件の日本共産党指導者の出獄が迫っていることにあった。新治安維持法の施行を前に関連法令を整備する過程で予防拘禁所の規模が想定されるが、そこでは「要予防拘禁受刑者釈放別人員」が調査されており、「十六年度」が三六人、「十七年度」が二二人におよぶと予想され、「二十四年度」までの合計は七六人に上っていた。また、「保護観察」中の一九〇人の「非転向者」は全員、「準転向者」からも約一〇〇人を対象とすると見積もられていた。発足時、総計で三六六人を対象とすることが予定されていた。

「予防拘禁」の決定が裁判所によってなされること（検事による請求）、行政官庁（予防拘禁所）の処分でいつでも本人を拘禁所から退所できるとしたこと、「予防拘禁」の請求・更新・退所などについて予防拘禁委員会の意見を求めることを必要としたこと、近親者に限り輔佐人として審理に関与できるとしたことなどは、人権

に配慮した慎重で適正を保証する手続と立法者は説明するが、実際的にこれらが見せかけ以外のなにものでもなかったことは、後述する「予防拘禁」制の運用に明らかである。

「予防拘禁」の手続きが決定手続きとして一方的になされ（即時抗告しうる規定はあるが、その先の規定はなく「二審制」である）、弁護士の関与する判決手続を採らないことについて、安寧秩序を害す陳述が公判廷においてなされるのは不適当というほか、「予防拘禁」の審理の「手続概ね簡単であり、且難解なる法律問題を生ずるが如きこと殆ど稀であるから」という理由にならない理由を持ち出す（太田「改正治安維持法を繞る若干の問題」）。

立法者はこの制度を行政作用たる一種の保安処分とする一方で、刑罰を科す狭義の司法権には属さないものの、裁判所や検事の関与する広義の司法権には属するなどと苦しい説明を試みるが、こうした体裁を整えようとするのも公然と罪刑法定主義を逸脱する負い目からである。しかし、それも「非常時立法」の要請の前にあっさりと乗り越えられる。ことの本質は「非転向者」の強制的隔離にあり、もはやここでは「まつろわざるもの」を「まつろわしむべく抱擁せらるる大御心」さえも発揮されない。それは立法者の太田自身において「改善的機能よりも保安的機能、換言すれば社会防衛的機能を重視するもの」（「思想犯予防拘禁制度概論（二）」『法曹会雑誌』一九四二年九月）と公言される。したがって、「非転向」である限り、何度でも更新を繰りかえし、無期と変わることのない拘禁が継続される残酷な制度となった。

新治安維持法と国防保安法――立法と司法の「日本化」

一九四一年の治安維持法「改正」は、新治安維持法と呼ぶべき画期性があった。まだ「思想対策、殊に所謂国家総動員の準備工作」（池田克「治安維持法案の覚書」『警察研究』第五巻第九号、一九三四年八月、『資料集』第二巻）と位置づけられていた一九三四、三五年段階の治安維持法「改正」の試みは、数年を経て、ここにその「改正」

の内容を何倍にも膨張させて実現をみた。単なる治安維持法の単独の「改正」にとどまらず、日中全面戦争からアジア太平洋戦争へと展開していくなかにあって、ほぼ同時に制定をみた国防保安法とともに二つの意義を有していた。

一つは「高度国防国家の体制」確立に向けて、法制面での中核をなすことである。法学者小野清一郎は「国防法制の一環としての刑事法制は今議会（第七六議会）において画期的な一歩を進めた」（「司法法規概観」『新法律の解説』所収）と論じる。両法の成立をみた直後、司法省は臨時の司法長官会同と思想実務家会同を召集するが、そこでは「聖戦目的の遂行を期し、一面国際危局に対応して高度国防を整え」るためには「国内治安の確保」が絶対的に必要だとして、「苟も我国体に背反するが如き不逞の徒輩に対しては、彼等を慴伏せしむるに足る法規を整備して之が絶滅を図り、国家の存立を脅すが如き外諜活動に対しては之を封殺するに足る罰則を設けて之を完全に破摧すると共に、斯の如き重大なる犯罪に対しては強力にして統一ある捜査を実施し、迅速適正なる裁判を庶幾し得るが如き法的体制を確立すること、亦喫緊の要務と謂わねばなりません」と注意が喚起される（臨時司法長官会同における柳川平助法相の訓示、一九四一年三月二六日、『法律新聞』第四七〇三号、三月二八日）。

この「法的体制」の確立こそ新治安維持法と国防保安法にほかならないが、その整備強化は一二月八日以降、急速に実現する。対米英戦の開戦に際して、松阪広政検事総長は「反戦、反軍的言動や厭戦的の悪質なる思想謀略にたいし、我々は敢然として争わなければならぬ」（『法律新聞』第四七四二号、一九四一年一二月一五日）などと言明していたが、四二年二月二四日には裁判所構成法戦時特例と戦時刑事特別法が公布となる。これらで採用された控訴審の省略や弁護権の制限などの刑事手続の特例は、新治安維持法などで前例を開かれたものだった。

前大審院長の泉二新熊は、高度国防の目的遂行を妨害侵犯する者に対して国家権力の刑罰制裁を定めたものが「高度国防刑法」であると位置づけ、それは狭義の国防刑法・防諜刑法・経済刑法とともに、思想刑法から構成されるとする。思想刑法とは「反国体、反戦争、階級闘争等、凡そ国家社会の既成秩序を擅に破壊せんとする思想を表現する行為に対する一切の刑罰法規」を意味し、治安維持法をその中心とする。そして「国内思想の取締は国防の基礎条件である」と論じる（「高度国防刑法の概観」）。アジア太平洋戦争の遂行のうえで、新治安維持法は高度国防国家体制を構築する重要な役割を持つと積極的な意味付けを与えられた。

もう一つは新治安維持法・国防保安法をてこにファシズム的法理念が急速に浸透し、そのもとで個別法令の再編が進むことである。泉二は一九四〇年四月の司法官会同で大審院長として演述し、「立法及司法の日本化」を強調した。「立法及び司法の指導精神が国体及び皇道精神並びに之に基づく美風良俗を基礎とすべき点にある」というもので（ここからは「国体に背戻する思想犯」への「厳重なる制裁」も導かれる）、個人主義や自由主義を基調とする欧米法からの模倣を脱却すべきだとする（「立法及司法の日本化」『法窓余滴』所収）。

こうした認識は司法当局者の間だけでなく、法学者の間にも急速に広まっていく。一九四〇年秋には「国体の本義に則り、日本法の伝統理念を探求すると共に近代法理念の醇化を図り、以て日本法理の闡明並にその具現に寄与せんことを期す」を第一の綱領とする日本法理研究会（会長塩野季彦）が組織され、司法実務家以外に法学者も参加した（日本法理研究会については白羽祐三『「日本法理研究会」の分析――法と道徳の一体化』（一九九八年）参照）。

東京刑事地裁検事正の池田克らも起草に加わったその第三部会作成の「日本刑事法理研究要綱」（四一年七月）では「犯罪並に刑罰は本来皇法たる刑法に依って定まる。故にその精神に基く刑法の類推的展開は妨げない」「刑事手続に於ては従来の個人主義的・自由主義的対抗意識を清算し、道義の維持とその具体的展開とを図らねばならぬ」などの方向を打ち出す（以上、日本法理研究会『日本刑事法理研究要綱』一九四一年八月）。すでに施行された新治安維持法などの理論的裏付けと今後の「刑事法理」の「類推的展開」が予告されているといえよう。

日本法の強調は、大東亜新秩序における法制的な面での理論づけにも至る。日本法理研究会自身、その綱領の第二には「皇国の国是を体し、国防国家体制の一環としての法律体制の確立を図り、以て大東亜法秩序の建設を推進し、延いて世界法律文化の展開に貢献せんことを期す」とうたっていた。その一員でもある刑法学者の小野清一郎は『日本法理の自覚的展開』（一九四二年一二月）のなかで「大東亜の新秩序は、この東洋の道義としての日本道義、日本法理に基く大東亜諸国・諸民族の法的秩序の形成でなければならない。其は亦日本道義、即東洋道義に基く古くして新なる東洋文化秩序の形成でもある。而して其はやがて真の世界的法秩序、文化秩序の形成を指導するに至るべきである」とまで論じた。

大東亜新秩序の一側面たる「日本法理に基く大東亜諸国・諸民族の法的秩序の形成」とは、なによりも「大東亜治安体制」の構築にほかならない。四一年七月の思想実務家会同における、「満洲国」ハルビン高等検察庁検察官真田康平の「武力国防、経済国防に就ては日満支を一貫した体制を整えつつあるに拘らず、思想国防に於ては其の間多少の連繋はあるにせよ、武力経済の夫れに比し極めて微々たるもの」「日本は東亜の盟主であり、大陸の経営者である以上、東亜の大陸の思想国防の当該盟主であり、経営者であり、又其の使命と責任があると信じます」（『昭和十六年七月　思想実務家会同議事録』『思想研究資料特輯』第九一号）という発言からは、「大東亜治安体制」構築への強い期待が読みとれる。

こうした思想実務家会同や保護観察所長会同などには、植民地の朝鮮・台湾、関東州からだけでなく「満洲国」「蒙古連合自治政府」の思想司法関係者も参列し、それぞれの治安状況などを報告している。司法省からは興亜院への出向などのかたちをとって中国の北京（ペキン）や上海（シャンハイ）に思想検事が派遣され、中国共産党などの状況を報告する態勢もとられていた。そして「満洲国」においては、四一年一二月二七日、内容には若干の相違はあるものの日本の治安維持法と同じ名称を持つ「治安維持法」を制定し、さらに四三年九月には「保護観察」・「予防拘禁」を内容とする思想矯正法も制定する。「大東亜治安体制」の法制面での整備は新治安維持法を基軸になされつつあった。

三　新治安維持法「罪」の運用

「国体」変革・否定の処罰厳重化

一九四一年五月一五日から施行となった新治安維持法の運用状況をみよう。

四月四日、五日に司法省は臨時思想実務家会同を召集した。施行を前に「思想検察並裁判事務の完璧を期する為」のもので、新治安維持法にかける司法省の意気込みは強い。協議の冒頭では思想実務家の「心構」として法律に通暁するにとどまらず、「国体の本義に徹したる信念と透徹せる時局認識を有する」ことが求められている（『昭和十六年四月　臨時思想実務家会同議事録』『思想研究資料特輯』第八八号）。四二年一月の法相訓令「思想検察規範」第二条には「思想係検事は国体の本義を体して真摯なる検察の気風を振作し、思想検察を以て皇謨を翼賛し奉るの信念に徹せんことに黽むべし」とある（司法省『思想検察提要』一九四二年）。

「国体」変革・否定の処罰厳重化、「刑事手続」の特例、「予防拘禁」制の三つは具体的にどのように運用されただろうか。

四月の臨時思想実務家会同の協議の中心は「強制捜査権の運用に関する事項」や「予防拘禁制度の運用に付、裁判並請求上考慮すべき事項如何」にあり、「支援結社」「準備結社」などの実体規定の増補強化についてはほとんど議論されていない。それでも合法性「限界」の法解釈に頭を悩ませたり、良心の呵責を感じることも不要となったことは、念願の強制捜査権と「予防拘禁」制を手に入れたことを加え、思想検事たちをさらに抑圧取締に駆り立てた。その一端は四月の会同に名古屋控訴院検事局の提出した意見書の「第一、検挙」にうかがうことができる。「法益及現状の重大並立法理由に鑑み、検挙は１　最高度の早期検挙を断行し、２　科学を最高度に利用し、３　機敏適切有効にして、４　犯罪をして常に最高限度未遂の域を越さざらしめ、５　人権を極力尊重し、６　社会不安を最少限度に止め、７　一網打尽以て抜本塞源（そくげん）の実績を挙ぐることを要諦とす」（『昭和十六年四月　臨時思想実務家会同議事録』『思想研究資料特輯』第八八号）とする。この「最高度の早期検挙」の断行とは、いわば地表下から反・非「国体」的言動をえぐり出す決意表明であった。それにしても「人権を極力尊重し」には言葉もない。

状況や戦局の進展とともに治安維持の確保が緊急の要請となるにしたがい、当局の突きあげも強まる。司法省では四一年九月一六日、対米英開戦に備えて「非常事態に対処すべき思想検察運用方針」（『資料集』第四巻）を通牒し、「非常事態に備え思想検察の運用に関し、直に準備又は実施すべき措置の大綱」を示した。「一般的事項」として思想検事の配置のない検事局においては「普通事件の分配」を減らし、「特に此の際、臨戦的国情下に於ける各種情報の蒐集、流言の取締、其の他思想検察事務に専念」するように求めている。

「左翼運動」に関しては「予防拘禁」制の活用と「強制捜査権を極度に活用し、徹底的早期検挙の実を挙ぐること」を指示するなかで、次のような具体的な指示がなされている。

(四)右翼団体を仮装し、又は之に潜入せる左翼分子及産業報国運動を利用せんとする左翼分子の活動、其の他合法仮装の運動に対する視察乃至内密捜査を強化すること

(五)軍需関係企業、其の他重要企業組織内に発生することを予想せらるる左翼非合法組織の早期発見に努むること

(六)定期刊行物、特に同人雑誌等に掲載せる左翼前歴者の論文、随筆等に対し周密なる検討を加え、苟も唯物史観的観点より執筆せるものと認めらるるものに対しては、治安維持法第五条の活用を考慮すると共に、左翼運動の早期検挙に資すること

新治安維持法の第五条では国体変革を目的とする協議・煽動、そして宣伝の処罰を規定しているが、その積極的な活用を求めている。

四二年七月二一日の思想実務家会同で池田刑事局長は、新治安維持法により「苟も国体の本義に背反する一切の邪悪不逞思想を国内より一掃する」ことなどをあらためて指示した。旧法の経過措置が過ぎつつあるとして、「従前の規定の解釈又は其の運用上の慣行にのみ捉われることなく、漸次改正法の趣旨を尊重したる同法の適用を為す様、各段の工夫」を求めたうえで、次のように述べる（『思想検察提要』、『資料集』第四巻）。

特に国体変革の目的に出づる団体的行動に付ては其の目的又は実体に応じ、第一条乃至第三条の結社又は第四条の集団に関する規定の何れか一つを以て問擬するを相当なりと存じます。又、右各本条後段の各目的遂行行為に付ては改正法の法意に鑑み、実際の運用の上に於ては主として結社又は集団、若くは此等団体の構成員と密接なる関係を有する者に依って行われたる所為に限るものと致し、然らざる場合に於きましては第五条所定の罪を以て処罰するを相当と存ずるのであります

四四年末になると内務・司法両省は「思想犯勤労輔導対策案」を策定し、思想犯前歴者で不穏の可能性があ

ると判断した人物を特別の施設に収容し、強制労働と思想洗脳を図る計画まで立てる。これは実行されないが、「併用措置」として列挙されていた「一、容疑者に対する検挙取締を強化すること　二、予防拘禁の請求を積極化すること」（内務省「思想事件関係勤労動員関係綴」、「米軍没収資料」マイクロ・フィルム、OJ6）などは現実の展開があったと思われる。そして、敗戦を控えて予防検束・拘禁を実施するために再び「非常措置要綱」が策定され、その対象者がリスト・アップされた（以上の詳細については拙著『特高警察体制史』参照）。

四五年六月、司法省は臨時思想実務家会同を召集した。船津宏刑事局長は次のような指示を与えている（『資料集』第四巻）。

今後に於ける共産主義運動は大東亜に於ける政治経済事情に即応し、依然統一人民戦線方策を枢軸とし、併せて其の主体勢力確立の為、執拗なる潜行的組織運動を展開するものと予想致さるるのであります。依て各位は従来の左翼前歴者又は運輸、通信関係従業員、若は重要工場労働者の間に於ける非合法の地下運動に対し特別の注意を払わるると共に、合法偽装運動に対しましても其の背後の思想究明に一段の工夫を凝らされ、民主主義的相貌は勿論、個々の不穏言論事犯等に付きましても其の思想的動機を検討し、左翼的意図又は左翼分子の介入する事犯は仮借なく之を検断する様、万全の努力を致され度いのであります。

新しく取締対象となった宗教活動

一九四一年九月一六日の「非常事態に対処すべき思想検察運用方針」では、新たな取締領域となった「類似宗教運動」について具体的な指示をおこなっている。大本教・天理本道・ひとのみち教団などでは「未だ其の教義に対する信仰を清算せず、反国体的乃至反国家的言動を為し、又は旧信徒を糾合して団体的活動を為し居る」として、その徹底的検挙を指示する。また、より広く「戦時下人心の動揺に乗じ、荒唐無稽の教説を流布して財物搾取、或は医療妨害を為し、甚しきは我尊厳なる国体観念を晦冥ならしむるが如き言動に出づる類似宗教団体簇出せるやの傾向顕著」として、生長の家・道徳科学研究所・仏立講・社会主義的基督教・きよめ教会などを例示して、それらの動向に注意せよとする。立憲養生会の政治活動についても「其の本質多分に類似宗教的色彩を帯び居る」として、集会などの「格別の内偵」を求めている。

これに先立ち、内務省では七月三一日に「治安維持に関する非常措置要綱」を通牒し、特高警察を督励して予防検束・検挙実施の際の名簿を作成させていた。この「非常措置」は一二月九日に全国で発動される。

四二年二月一七日の臨時思想実務家会同での池田克刑事局長の指示は、前述の「非常事態に対処すべき思想検察運用方針」の内容とほぼ同じである。開戦直後の「非常措置」の発動である一斉検挙を「早期検挙の励行」と評価した。「類似宗教」については「此の種信仰が国民の間に浸潤するに於ては、延いて反戦乃至厭戦的思想を醸成すること必定」と述べ、とくにキリスト教系統に注意を喚起する。

四二年七月一日の思想実務家会同での池田刑事局長指示には、「類似宗教」への言及はなかった。

戦局の劣勢が明らかになった四三年一月一三日に内務省が作成した「治安対策要綱」は、「本年上半期の国内情勢は戦況の推移と相表裏して治安上極めて注意警戒を要するものあり」という認識にたって「周到果敢なる取締」を指示する。その具体的内容を「宗教運動」でみると、次のような徹底ぶりである（以上、内務省「非常措置、通牒、治安対策一括」、『特高警察関係資料集成』第二三巻）。

（一）宗教犯罪に関しては特に治安維持法関係犯罪乃至反戦反軍等の思想的犯罪に取締の重点を置くこと

（二）前項に関しては集団的犯罪に対してのみならず、個々の宗教教師、僧侶等の言説行動等に対しても充分なる査察取締を為し、反戦、厭戦、反軍其の他人心を惑乱する虞ある言動に就ても充分留意すること

（三）（略）

（四）国体明徴を標榜し、真偽不明なる古文書、古器、古墳等を宣伝して国民大衆の国体観念を惑乱するが如き宗教類似の各種団体、運動等に対しても充分取締を為すこと

この（二）（四）では、新治安維持法第七条の「神宮若は皇室の尊厳を冒瀆すべき事項」流布の積極的活用を求めている。

四五年六月の臨時思想実務家会同において、船津刑事局長は宗教事犯について最近とくに見るべきものはないとしつつ、天理本道や大本教の再建をめざす動静の査察を指示している（後述）。

憲兵による新治安維持法運用

特高警察・思想検察とは別のかたちで、憲兵は新治安維持法を積極的に活用した。

陸軍省「軍紀風紀等に関する情報」第六号（一九四二年一二月、防衛省防衛研究所戦史研究センター史料室所蔵）所収の「支那事変以来の軍内共産主義運動並に奔敵の状況」によれば、一九四〇年までの軍人・軍属の治安維持法違反事件は毎年三件以下で、「其の態様に於ても特筆すべきものなかりし」状況であった。しかし、四一年になると「再び蟄伏（ちっぷく）状態より反撥せんとするの兆を呈し」、四二年度にその傾向は顕著となった。しかも「其の策動戦術並に事犯の態様に於ても、往年の如き方式と選ぶことなき隊外同志（背後関係）の指導を受け、露骨果敢に軍内に於て細胞組織を企図し、戦友を獲得せる極めて寒心すべき事件を見る」に至ったとする。四二年中に憲兵の関わった事件は一五件二三人で、そのうち軍内での策動は一〇件一八人だった。「入隊後、始めて思想宣伝、煽動を受け、遂に不逞運動を惹起（じゃっき）せるもの比較的多き」ことに注意を喚起している。

これらのうち軍法会議に送致され、処断される事例もあった。前述したように四二年には八人、四三年には

五人、四四年一一月までに一四人が軍法会議で治安維持法違反として処罰されている（四五年は不明。「陸軍軍法会議処刑罪数表」『陸軍軍法会議判例集』第四巻）。それらについての判決文など、軍法会議関係の記録は残されていない。

四二年一月の下関憲兵分隊（久留米憲兵隊管下）「鮮人関係治安維持法違反被疑者検挙捜査状況の件」（防衛省防衛研究所戦史研究センター史料室所蔵）によれば、分隊は「主力を鮮人に指向」していたところ、市内の朝鮮人洋服商が四〇年一二月以来、知人との会合で「婉曲に共産主義を慫慂」していると判断し、朝鮮人「憲兵補」をスパイとして送り込み、内偵を進め検挙を断行した。事件の見透しとしては首謀者について「最小限度」、治安維持法第四条（集団の結成）を適用しうるとしている。民族主義的な言動を嗅ぎとり、地表下の厭戦・反軍思想をえぐり出したというべきであろう。

中島飛行機労働者『真路』発行グループへの弾圧は、四三年一二月五日に断行された。郡山工場だけでなく、各地の工場が含まれた。東京憲兵隊本部が指揮し、検挙者は二〇〇人におよび、一週間以上の拘留者も五〇数人となった。四四年三月一五日を期して箱崎満寿雄ら四人が検事局に送られ、一年後の判決では治安維持法違反として箱崎が懲役四年、もう一人は三年となった（二人は起訴猶予、箱崎満寿雄『郡山を中心とする社会主義運動史』）。

四三年頃と推測されるが、「服務参考資料」として憲兵司令部は「共産主義運動の将来観（治維法違反事件某被告人の手記）」（「治安維持法違反事件書類」〈「七条清美関係文書」、国立国会図書館憲政資料室所蔵〉）を作成している。「将来の共産主義運動は従来の如き集団的な公式主義的戦術に依らず、分散的な特異性のある戦術に移る傾向」が強いとして、「人民戦線戦術」だけでなく、「「ファシズム」をも之を逆用する戦術」（尾崎秀実を例に出す）とみる。憲兵司令部では、この「手記」を「今後に於ける共産主義運動の一方向を卜（ぼく）するに足る」とみた。

京都帝国大学に在学中の四五年七月下旬、治安維持法違反容疑で憲兵によって連行され、大阪憲兵隊本部で拘禁された白宗元は「憲兵隊にただよう陰惨な殺気」を感じとった。それは「警察には検挙されても後に出てくることができますが、戦時下の当時、憲兵隊に一度連行されれば、再び出てくることはできないといわれていました」という理由からである。八月上旬、「突然、憲兵隊から「出て行け」と釈放されました」(白宗元『戦争と植民地の時代を生きて』二〇一〇年)という。

統計からみる新治安維持法の運用

統計数値から新治安維持法の運用状況をみよう。

第一に、一九四一年の検挙者数が三七年以来の千人台を越えたことで、これは新治安維持法の施行および対米英開戦と関わる取締強化を反映している。第二に、四二年以降も各年五〇〇人以上の検挙者をみることは「左翼」「民族独立」「宗教」を問わず地表下からのえぐり出しの結果といえる。なかでも「民族独立」と「宗教」の比率が相対的に高くなっている(後述)。また、起訴の割合も三六年から四〇年の平均が二一%なのに対し、四一年から四五年五月までの平均は三七%に達する(『資料集』第四巻)。いずれも処罰の厳重化の指標となる。

第三は、処罰の厳重化の傾向が公判や行刑の数値でも明らかに看取しうることである。一九四四年を例にとると、新受刑者一四〇人のうち懲役二年以下は四二人に過ぎず、三年以下は六四人、五年以下は一七人、一〇年以下は一四人で、一五年以下が二人もいる(司法省『第四十六行刑統計年報』)。これは一九三〇年代後半における科刑の三分の二近くが二年以下の刑期で、しかも多くが執行猶予付であったことと対照的な厳罰である。新治安維持法で刑期が引き上げられたが、それが忠実に適用されているといってよい。

また、一九四五年版の『司法一覧』中の「治安維持法違反収容者及釈放者」(『資料集』第四巻)によると四二年以降、仮釈放者は激減しており、「転向」を表明しても仮釈放をしない行刑の方針が確立していることをうかがわせる。敗戦直前（一九四五年七月一日現在）、治安維持法違反の受刑者は二一八人を数え（司法省刑政局「治安維持法受刑者に関する綴」〔「米軍没収資料」マイクロ・フィルムMJ144〕）、ほぼ同じ段階で四六人が「非転向」とされた（五月一日現在、内訳は「共産」二三人、「民族」一六人、「宗教」七人〔「米軍没収資料」マイクロ・フィルムOJ6〕）。

第四として、罪態別にみると新治安維持法の適用の中心は各結社・集団の「目的遂行」にあったことである。「結社加入」は三〇年代後半が五〇％前後であるのに対し、新治安維持法では一割を切っている（『資料集』第四巻）。これは地表下から犯罪行為をえぐり出すにあたり、グループないし研究会的なものを摘発したとしても、個々の犯罪行為としては「目的遂行」程度しか抽出しえなかったことを意味する。それでも、新治安維持法下の公判では懲役三年などの厳罰を科した。

ゾルゲ事件と治安維持法

司法省刑事局第六課長としてアジア太平洋戦争開戦前後の思想検察を指揮し、治安維持法の大「改正」を主導した太田耐造は、平田勲・池田克につぐ思想司法の中枢的な存在である。それゆえに太田のもとに報告され、整理保管された資料群＝「太田耐造関係文書」（国立国会図書館憲政資料室所蔵、二〇一七年公開）は、治安維持法運用の拡張過程やゾルゲ事件について、新たな実証的分析を可能にする。

リヒャルト・ゾルゲと尾崎秀実の死刑判決は国防保安法の国家機密漏洩罪を適用したものであることから「スパイ事件」として、「諜報機関検挙」事件として理解されている。それは間違いではないが、事件の検挙から起訴、予審、判決の過程をみると、まず治安維持法違反事件として、ついで国防保安法・軍機保護法違反事件としてあつかわれていることがわかる。その意味は何なのか。

一九四一年一〇月一五日に検挙された尾崎秀実は治安維持法違反被疑事件として、その日のうちに目黒警察署で東京刑事地裁検事局の玉沢光三郎の訊問を受けた。二六日になって新たに国防保安法違反が加わった。ゾルゲは一八日の検挙当日、東京拘置所において警視庁外事課の山浦達二警部によって治安維持法違反並国防保安法違反被疑者として訊問された。

四二年三月一一日、尾崎秀実を検事局に送致するに際し、警視庁特高第一課の高橋与助警部は「意見書」を提出した。「犯罪事実」の第一は「国際共産党及中国共産党の目的遂行の為にする行為」、第二は「我日本を敵国とし、ソ聯邦の為に又は国際共産党の為に如上諸機密を探知収集して首魁に報告し、諸見解を披瀝し、諜報団の中核として昭和十六年十月十五日検挙せらるる迄、果敢なる活動を継続し居りたるもの」とされた。したがって、「法律の適用」は治安維持法が筆頭となり、ついで国防保安法・軍機保護法・軍用資源秘密保護法となる。

ゾルゲに対する「意見書」も同日、外事課の大橋秀雄警部補によって提出された。「法律の適用」は尾崎と同じであるが、たとえば治安維持法では第一条と第一〇条の適用と具体的である。治安維持法が第一にあげられるのは、情報の探知収集と通報という行動をコミンテルンの目的遂行行為とみるからである（以上、『現代史資料』「ゾルゲ事件（二）」）。

四二年五月一六日、東京刑事地裁検事局から東京刑事地裁にゾルゲ・尾崎らの「予審請求」、つまり起訴がなされた。同時に、この日、ゾルゲ事件が公表された。ゾルゲの罪名は「治安維持法違反、国防保安法違反、軍機保護法違反並に軍用資源秘密保護法違反」とされた。「公訴事実」は「支那、次で我国に於て夫々独自の諜報活動を展開して我国の軍事外交財政政治経済其の他諸般の情報を蒐集し、之を赤軍第四本部及同本部を通じて「ソ聯」共産党中央委員会並に「コミンテルン」本部に伝達することに依り、「コミンテルン」の目的達成

予審終結決定

本籍　獨逸國伯林市
住居　東京市麻布區[墨塗り]番地
著作家兼新聞記者

リヒアルド・ゾルゲ
當四十七年

右ノ者ニ對スル治安維持法違反、國防保安法違反、軍機保護法違反並ニ軍用資源秘密保護法違反被告事件ニ付豫審ヲ遂ケ終結決定ヲ爲スコト左ノ如シ

主文

本件ヲ東京刑事地方裁判所ノ公判ニ付ス

理由

被告人ハ父カ當露國「コーカサス」州「バクー」附近ニ於テ石油技師ヲ爲シ居リタル頃明治二十八年（西暦一八九五年）十月四日同地ニ生レ、幼時他ノ家族ト共ニ獨逸國伯林市ニ移住シ、同市「リヒテルフエルデ」區ノ高等實科學校（「オーベル・レアル・シューレ」）ニ在學中第一次世界大戰勃發スルヤ大正三年（西暦一九一四年）一兵卒トシテ志願出征シ、翌大正四年（西暦一九一五年）西部戰線ニ於テ戰傷ヲ蒙リテ歸國シ療養ノ傍學業ヲ續ケ右學校ヲ卒業スルト共ニ伯林大學醫學部ニ入學シタルモ大正五年（西暦一九一六年）再度志願出征シ、東部戰線ニ於テ前後二回ノ戰傷ヲ負ヒ大正六年（西暦一九一七年）伯林市内ノ野戰病院ニ後送セラレテ療養中右

ゾルゲ事件「予審終結決定」
「行政文書」内閣・総理府　太政官・内閣関係　諸雑公文書3/106　国立公文書館所蔵

に協力せんことを企図し」として、一九三〇年以来の情報の探知収集活動を列挙する。最後は「諸般の活動を為し、以て前記諜報団体の指導者たる任務に従事し、国家機密を始め軍事上の秘密及軍用資源秘密其の他の情報を探知収集して之を外国に漏泄（ろうえい）し、且「コミンテルン」の目的遂行の為にする行為を為したるものなり」とするが、この前半は国防保安法・軍機保護法・軍用資源秘密保護法違反に該当し、後半は治安維持法の目的遂行罪に該当する（「太田耐造関係文書」）。

ゾルゲに対してなされた「予審終結決定」（四二年一二月一五日）の「理由」では、型通りコミンテルンの定義をしたうえで、そのことを「知悉しながら」諜報活動を展開し、蒐集した情報を漏泄したことが「「コミンテルン」の目的遂行の為にする行為」（『現代史資料』「ゾルゲ事件（一）」）にあたるとされた。この犯罪事実の枠組みは国家機密の探知収集と漏泄行為を処罰す

る国防保安法ではなく、治安維持法の目的遂行を処罰する論理が用いられているゆえに、適用すべき法律はまず治安維持法（第一条後段と第一〇条）であり、ついで国防保安法（第八条と第四条第二項）、軍機保護法、軍用資源秘密保護法、刑法の順となる。

新治安維持法では第一条後段の「目的遂行」罪が適用されるが、この場合の量刑は「三年以上の有期懲役」であり、インパクトが不足するためだろう、最終的に判決の量刑としては国防保安法の第四条第二項の適用を選択し、死刑となった。

検挙から判決に至るまで、ほぼコミンテルンへの目的遂行のためという処罰の枠組みが用いられたことは、どのような理由でなされたのか、さらにどのような意味があったのだろうか。こうした司法処理の過程を検証することは、おそらくこれまでの膨大なゾルゲ事件研究で注目されなかった論点であり、治安維持法の運用を考えるうえでも意味をもつはずである。

北海道生活図画連盟事件——「目的遂行罪」適用の踏襲

新治安維持法でもっとも多い「目的遂行」罪適用のパターンを、北海道生活図画連盟事件の判決でみよう（一九四三年一二月四日、旭川地裁判決、『思想月報』一〇七、一九四三年一〇・一一・一二月）。まず被告人熊田満佐吾らの共産主義の信奉を述べたうえで（思想犯の前歴に触れる）、「「コミンテルン」が世界「プロレタリアート」の独裁に依る共産主義社会の実現を標傍し、世界革命の一環として我国に於ては暴力的革命手段に依り我国体を変革し、私有財産制度を否認し「プロレタリアート」の独裁を経て共産主義社会の実現を目的とする結社にして、日本共産党は其の日本支部として右目的たる事項を実行せんとする秘密結社なることを知悉し乍ら」と認識の存在を認定する（この定義づけの部分は他の判決でもほぼ一定している）。三〇年代末にコミンテルンと日本共産党の位置関係が逆転していたが、四〇年代にはそれが定着している。

ついで熊田について、「我国現下の社会情勢並師範学校教諭たるの地位に鑑み、主として芸術及教育の分野に於て合法的場面を利用し、師範学校生徒、小学校教員、一般大衆を共産主義的に育成啓蒙し、以て前記結社の為広汎なる活動の地盤を作り、其の目的達成に協力せんことを意図し」とみなし、数個の具体的言動を例示したうえで「目的遂行」罪を認定する。新治安維持法第一条第一項・第二項各後段を適用し、懲役三年六月の判決を下した。これは「芸術其の他、文化運動を通じ隠微の間に左翼的啓蒙の目的を達せんとする一派」という四二年二月の刑事局長の指示の実践例の一つといえる。

この判決の場合、「目的遂行」の「意図」の部分を比較的詳しく（それだけに荒唐無稽ぶりが際立つ）認定しているが、党やコミンテルンへの認識についで「再び其の活動に参加せんことを決意し」や「之を支持し、右両結社の目的遂行に資せんことを企図し」程度の認定ですぐに「目的遂行」罪に結論づけてしまう判決も多い。

こうした論理展開は、基本的に一九三〇年代後半に開発されたものを踏襲しているといってよい。新治安維持法では、前述のように「国体」変革結社とは別に「支援結社」「準備結社」、さらに「集団」とそれぞれの「目的遂行」行為までの処罰を可能とする重層的な規定を設けたが、実際的には上記の論理を用いて多くの場合をコミンテルン・党という第一条の「国体」変革結社の「目的遂行」行為で問擬した。四二年七月の思想実務家会同で池田刑事局長は「従前は「コミンテルン」の目的遂行行為として処断せられる場合多く、之は従前の不備なる規定の下に於ては寧ろ妥当なる運用であったと存ぜられますが、改正法実施後敢行せられたる事犯に付ては此の点も亦運用上、再検討の余地あるものと存じます」と述べていたが、その「再検討」は積極的になされたわけではなかった。

新治安維持法の法益の範囲が大幅に拡大したことで、それまで法解釈の「限界性」を感じていた検事・判事からそうした心理的圧迫を取り除き、さらに新治安維持法の含意する精神を汲んで自由自在の適用を可能にした。新治安維持法以前は「結局の所」「窮極に於て」などの飛躍の論理を用いて党・コミンテルンへの認識と「目的遂行」の意思を橋渡ししなければならなかったが、もはやその種の手間をかけず、簡単に両者を結びつけるだけで足りるとしたのである。

唯物論研究会事件――「支援結社」の認定

Ⅳでみた唯物論研究会事件はどのように最終的な司法処分がなされたのだろうか。一九三八年一一月の一斉検挙後、岡邦雄・戸坂潤の東京刑事地裁の「予審終結決定」は四一年四月になされたが、永田広志に対する「決定」(予審判事長尾操)は六月一二日と遅れた。そこでは岡・戸坂らを処断する目的遂行罪ではなく、五月一五日に施行されたばかりの新治安維持法の第二条「支援結社」の規定を早くも用いている。コミンテルンと党を「知悉」し、それらの目的達成に「協力せんと決意し」たとするところまでは同じだが、唯物論研究会(唯研)の組織を次のようにコミンテルンと党の「支援結社」ととらえるようになった(『思想月報』八四、一九四一年六月)。

自然科学、社会科学及哲学に於ける唯物論一般の研究啓蒙を標榜し、理論活動の分野に於て、基本的には「コミンテルン」並に日本共産党を支援する為、共産主義の基礎理論たる弁証法的唯物論を研究して所属会員等の理論的水準を高むると共に、大衆、特にインテリゲンチャ層に対し其の啓蒙活動を為すことを当面の任務とし、以て「コミンテルン」並に日本共産党の活動に寄与せんとする文化団体唯物論研究会を組織

ここで唯研を新治安維持法第二条の「支援結社」と断定した(ほかに「私有財産制度」否認の第一〇条に該当)。これは唯研事件の他の被告にもあてはめられ、第一審から第三審の判決に引き継がれていった。

東京刑事地裁の判決は一二月二六日に言い渡された(『思想月報』九〇、一九四一年一二月)。裁判長は飯塚敏夫

で、立会検事は戦後に検事総長となる布施健である。布施は検事局での取調や起訴（「求予審」）を担当したはずで、公判では論告求刑にあたる。岡・戸坂は懲役四年、永田と沼田秀郷は懲役三年、野上巌・伊藤至郎ら四人は懲役二年、岩崎昶ら六人は懲役二年・執行猶予三年を科せられた。

判決「理由」では一四人の被告の略歴とともに共産主義への共鳴・信奉・肯定などの立場が述べられたのち、コミンテルンと党が「国体」変革と「私有財産制度」否認を目的とする結社であることを「熟知しながら各之を支持し」としたうえで、唯研を「基本的には共産主義の基礎理論たる弁証法的唯物論を研究し、之に関する会員相互の理論的水準を高むると共に、一般大衆、特に知識層に対し啓蒙活動を為すことを当面の任務となし、窮極に於ては「コミンテルン」並日本共産党の目的達成に寄与し、以て之を支援することを目的とする結社」とする。「基本的に」「当面の任務」、そして再び「窮極に於ては」を総動員して、「支援結社」と認定する。

ついで各被告の唯研での活動があげられていく。戸坂の場合でみると、「終始其の中心的指導者として活動し来りたる」とし、自らも十数回の研究会報告を通じて「同会員等の前記意識の昂揚に努め」たこと、「主として大衆の啓蒙に充つる為め」に『唯物論研究』に三十数回におよぶ論文を執筆し、「唯物論全書」として『科学論』ほか二冊を執筆したことをあげる。岩崎昶は唯研の社会科学部研究会で「映画芸術の歴史的概観」と題して、「マルクス主義芸術社会学の立場より映画発達の歴史及映画理論を要約したる研究報告」をおこなったことが「犯罪事実」の一つとされた。

ほかに戸坂・永田ら五人について、副次的な「犯罪事実」が加えられている。戸坂でいえば東京美術学校などの「学校或は地方文化人「グループ」主催」の講演会や座談会に出席し、「「マルクス主義」の正当性を強調して、学生其の他一般大衆の意識の昂揚に努め」たこと、『日本イデオロギー論』をはじめとする著書や『中央公論』などへの執筆寄稿が「一般大衆の「マルクス」主義的啓蒙に資し」たことの二つである。永田の場合、唯研以前の日本プロレタリア科学者同盟や日本戦闘的無神論者同盟での活動などをあげる。

判決の最後は「法律に照すに」として、治安維持法の適用条文と量刑が記される。「国体の変革を目的とする結社の支援組織を組織し、其の指導者たる任務に従事した」岡・戸坂・永田の唯研組織とその活動は、新治安維持法第二条前段と「私有財産制度」否認の目的遂行として第一〇条後段に該当するとされる。岡は第二条前段で処断され、量刑は旧治安維持法第一条第一項後段により懲役四年となる。戸坂の場合、個別の所為は目的遂行罪として新治安維持法第一条後段・第一〇条後段に該当とされるが、「最も重き」第二条前段を適用し、量刑は旧法により懲役四年となった。

執行猶予を付された六人以外が控訴した（まもなく沼田秀郷は控訴取下）。ほぼ一年後となる東京控訴院の四二年一二月二六日の判決（裁判長宮本増蔵、立会検事吉江知養）では、岡と戸坂が懲役三年、永田が二年六月とやや軽くなったが、他の四人は懲役二年で変わらなかった（杉原圭三と野上巖には執行猶予三年が付された。『思想月報』一〇四、一九四三年七月）。第二審判決も第一審で適用された「支援結社」を踏襲している。唯研組織と活動についての認定の表現は第一審とほぼ同じといってよい。戸坂らの副次的な「犯罪事実」の認定も同様である。岡と戸坂についての適用条文は新治安維持法第二条で、量刑は旧法により懲役三年とし、第一審の懲役四年から減刑した。理由には言及がない。

なお、四一年一二月二六日には二つの別の唯研関係者に対する判決があった（『思想月報』九〇、一九四一年一二月）。一つは同じ東京刑事地裁の高倉輝・黒滝雷助・大島義夫・平井昌夫に対する判決である。左翼言語文字運動に重点があるが、唯研機関誌への寄稿や加入も問擬された。裁判長は同じく飯塚敏夫で、立会検事は岡崎格である。高倉の場合は『唯物論研究』寄稿により「同会員及一般読者の左翼的意識の昂揚を図」ったことが、「コミンテルン」・党の「支援結社」である唯研に対する目的遂行行為とされた。大島の場合は唯研加入・活動のほか、「日本プロレタリア・エスペランチスト同盟」を結成し（一九三一年一月）、活動したことが「コミンテルン」・党に対する「支援集団」とさかのぼって認定された。

高倉については「支援結社」に対する目的遂行行為が新治安維持法第二条後段に該当するが、言語文字運動の所為がより重い刑となるため新治安維持法第一条後段（「国体」変革結社のための目的遂行行為）が適用となり、懲役二年（執行猶予五年）を科せられた。大島については新治安維持法第四条の「支援集団」結成・指導の適用となり、懲役二年（執行猶予三年）を科せられた。裁判長の飯塚は新治安維持法の運用に積極的だったといえそうである。

一二月二六日にはもう一つの判決が横浜地裁でなされた。前述の早瀬利雄に対する懲役二年・執行猶予四年の判決である（裁判長会田繁雄、立会検事南出一雄）。「自己の専攻する社会学其の他の社会科学及文化運動の部門に於て、唯物史観の観点より現代資本主義文化の矛盾と欠陥とを暴露する方法により共産主義意識の啓蒙昂揚を図り、以て「コミンテルン」並に「日本共産党」の目的達成に資せんことを企て」として、三つの「犯罪事実」をあげた。第一は唯研加入と論文寄稿などの活動、第二は横浜商業専門学校における授業などの「共産主義意識の啓蒙」、第三はより広く学生・知識階級に対する「啓蒙」である。ただし、これらの活動は「コミンテルン」・党に対する目的遂行とみなされ、新治安維持法の適用は第二条の「支援結社」ではなく、第一条第一項後段が該当するとされた。

なぜ、唯研事件に対する東京刑事地裁と横浜地裁の判決は同じ新治安維持法の適用ながら、適用条文が異なるのだろうか。推測の域を出ないが、とりわけ東京刑事地裁が予審段階も含めて、施行されたばかりの新治安維持法の新たな規定の発動に意欲的であったということだろう。「コミンテルン」・党に密着した「支援結社」の処罰を可能にすることは司法当局にとって念願であり、新治安維持法に盛込みを実現させると、すぐに東京刑事地裁はその新たな武器の試し切りを試みたのではないか。東京控訴院も追随し、すぐ後述するように大審院はお墨付きを与えた。

「支援結社」についての新判例

唯物論研究会事件で執行猶予を付された二人を除く岡・戸坂・永田・伊藤至郎・赤羽寿（伊豆公夫）の五人は第二審の判決を不服として、大審院に上告した。一九四四年四月八日、大審院は上告を棄却し、刑が確定する（判決文は『大審院刑事判例集』第二三巻）。裁判長は沼義雄、立会検事は田口環、弁護人は海野晋吉である。ここで新判例の一つとなったのは「改正治安維持法第二条（新治安維持法）に所謂結社を支援すと為すには全般的に被支援結社を支援するを以て足り、其の支援結社と被支援結社との間に客観的に組織上の関連あることを要せざるものとす」である。

判決では「理由」冒頭にある永田の上告趣意――第二審判決には「幾多の点に於て重大なる事実の誤認ある」とするほか、病躯の身では刑期を堪えられないので「応分の御斟酌」を請う――に対して、「原審の認定に重大なる過誤」はなく、「科刑甚しく不当」も認めず、永田の「論旨は理由なし」とする。

海野の上告趣意は第二審判決を「理由不備」と論じて「違法」を主張するもので、弁論の結論は無罪の主張だったと思われる。海野は二つの点から「理由不備」を指摘する。一つは「支援結社たる「唯物論研究会」と被支援結社たる「コミンテルン」又は日本共産党の関係に付、何等の理由を明示せざる点」である。その論拠とするのは戸坂らが「第一、二審の公判に於て極力否認したる処」で、「公判調書」からも引用して次のように述べる（「公判調書」の所在は不明）。

被告人戸坂潤は昭和十六年十一月五日、第一審公判に於て「所謂コップの潰滅、ファッショの擡頭という（マ）

ことは吾々が唯研を創立した真の動機は、唯物論が文化理想として最も高いものとして唯研をつくったのであります」と陳述し、「唯物論研究会」組織の真の動機を明にし居る処なり、更に第二審に於て証人三枝博音は学芸の進歩発達に寄与せんとする動機を以て「唯物論研究会」を組織するに至りたる経緯を詳細に陳述したり

このように論じて原判決が「支援結社」唯物論研究会と「被支援結社」のコミンテルン・党との関係に言及せず、「漫然「共産主義運動」を支援する為め」とのみすることを「理由不備の失当」とする。もう一つの理由は、「「唯物論研究会」は一種の学芸団体、研究団体たるに過ぎず、然るに原判決は之を以て漫然支援結社と為したるは理由不備の甚しきもの」という点である。

これに対して大審院判決は前述の新判例となる見解を示したうえで、「原判決挙示の証拠に依れば、所論の判示事実は之を認むるに証憑十分にして、記録を査するも此の点に関する不備の違法あるものと為すを得ざる」と断じた。海野の追及した理由については何も答えていない。

「支援団体」が「支援」される団体との間に客観的な組織上の関連をもっていなくても、「支援団体」の主観的に「支援」したいという意思を認定すれば、新治安維持法第二条で処断されることになった。しかも、「支援結社」認定によって「死刑又は無期、若は七年以上の懲役」という目的遂行罪の適用以上の厳罰を科すことが可能になった。

とはいえ、唯研事件の第一審判決で「支援結社」をすぐに適用し、大審院ではそれを追認し、新判例を確立したにもかかわらず、他の新治安維持法事件公判においては「支援結社」という処罰規定はあまり活用されなかった。前述のように四一年一二月二六日の東京刑事地裁判決では高倉輝に「支援結社」のための目的遂行為を認定し、大島義夫の結成・指導した「日本プロレタリア・エスペランチスト同盟」を「支援集団」とした。

また、四二年三月一三日の大阪地裁の阪神地方再建運動関係の佐竹政吉に対する判決（裁判長富田仲次郎、立会検事井島磐根）では、三五年頃に加入・活動したプロレタリア・エスペラント団体パパーゴ社を「支援結社」と遡及して認定し、三九年頃に友人二人とプロ・エス運動の無名集団を結成したことを「支援集団」とする。それぞれ新治安維持法第二条後段と第四条の該当とするが、第四条により処断した。量刑は旧法により懲役二年六月を科した（『思想月報』九二、一九四二年三月）。

しかし、『思想月報』収録の「予審終結決定」や判決文を見る限り、「支援結社」「支援集団」の適用は少ない。むしろ戦時下においても従来どおり目的遂行罪が活用されていた。四一年一二月九日の「非常措置」で検挙された、四三年八月九日に札幌地裁判決（裁判長菅原二郎）で懲役五年を言い渡された佐貫徳義の場合、「犯罪事実」とされたのは「唯物史観に立脚し、現代社会の矛盾を暴露して資本主義社会の崩壊、共産主義社会実現の歴史的必然性を示唆せる革命的芸術理論たる所謂「社会主義リアリズム」を基調とする作品、評論等を発表し、或は作品の合評会等を催し、一般大衆を共産主義的に啓蒙する目的」の活動である。それらの舞台となった「北方文芸協会」や「北海道文芸協会」は「支援結社」、「支援集団」と認定されてもおかしくなかったが、佐貫への処断は新治安維持法第一条後段の目的遂行罪の適用だった（『思想月報』一〇五、一九四三年八月）。

やはり日米開戦時の「非常措置」で検挙された北海道農業研究会事件の中川一男に対する札幌地裁判決（裁判長菅原二郎）は四三年一〇月二〇日に言い渡された。懲役八年という重い量刑だったが、これも新治安維持法第一条後段の目的遂行罪の適用だった。「共産主義的観点より北海道農業を分析検討して、所謂農業新体制に便乗し得べき政策を樹立し、会員を共産主義的に啓蒙すると共に、之を北海道農業政策に反映せしめ、農業の資本主義化を促進し、漸次農業に於ける封建的諸関係を排除し、革命的気運を醸成せしめんが為め」に設立し、活動の場とされた「北海道農業研究会」を「支援結社」と認定することも可能だったと思われるが、ここでも目的遂行罪を選択した（『思想月報』一〇八、一九四四年一、二、三月）。

「支援結社」適用が不活発だった理由の一つに、現場の検事・予審判事・判事の間では従来通りの目的遂行罪の適用に慣れており、使い勝手がよかったことがあげられるだろう。しかも新治安維持法第一条後段の「目的遂行罪」の刑期は旧法の懲役二年以上から懲役三年以上となっており、重い量刑を科すことが可能となっていた。実際に中川一男は懲役八年、佐貫徳義も懲役五年という、新治安維持法以前の目的遂行罪では見られない厳罰が科せられた。

虚構の産物「中核体」

新治安維持法の含意する精神を汲んだ自由自在の適用として編み出された特徴的な処断の論理をみてみよう。まず「中核体」という取締当局における虚構の産物が生み出された。

現在の史料状況で初出とみられるのが、一九四一年二月一五日の名古屋地裁（予審判事山田義盛）の李秀濚（リスヨン）に対する「予審終結決定」である。李は「朝鮮民族の平和と幸福を恢復する為には朝鮮民族の独立国家を建設するの外無しと決意するに至り、該意図の下に先づ（ま）自己の周囲に在る民族意識の強烈なる朝鮮出身青年分子を糾合し、以て独立運動の中核体を結成して右運動を展開せんことを企て」、「民族復興会」というグループを結成して活動したとされた（『思想月報』八〇、一九四一年二月）。「中核体」という名称からは計画的で強固な組織というイメージが生まれるが、実際には数人程度の集団にすぎなかった。

「中核体」に限らないが、こうした新たな処断の論理は相互に通報されて共有されるシステムになっていたので、各地の検事・予審判事らは飛びついたものと思われる。六月一一日の東京刑事地裁（予審判事藤島利郎）の企画院事件への「予審終結決定」では、「中心指導体」として用いられている。岡倉古志郎はコミンテルン・

党の目的達成に協力するために、企画院の「判任官を左翼的に指導すべき中心指導体を結成し、其の活動方針として従来の親睦会グループを継続すると共に、院内一般の講演会、座談会を開催し、左翼的傾向の分子を物色して右親睦内グループに加入せしめ、之を共産主義的に啓蒙訓練すべき旨協議決定」したとされた（『思想月報』八四、一九四一年六月）。

一二月二七日の東京刑事地裁（予審判事竹村義徹）の北牧孝三に対する「予審終結決定」では、「労働者大衆の日常闘争を指導すべき中核体」となっている。これは「日本共産党が極度に衰退せる現状に於ては当面非転向を固持して出獄せる党員を糾合して「グループ」を作り、互に協力して生活の拠点を獲得すると共に活動の地盤を作り、其の職場に於ける政治的経済的日常闘争を通して党の影響力を拡大し、組織の再建を図」ることを目的としたもので、三七年三月、春日正一らと意見交換し、グループの名称を「関東労働者団」とすることを協議したとされる（『思想月報』九〇、一九四一年一二月）。

四二年二月二二日の金沢地裁（予審判事金岡虎雄）の朴応苞（パクウンポ）ら四高の朝鮮人学生グループに対する「予審終結決定」では、「四高内に於ける共産主義理論に依る朝鮮独立運動の中核体たらしむる目的」でＣＹＭＳ（朝鮮青年マルクス主義研究会の意）を結成」後、河上肇『近世経済思想史論』をテキストとして読書会を開催し「相互に共産主義意識の昂揚に努め」たとした（『思想月報』一〇〇、一九四三年一、二月）。

「横浜事件」でもこの「中核体」を軸にフレーム・アップされていった。富山県泊（とまり）における細川嘉六と編集者らの懇親会を「共産党再建準備会」＝「中核体」と位置づけ、別個の複数のグループをそこに収斂させていくという構図が組み立てられた。警保局「横浜事件関係者一斉検挙の経緯」（一九四五年二月以降）には、「今次中核体たる日本共産党再建準備会の結成を見るや、急遽（きゅうきょ）社内共産主義分子を糾合結集に努むるの外、各種言論機関に横断的組織を結成し、党活動に即応し、不逞なる目的達成の為め、報導（ママ）宣伝機能の左翼的発展飛躍を企図狂奔中、検挙せられ」（「返還文書」国立公文書館所蔵）とある。

相川博の横浜地裁検事局山根隆二検事宛「手記」（一九四四年五月六日）には「私達の政治指導体の中核は将来日本共産党に拡大発展すべきもの」とあり、平館利雄の山根検事宛「手記」（同年五月一日）には「吾々「細川グループ」はこの日本共産党の拡大強化のため、日本に於ける諸々の共産主義運動の中心的指導勢力となり、軈て「グループ」の拡大強化の後は日本共産党に合流合体し、若しくは党に代って革命遂行の主体たらんとした」とある。

さらに横浜地裁（予審判事石川勲蔵）の小野康人に対する「予審終結決定」（一九四五年七月二〇日）では「革命の主体的条件たる日本共産党の衰微弱体化せるを急速に復興再建せしむる為の運動の展開こそ焦眉の急務なるを以て、該運動の指導体として所謂「党再建準備会」なる秘密「グループ」を結成し、之を拡大強化して同「党」の中心勢力たらしむべきことを提唱」したとされた（以上、『ドキュメント横浜事件』）。しかし、「中核体」たる肝心の「党再建準備会」は司法処分が進行する過程で雲散霧消してしまった。

もう一つ、「中核体」で想起されるのは四一年一一月に「満洲国」において関東憲兵隊によって検挙された「合作社事件」である。この事件は三つの要素からなるが、情野義秀・井上林ら五人は「中核体」グループとされ、「満洲国」治安維持法によって無期徒刑（懲役）の厳罰を科された。たとえば、四二年四月一六日、新京高等検察庁は井上林を起訴するにあたり、「平賀貞夫、情野義秀、進藤甚四郎、田中治、岩間義人等と共に……現に分散状態に在る我国（「満洲国」）日系共産主義運動の指導統一を図る為の中核体たる「核」を結成し……共に我国の国体変革を目的とする無名の秘密結社の組織を為したるもの」としている（『「合作社事件」関係資料』第一巻）。

VI 新治安維持法と運用

個人や少人数の言動への処断の根拠──「共産主義意識の啓蒙昂揚」

「中核体」は数人ないしそれ以上のある程度まとまったグループを狙い打ちにするのに重宝なものとなったが、個人ないし二、三人程度の言動については「共産主義意識の啓蒙昂揚」を意図していたとみなすことで、治安維持法による処断を可能とした。すでに一九三〇年代にも散見し、Ⅳでみたように唯物論研究会事件を契機に広く用いられるようになっていたが、新治安維持法の運用においてはこの手法が多数を占めることになった。朝鮮においても同様である（シリーズⅣ『朝鮮の治安維持法』）。

一九四一年二月二七日、名古屋地裁（裁判長野村文吉）は新協新築地劇団の名古屋後援会の結成にあたった佐藤保造に懲役二年・執行猶予五年を言い渡した。「我国現下の社会情勢に鑑み、名古屋地方の文化運動の分野に於て共産主義思想を宣伝煽動して其の浸透昂揚を図り、以て「コミンテルン」及党の大衆的地盤の拡大強化に資せん」ために、観劇後、座談会を催し、「マルクス主義芸術論に基き演劇批判等を為し、右観劇及批判を通じて共産主義意識の浸透昂揚に努め」たことなどに目的遂行罪を適用した。この判決文を掲載する『思想月報』八一（一九四一年三月）は「本件は左翼分子に依る文化運動が合法を擬装して如何に執拗に行わるるかを窺知するに足る事例」としている。

エスペラント運動の大島義夫は四一年四月一五日、東京刑事地裁（予審判事藤島利郎）の「予審終結決定」で公判に付されることになった。「国際語エスペラントの階級的普及実用に努めて一般大衆の共産主義意識の啓蒙昂揚並に世界プロレタリアートの国際的連帯性の強化を図」ることが、コミンテルンと党の目的遂行にあたるとされた（『思想月報』八二、一九四一年四月）。五月一三日、東京刑事地裁（予審判事竹村義徹）の立川光栄に対する「予審終結決定」には同宿の土工らに「天皇は資本家の偶像に過ぎざる旨及労働者が終日働きながら貧乏し居るは資本家に搾取され居る為なれば我々労働者は団結して資本家を倒すと同時に天皇を打倒せなばならぬ旨」語り、「同宿者の共産主義意識の啓蒙に努め」たとある。この決定を載せる『思想月報』八三（一九四一年五月）は「本件は土工の個人活動にして、不敬落書其の他に依り左翼意識の啓蒙を図りたる点に特異性を有する事件なり」とコメントを付している。

一二月二四日、東京刑事地裁（予審判事竹村義徹）の浪江虔に対する「予審終結決定」には南多摩農村図書館の設立について、次のようにある。

現下我国内外の客観的諸情勢は非合法共産主義活動を為すに適せざるを以て先づ初歩的教育啓蒙活動により未組織農民大衆を啓蒙し、軈て広汎なる勤労農民を包含する農民組合を組織し、来るべき農村の「ブルジョア」民主主義革命遂行に備え、以て前記両結社の目的達成に資すべきなりと做し、其の目的を以て右農民組合組織の準備として農民の知的水準を高め、且優秀分子を獲得し、漸次之を共産主義的に啓蒙訓練する目的を以て農村図書館の建設を企て

浪江虔（後列中央）
浪江虔『図書館運動五十年』

これを載せる『思想月報』九一（一九四二年一、二月）は「本件は初歩的教育啓蒙活動により未組織農民大衆を啓蒙する目的を以て農村図書館を建設したるものにして、注目の要あり」とコメントを付した。

小栗喬太郎に対する四二年七月二日の名古屋地裁の「予審終結決定」（予審判事浜田従六）では、「プロレタリヤ階級独自のスポーツを通じ、労働者を肉体的、精神的に訓練し、左翼意識の啓蒙昂揚を計り、階級闘争に役立つ

スポーツマンを養成する為のスポーツに依る労働者の大衆組織結成方を企図」し、野球大会開催の協議をしたことが目的遂行為とされた。さらに小栗の場合、親戚の一人に「支那事変の永続性に付、日本一ヶ国に集中せられたる支那民族の民族的統一戦線に因る反帝国主義運動の観点より之を批判解説」したことも、「左翼意識の昂揚」を図ったとされた（『思想月報』九七、一九四二年八月）。

横浜事件の個々の「犯罪事実」を認定する際にも「共産主義意識の啓蒙昂揚」を活用している。横浜地裁検事局の川田寿への「予審請求」（四三年九月一日）には「渡米後、在米若は寄港の本邦人に対し、或は又遠く我国の労働者階級に対し共産主義意識の啓蒙昂揚及反戦意識の鼓吹等に努め、之を通して右両結社の各目的達成に資せんことを決意し」などとある。東京刑事地裁の細川嘉六への「予審請求」（四三年九月一一日）では「論壇より一般に対する共産主義的啓蒙に努め、之を通じて前記両結社の各目的達成に資せんことを企て」などとした（以上、『思想月報』一〇六、一九四三年九月）。

四四年二月二三日、横浜地裁（裁判長篠原治朗）が高橋善雄に懲役三年を科した横浜事件の最初の判決でも同様である。高橋は世界経済調査会でソ連研究班に所属して「ソ連新聞情報」を発行していたが、「独逸に於ける悪性インフレーション発生の状況を宣伝せる論文」や「独逸の人的資源枯渇の情況を宣伝せる論文」などを翻訳して掲載した仕事が、「一般、殊に知識層に対する共産主義意識の昂揚に努め」るためだったとされた（『思想月報』一〇八、一九四四年一、二、三月）。

在日朝鮮人と新治安維持法

在日朝鮮人の民族独立運動への治安維持法の発動は一九三〇年代後半から目立ってきていたが、新治安維持法下においてさらに積極的になった。

司法省「最近に於ける主要なる治安維持法違反事件」（一九四四年四月三〇日、『資料集』第四巻）には、「民族独立運動関係」として竹馬楔・東亜神学校鮮人学生グループ事件など五三件の司法処分の一覧表がある。備考の統計数値では一九四〇年から四四年四月までの総検挙者数は八三〇人、起訴者数は一五五人で、起訴率は一八・七％にのぼる。また、四五年五月末現在の「治安維持法違反年度別処理人員表」（『資料集』第四巻）によれば、四一年から四五年五月までの「独立」運動の検挙者数合計は九四三人、起訴者数は二四六人である。これは同期間の「左翼」「独立」「宗教」の検挙者数の三〇・二％に、起訴者数の二一・三％にあたる。三七年から四五年五月までの検挙者数の総計からみると一四・八％に、起訴者数の一一・八％となっており、新治安維持法下において検挙者数と起訴者数の比率が急増している。

四四年二月一八日、水戸地方裁判所検事局の遊田多聞思想検事は茨城県の特高主任会議で「民族主義事犯」についての指示のなかで、「内地在住の一部朝鮮人中には戦争の長期化に因り我国経済の破綻必至なりと観測し、此の見解の下に朝鮮の独立を企図する者依然其の跡を絶たないのでありまして、其の関係者の大部分が内地留学の学生でありますことは注目すべき現象であります」と述べている（『季刊現代史』第七号、一九七六年）。

遊田多聞
『大日本司法大観』

さらに四五年六月開催の臨時思想実務家会同で船津宏刑事局長は「民族独立運動」について、「最近に於ける独乙の崩壊、戦局の急迫、空襲の激化等より我国の敗戦を必至なりと妄断し、此の機に米英又はソ連の力を藉りて独立の野望を遂げんとし、窃に其の機会を待望しつつある状況看取せられ」るほか、朝鮮人労働者の集団逃走や怠罷業の発生も少なくないとして、「半島人の動向に付、特に監視を怠らず、事犯の未然防遏に努められ度い」と指示している

(『資料集』第四巻)。

「民族独立」への発動全開

すでに一九三〇年代後半から在日朝鮮人の言動のなかに民族独立の志向をつかまえて治安維持法による処断がおこなわれていたが、それは新治安維持法下で全開することになった。多くは民族意識の「啓蒙昂揚」を認定して、第五条の「協議」や「煽動」を適用した。

金世学(キムセハク)は四二年五月二五日、東京刑事地裁(裁判長飯塚敏夫)で懲役二年を言い渡された。新聞購読勧誘の際、勧誘先より罵倒せられたことに憤慨し、「斯かる侮辱を受けるは畢竟(ひっきょう)朝鮮人が祖国を有せざる為なり」として独立を志した金は、新聞配達の同僚に日中戦争の長期化に伴って「日蘇(ソ)の開戦は必至にして、其の際朝鮮に於ては蘇連邦と連絡し独立運動の勃発すべきを以て、東京に於ても予(かね)て同志の獲得に努め置き、東京が蘇連航空機の爆撃に因り混乱状態に陥るを待ち、同志二、三十名宛(ずつ)一団と為りて東京市内各所に蜂起し、防空設備を破壊し、消火物資等の配給を妨害し、以て治安の攪(かく)乱(らん)を図り、半島内の独立運動と呼応して朝鮮独立の為に活動すべく、之が為には予め秘密の集合場所を暗号により決定し置くの要ある旨申向け」などの言動により、新治安維持法第五条の「煽動」が適用された(『思想月報』九四、一九四二年五月)。

四二年一二月九日、大阪地裁(裁判長福島尚武)は金光権一(グオンイル)に新治安維持法第五条を適用し、懲役一年以上三年以下を科した。一八歳だったため少年法による不定期刑となった。この不定期刑は日本国内の治安維持法違反事件では唯一と思われる(朝鮮においては複数例ある)。金光権一は実父より「執拗なる感化煽動を受けたる結果」、「朝鮮民族に依る独立国家」建設を「妄信」し、工員同僚に対して「民族意識を鼓吹して自己陣営への獲得、其の他朝鮮志願兵制度に対する反対運動等を展開し、其の主体勢力の強化を図りつつ、軈て支那事変の長期化に伴い日本の敗戦は必至なるを以て、其の期を待機し一斉に蜂起するに於ては之が目的達成は極めて容易なる旨強調激励して、朝鮮独立の為蹶起すべきことを煽動し」たという認定である（『思想月報』一〇〇、一九四三年一月、二月）。

四三年六月八日、樺太地裁は安田致賢に新治安維持法第五条を適用して懲役二年六月を言い渡した。土工現場において同僚に「印度の独立運動を引例して朝鮮独立の為には印度の如く熾烈なる民族運動を広範囲に展開すべき旨等を交々強調し、相互に民族意識の昂揚に努め」たことなどが罪に問われた。安田が上告すると、弁護人鍜治利一は上告趣意書で朝鮮独立の言動は刑法第七七条の封土の僭竊にはあたるものの、「我国の国体其のものには何等変更を加えんとしたるものにあらざるや真に明かなり」と真正面から朝鮮独立＝「国体」変革の判断に疑問を投げかけた。これに対して九月一日の大審院（裁判長沼義雄）は、次のように論じて上告を棄却した。

> 所謂国体を変革することを目的とすとは畏くも　天皇が統治権を総攬し給う事実に変更を加え奉ることを目的とする一切の場合を汎称し、苟も其の統治権を総攬し給う事実に変更を加え奉ることを目的とするものなる以上、毎に国体を変更することを目的するものと為すに足り、其の全面的変更を企図する場合なると部分的変更を企図する場合なると、事物に関する場合なると将又領域に関する場合なるとは必ずしも問うことを要せざるものとす、果して然らば　領域をして　天皇統治権の支配下より離脱せしめ、独立国家を建設せんことを画策するが如きは、事固より全面的に　天皇政治を否定せんとするものに非ずと雖も、少くとも其の領域に於ける統治権を排斥し、其の範囲若は内容を截断減殺せんとするものにして、右に所謂国体を変更することを目的とする場合に該当すと為すべきは勿論なり

この判決文を収録するにあたり、『思想月報』一〇五（一九四三年八月）は「朝鮮を独立せしむるとすること

が治安維持法に所謂国体を変革せんとすることに該当する所以を明にした判決」と意義づけている。

「国体」変革の結社・集団の適用

民族独立運動への適用で、第一条の「国体」変革結社や第四条の集団によるものもある。

第一条適用の例として、四一年一一月二七日、東京刑事地裁（予審判事下村三郎）による朴潤玉（パクユンオク）ら六人の「予審終結決定」がある。朝鮮独立という「窮極の目的」のため、「朝鮮民族の大部分を占め、而（しか）も精神的には怠惰無智にして経済的には疲弊困窮せる農民大衆に対し、基督教の伝道其の他に依り精神的の啓蒙を行ない、勤勉ならしむると共に民族的意識を培養して独立機運の醸成に努め、農業の技術及経営の指導に依り其の生活を改善して経済的更生を図り、以て朝鮮独立の素地を作ること」を任務とする「熱血会」を組織したとして、新治安維持法第一条を適用した（『思想月報』八九、一九四一年一一月）。第一審判決は朴が懲役五年で、他の五人は懲役四年から二年（執行猶予四年）となった（『思想月報』九四、一九四二年五月）。

また、一一月九日、東京刑事地裁（予審判事小森庚子）は李昌徳（リチャンドク）ら九人を公判に付す「予審終結決定」をおこなった。「民族意識濃厚なる朝鮮人学生が指導者に為り、朝鮮固有の文化を擁護しつつ、朝鮮民族の大部分を占むる無学者に対し学校経営、出版事業等に依り精神的の啓蒙を行い、民族意識を培養し、独立機運の醸成に努むると共に、其の生活を改善し、経済的更生を図り、以て朝鮮独立の素地を作ること」を任務とする結社「竹馬稧」を組織したとされた（『思想月報』九九、一九四二年一一月、一二月）。第一審では新治安維持法第一条を適用し、李昌徳ら二人に懲役四年を科した。四三年一二月二四日の大審院は上告を棄却した。

第四条の「国体」変革の集団を認定したものとして、四二年九月一七日、東京刑事地裁（予審判事松本勝夫）による玄昌碩（ヒョンチャンソク）を公判に付す「予審終結決定」がある。「独立運動の指導者たるべき人格の養成、実力の涵養に努め、併せて朝鮮大衆に対し民族独立意識の啓蒙、昂揚を図り、以て独立機運の醸成に努むること」を当面の任務とする「ウリ朝鮮独立グループ」を結成し、東京の大空襲時の「民衆の混乱に乗じて一挙に蜂起し、独立の目的を達すべく」、「帝都各所に放火すると共に防火用水の顚覆、防火用器具の隠匿等を図り極力消火を妨害し、以て帝都を焦土に帰せしむること」などを企てようとしたとして、新治安維持法第四条の「国体」変革の集団とその指導にあたるとした（『思想月報』一〇六、一九四三年九月）。

これらの事例をみても「国体」変革の結社と集団の相違はあいまいであり、「協議煽動」罪との区別もつけがたい。そうであれば、これらの条文の適用に明確な基準があったわけでなく、「民族独立」への意識の強弱により使い分けられたと推定される。結社「竹馬禊」の判決では懲役四年が科せられた（「協議」罪では二年ないし三年）。

なお、四三年六月一四日に長崎地裁（裁判長渡辺嘉兵衛）が懲役一〇年を科した洪性杰の事件は異色である。朝鮮民族革命党・朝鮮義勇隊・朝鮮青年連合会に加入していた洪性杰は中国戦線で「抗日、厭戦の思想宣伝に勉め、宿営中を日本軍に襲撃されて逃走中負傷して逮捕」されると、四月九日、在石門日本領事館の領事脇屋壽夫による「予審終結決定」により、長崎地裁での公判に付されることになった。抗敵と治安維持法違反で検事の求刑は死刑だったが、判決では懲役一〇年となった（『思想月報』一〇一、一九四三年三月、四月）。

在日台湾人への治安維持法発動

在日朝鮮人に比べて在日台湾人の治安維持法違反事件はかなり少ないものの、次のような事例がある。いずれも中国共産党関連とされた。

一九三九年一二月二八日、東京刑事地裁（予審判事城富次）は上海日本近代科学図書館員で朝日新聞調査部員

の頼貴富（ライキフ）を公判に付す「予審終結決定」をおこなった。頼は「必しも反日的感情を抱懐するものに非ざるも、台湾人間の有識先覚者の一人として恒（つね）に台湾民族の為、其の被統治被圧迫状態の解放を希望すると共に、自ら漢民族の一員たる意識の下に支那に対し衷心（ちゅうしん）好感厚意を持し、近時支那に発展せる民族解放乃至抗日救国運動に付ても亦多大の関心同情を寄せ、一面我が国の対支態度を以て無理解不当なり」と考えていたとされる。

犯罪事実の一つとされるのは「日本の知識階級に対し中国共産党の現勢、運動方針又は所謂抗日救国民族解放運動の現状等を報道宣伝し、以て之を理解支持せしめん」ために、それらに関する新聞記事を翻訳して『日本評論』や『改造』に投稿、掲載となったことである（「抗日支那の本拠を衝（つ）く」が『日本評論』三七年八月号に、「中国救国戦線の七人幹部公判記」が『改造』三七年八月号に掲載など）。これらが「我が国体の変革、私有財産制度の否認を目的とする中国共産党の目的遂行に資すべき行為を為し、延（ひ）いて同目的を有する国際共産党乃至日本共産党の目的遂行に寄与すべき行為を為したる」とみなされた（『思想月報』六八、一九四〇年二月）。

四二年一一月三〇日、東京刑事地裁（裁判長飯塚敏夫）は在京台湾人グループの陳銀漢（チンギンカン）に懲役二年を言い渡した。日中戦争の長期化で「帝国の国力次第に疲弊するものと速断し、台湾を支那に復帰せしむべき好期漸く接近せりと思惟し、斯くて台湾をして帝国の版図より離脱せしめ、以て我が国体を変革せんと欲し、該目的達成の為、当面同志を獲得して抗日的民族独立の思想を煽揚すると共に其の実行に関する協議を為さんと企て」たとされた。その実行の機会に「直に蹶起し得る様準備し置く為、当面（一）極力同志の獲得に努むること（二）台湾民衆に対し抗日民族意識の啓蒙昂揚を図ること」などを協議したことが、新治安維持法第五条の適用となった（『思想月報』九九、一九四二年一一月、一二月）。

中国共産党加入への厳罰

ここで滞日中の中国人汪叔子（オウシュクシ）の司法処分状況をみよう。汪は北京警察局督察員で、傀儡（かいらい）政権の中華民国臨時政府より派遣されて警察講習所に入所していたが、「中国共産党東京支部」を結成したとして「満洲国」留学生らとともに一九三九年二月一九日に検挙された。

四〇年一一月五日、東京刑事地裁検事局（渡辺要検事）は汪叔子ら二四人を起訴した。中国共産党が「日本帝国主義の打倒、抗日救国、失地回復等の標語を掲げて所謂抗日民族統一戦線を敷き、之を通じて右所謂失地たる台湾、関東州等を一帯とする地域をして帝国統治権の支配を離脱せしめ、之等の地域と支那全土を合して全支民族の民主主義共和国を建設することを当面の目的」としていることを知りながら、これに加入し、東京支部長として「暗殺爆破を任務とする別動隊「鉄血青年団」及「破壊隊」の組織編成、隊員の任命、暗殺目標の撰定、暗殺実行者の分担等を協議」したなどの理由である（東京刑事地裁検事局「起訴事実通報」第二六回、「太田耐造関係文書」）。

四二年四月一四日、東京刑事地裁（予審判事下山四郎）予審は二三人を免訴とし、汪のみ公判に付す「予審終結決定」をおこなった。そこでは中国共産党加入の事実を認定して新治安維持法第一条後段を適用したが、「鉄血青年団」「破壊隊」の組織や活動については「公判に付するに足るべき犯罪の嫌疑なき」とした（『思想月報』九三、一九四二年三月）。

四三年四月二七日、東京刑事地裁（裁判長徳岡一男）は汪叔子に懲役一〇年という重刑を科した。三七年七月の中国共産党に加入後、臨時政府より日本に派遣されると、「満洲国」留学生らの「抗日思想並に共産主義意識の啓蒙昂揚に努め」たとして、新治安維持法第一条後段に該当するとされた（『思想月報』一〇三、一九四三年六月）。九月一三日の控訴審判決でも量刑は変わらなかった。

これに対して汪叔子は上告した。その上告趣意で汪は「警視庁に於て自分は拷問を受け、両腿（もも）を打たれ重傷を負いたり」とする一方、「吾人は半は思想主義の為戦い、半は中華民族の為戦う、中国抗戦は最後の勝利に帰すること疑なし……一身の禍福計る処に非ず」と述べている。汪が抗日の姿勢を堅持するのに対して、おそらく国選であろう弁護人寺坂銀之輔の上告趣意は「共産主義及抗日思想の誤れる主義思想なることは多言を要せざる処にして、国家治安維持の為め徹底的に撲滅せざるべからざること、言を俟たざる処なり」と汪の意思に反した弁論をおこなったうえで、「寛大なる処分」を求めている。一二月二九日の大審院判決（裁判長沼義雄）は「拷問の事実は之を肯定し難し」とし、上告を棄却した（『昭和思想統制史資料』別巻下）。

「類似宗教」への積極的発動

「まつろわざる」をみなした宗教者の処罰こそ、新治安維持法による処断が容易かつ広範になされる領域となった。第七条の「国体を否定し、又は皇室の尊厳を冒瀆すべき事項を流布することを目的」とする結社とその「目的遂行」行為、第八条の同目的の集団とその「目的遂行」行為に適用される。三〇年代後半の大本教事件・天理本道事件・新興仏教青年同盟事件・灯台社事件のような大規模なものは少なくなったが、地域の小規模な集団への適用が増えた。それだけ取締当局のえぐり出しが社会の隅々にまで徹底されたといえよう。

司法省「最近に於ける主要なる治安維持法違反事件」（一九四四年四月三〇日、『資料集』第四巻）には、「不穏宗教関係」として本門仏立講・きよめ教会・日本聖教会・創価教育学会・第七日基督再臨団など一二件の司法処分の一覧表がある。四五年五月末現在の「治安維持法違反年度別処理人員表」（『資料集』第四巻）によれば、四一年から四五年五月までの「宗教」運動の検挙者数合計は四二八人、起訴者数は二一八人である。これは同期間の「左翼」「独立」「宗教」の全検挙者数の一三・七％に、全起訴者数の一八・九％にあたる。三七年から四五年五月までの検挙者数の総計からみると一四・〇％に、起訴者数の二四・〇％となっている。

四四年二月一八日、遊田多聞思想検事は茨城県の特高主任会議で「不穏宗教事犯」についての指示のなかで、次のように述べている。

> 之等不穏宗教運動は左翼運動、或は民族主義運動の如く暴力手段に訴え一挙に所期の目的を達成せんとするが如きものと其の趣を異にし、概ね不識の間に人心を腐蝕せしめ目的の達成を図らんとするのでありまする為、往々其の弊害を軽視するものなしとしないのであります、然しながらそれが理論を超越せる信仰に根ざすものであり、人間の弱点に深く喰い入り且多く一種の流言的気運を醸成する特質を有して居りまする関係上、運動の執拗にして波及の速かなること真に驚くべきものがあるのでありまして、我国体を晦冥ならしむるが如き此種運動が放置せられ、斯る思想が国民の間に広く瀰漫浸透した場合を思いますとき、真に慄然たらざるを得ないのであります。

そのうえで各警察署の特高主任に「一般公認宗教のみならず、小規模なる類似宗教信奉者に対する査察内偵を忽せにすることがあってはならぬ」と注意を促した（以上、『季刊現代史』七）。

四五年六月開催の臨時思想実務家会同で船津宏刑事局長は「宗教事犯」について「最近特に見るべきものはありませぬ」としつつ、「一部宗教関係者の中には宗教至上主義の見地より聖戦目的を歪曲否定し、戦争に因る惨害のみを捉えて徒に戦争を罪悪視し、厭戦反戦言論に出づる者も尠しとしない」とする。とくに終末観を教理とするものでは「戦局の急迫、空襲による被害の増大、国民生活の困難等に伴う民心の荒廃に乗じ、教勢挽回の挙に出づる危険」があると予測し、再建の動きがあるとして天理本道や大本教などに警戒を指示している（『資料集』第四巻）。

「国体」否定の集団として処罰

新治安維持法で新たに設けられた第八条の「国体」否定などの集団の取締は、前述の遊田思想検事のいう「小規模なる類似宗教信奉者に対する査察内偵」を通して実施された。

「不穏宗教関係に於て改正治安維持法所定の「集団」を最初に認定した判決」として『思想月報』九五（一九四二年六月）に収録された一九四二年六月六日の那覇地裁（裁判長日野太作）の判決をみよう。久場マカマトは一九二八年に「御先神に関する特異の教理を組立」、「地上界に於ける真の神は三天以外にはなく、従て天照大神は真の神に非ず……之（信仰する「御先神直系の三代」）を信仰するものは……此の世の病気災厄等の不幸を脱却し、平和なる生活を送り得る」という教理を流布し、信者七〇人の集団をつくったことが「神宮の尊厳を冒瀆する」として新治安維持法第八条前段の適用を受けた。量刑は「犯罪の情状憫諒（びんりょう）すべきものある」として懲役二年・執行猶予四年となった。

『思想月報』九五は、六月一一日の熊本地裁（裁判長白石要）の森本トラに対する判決も収録する。森本は「忠孝陽之教」という独自の教義を案出し、「国司大明神は世界に於ける最高至上の陽神なれば、本来我国を初め全世界を支配すべき神格を有す」として「疾病（しっぺい）戦乱等の災厄相次ぎ、我国現下の物資不足も畢竟其の顕（あら）われに過ぎず、斯る災厄より世を救済せんとするのは国司大明神の表に顕現し最高至上の神として崇拝し、以て其の神力の加護に俟つ外なし」と説き、四一年七月頃、信者七人による集団を結成したとされる。この活動が第八条の「神宮並皇室の尊厳」冒瀆にあたるとして、懲役二年を科された。

これらの神道系統だけでなく、キリスト教系統や仏教系統も第八条の集団を適用されて処断された。四二年一〇月二六日、大阪地裁（予審判事当別当隆治）は北本豊三郎ら五人を公判に付す「予審終結決定」をおこなった。

「千年王国の建設に際りては地上各国家は総て撃滅一掃せられ、其の一環として我国　天皇統治も亦廃止せらるべきものと為すと同時に、此の三位一体の神より外に神なしと称し、伊勢神宮の祭神たる　天照大神は畢竟此の真神の被造物たる偶像に過ぎず」という教理を流布したという。北本はこの集団の創設・指導者として第八条前段の、他の四人は集団に参加・活動したとして同条後段の適用となった（『思想月報』九九、一九四二年一一月、一二月）。北本は一審・二審でともに懲役三年を科された（治安維持法犠牲者国家賠償要求同盟大阪本部『時代に抗して光を求めた人々　治安維持法犠牲者名簿・大阪』、二〇二一年）。

四三年五月一四日、東京刑事地裁（裁判長川井立夫）は大日教の主宰者杉本金治郎に第八条前段を適用し、懲役二年を言い渡した。大日教の教理は大日如来が「地球上に法又は権力に依りて統治せらるる我国を含む一切の国家の存在を許さず、唯誠厚き者が慈悲を以て他を指導する形態の新社会の実現を希望し居る」というもので、これが神宮の尊厳を冒瀆し、「国体」を否定するとみなした。この宗教集団の一九三〇年結成以来の活動にさかのぼって処断した（『思想月報』一〇二、一九四三年五月）。

偶像礼拝排撃も取締の対象に

集団よりも組織性が強いと判断すると、第七条の「国体」否定の結社を適用した。一九四二年一二月五日、高知地裁（裁判長阪本徹章）は「安芸耶蘇基督之新約教結社」の須賀寛助ら七人にいずれも懲役二年・執行猶予五年の刑を言い渡した。「偶像礼拝の排撃を強調し、畏くも我が国民の伝統的尊信の中心たる　皇大神宮を始め奉り、一切の神宮神社は霊なき単なる偶像に過ぎざるを以て之を祭祀礼拝すべきものに非ず」という教義にもとづく結社を組織・拡大したとする（『思想月報』九九、一九四二年一一月、一二月）。

日本基督教団第六部（日本聖教会）中国地方主任清水良太郎は、四三年五月三一日の鳥取地裁（裁判長有地平三）

の判決で懲役二年を科された（求刑は懲役四年）。そこでは「千年王国の建設に際りては地上各国家は総て殄殲（滅ぼし尽くす）せられ、其の一環として我が国　天皇統治も亦廃止せらるべきものと為すと同時に……偶像礼拝の排撃を強調し、畏くも我が国民の伝統的尊信の中心たる　伊勢神宮を始め奉り、一切の神宮神社は畢竟偶像に過ぎざるを以て之を祭祀礼拝すべきものにあらずと妄断する」日本聖教会に加入し、中国部部長として「該教理に対する信仰の教化宣布に従事」したことが新治安維持法第七条前段に該当するとして処断された。「犯罪の情状憫諒すべきものある」とされた。

この判決文を掲載する意義について『思想月報』一〇二（一九四三年五月）は「本判決に於て特に注目すべきは、被告人の所属する日本聖教会を以て国体を否定すべき事項を流布することを目的とする結社として起訴せられたのに対し、国体を否定し且皇室及神宮の尊厳を冒瀆すべき事項を流布することを目的とする結社なりと認定処断せられたこと」とする。判決で「皇室及神宮の尊厳」の冒瀆が加わったことは、偶像排撃などにまで取締の射程を広げたことになる。

日本聖教会に所属する小出朋治は、大阪控訴院の有罪判決を不服として上告した。弁護人藤川卓郎は「全く宗教の本質と統治権、即ち此の世の政治とを混同したるもの」と判決を非難し、日本聖教会の教義は「全く精神界の消息にして現在及近き将来に於ける大日本帝国の統治権に影響を及ぼすべき可能性ある問題に非ず」と主張したが、四四年六月二二日、大審院（裁判長久保田美英）は上告を棄却した。「日本聖教会の教理の内容が判示の如くにして、就中千年王国の建設に際りては〇〇〇〇〇も亦〇〇せらるべきものなりとする我国体を否定すべきものなる事実は優に之を認定するに足り、従って判示所為が判示法条に該当すべき犯罪を構成すること固より当然なりとす」とにべもなかった（『法律新聞』第四九一五、六号、一九四四年六月五日、一〇日）。

無教会派キリスト者の浅見仙作に対する四四年四月六日の札幌地裁検事局の起訴（「公判請求」）も同様な認

定である。「千年王国なる地上神の国を建設し、次で新天新地と称する神の理想社会を顕現すべきものなりとなし、畏くも　天皇統治が右千年王国の建設に際りて廃止せらるべきものと做す国体を否定すべき」教理の宣布を目的とする集団（「聖書研究会」）を組織・指導したとされる（『思想月報』一〇九、一九四四年四、五、六月）。

四四年五月一九日の札幌地裁の懲役三年の判決を不服として、浅見は上告する。弁護人鍛冶利一は上告趣意で「所謂キリストの再臨は現実の政治問題とは別箇の信仰界の事に属し、我国に於て公認せられたる基督教の教理にして、何等反法的のものに非ざる」とし、被告人は「全く信仰上の霊魂上の問題としたるに過ぎず」と論じた。四四年一一月一〇日の大審院（裁判長三宅正太郎）は原判決に「重大なる事実の誤認ある」として「事実審理」を決定した（『昭和思想統制史資料』別巻下）。この「事実審理」となる四五年六月一二日の大審院判決（裁判長三宅）で、浅見に無罪が言い渡された（シリーズI『治安維持法の「現場」』）。「宗教の本質と統治権」について前述の四四年六月二二日の大審院判決と真逆の判断となったが、それは例外的であった。

四三年一一月二〇日、東京刑事地裁検事局は創価教育学会の牧口恒三郎の「予審請求」をおこなった。「本尊以外の神仏に対する信仰礼拝を極度に排撃し、畏くも　皇大神宮を尊信礼拝し奉ることも亦謗法にして不幸の因なれば尊信礼拝すべからず」という神宮の尊厳冒瀆の流布が起訴事実とされた（『思想月報』一〇七、一九四三年一〇月、一一月、一二月）。

「民族独立運動」の場合と同様に反「国体」意識がきわめて強いと判断された場合には「国体」否定でなく、第一条の「国体」変革を適用して重罪を科した。灯台社の明石順三らに対する裁判がそれで、四三年四月一三日、東京控訴院（裁判長藤井五一郎）は灯台社を「万世一系の　天皇君臨し、統治権を総攬し給う我が世界無比の国体を変革することを目的とする結社」と断じ、組織・指導者の明石順三に第一条前段を適用し、懲役一〇年（求刑は無期懲役）という重い判決を科した（『思想月報』一〇三、一九四三年六月）。明石は上告した。その上告趣意書には「私は己が最も愛する日本皇室と日本人の為に他の日本人とは全く独自的なる道を歩んで来た者でありまして、皇室と日本人とを熱愛する自己の心情には一点の疚ましき点を覚えないのであります」とある。

弁護人植田久太郎の「キリスト教を深く信ずると共に米国的の宗教に基き之を狂信せし結果、原審判決の理由の如き教理を宣伝せり、是れ被告人等の精神的異状的性質と狂信的の結果に外ならざるなり」という見当違いの上告趣意に対して、四三年九月一三日、大審院（裁判長三宅正太郎）は「教理が特に狂的にして被告人の精神に異状あるものとは認め難く」として上告を棄却した（『昭和思想統制史資料』別巻下）。

処断の非論理性にあえて抗する

ここまで見てきたように、新治安維持法の発動で「国体」変革・否定とそれらの目的遂行でからめとる領域はさらに広がり、戦争遂行に障害となるとみなされたあらゆる言動・思想は封殺された。処断の論理は異論を一切拒絶するものであったが、それだけに荒唐無稽といっても過言ではないほど非論理的であり、社会の一般的通念からも遠くかけ離れていた。あまりにも非論理性の強行がまかりとおる状況は堪えがたく、数は少ないとはいえ、治安維持法の処断に真正面から根本的な疑義をぶつける上告がなされた。そのことは、治安維持法の悪法史上に銘記しておく必要がある。棄却という結論は度外視したうえで、やむにやまれずそうした問題提起をしなければならないほど、新治安維持法の暴走は目に余るものがあった。

このことはすでにシリーズⅠ『治安維持法の「現場」』の「公判における弁護活動」で論じたが、ここではあらためて具体的な公判の弁論を通じて検証したい。

生活主義教育運動にかかわって、鈴木銀一は一九四二年二月、仙台地裁（予審判事西岡稔）から公判に付す「予審終結決定」を受けた。「小学校教育の分野に於てマルクス主義の観点に立ち、児童に対し教材の左翼的解釈に依り、或は彼等の現実生活に即し資本主義社会の矛盾を自覚せしめ、階級意識を醸成し、之に組織的訓練を与え、協働精神、労働精神等を涵養し、将来「プロレタリア」革命に際し「プロレタリア」階級に動員せらるべき前衛闘士の養成を目的とする「プロレタリア」教育を実践」したという理由である。具体的に起訴事実とされたのは、綴方の授業において「綴方即生活指導なる信念の下に児童をして部落自治体なる一の組織体の一員にして生産者であり、且父兄と共に働く勤労者たる客観的生活現実より取材し、之を率直に精叙せしめ、以て綴方を通じて生活態度の前進、「プロレタリア」感情の育成を図」ったことなどである（『思想月報』九一、一九四一年一月、二月）。これを荒唐無稽といわずにはおれない。

四月一七日の仙台地裁で懲役二年の判決を言い渡されると、鈴木は上告した。弁護人の鍛冶利一は「原審が上告人は「日本共産党」及「コミンテルン」の両結社の存在を認識し、且両結社の目的遂行の為にする行為を為したることを説示し乍ら、之に対する法律上の関係に付き何等判示するところなかりしは擬律錯誤の違法あり、破毀を免れず」と主張した。七月一七日の大審院（裁判長沼義雄）は「両結社は組織上の存在こそ別個なる、コミンテルン無くんば日本共産党たるもの亦有り得ざるものにして、性質上両者は一体同心なるを以て、之を別異に観念するを許さざる関係に在るものとす」として上告を棄却した（『思想月報』九六、一九四二年七月）。

佐藤太郎は四二年四月二四日の東京控訴院判決を不服として上告した。弁護人林百郎は被告が日本共産党についての認識を有するとはいえ、そもそも党が実質的に存在していないとして、「従って被告は自己の犯罪行為は仮に抽象的に共産主義の研究行為なりしとするも、之を以て直ちに日本共産党なる結社の存在を確信し、之が目的遂行なる認識を有したるにあらざること明亮なり、何人か存在せざる結社の直接具体的なる目的を意識し、之が遂行行為を為すを得んや」と急所を突いて、控訴審判決の目的遂行罪適用は「重大なる事実の誤認」と論じた。これに対し、七月二四日の大審院判決（裁判長沼義雄）は「結局原判決認定の事実は優に之を証明し得るものと謂うべく、違法一も存することなし」と突っぱねた（『昭和思想統制史資料』別巻下）。

四二年一二月二八日、東京刑事地裁で懲役六年を科された長谷川浩の上告も、同様に日本共産党の不存在を論拠とする。長谷川は「日支事変勃発以降に於て「日ソ」並に「満ソ」の国境は緊迫し、到底彼等の潜入の余地なきこと明かなり、又嘗て日本共産党員にして処罰を受け未だ転向を肯ぜざる者ありと雖も拘禁状態なるを以て、是亦実質的には絶滅したるものたること明白なり」として原判決の「重大なる事実の誤認」を論じた。

しかし、四三年六月二九日の大審院（裁判長三宅正太郎）は「日本共産党が数次の党員検挙に因り殆ど潰滅に帰したる状況に在ること所論の如しと雖、コミンテルンに於て未だ其の支部たる日本共産党存置を廃止せざる限り、同支部の存置は依然継続せるものと認むべく」として上告を棄却した。この判決を抄録する『思想月報』一〇三（一九四三年六月）は、「上告審の判断は日本共産党が存在する根拠を示したもので参考となるべきもの」と歓迎している。

四二年八月の神戸地裁判決を不服として上告した岩本巌は、自ら上告趣意書で「私有財産制、日本天皇制、治安維持法に就いて反歴史的な不当さ」を主張した。まず、「人民一般大衆の徹底的な生活向上と全社会発展の為めには私有財産制を撤廃する事の必然性並プロレタリアートの歴史的役割」を論じ、ついで「天皇制は斯かるブルジョアジーの利益と支配とを維持し、大衆の搾取と隷属化とを維持し、強制的な秩序を作る為めの機関で有る」とした。そして、治安維持法の意味するところを次のように喝破する。

> 総て法律は其時の支配階級による被支配階級の隷属化を維持せんが為に作られたもので有って、支配階級の危機（存立の）が頂点に達すれば達する程、崩壊の前夜になればなる程、其の内容は苛コクを極める物で有る、昨年度改悪された所の治安維持法の如きは特に新に採用された予防拘禁の如きは其の著しい例である、此の法律に依るならば労働者、農民、一般勤労者大衆の運動は（敢て日本共産党のみでなく）犯罪

となるので有る……治安維持法の内容が勿論不当なものを含んでおるとしても行動が有って初めて適用された、今次の予防拘禁制度は更に発展して行動が有ローが無カローが単に行動の意識を持って居る理由のみで投獄されるので有る、そして本人が意思意識を果して所持しているや否やを決定するのは支配階級によって決定されるので有って、情勢の変化、或は危機の切迫に従って無差別的に全般的に予防拘禁を発動する可能性を持って居るので有る、斯かる治安維持法の改悪は支那侵略戦争以来見られた所の資本主義的経済機構の矛盾の激化した事を意味するものであり、天皇制独裁の強化の法的表現を意味する

岩本の結論は「吾々の行動は犯罪を構成するものではなく、亦犯罪者として取扱わる可きでなく、単に政治的見解の相違に過ぎない事を主張する者で有る」となる。当然ながら、これに対する四二年八月一三日の大審院判決（裁判長久保田美英）は「事実の認定に重大なる誤認あることを疑うべき顕著なる事由あるを認めず」とにべもない（『昭和思想統制史資料』別巻下）。

執行猶予への検察の逆襲

戦時下治安体制の最大の護持者を任ずる検察にとって、治安維持法違反公判において裁判所が執行猶予付の判決を下すことは許しがたいことだった。そうした場合に検察側は逆襲的に上告した。

一九四二年一二月二三日、東京刑事地裁の三浦重国への判決が懲役二年・執行猶予三年となったことを不服として、検察は上告した（二審制となっているため）。東京刑事地裁検事正の上告趣意には「治安維持法違反の所為は其の企図するところ世界赤化の一翼として我国に於ける革命の招来を冀念（きねん）し、国家存立の根基たる国体を崩壊せしめんとするに在るを以て、厳罰もって之が禁圧を期するの要」は必然で、ましてや戦時下においては「国民の国体に対する信念を鞏固（きょうこ）ならしめ、以て国民の精神的団結を図り治安維持の完璧を期するが為、其

の必要性の倍化せるは言を俟たざる処」とする。科刑にあたっては「徒に犯人に対する小乗的仁愛に陥ること無く、銃後治安を確保すべき国家的要請に即応して之を決定すべく、右科刑の標準は主として本人の行為の客観的価値に依る責任の分量及判決の一般警戒上に及ぼす効果に之を求むべきものと信ず」という、戦時下における絶対的な原則を強調する。

三浦被告の場合、党の再建を企図する神山茂夫への運動資金の提供などは「其の危険なること、彼の啓蒙運動乃至は文化運動の比に非らざるものあり」とし、「転向の価値を過大に評価し、且本件犯行の重大性前叙のごときものなることを看過したる結果に基くもの」として、原判決の科刑は「頗る軽きに失する」と主張した。これに対して四三年五月一〇日の大審院判決（裁判長久保田美英）は検察の主張を「顕著なる事由ありと認め難く」として、上告を棄却した（『昭和思想統制史資料』別巻下）。

もう一つ、四二年一〇月一五日、鈴木政太に懲役二年・執行猶予五年を言い渡した東京刑事地裁の判決に検察が上告した事例がある。その上告趣意では前述と同じく「大東亜戦争を遂行しつつある現情勢下」の新治安維持法の重要性を述べたうえで、「斯かる事犯の科刑は犯人に対する小乗的仁愛に堕するの弊を極力戒め、銃後治安確保の国家的要請に即応するを要すべく、科刑の標準は主として犯人の行為の客観的価値に依る責任の軽重及判決の一般経過以上に及ぼす効果に之を求むべきものと信ず」とし、転向の個人的心情を過大評価すべきでないとする。「其の犯罪内容極めて悪質かつ危険性極めて大にして、固より之を軽微なるものと認め得ざるもの」に対しては実刑が相当としたうえで、「原判決の科刑は頗る軽きに失する失当」と主張した。

七月二八日の大審院判決（裁判長駒田重義）では原判決の「措置必ずしも適切ならずと雖」としつつ、「之を目して甚しく不当なりと思料すべき顕著なる事由あるものと認め難く」として、上告を棄却した（『思想月報』一〇四、一九四三年七月）。

これら二つの大審院による上告棄却は、裁判所が新治安維持法運用において執行猶予を付すという「小乗的仁愛」によって最小限の矜持を示したといえようか。

四 新治安維持法「刑事手続」の運用

強制捜査権の運用をめぐる警察と検察の主導権争い

次に新治安維持法第二章の「刑事手続」について、まず検事の強制捜査権からみよう。

この取扱については新治安維持法下のいずれの思想実務家会同でも協議の中心となったほか、一九四一年一二月一八日の通牒「強制捜査権運用に関する件」（『資料集』第四巻）や四二年一月二四日の法相訓令「思想検察規範」も強制捜査権の執行のマニュアル化を試みていた。四二年七月、思想実務家会同で刑事局長池田克のおこなった指示からは、次のように強制捜査権運用の現況をとらえていることがわかる（『資料集』第四巻）。

本年二月の臨時思想実務家会同の際、検事各位に対し強制捜査権の運用に関連し、捜査指揮権の確立と其の一元化の為、渾身の努力を払われ度き事を要望し、之れが為特に内密捜査の段階より積極的に関与して検察に関する責任の所在を明確にすること並に思想事犯の捜査に付き、行政検束を利用することを厳に戒められ度きこと等を指示致したのであります。幸い各位は非常なる熱意を以て此の方向に努力されて居らるるのでありますが、何分永年に亘る因習の容易に打破し難きものあるやに思われるのであります。

勾引状・勾留状の発布を検事名義とすることや勾留期間の短縮化などがあげられているが、それらは現実の捜査では「永年に亘る因習」によって効果が乏しい状況となっていた。依然として警察による行政検束の濫用がつづいていた。

司法省ではこれらの脱法的ないし違法な「永年に亘る因習」を排除し、検事による思想犯罪処分の一元的処分をめざして新治安維持法に「刑事手続」の特例を盛り込んだわけだが、既得権を奪われることになる内務省・特高警察はその骨抜きを図ろうとした。

新治安維持法の施行を前に警視庁特高部の作成した「改正治安維持法実施に伴う各種取極事項」(『資料集』第四巻)中の「之を要するに新法律により被疑者の検挙、留置、接見、移監等各般の事項は殆ど全部検事の指揮を要する要式行為となりたるも、かかる要式行為に拘泥して司法警察官と検事との間に複雑なる内部手続を設定するは、敏速隠密を尊ぶ此の種事件の検挙上不便尠からざるものあるを以て、要式行為としては之を尊重すべきも、検事と警察官との緊密なる連絡を通じて事案の取扱を極力敏速且簡易化する様努むべきものとす」という見解にみごとに骨抜きの意向が現れている。もっともこの「取極事項」は東京刑事地検との「申合事項」とされていたが、それは虚偽であったため司法省からクレームがつく事態となった。そこには特高当局の焦慮も読みとれる。この問題は内務・司法両省の折衝(せっしょう)の結果、たとえば行政検束の場合、「全然検事の指揮を受くるの遑(いとま)なき急速を要する極めて例外の場合」にのみ認めることにしたが、実際にこれが警察にとって歯止めになることはなかった。

行政検束が事実上黙認されるにとどまらず、送致に至るまでの捜査・取調過程で特高警察による「永年に亘る因習」を打破することは困難だった。四二年二月の思想実務家会同で、東京刑事地検からなされた「既に検挙すべきことを打合せたる後に於て報告を為し来ったと思料せられたる場合は、遺憾ながら必ずしも少なくないように思料せられるのでありまして、我々の無力を痛感しつつある」（『臨時思想実務家会同議事録』『思想研究資料特輯』第九二号）という慨嘆の発言にそれは明らかである。

実力の行使で「永年に亘る因習」を守ろうとした特高警察であったが、新治安維持法の「刑事手続」の新規定に制約を受けることになったのも事実である。大阪府警察部が一九四二年頃に作成した『特高警察に於ける視察内偵戦術の研究』（『特高警察関係資料集成』第二〇巻）では「従前の如く〝之は臭い、何かある〟と捜査官一個の予断や独自の見解で捕えて行政留置による取調という便法が封ぜられた」と述べ、「往年の左翼取締は検挙の困難なるに対し取調は安易だったが、当今は検挙は安易でも内偵と取調が困難になった」という。司法警察官による聴取書が公判で証拠能力を持つことになったため、取調は慎重さを必要とすることになった。

これまで特高警察官の教養訓練を主としてきた各検事局主催の特高主任会議も、検事の捜査一元化を指示徹底するための場となった。たとえば、四四年二月の茨城県における特高主任会議で、水戸地検の遊田多聞思想検事は「各種思想犯罪に対する査察内偵の強化に格段の努力工夫を重ねると共に査察内偵の結果は速(すみやか)に報告し、検事と密接なる連絡を執り、思想検察陣営は渾然一体、其の総力を発揮して事実を萌芽の中に芟除する如く努められたい」と指示する（「茨城県署長・特高主任会議関係書類」『特高警察関係資料集成』第二五巻）。

刑事局の太田耐造第六課長は一九四二年二月の思想実務家会同でゾルゲ事件や企画院事件を例に、思想前歴者に比重をかけすぎる「特高警察官に依る左翼の内偵が従来非常に杜撰であったのではないか」（『昭和十七年二月　臨時思想実務家会同議事録』）という批判をもらした。一方、特高警察側はできるだけ検事の介入を避けつつ、「敏速且簡易化」した捜査をめざした。

こうして治安維持法の二つの担い手は依然として主導権争いを繰りかえすが、それは全体として新治安維持法の発動を制限するものではなく、むしろ運用を拡大・加速させる方向に進んだ。

二審制と弁護権の制限

「刑事手続」の特例の第二は、控訴審省略の二審制である。これについては『思想月報』九二（一九四二年三月）所収の二つの大審院判決に付されたコメントが参考となる。「阪神地方党再建運動」とされた事件では「昭和十六年七月十五日に神戸地方裁判所に起訴せられ、同年九月十八日予審終結、同年十一月十一日に求刑通り懲役二年の第一審判決言渡しあり、本年三月九日上告審の判決が言渡されたもので、新法による手続の結果著しく審理期間の短縮されたことが窺われる」とある。もう一つの土方与志（ひじかたよし）の事件は「検挙以来上告審判決確定に至る迄八ケ月に過ぎず」という。

ただし、前述の日本聖教会の清水の事件は検挙から判決まで一年弱だったが、「大日行者」杉本の事件は判決までに一年八カ月かかっており、新治安維持法がめざした裁判の迅速化とはほど遠い。特高警察による検挙・取調は被疑者の最長一年間の勾留が認められたこともあり（実際にはそれすら守らず、より長かった）、公判以前になされる肉体的・精神的懲罰は少しも減じなかった。

この二審制では事実審理が第一審のみとなることから、これまで以上に第一審の重みが加わった。すぐあとで述べる弁護権の制限や検事・司法警察官の聴取書が証拠能力を持つこと、そしてなによりも処罰規定の拡充強化によって被告人はもはや争う余地のない形式的な裁判を甘受せざるをえず、無罪判決を得ることは事実上ありえなくなった。検事は予審判事の権限と同等な強制権を持つことになり、予審の意味は薄れた。判事側は審理促進の観点から、判事よりも「其の事件に付て認識が高いと云うことになりますから、検事の説明を求める」（四一年四月の思想実務家会同における大阪地裁判事船内正一の発言）とあるような検事の優位性に従うことも当然視された。四二年二月の思想実務家会同では思想検事のみが召集されたことも、判事の相対的従属ぶりのあらわれである。

弁護権の各種の制限は「弁護人は徒らに被告人の個人の利益を擁護することは許されなくなった。弁護人は国家的見地に立って、被告人ばかりでなく、国家と云う立場も考えて裁判所と協力しなければならぬ」（四一年四月の思想実務家会同における仙台地裁判事古関敏正の発言）という認識にもとづいている。

四一年五月九日の司法省令「弁護士指定規定」（『資料集』第四巻）により「思想、経歴其の他の事由に因り指定を適当ならずと認むる者」は司法省の作成する名簿に登載されないことになった。七月一日現在で六九三人の弁護士が登録されている（『東京弁護士会百年史』）。大勢は「国家的見地に立って」、審理の促進に協力する弁護ぶりである。鈴木銀一の北方性教育運動事件の大審院への上告において、第一審の量刑を重すぎるとするある弁護士の弁論は「刑の執行を猶予するの恩典に浴せしめ、真の日本人として更生し、新なる思想の下に其の熱意と努力を傾注し、奉公の誠を致さんとするの決意を完うせしむるの機会を与えられんことを念願するや切なり」（四二年七月一七日、『思想月報』九六、一九四二年七月）という、「転向」への評価を求めたものである。

先に新治安維持法「処断の非論理性にあえて抗する」として述べたように、さらにシリーズⅠ『治安維持法の「現場」』の「公判における弁護活動」で論じたように、治安維持法下の公判においてもわずかではあるが、罪刑法定主義からの逸脱や取調の違法性を主張して無罪や刑期の軽減を要求した弁護士が存在した。鈴木義男・高田富与・海野晋吉、そして本書で取り上げた鍛冶利一・林百郎らであるが、彼らは新治安維持法下の弁護士登録をしている弁護士だった。とすると、この弁護権の制限がどのように機能したのかは一概にはいえなくなる。「思想、経歴其の他の事由に因り指定を適当ならずと認むる者」として、治安維持法や国防保安法に関する弁護士登録を拒否された事例があったのかについては確認できない。

第四番目として審理の促進を名目とした裁判管轄の移転請求をなしうる場合の拡張があるが、この運用状況も判然としない。手続の実施準備として控訴院所在地の地裁に思想公判部を特設することが計画されたが、予算の制約などから東京と大阪の両地裁に限られ、それぞれ一部（判事各三人）が増設されることになった。これは四一年一一月の裁判所職員定員令の改正で実現をみるが、実際の運用状況は不明である。『思想月報』九六（一九四二年七月）で司法省は熊本地裁の定めた「刑事特別事件処分規定」を紹介するが、これは国防保安法および新治安維持法違反事件の公判は思想係判事らから構成される「特設部」でおこなうというものである。各地裁においても実際的に「思想係判事」が設けられていたものと思われる。

ついでに、思想検事の権限強化に伴い、その総元締めたる大審院検事局に新たに思想部が設置された（四二年二月）ことに触れておこう。「新法の施行を機とし、全国的に有機的関連性を有する統一的捜査陣営を樹立強化するの必要に迫られ」として大審院検事局に勅任の思想検事が配置され、合わせて主な地裁検事局にも二五人の思想検事が増員された（「公文類聚」第六五編・一九四一年・第一六巻）。思想部部長には前東京地裁次席検事の船津宏が座り、部員には東京保護観察所長の市原分と刑事局第五課長の清原邦一が就いた。いずれもこれまで思想犯対策をリードしてきた司法官僚である。そして、司法省刑事局長として池田克がいた。新治安維持法はこれらの思想司法のエリートたちの総指揮で運用されていた。

五　新治安維持法「予防拘禁」の運用

「改善的機能」と「保安的機能」

次に、新治安維持法第三章「予防拘禁」制の運用である。

この新制度の実施に際してはさまざまな関連法令（『資料集』第四巻）と通牒（『資料集』第四巻）、その意義と運用についての解説類が出された。『刑政』一九四一年七月号（第五四巻第七号）の「予防拘禁特輯号」は正木亮「予防拘禁所経営論」（『資料集』第四巻）、安達勝清「予防拘禁制度に就て」（『資料集』第四巻）、小川太郎「予防拘禁所教導に就て」と予防拘禁関係法令・関係文献という構成となっている。安達論文では予防拘禁とは刑罰ではなく保安処分という行政処分であるゆえにその認定は客観的でならなければならぬというが、それは「本人の従来の闘争経歴、闘争上の地位、客観的思想情勢、本人の現在懐抱する思想、親族知己其他環境の状態等」を考慮するという程度のものであった。当局の恣意的認定の歯止めは実質的に何もなかった。「編集後記」には「イギリスの予防拘禁はいわば「飼い殺し」を観念していた。ドイツのラガーは新興の政権を確立するための非常手段であった。わが予防拘禁は最後まで善良なる日本人に立ちかえらしむるための道場たることを目標としている」とある。

「予防拘禁」に期待されるものとして「隔離は予防拘禁に於ける最小限度の目的であり、改善は更に其の上に在るものである」（中尾文策「予防拘禁の誕生」『刑政』第五四巻第四号、一九四一年四月）という立場と、「改善的機能よりも保安的機能、換言すれば社会防衛的機能を重視するもの」（太田耐造「思想犯予防拘禁制度概論（一）」『法曹会雑誌』第二〇巻第九号、一九四二年九月）という立場があり、後者が優勢だった。前橋地裁検事正からまもなく「予防拘禁」の執行を所管する行刑局長に就任する正木亮は、それらの積極的な併用論者である。「修養道場」「精神入替所」的性格をもたせる一方、刑務所以上の厳重な戒護力を備えるべきだとし、外壁に電流を流すことや逃走防止のための機銃装備なども考えられるとする。

「思想特別研究員」として「予防拘禁制度に就て」調査した笠松義資（大阪地裁判事）はその報告書（『思想研究資料特輯』第九九号、一九四三年一〇月）のなかで、実施後二年を経過した時点で「予防拘禁制度は其の本質上隔離処分なる強制手段を伴う一種の保護処分」と位置づけ、「斯く解することに因り予防拘禁制度は我が国固有の道義を基調とする独創的制度として高度の文化的意義を有すると共に、国民感情にも合致し、之が運営上洋々たる前途を持ち得べきものと信ず」と論じる。

「予防拘禁」の決定

司法省刑事局の『思想月報』や『思想資料パンフレット（特輯）』第三七号（一九四二年一二月）、「徳田球一・志賀義雄・福本和夫に対する予防拘禁請求関係事件記録」（『昭和思想統制史資料』第三巻収録）などに収められた資料から、「予防拘禁」の決定の様相などについてみよう。焦点は治安維持法違反犯罪の再犯の「虞あること顕著」の認定にある。徳田と福本については『治安維持法の「現場」』で触れた。

当然のことながら予防拘禁所に収容されることは本人の意志に反したことだったから、その決定がなされる地裁の「決定」の場では抗弁し、さらに唯一の機会である控訴審への抗告をおこなった。『思想月報』にはその控訴審の「決定」が収録されている。

一九四一年一〇月二七日、大阪地裁（裁判長富田仲太郎）は宋太玉を「予防拘禁」に付す決定をおこなった。宋は日本共産主義者団に参加していたとして四一年四月に大阪控訴院で懲役二年（未決通算四五〇日）を科され、一〇月三日に刑の執行が終了していたが、「反省の程度尚浅薄にして、未だ過去の思想を清算したりと断じ難く、我国現下の緊迫せる社会情勢と対比し、之を釈放するに於ては更に治安維持法第一章に掲ぐる罪を犯すの虞あること顕著なりと認むる」として先の「決定」がなされた（『思想月報』八八、一九四一年一〇月）。

宋は四一年一月以降、共産主義思想と民族主義思想を「凡て清算し、判然と転向を決意したり」として抗告した。一二月一二日、大阪控訴院（裁判長小倉清次）は「心境の変化を来したる主たる動機は自己の健康並父其の他の家族の動静等専ら一身上の事情に在りたる事実を参酌すれば、抗告人の所謂転向なるものは未だ尚浅薄にして民族主義並共産主義の理論を根本的に抛棄し得たるものとは到底認め難く」として、抗告を棄却した（『思想月報』八九、一九四一年一一月）。

西館仁は四一年一二月二六日の函館地裁の「決定」に抗告した。「非転向の儘刑務所を出でたるが、社会情勢の激変に接して漸次従来把持せる思想に対し懐疑を持つに至り」、「従来の共産主義思想を抛棄し」たとするが、この「転向」表明を四二年一月三〇日の札幌控訴院（裁判長秀島敏行）は認めなかった。「抗告人の弁疏は到底之を措信し難く、却って抗告人は依然過去の共産主義思想を抛棄せず、階級意識を堅持し居り」と判断した（『思想月報』九一、一九四二年一月、二月）。

四二年二月六日の神戸地裁「決定」に抗告した久留島義忠に対して、四月一一日、大阪控訴院（裁判長小倉清次）は抗告を棄却する。その「決定」文には「現に共産主義者は一応活動を止め転向を表明するも、感情的に完全に転向するのは相当の期間と試練を要することを痛感し居れる事実を認め得べく」としたうえで、抗告人の「転向」は不十分とし、「我国現在の重大時局下に於ては抗告人は保護観察に依るも尚治安維持法第一章に掲ぐる罪を犯すの危険を防止すること困難にして、更に之を犯すの虞あること顕著なるものと認むべき」とある（『思想月報』九三、一九四二年四月）。

これらに示されるように、地裁・控訴院の「決定」は主に「我国現在の重大時局下」の治安確保のための「保安的機能」の観点からなされていた。四二年一二月四日の東京刑事地裁（飯塚敏夫裁判長）が砂沢喜一郎に下した「決定」には「本人を暫く同臭の旧知共産主義者等より離隔し、潜心反省の機を与えて更生を輔導誘掖し、以て信念の確立を全うせしむる」とあった（『思想月報』九九、一九四二年一一月、一二月）。

四三年になると、「予防拘禁」のもう一つの目標であった「改善的機能」、すなわち「転向」の促進・完成を期すことに「決定」の比重が移る。六月七日の名古屋地裁（裁判長脇坂雄治）は畔柳治之雄についての「決定」にあたり、その経歴や交友関係からも「予防拘禁所に於ける錬成に依り更に其の思想転向を全からしむる」とした（『思想月報』一〇三、一九四三年六月）。

七月二七日の大阪地裁（裁判長富田仲次郎）の速水泰妙に対する「決定」でも、「未だ共産主義理論の正当性を否定するの域に達し居らざる旨の供述を為し居れる」などとして、「更に専心内省の機会を与え、皇国臣民として更生せしむる為、予防拘禁に付するを相当」とする（『思想月報』一〇五、一九四三年八月）。なお、四二年九月に検挙されていた速水は四三年七月一日に起訴猶予となったものの、直後の七日には「予防拘禁」を請求されていた。公判に付されて執行猶予付きの判決が科されるよりも実質的に重い処分となった。

二年間の期間を経て「予防拘禁」が更新される場合も同様である。四三年一一月三日に期間満了となった松本一三に対して、四日、東京刑事地裁（裁判長徳岡一男）は「予防拘禁」の更新「決定」をおこなった。「現に於ても依然共産主義を堅持しプロレタリア解放の為に　天皇制は之を打倒すべきものと確信し、大東亜戦争を目して帝国主義的侵略戦争なりと解し居る事実を認むるに十分なり」として、「一層内省の機会を与え、共産主義思想を抛棄せしむると共に確固たる日本精神を把握せしめ、以て忠良なる日本臣民として更生せしむる」必要があるとした（『思想月報』一〇七、一九四三年一〇、一一、一二月）。

裁判所への「予防拘禁」請求のうち、安西一郎に対しては「予防拘禁」に付せずという「決定」となった。四二年四月一三日のこの大阪地裁「決定」に検察が抗告したが、九月一〇日の大阪控訴院（裁判長小倉清次）は棄却した。そこでは「真摯なる態度を以て過去の思想行動を反省批判して其の誤謬を悔悟し、従来動もすれば唯物史観の残滓の故に払拭し得ざりし共産主義への未練の情は全く其の跡を絶ちて、所謂理論的転向に移行し、昭和十六年七月頃には完全に共産主義思想を清算して日本精神に目醒め、今や大東亜戦争下皇国民の一員として只管其の本文を尽し、贖罪せんことを希念し居れる事実を認め得べく」としたうえで、「我国現時の如き客観的情勢の下に本人を釈放するも、再び治安維持法第一章に掲ぐる罪を犯すの虞顕著なりと云うを得ざるものと認む」（『思想月報』九八、一九四二年九月、一〇月）というものであった。

四三年六月一四日に名古屋地裁（裁判長脇坂雄治）は長谷川民之助を「予防拘禁に付せず」という「決定」をおこなった。「仮すに暫時の日時を以てし、皇恩の無窮を感得せしめつつ、其職場に於て勤労を通じ克己練成せしむ可し」とし、「現時の如き客観的情勢の下に於ける我国社会に本人を釈放するも未だ輒く再犯の虞顕著なりと謂うを得ざるものとす」と判断した。これに検察が抗告すると、九月一七日の名古屋控訴院（裁判長松浦久）は「予防拘禁に付す」という「決定」をおこなった。保護観察中にもかかわらず、保護観察所当局との「接触連絡に介意せざりし事実」などをあげて、長谷川の「転向」は「輒く之を措信し難し」とみなし、再犯の「虞あること顕著なる」と断じた（『思想月報』一〇六、一九四三年九月）。

「予防拘禁」制の不振

新治安維持法に懸案の「予防拘禁」制を盛り込む際、その日本国内の対象者は仮に三〇〇人以上と想定され、東京の小金井町に新設を予定した施設の収容定員は一四〇人として計画されていた。そして、一九四一年九月の通牒「予防拘禁制度活用に関する件」(『資料集』第四巻)でも「最大限」の活用が求められたが、既述のような強引な適用をしても実際には四五年五月末までで国内では六五人にとどまった。四五年六月の思想実務家会同で、船津刑事局長が「予防拘禁制度は其の制定当時予想せられたる所に比べ、必ずしも活発に運営せられ居るとは申し難い」(『資料集』第四巻)と述べるように、この制度はまず運営という点で不振だったといえよう。四二年二月の思想実務家会同における東京刑事地検からの次の発言が示すように、やはり再犯の「虞あること顕著」の判断の難しさにその主な理由があった(『臨時思想実務家会同議事録』)。

> 実際やって見ますと、裁判所の決定書には恰も判決書に於ける証拠説明と同程度の決定理由を記載されて居るのであります。随って、実際上の運用に於て裁判所をして積極的なる決定を為さしめんが為には相当明瞭なる積極的資料を必要とするような感を予えましたのであります。志賀〔義雄〕、徳田〔球一〕のように裁判所の取調に於ても尖鋭不逞なる供述を為す者ならば問題はないのでありますが、それ以下の者にして一応形式的にも転向を表明して居る者に対し、将来再犯の虞顕著なりと認定せしむるに足る資料の蒐集と云うものは一斉検挙よりも更に又容易でないように感じたのであります、此の点に於きまして予防拘禁の活用と云うことが言うことは易くして、其の行うことが非常に困難ではないだろうかと云う風に実際上の困難に遭遇して居る現況であります

また、この会同では対象者に対する特高警察と保護観察所の視察のギャップ、思想検事が保護観察所長を兼

ねる際の「予防拘禁」申立の困難という実際の運用で逢着した問題点も指摘される。こうした「予防拘禁」請求するまでの判定の難しさと手続きの煩雑さに、思想検事たちの躊躇や消極性があったといえよう。

ただ、それは一般的傾向であって、そうした困難や煩雑さを厭わず司法省の指示に忠実に「予防拘禁」制を最大限に活用しようとした地裁検事局もあった。一五人の「予防拘禁」を請求した大阪と八人の札幌がそうである。四一年一一月一一日に釧路から札幌に連行され、一度の検事の取調だけで予防拘禁所に拘禁されたという土屋祝郎は「井口（清、札幌地裁思想検事）の手で送られてきたものを拘禁所では特に「北海道組」と称して、本来くるだけの資格をもっていないにもかかわらず、遮二無二（しゃにむに）拘禁処分にされたものの別称にするようになった」（土屋『予防拘禁所』、一九八八年）と記している。

札幌地裁が下したある人物の「決定」理由は「依然左翼運動の前歴者と交遊し、第二貧乏物語、資本論解説、反デューリング論其の他の左翼文献を繙読し居りて、転向の意欲なく」（笠松「予防拘禁制度に就て」所収）というにすぎない。請求をおこなった思想検事もその請求を認めた裁判官も、東京刑事地検のいう先の「相当明瞭なる積極的資料」にもとづいているとは思えない。「現下の事態に徴し」て「予防拘禁」を安易に「最大限」に活用したといえる。

ただし、この「北海道組」の多くは二年間の拘禁期間の経過を待たず、退所となっている。先の人物の場合、「日々の修練に精励し思想言動共に醇化せられ、共産主義的色彩を認めざるに至れり」（笠松「予防拘禁制度に就て」）という判定による。なお、退所の際には仰々しい儀式がおこなわれ、記念品として文部省編『国体の本義』が贈られた。こうして退所できた後も自由になったわけではなく、思想犯保護観察制度と特高の要視察人制度の監視下におかれた。

「予防拘禁」制は文字どおりの「拘禁」によって保安的機能を果たせたとしても、改善的機能、すなわち「国体の本義を自覚し、忠良なる日本臣民たらしむる」という目的は十分には果たせなかった。それは運用面での不振と連動している。「予防拘禁」の更新により最後まで収容されていた松本一三の記すように、「このことは思想犯の収容者の場合についていえば、数名を除いて他の多くの人たちが敗戦後、日本共産党の戦列に参加、それぞれの分野の活動家となったことを見ればわかる。宗教者の場合もそうであった。彼らもまた信仰を捨てず、布教活動に従事した」（「東京予防拘禁所の回想」）。松本や山辺健太郎、そして徳田球一・志賀義雄らの「非転向」組にとって予防拘禁所は「気楽な生活」（山辺『社会主義運動半生記』、一九七六年）であったし、理論学習さえおこなっていた。「転向」組にしても、多くは敗戦まで雌伏を強いられながら、嵐の過ぎ去るのを待っていた。

このことは「予防拘禁」制の評価にとどまらず、治安維持法、さらにそれを基軸とする治安体制そのものの評価と関わる。緻密な治安法制と重層的で膨大なその遂行の態勢は社会運動を逼塞（ひっそく）させ、自由・平等・平和の思想を極限まで抑圧しつくしたことによって、治安体制は完成していたかにみえるが、それが表層的なことであり、人々の自由・平等・平和などへの意思を根絶できなかったことは、なによりも一九四五年八月一五日以後のそれらの急速な復活と高揚ぶりが物語る。

もちろん、念のためにいえば戦前の治安維持法下の弾圧と抑圧がそれほどひどいものでなかったから、戦後の民主化が可能となったというわけではない。治安維持法はこれまで縷々（るる）論じてきたように自由・平等・平和などの普遍的諸価値を敵視し、人権を蹂躙（じゅうりん）する悪法以外のなにものでもなく、その弾圧と抑圧の度合は現代の私たちの想像を絶するものであった。よりよい社会をめざす変革を強権的に押しつぶす法律の制定とその野放図な運用それ自体に、その最終的崩壊の要因が内在していた。

Ⅶ

治安維持法の廃止

「人民戦士出獄万歳」
『毎日新聞』1945年10月11日

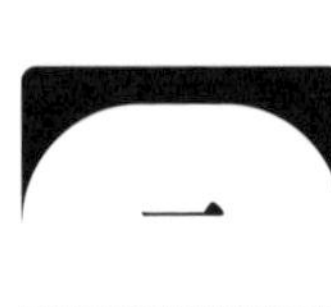

一　敗戦後の治安維持法の存続

治安維持法体制の継続

一九四五年八月一五日の敗戦に際して、全国の特高警察は「非常措置要綱」にもとづく「視察内偵中の容疑者（反戦和平分子、左翼、内鮮、宗教）」に対する予防検束の発動を準備していた（山形県警察部「本省通牒綴」『資料日本現代史』２『敗戦直後の政治と社会①』）。これは実際には発動されなかったが、「左翼及内鮮方面の不逞分子に対しては対ソ関係も考慮して一斉検挙等の非常措置はなるべく之を避け、視察内偵を厳重にして其の動静を監視する等、取締上一層の工夫を凝して国体護持に遺憾なきを期しつつあり」（警保局「戦争終結に関する廟議決定前後に於ける治安状況」『資料日本現代史』２）という取締が実施されていた。

敗戦の事態に直面して軍隊の解体は不可避だっただけに、治安の維持はこれまでにまして最大の課題となった。その治安の維持とはなによりも「国体」護持＝天皇制の安泰を図ることにほかならなかった。東久邇内閣の内相山崎巌は就任にあたって「国内の秩序維持に全力をつくすべく邁進したい」「国民団結を乱す事態に対しては取締を厳にして行く」（『毎日新聞』一九四五年八月一九日）と言明していた。

「国体」護持が至上命題であれば、本来的にそれを本質とする治安維持法を存続活用することに何の疑念も躊躇もなかった。八月一五日以降、あらためて内務省は次のような「社会運動の取締方針に関する件」を策定し、各道府県に通知している（「終戦善後措置」『治安維持法関係資料集』（以下『資料集』と略）第四巻）。

一　社会運動に対しては国家存立の根本たる我が国体に相反するが如きものにつき、之を取締るものとす

1　国体変革を目的とする結社又は其の準備結社に関するもの

2　国体変革を目的とする集団又は国体変革を目的とする結社を支援し、若（もしく）はかかる結社の組織を準備することを目的とする集団に関するもの

3　国体変革を直接又は間接の目的としての

イ　其の目的たる事項の実行に関する協議、若は煽動

ロ　其の目的たる事項の宣伝

ハ　騒擾、暴行、其の他生命、身体又は財産に害を加うべき犯罪の煽動に関すること

これは四一年の新治安維持法の内容に匹敵するものであり、支援結社・準備結社・集団、宣伝までを従来と同様に取締の対象とする。わずかに宗教結社・集団と「私有財産制度」否認の結社については治安維持法での問擬は止め、「予防拘禁」も新たな適用を控えるとする。司法省による治安維持法の取扱についての通牒類の存在は不明だが、おそらくこの内務省の方針に対する協議や了解はあったはずである。

特高警察による特別要視察人らの言動に対する視察内偵の報告は多数存在しているが（『資料日本現代史』3、『敗戦時全国治安情報』）、八月一五日以降の治安維持法違反の検挙事例は不明である。先の内務省「終戦善後措置」の「宗教運動」の項には旧大本教・ひとのみち教などの元幹部らが「再び旧信に復帰し、或は教団再建を企図する等の不穏行動に出でつつありて、既に治安維持法違反、若は不敬罪等の悪質犯罪として検挙取締を加え、又目下内偵中のものにても数件に上れるの実情にあり」とあるが、それらが八・一五以降のものかどうかは判然としない。おそらく「社会運動の取締方針に関する件」という指示があったにもかかわらず、実際には

新たな検挙はなかったのではないだろうか。ことに八月末の占領軍の進駐以後、その発動は困難になった。一部の関係者の間では占領軍の進駐とともに、早晩、特高警察の廃止が予想され、追及回避のための文書記録の廃棄や人事の異動がおこなわれていたように、治安維持法の廃止もしくは「改正」が暗黙裡に予想されたために、その新たな発動は手控えられていたと推測される。

迅速な公判と司法処分の継続

その一方で、治安維持法違反事件の司法処分は一〇月四日のGHQ「人権指令」までつづけられた。横浜事件では予審の終結や第一審の判決が急がれた。公判は八月二八日からいくつかのグループごとに一回だけの公判で結審という拙速ぶりである。しかも一律に懲役二年、執行猶予三年という判決である。中央公論社の小森田一記に対する判決では、コミンテルンおよび日本共産党の定義づけをしたあと、そうした「結社なることを知悉し乍ら孰れも之を支持し、内外の客観情勢に鑑み所謂文化運動の分野に於て知識層を中心とする一般大衆の共産主義意識の啓蒙昂揚を図ると共に、左翼組織を確立する等の運動を通して右両結社の目的達成に寄与する意図の下に」『中央公論』の編集などをおこなっていたと決めつけ、新治安維持法第一条後段の「目的遂行」罪を適用する（横浜事件・再審裁判＝記録／資料刊行会『ドキュメント横浜事件』二〇一一年）。これは八・一五以前の判決の論理と展開そのままである。裁判所は長期間の拘禁生活に苦しむ事件関係者の身柄解放の願望につけ込み、執行猶予付の有罪判決で妥協させ、占領軍の介入のないうちに司法処分を済ませてしまおうとした。

治安維持法違反者に対する行刑や未決拘留は一〇・四まで変わりがない。それゆえ、九月二六日、三木清は豊多摩拘置所において獄死せざるをえなかった。三木の獄死を受けて、司法省刑政局では一〇月一日付で各刑務所長宛に「治安維持法違反受刑者に関する件」を照会している（二〇日までの報告を求めた）。東京拘置所からは二日付で一八人収容の報告がなされた（司法省刑政局「治安維持法違反受刑者に関する綴」〔「米軍没収資料」マイクロ・フィルム、ＭＪ114〕）。

一方、志賀義雄が「この日以来所内の空気はガラリと変りました。わたしたちが収容所の自主的運営・管理をやったからです」（「出獄前後のこと」『日本占領軍その光と影：共同研究』上巻、一九七八年）と回想するように、府中刑務所内に移った予防拘禁所の「非転向者」組は八・一五以後、拘禁所内でかなりの自由を手に入れたが、釈放は認められなかった。八・一五以後の思想犯保護観察制度の運用状況については不明である。

東京予防拘禁所　府中拘禁所内の監房
『ドキュメント志賀義雄』

「国体」護持の最強の楯として当局が治安維持法を手放そうとしなかったことを、別の角度からもみておこう。

政府（東久邇内閣）は九月二五日の閣議で「戦時法令の整理に関する件」という方針を決定し、各省に「直に廃止すべきもの」「直に廃止し難きも、可及的速かに廃止すべきもの」などの報告を求めた。一〇月一日の司法省の回答は「直に廃止すべきもの」として国防保安法などをあげるが、治安維持法はどこにもない。内務省の報告は一〇月一三日と遅れるが、ここでも治安維持法は廃止の対象となっていない。

これに先立ち、九月一一日の閣議で東久邇首相から「「ポツダム」宣言の受諾に伴い、昭和二十年十二月の始までに行わんとする計画又は実行したるもの」の報告を各省は求められた。もちろん、ここでも司法省の「戦後経営の為の司法関係施策要綱」（九月二九日報告）中に治安維持法廃止は影もかたちもない。内務省からの報告（一〇月二日）でも同様で、かえって「警察力の整備拡充」の計画が示されるほどである（以上、「公文雑纂」一九四五年・第七の二巻）。

それでも政府部内に治安維持法の取扱に動揺がないわけではなかった。その一つは九月二日の降伏文書調印を前に、一日の閣議で決定された「恩赦奏請綱領案」（八月三〇日に司法省から請議）において刑法の不敬罪や内乱罪、各種言論犯罪などを対象とする「大赦」のなかには治安維持法違反の罪は含まれなかったが、「特別特赦」のなかに軍機保護法違反の罪などとともに治安維持法違反の罪が含まれていたことである（以上、「公文類集」一九四五年）。このことは「国体」変革の防止のために治安維持法の存続を自明とする一方で、恩赦というかたちにより治安維持法違反者の赦免を予定していたことを意味する。これは「人権指令」発動後、新たな展開をみる（後述）。

また、九月三日に東久邇内閣の参与に就任した大仏次郎は日記に、一九日の文書での提言につづき二七日には直接首相に「治安警察法その他の法令の廃止、暴力行為の厳重取締につき進言。この内閣の使命が積弊をブチコワスことにあり、国民もそれを期待すと話」したと記している。ただ、大仏は「アメリカから云って来る前にやって貰いたいのだが、今の内閣の腰抜けでは心もとなし」（『大仏次郎敗戦日記』一九四五年九月二七日条、一九九五年）と醒めた見方をしている。「治安警察法その他の法令」の中には治安維持法も含まれているだろう。

治安維持法廃止への予兆

一九四五年八月末以降、特高警察廃止や治安維持法廃止の声があがってくる。飯室星は「娑婆では、二、三の会合で治安維持法廃止、政治犯の即時釈放がほんの一部の者によって叫ばれ」ていたと記している（『民主評論』第一巻第二号、一九四五年一二月）。

特高警察自身が報告する「特別要視察人」の「特異言動」として記録したなかにもそれは確認される（『治安維持法の「現場」』参照）。愛知県の畔柳（くろやなぎ）治之雄は社会党を中心とする勢力が議会の多数を占めて「治維法其他の無産階級弾圧諸法令の撤廃」をめざそうとしているが、「治維法の撤廃は早急には実現せず、相当長い期間を要するも、専ら力関係に依て左右される」という見通しだったという（愛知県警察部長「終戦段階に於ける特要等の言動に関する件」一九四五年九月一八日、『資料日本現代史』3）。

東京で九月七日と一〇日の社会党系の新党準備会が開かれた際、傍聴席から菊池邦作は「治安維持法撤廃で、即時政治犯の釈放を決議してくれ」と発言したという。これを聞いた「米民間情報部の要請」で執筆し、九月二九日に提出した「日本の民主化に関する基本的要綱」のなかで「治安維持法は日本最悪の弾圧法であって、これが存在する限り断じて日本に民主主義の発展は望めない。同法は日本帝国主義最大の遺産である……共産主義者、社会主義者はもとより、単なる自由主義者に至るまでこの法律によって処断投獄したので、おそらくこの法律さえ制定されなかったならば、日本軍国主義はその野望を達成できず、今次大東亜戦争は勃発せずに済んだであろう」と述べている。一切の「政治犯人」の即時釈放も求めた（多喜二奪還事件八〇周年記念文集編集委員会『多喜二文学と奪還事件』二〇一一年）。

一一月一日発行となる『人民評論』創刊号に「日本の民主化と治維法」という「主張」が載る。これはGHQの「人権指令」発令の前に書かれていたことを記念して掲載となったもので、「われわれは日本の民主主義化は何よりも治維法の撤廃、治維法違反者の釈放から出発すべきである」として、「治維法は単に共産党弾圧の為に使用せられたのみでなく、一般に政府の政策に批判的な意見を抱く人民を抑圧するのに用いられた。最近年治維法違反の廉（かど）で検挙された夥（おびただ）しい人民の一大部分が共産主義については殆ど何もしらぬ連中であったことは公知の事実だ」と論じた。

見いだせるものはまだ限られてはいるが、社会運動の勃興の兆しとともに、治安維持法の廃止を求める動きは確実に強まっていたといえる。ただし、日本国内のなかからその実現に向けた具体的な動きを巻き起こすには至らなかった。

治安維持法体制の解体をもたらしたのは、GHQによる一〇月四日の「政治的、公民的及宗教的自由に対する制限除去の覚書」（以下「人権指令」と呼ぶ。『資料集』第四巻）だった。その直接的な契機となったのが、治安維持法違反容疑で豊多摩拘置所に収容されていた三木清の九月二六日の獄死である。早くも一〇月二日の『毎日新聞』は政治犯の釈放という「一つの社会与論を形成しつつある」と観測しているが、具体的な動きは不明である。三木の獄死を契機に、アメリカ国内でも政治犯釈放を急ぐべきだという報道が強まった。

こうした状況のなか、あえて内務・司法両省とも特高警察・治安維持法の存続を強弁する。山崎内相は一〇月三日、ロイター通信特派員に「天皇制廃止を主張するものはすべて共産主義と考え、治安維持法によって逮捕される」、政治犯の即時釈放を計画中だが「共産党員であるものは拘禁を続ける」（『朝日新聞』一九四五年一〇月五日）などと言明した。また、中国中央通信の記者に対して、同日、岩田宙造法相は次にように語っている（同前、『資料集』第四巻）。

問　治安維持法即時撤廃論に対する所見

答　撤廃は考慮していないが、改正を加える必要はあると考え、既に具体的に考慮している、しかし法律の改廃は議会の権限に属するが、ただ緊急勅令という方法もある

問　共産主義運動は公認するか

答　共産主義運動は部分的にこれを認める方針である、しかし国体の変革、不敬罪を構成する如き運動は

厳重に取締る

問　日本の国体と共産主義とは相容れないものであり、共産主義運動の部分的承認というようなことはあり得ないと思うが――

答　日本の国体を維持しつつ、共産主義の主張の一部を実現させることは可能と考える、国体変革問題以外、たとえば私有財産制度の修正等に関する運動はこれを認めても差支(さしつか)えないと思う

政治犯の釈放や「予防拘禁」収容者の釈放についても考慮していないとする。岩田法相の表明した「私有財産制度」修正の運動は容認するなどの治安維持法「改正」の方向は、前述の内務省「社会運動の取締方針に関する件」に示された治安維持法の運用方針に近い。一〇月初旬での発言のタイミングは、こうした線までの譲歩を余儀ないものとしつつ、三木獄死を機に政治犯の釈放という「社会与論」が生まれつつあるなかで、治安維持法廃止論につながる状況を抑え込もうという意図があったと推測される。うすうす治安維持法廃止の予感を持ちつつ、あくまでも「国体」変革を防ぐための治安維持法を手放そうとはしなかった。そこに、治安維持法の本質が露呈している。

二　治安維持法の「廃止」

「人権指令」発令の衝撃

一九四五年一〇月四日午後六時、ＧＨＱは日本政府に対して「人権指令」を発した。これは一〇月五日のＧＨＱの説明によれば「三木獄死其他斯種事件の新聞公表」を「直接の動機」（「政治的、公民的及宗教的自由に対する制限除去の件」『資料日本現代史』３「敗戦直後の政治と社会②」）としていたが、四日夕刻というタイミングは先の山崎内相と岩田法相の発言の報道（山崎の発言は四日付の米軍機関紙『スターズ・アンド・ストライプス』に掲載）が引き金となったと思われる。多少の予感はあったものの、この「人権指令」は為政者層にとって青天の霹靂であり、その内容の広範さと徹底ぶりにおいても衝撃だった。その衝撃はすぐに昭和天皇に伝わった。同日八時半に山崎内相から報告を受けた木戸幸一内大臣は、九時過ぎ、二度にわたって天皇と会い、さらに翌日午前にも話し合っている（『木戸幸一日記』下巻、一九六七年）。

治安維持法廃止に関わる「人権指令」の内容をみよう。治安維持法の廃止は、次のような文脈で規定される。すなわち「左記一切の法律、勅令、命令、条例、規則の一切の条項を廃止し、且直に其の適用を停止すべし」として概括的な規定の三点が列挙される。その第一に「思想、宗教、集会及言論の自由に対する制限を設定し、又は之を維持せんとするもの、天皇、国体及日本帝国政府に関する無制限なる定義を含む」とある。これはＧ

ＨＱの九月二二日の「降伏後に於ける米国の初期の対日方針」で明示されていた「個人の自由及民主主義過程への希求の奨励」と照応している。そして、治安維持法や思想犯保護観察法などが列挙される。ついで、一〇月一〇日までの「目下拘禁、禁錮せられ、「保護又は観察」下にある一切の者」の釈放が指示される。このあとに特高警察機構の廃止と内相・警保局長以下の全特高関係者の罷免とともに、保護観察所・保護観察委員会の廃止とその関係者の罷免が規定される。

この「人権指令」がアメリカの対日戦後改革方針のなかで、どのように立案されてきたかという点については、竹前栄治（『占領戦後史』、二〇〇二年）・平野孝（『内務省解体史論』、一九九〇年）・荒敬（『日本占領史研究序説』、一九九四年）らの先行研究によって明らかにされている。一九四四年三月の国務省起草の「日本：悪法の廃止」を直接の出発点とする「人権指令」の要点は四五年四月の「敗北後における米国の日本に関する初期方針の要約」に盛り込まれ、七月の「ポツダム宣言」の第一〇項に「日本国政府は日本国国民の間に於ける民主主義的

最高司令官通牒

政治犯の即時釈放
内相らの罷免要求
思想警察も廃止

政府側急遽凝議

秘密警察なほ活動
山崎内相、英記者に語る

山崎内相

治安維持法、修正考慮
共産主義運動は部分的に認容
中國記者に 岩田法相語る

「人権指令」と山崎内相・岩田法相談話
『朝日新聞』1945年10月5日

思想の復活強化に対する一切の障礙を除去すべし　言論、宗教及思想の自由並に基本的人権の尊重は確立せらるべし」と明記された。そして、九月二二日の「降伏後に於ける米国の初期の対日方針」において、「凡ての秘密警察組織」の解消と前述のような「個人の自由並に民権を保護する」ことが指示された。

なお、この「降伏後に於ける米国の初期の対日方針」についての外務省の検討のなかで、「「自由なる国民の意志」とは国体及私有財産論議の取締を許容するものに非ざるべし」などの分析から、治安維持法の「国体変革の罪を対象とするものは廃止せざるべからざるべし」（「「降伏後に於ける米国の初期の対日方針」説明」〔九月三〇日〕、外交史料館所蔵）という観測を「人権指令」発令前に導いていたことは注目される。しかし、それは外務省内の認識にとどまった。内務・司法両省は自ら「凡ての秘密警察組織」の解消などに取り組もうとはしなかった。それゆえ、彼らは「人権指令」に混乱し、狼狽することになった。

これらの過程で、三つのことを指摘できる。第一に、米国側の問題として個人の自由や民権の保護を蹂躙し抑圧する「悪法」とその執行機関の排除を不可欠と早くから認識しながらも、「秘密警察」＝特高警察の解体に偏りすぎていたことである。思想犯保護観察制度には注目していたが、アメリカにはそのような仕組みのない思想検事の存在を見落としたために、大部分の思想検事および判事らは罷免を免れることになった。「予防拘禁」制度にも十分な注意が払われなかったために、予防拘禁所の関係者も罷免対象となっていない。治安維持法などについて「昭和十六年三月十日又は同日頃公布せられたる昭和十六年法律第五四号」というやや正確性に欠けた表記をするのも、治安法令について十分な情報を有していなかったからであろう。占領行政の参考に作成された各種の「民政ガイド」の一つに「連合国占領下の日本警察制度」（米戦略局調査分析課、一九四五年九月二八日）はあるが、司法行政のガイドの作成されなかったことが影響している。

おそらくそうした不十分さを認識していたGHQでは、「人権指令」の個別法令や罷免範囲の列挙に際してそれらに「限定せられず」として「人権指令」の精神をくみ取ることを指示していた。それにもかかわらず、日本政府はそれを意図的に無視したことが二番目の問題である。その最たるものが治安警察法廃止の遅延であった。これは治安警察法が「人権指令」に列挙されていないことをよいことに、一〇月一五日の治安維持法などの廃止に含めなかったもので、GHQの追及を受けて一一月二一日にようやく廃止するという醜態をさらした。これと同じ伝で、当然自主的に罷免対象に含めるべきであった思想検事や予防拘禁所関係者などの罪業に頬かむりをし、こちらはGHQの追及を免れた。

もう一つは、荒敬『日本占領史研究序説』が指摘する「人権指令を出した米国の政策には自から内在する矛盾と、のちに冷戦政策の顕在化によって民主主義の形骸化――非民主主義への転化・逆行――をもたらす要素が含まれていた」という論点から導かれる問題である。それは「人権指令」遂行の不徹底と新たな社会運動抑圧体制の創出を可能とする大きな要因となる。

「人権指令」を接受してその真意の分析を進めた外務省では、共産党についてのアメリカの対応について「正式に否認乃至禁圧することには同意せざるべし」と判断しつつ、「占領軍の安全保持等の名目に依り共産党等に依る過度の治安攪乱の惧あるに至れば、之を弾圧するものと信ず」（「国体及共産主義に関する米国の方針」一〇月五日、『資料日本現代史』3所収）と的確に予測していた。ここに望みをつないでGHQと折衝し、総司令部のマンソン大佐から「本件措置の及ぼすべき影響及共産主義の問題に付ては充分之を承知し居る」（「政治的、公民的及宗教的自由に対する制限除去の件」）という言質を引き出した。これは将来的に共産党弾圧などの復活の可能性への示唆になったであろう。

なお、サザーランド参謀長と会談した吉田茂外相は「内務大臣其他警察機関を撤去し、更に入獄中の政治犯人を釈放せよと云うは赤色革命を奨励するが如きものにして、日本政府としては平和秩序を維持することを得ず」(「吉田外務大臣「サザーランド」参謀長会談録」『資料日本現代史』3)と威嚇的な発言でアメリカ側を牽制するが、そこには政府の不変の治安認識や「人権指令」への危機感がはっきりと読みとれる。

「人権指令」の骨抜き

「人権指令」の直撃を受けた内務省や司法省は緊急の対応に追われる。もはやこの「指令」の大筋には抵抗できないという判断に立って、二つの方面から「指令」内容の緩和を模索する。一つは、罷免範囲の縮小によって実質的な特高警察力の温存をねらうもので、GHQとの折衝と内部の巧妙な人員異動により、その一部の目的は達成する(拙著『特高警察体制史』参照)。司法省では「指令」に明記された保護観察所関係者を「人身御供」にするかたちで、前述のように大部分の思想検事や予防拘禁所関係者、さらに思想犯罪を担当した司法省刑事局・刑政局の関係者や刑務所の行刑関係者の罷免を素通りする。

もう一つの方向は、治安維持法をはじめとする廃止を迫られた法令の「骨抜き」である。すなわち、「現在の帝国政府首脳者及政府当局(就中、内務省、司法省、文部省等)の重大関心は所謂国体護持及共産主義に関する米国の方針如何の問題に寄せられ」(「国体及共産主義に関する米国の方針」)ていた。内務・司法両省の希望は「治安維持法中「国体変革の企図云々」を残す件、刑法中不敬罪は其の儘(まま)とする件」(「内務省司法省に対する手入の件」、外交史料館所蔵)という点にあり、数度にわたるGHQとの折衝のすえ、次のような見解を引きだすことに成功する(終戦連絡中央事務局第一部『執務報告』第一号、一九四五年一一月一五日)。

(一)言論の自由は完全なるを要するを以て、天皇、国体、政府に関する議論を制限するが如きは許されず、但し刑法不敬罪の規定の廃止迄も要求するものにはあらず、且言論の自由が公安、風俗を害するの故を以て制限を受くべきは勿論の義なること

(二)言論の自由は完全なるを要するも、暴力等現実に治安維持を攪乱するが如き行動に出でたる場合、之を取締るが如きは当然の事理にして何等之を禁ずるものに非ざること

これに既述のようなアメリカの共産党観の真意の観測を加え、日本政府はいわば安心して「人権指令」の実施に踏み切った。総じて「人権指令」の遂行は抜け道を模索する不誠実な態度に終始した。それは八・一五以降の治安維持法体制を存続させることを自明の理としてきた当局の姿勢からすれば、きわめて順当な対応であった。しかも「人権指令」の大枠には従いつつ、その内容の一部の「骨抜き」に成功した執拗な粘り腰こそ、治安維持法「廃止」の一〇・一五以後の抑圧体制の再構築につながっていくことになる。

さて、これまで八・一五以降の治安維持法体制の存続、そして「人権指令」への不誠実な対応を強調しすぎたかもしれない。治安維持という点で戦前と戦後の連続性・継続性を指摘するためにこうした叙述となったが、八・一五と「人権指令」が弾圧され抑圧されてきた社会運動に、思想・信仰を統制されてきた多くの民衆に、他力ながら決定的な解放の機会となったことも疑いない。

八・一五が連合国軍の軍事的勝利＝日本の敗戦によってもたらされたこと、一〇・四の「人権指令」がGHQの指令として発せられたこと、そして日本の社会運動や民衆意識の昂揚によって主体的に特高警察の解体や治安維持法の廃止がかち取れなかったことは、その後の抑圧体制の再構築を許す要因の一つになったといわざるをえない。ただ、そうであってもほとんどの治安法令が八・一五以後も生きつづけ、特高の視察取締が強化されるなかで社会運動が急速に復活し、逼塞させられていた民衆の意識が解放されていったことは、自らの手で「人権指令」を構想・実現するほどの力量は蓄えられなかったとはいえ、八・一五以後の新たな治安維持法違反事件の惹起を困難にさせ、GHQの「人権指令」を歓迎する状況を生み出していった。それは、後述するように戦後の抑圧体制が短期間で再構築されたとはいえ、戦前のそれと厳然と区別することともつながった。

治安維持法体制の「解体」

次に治安維持法体制の「解体」の経過をみておこう。一方で「人権指令」の骨抜きや緩和を画策しつつ、一〇月五日夜、内務省は各府県に特高警察機能の停止を通牒し、翌六日、各警察部の特高課・外事課・検閲課の廃止を指示した（内務省警保局の保安課・外事課・検閲課の廃止は一三日）。また、同日には勾留・検束中の被疑者について「暴行虐待行為を絶対に禁止」（「千葉県特高関係書類」『資料日本現代史』２）し、七日にはそれらの被疑者の即時釈放について検事局と協議して措置すべきことを指示している。司法省では五日に刑事局長から検事総長・検事長・検事正宛に「政治犯の身柄釈放に関する件」が通牒され、八日には司法大臣から「治安維持法、国防保安法其の他思想関係法規の廃止に伴う思想関係の通牒及思想事務廃止の件」が訓令されることによって、思想関係事務は停止された（法務大臣官房『続司法沿革誌』〔一九六三年〕、いずれも通牒の内容は不明）。思想犯罪取締の元締めであった刑事局思想課は、一五日の司法省分課規定改正により廃止となった。

治安維持法の廃止は、一〇月一一日、法相名で勅令案が閣議に請議され、一三日に閣議決定、一三日に天皇の裁可があり、一五日に勅令第五七五号の公布、即時施行という手続きをたどる。同時に思想犯保護観察法や関連の勅令・朝鮮総督の制令を含め合計八つが廃止となった（『資料集』第四巻）。「人権指令」により罷免された特高関係者は内務大臣・警保局長以下、四九九〇人におよぶ。しかし、前述のようなＧＨＱとの折衝や巧妙な人事の異動によって潜在的な勢力の温存に努めた。これに対して司法省関係の罷免は保護観察所職員・保護観察審査会職員の一一八五人（「執務報告」第一号、なお『続司法沿革誌』によれば一一五四人で、「退職」とされている）に限られ、司法大臣・刑事局長らはそのまま留任し、思想検事は保護観察所長を兼務しているものだけが罷免の対象となった。

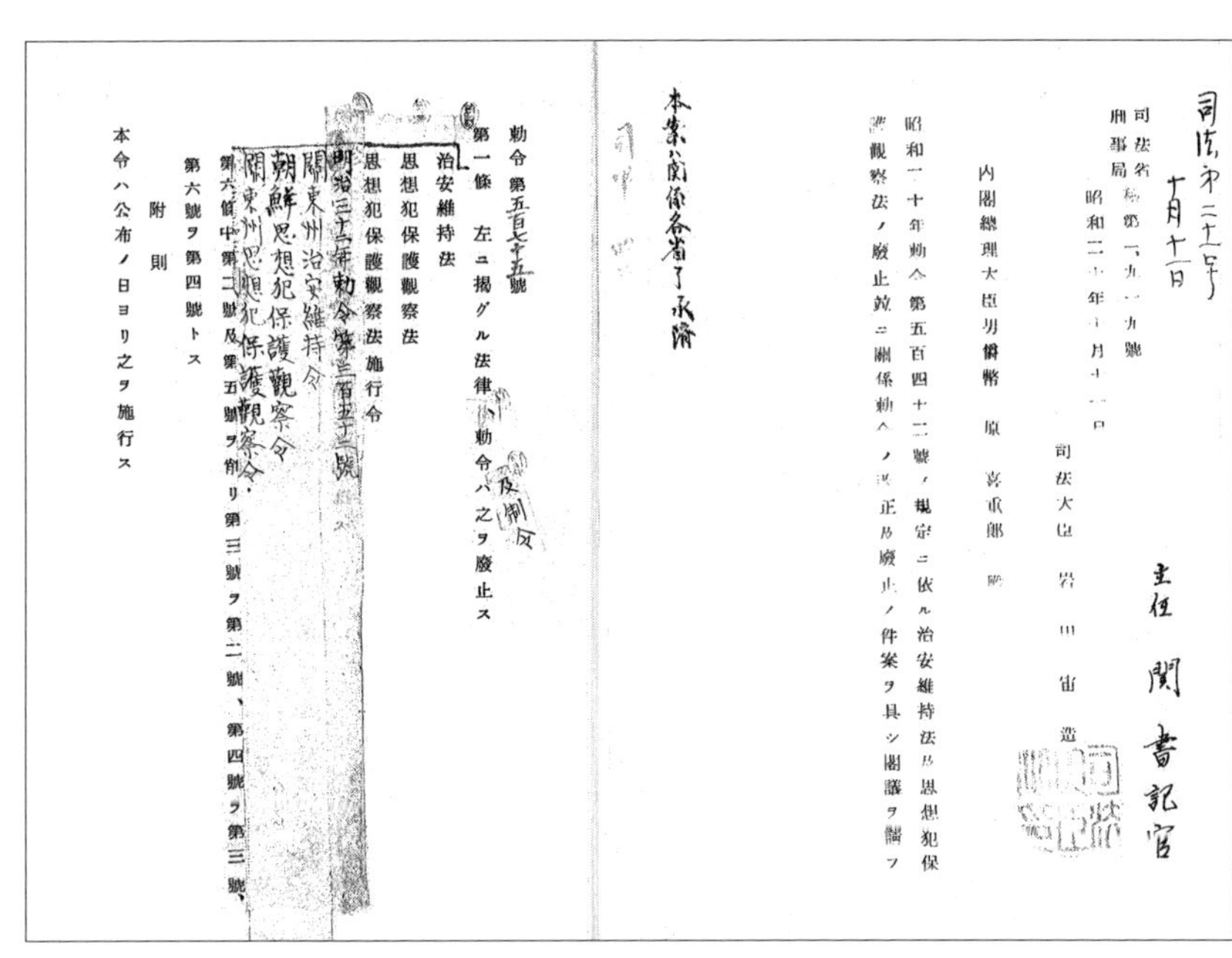
司法省刑事局秘第一九一九號
昭和二十年十月十一日
司法大臣 岩田宙造
主任 閣書記官
内閣総理大臣男爵 幣原喜重郎 殿
昭和二十年勅令第五百四十二號ノ規定ニ依ル治安維持法及思想犯保護観察法ノ廃止並ニ關係勅令ノ改正及廃止ノ件案ヲ具シ閣議ヲ請フ
本案ハ関係各省了承済

勅令第五百七十五號
第一條 左ニ掲グル法律及勅令ハ之ヲ廃止ス
治安維持法
思想犯保護観察法
思想犯保護観察法施行令
明治三十三年勅令第三百五十二號
関東州治安維持令
朝鮮思想犯保護観察令
関東州思想犯保護観察令
第六條中第二號及第五號ヲ削リ第三號ヲ第二號、第四號ヲ第三號、第六號ヲ第四號トス
附 則
本令ハ公布ノ日ヨリ之ヲ施行ス

治安維持法廃止（閣議請議書、1945年10月11日）
「公文類聚」第69編・1945年・第66巻3,4/13、国立公文書館所蔵

「政治犯」四三九人、「保護観察」下にあった者二〇二六人、「予防拘禁」下にあった者一七人が期限の一〇月一〇日までに釈放ないし処分を解除された。これとは別に、軍法会議で治安維持法違反の刑を課せられた受刑者が海軍から二八人、陸軍から一人釈放されている（「日本政府発連合国軍司令部宛覚書」〈一〇月二二日〉、「執務報告」第一号、『資料集』第四巻）。この「政治犯」には受刑者、公判中ないし予審中の被告、警察ないし検事局で捜査中の被疑者が含まれる。受刑者数について、一〇月六日の『朝日新聞』によれば「岡邦雄氏外百五十名」とある（四五年七月一日現在の受刑者は二一八人）。公判中の被告は形式的には免訴となった。たとえば、人民戦線事件の山川均・荒畑寒村・加藤勘十・鈴木茂三郎は上告中の大審院から、横浜事件の細川嘉六は東京刑事地裁からそれぞれ免訴の言渡しを受けている。

また、日本基督教団事件（第七日基督再臨団事件）の小倉指郎も一〇月二七日に免訴となっている。

この釈放にあたっても司法当局は詐術を試みている。ＧＨＱから引き出した「政治犯人と雖も殺人、強盗等の犯罪を伴う者は釈放の要なく、其の辺の限界は日本政府の誠意ある判断に俟つものなること」（「執務報告」第一号、『資料集』第四巻）という見解を根拠に、刑法犯や経済犯との併合罪を課していた三七人は釈放しなかった。その後、ＧＨＱの慫慂により一三人を釈放する。

「政治犯」の釈放は形式的には勾留停止（捜査中）・保釈（裁判中）・仮出獄および執行停止（受刑中）という名義によったが、「政府は十月十七日を期し恩赦を実施することとなり、総司令部の諒解を得たる上、一部を除き同日付大赦令に因り之を赦免」（「執務報告」第二号、一九四六年四月一五日）する措置をとった。この恩赦については「人権指令」以前から計画されていたが、治安維持法と特高警察による弾圧・抑圧が糾弾されることになったために、急遽「特別特赦」の適用から「大赦」の適用に変更された。この差異は大赦の場合、刑の言渡しを受けた者のその刑が将来にわたって無効となるのに対し、特赦の場合は刑の言渡しの事実は残るという点にある。天皇大権の一つである恩赦は勅令として公布されるが、岩田法相は司法関係者に対し、該当者に「聖旨」を伝えて「断じて再び刑辟に触るるが如きことなく、永く忠良の臣民たるに遺憾なからしむるべし」（『法令全書』一九四五年一〇月）という滑稽な訓令を発している。

この恩赦によって「政治犯」の政治的復権は実施されたが、「保護観察」下および「予防拘禁」下にあった者、さらに「人権指令」以前に仮出獄・満期出獄となっていた者、「保護観察」が解除されていた者、予防拘禁所から退所していた者に対する刑の言渡しの事実は残されていた。衆議院議員選挙の実施を控えてこれらの人々の政治的復権を図る必要に迫られたＧＨＱでは四五年一二月一九日、日本政府宛に「釈放政治犯人に対する参政権の復活」という覚書（『資料集』第四巻）を発した。治安維持法に限定せず、国防保安法・治安警察法などによるものも対象となり、「選挙権並公職に就くの権」回復のための「立法的並行政的措置」をとることが指令された。司法省では一二月二五日に閣議に請議し、枢密院の諮詢を経て、二九日、勅令「政治犯人等の資格回復に関する件」（『資料集』第四巻）を公布した。

「人権指令」で特高警察がともかくも「解体」されたのに対し、思想司法は保護観察関係者を代償にその中枢から末端までほとんど無傷であった。こうした不徹底さをいくらか是正することになったのが「公職追放」である。これも一九四六年一月四日のＧＨＱの日本政府宛の「公務従事に適せざる者の公職よりの除去に関する件」という指令にもとづく。特高警察・思想司法に関わるのは付属書Ａ号「罷免及排除すべき種類」のＧ項「其の他の軍国主義者及極端なる国家主義者」という規定である。政府はポツダム勅令として「就職禁止、退官、退職等に関する件」を公布、「特高警察及思想検察等前歴者」に対して四月末日までに審査を完了する予定を立て、その追放細目基準を次のように定めた（『朝日新聞』一九四六年四月一七日）。

一　特高警察又は思想検察に従事せる間において、重要刑事事件の処理に当り重要なる役割を演じたる者たること ある者

二　司法部又は警察に勤務せる間において、何人（なんぴと）に対して為したるかを問わず残酷又は虐待の行為をなしたることある者

三　特高警察　八年間以上又は昭和十六年二月以降四年間以上に亘り特高警察に従事したる者にして、その期間中において警部以上の職を占めたることあるもの

四　思想検察　八年間以上又は昭和十六年二月以降四年間以上に亘り思想検察に従事したる者にして、その期間中において検事以上の職を占めたることあるもの

五　保護観察　八年間以上又は昭和十六年三月以降四年間以上に亘り保護観察所長又は輔導官として勤務したことある

六　予防拘禁　昭和十六年五月以降四年間以上に亘り予防拘禁所長又は教導官として勤務したことある者

一の「重要刑事事件」として、労農グループ事件・日本無産党事件・ゾルゲ事件・灯台社事件・きよめ教会事件などがあげられた。この第一次「公職追放」の審査数は約九〇〇〇人にとどまり、一〇六七人が該当者となったが、そのうちＧ項該当者は四五八人で、特高関係者は三一九人（「特高警察黒書」編集委員会編『特高警察黒書』、一九七七年）、思想司法関係者は二五人（『続司法沿革史』）であった。特高関係では「人権指令」の罷免を免れていた唐沢俊樹・纐纈弥三・萱場軍蔵・富田健治・毛利基らが、司法関係では泉二新熊・正木亮・三宅正太郎・池田克・森山武市郎・戸沢茂雄・清原邦一・太田耐造・井本台吉らが含まれた。ただし、司法関係者の多くは弁護士に転身している。この該当者の少なさからも判断されるように「公職追放」も不徹底に終わった。

三　治安維持法廃止後の治安体制

「大衆的運動」の抑圧取締へ

敗戦後の治安体制の継続や「人権指令」遂行にあたっての種々の画策が物語るように、政府・為政者層における社会運動の抑圧と民衆の監視についての認識は、八・一五と一〇・四の二度の衝撃にもかかわらず、微動だにしなかったといえる。反省といってもせいぜい運用面の「行き過ぎ」という程度に過ぎず、人権蹂躙の事実にも鈍感であった。それは幣原喜重郎内閣の書記官長次田大三郎（内務官僚）が、一〇月一五日、平沼騏一郎枢密院議長と会見し、平沼の特高警察廃止後の治安維持の憂慮に応えて「一応全面的に特高の組織は廃止するが、之に代るべき組織は急に作り上げねばならぬと思って居る。いきなり被疑者を引張って来て拷問に懸けたりすることは勿論止めなければならないが、査察、内偵はどうしても之をやって彼等の動静は常に政府に於て其の情報を把握して置かねばならない」（太田健一ら編『次田大三郎日記』一九四五年一〇月一五日条、一九九一年）と述べていたことにも明らかである。

「人権指令」への抵抗は、その組織体の延命を図るとともに急激な社会運動の再興と民衆意識の昂揚に治安維持の危機感を抱くためであった。「人権指令」をしぶしぶ実施に移すのも束の間、そのGHQとの折衝の過程で感触をつかんだ新たな治安維持の方策を政府は現実のものとする。一〇月一五日の治安維持法などの廃止のわずか四日後、一九日の閣議で「大衆運動の取締に関する件」（『資料集』第四巻）が決定される。

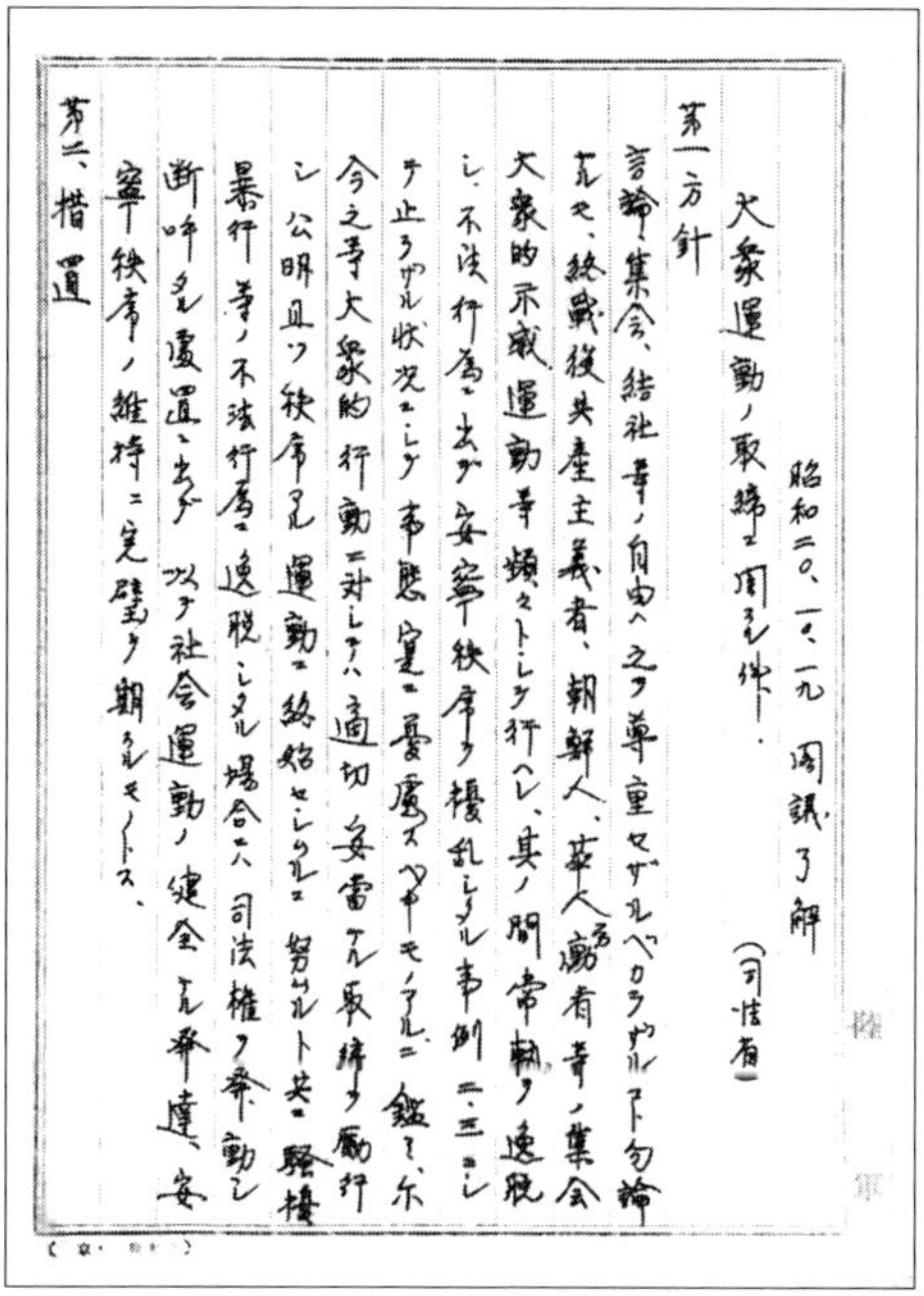
昭和二〇、一〇、一九　閣議了解
大衆運動ノ取締ニ関スル件
（司法省）
第一　方針
言論、集会、結社等ノ自由ハ之ヲ尊重セザルベカラザルコト勿論ナルモ、終戦後共産主義者、朝鮮人、華人労務者等ノ集会大衆的示威運動等頻々トシテ行ハレ、其ノ間常軌ヲ逸脱シ、不法行為ニ出デ安寧秩序ヲ擾乱シタル事例ニ二三ニシテ止ラザル状況ニシテ事態寔ニ憂慮ズベキモノアルニ鑑ミ、爾今之等大衆的行動ニ対シテハ適切妥当ナル取締ヲ励行シ公明且ツ秩序アル運動ニ終始セシムルニ努ムルト共ニ騒擾暴行等ノ不法行為ニ逸脱シタル場合ニハ司法権ノ発動ニ断呼タル処置ニ出デ以テ社会運動ノ健全ナル発達、安寧秩序ノ維持ニ完璧ヲ期スルモノトス。
第二　措置

大衆運動の取締に関する件（閣議了解、1945年10月19日）
「諸雑公文書」（閣議事項綴、1945年10月）1/4、国立公文書館所蔵

言論、集会、結社等の自由は之を尊重せざるべからざること勿論なるも、終戦後共産主義者、朝鮮人、華人労務者等の集会、大衆的示威運動等頻々として行

われ、其の間常軌を逸脱し、不法行為に出で安寧秩序を擾乱したる事例二、三にして止まらざる状況にして事態寔に憂慮すべきものあるに鑑み、爾今之等大衆的行動に対しては適切妥当なる取締を励行し、公明且秩序ある運動に終始せしむるに努むると共に騒擾、暴行等の不法行為に逸脱したる場合には司法権を発動し、断乎たる処置に出で、以て社会運動の健全なる発達、安寧秩序の維持に完璧を期するものとす具体的な措置として「集会及多衆運動等の行わるる場合、必要に応じ相当数の警察官吏を派して状況を視察せしめ、不祥事件の発生を未然に防止するものとす」などの方針を示す。二三日にGHQから「人権指令」に背馳しないという条件付の同意の回答を得ると、「近時政治、社会情勢の激変に伴い、この種集会または示威運動にして常軌を逸し、安寧秩序を擾乱する虞あるに鑑み」という認識を示して、二六日にこの内容を「越軌行為取締に関する内務司法両省共同発表」(『資料集』第四巻)として公表した。

新たな抑圧取締の方針は一一月六日付で各府県知事宛に通牒されるほか、七日の警察部長会議において堀切善次郎内相や小泉梧郎警保局長から訓示された(『特高警察体制史』参照)。司法省からも七日付の各検事正宛の刑事局長通牒で同様な指示がなされた。

この間髪を入れない社会運動抑圧取締の姿勢は八・一五以降、とくに一〇・四以後の「大衆的運動」の急激な進展に対する危機感にもとづく。当局の憂慮は具体的には「華人、朝鮮人、台湾人労働者に依る騒擾事件」と「食糧事情窮迫の為、社会不安濃厚となり居」ること(一一月一九日の小泉警保局長とGHQの対敵諜報部長ソープによる「警察再建問題に関する会談」、自治大学校編『戦後自治史』第九(一九六七年))に向けられた。

前者にある強制連行・労働させられた中国人の騒擾に対する警戒はもっとも厳重で、先の閣議決定の「措置」の第五には「華人労務者の集団暴行、傷害、騒擾等の大衆的犯罪発生したる場合には原則として司法権を発動し、速に犯人を検挙する」という強権的対応を打ち出していた。中国人の送還が進むのとは逆に一〇月頃から朝鮮人の「不法行為」が増加し、「前途は厳戒の要ある状況」（終戦連絡中央事務局第一部「執務報告」第二号）とされた。後者の「社会不安濃厚」な状況に対しては、政治運動・社会運動から派生する「不法行為」を「旧来の法令」によって「厳重な取締」をおこなうとする（第八九議会向けに準備された「内務大臣答弁資料」一九四五年一一月頃、『特高警察関係資料集成』第二〇巻）。「旧来の法令」とは「暴力行為等処罰に関する件」・爆発物取締罰則・行政執行法・行政警察規則・警察犯処罰令などを指すと思われ、本来的には「人権指令」の精神にもとづき、治安維持法などとともに廃止されるべき治安法令だった。警視庁における行政執行法の「予防検束」適用をみると、一九四五年の二七万六〇〇〇人余が四六年には六四万人弱に倍増しており、労働運動などの抑圧に活用されたことをうかがわせる。

四六年になると、GHQの積極的理解を得て労働運動・大衆運動抑圧の勢いは加速する。警保局長通牒「警察官の拳銃の携帯使用に関する件」（一月一八日）、内務・司法・商工・厚生四相共同声明「労働争議に随伴する不法行為の防止」（二月一日）、警保局長通牒「多衆運動の取締に関する件」（六月六日）、「社会秩序保持に関する政府声明」（六月一三日、『資料集』第四巻）とつづく。GHQ自身も「大衆による示威運動及び無秩序な行動に対するマッカーサー元帥の警告」（五月二〇日、『資料集』第四巻）、GHQ覚書「不法な旗、プラカードに依る示威運動に関する覚書」（八月一三日、『資料集』第四巻）などにより、その抑圧者としての存在を鮮明にする。

そして、こうした戦前から一貫する治安維持の態勢は、ポツダム政令である団体等規正令（一九四九年四月四日、『資料集』第四巻）と占領目的阻害行為処罰令（一九五〇年一〇月三一日、『資料集』第四巻）を経て、講和条約発効後、広範な反対運動のもとで可決された破壊活動防止法（五二年七月二一日、『資料集』第四巻）に連なる。

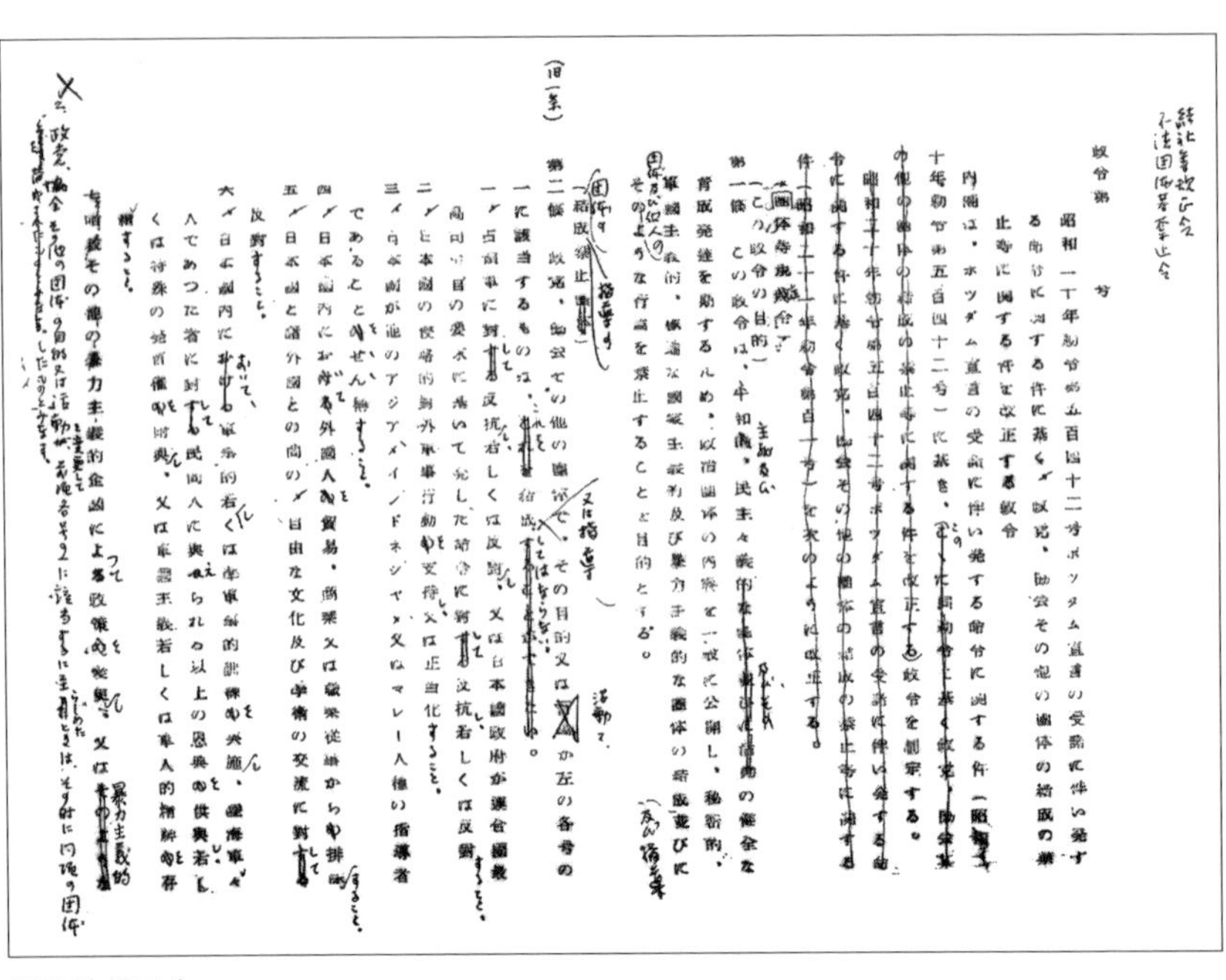

政令第　　号

昭和二十年勅令第五百四十二号ポツダム宣言の受諾に伴い発する命令に関する件に基く政党、協会その他の団体の結成の禁止等に関する件を改正する政令

内閣は、ポツダム宣言の受諾に伴い発する命令に関する件（昭和二十年勅令第五百四十二号）に基き、この勅令に基く政党、協会その他の団体の結成の禁止等に関する件を改正する政令を制定する。

昭和二十一年勅令第百一号を次のように改正する。

団体等規正令

（この政令の目的）

第一条　この政令は、平和主義、民主々義的な国家の健全な育成発達を助けるため、政治団体の内容を一般に公開し、秘密的、軍国主義的、極端な国家主義的及び暴力主義的な団体の結成並びにそのような行為を禁止することを目的とする。

（旧一条）

第二条　政党、協会その他の団体で、その目的又は行動が左の各号の一に該当するものは、これを結成してはならない。

一　占領軍に対して反抗し、若しくは反対し、又は日本国政府が連合国最高司令官の要求に基いて発した命令に対して反抗し、若しくは反対すること。

二　日本国の侵略的対外軍事行動を支持し、又は正当化すること。

三　日本国が他のアジア、インドネシヤ又はマレー人種の指導者であることを主張すること。

四　日本国内において外国人を貿易、商業又は職業従事から排除すること。

五　日本国と諸外国との間の自由な文化及び学術の交流に反対すること。

六　日本国内において軍事的若しくは準軍事的訓練を実施し、又は軍人であった者に対して民間人に与えられる以上の恩典を供与し、若しくは特殊の地位権を附与し、又は軍国主義若しくは軍人的精神を存続すること。

七　暗殺その他の暴力主義的企図によって政策を変更し、又は暴力主義的

団体等規正令

（法令案審議録関係（法務省関係審議録〔20〕）、1949）34/93、国立公文書館所蔵

治安機構の復活

時間を戻して治安機構・組織についてみよう。特高警察の「解体」後、二カ月余で「公安警察」が出現した。一九四五年一二月一九日、警保局に公安課が設置され、各府県でも警備課（のち公安課と改称）の設置が進められる。四六年七月以降、各警察署に公安係がおかれるようになり、情報収集活動にあたった。この「公安警察」でも戦前と同様な中央集権的な体制が整えられ、内務省の廃止や警察法の制定という激変のなかでも着実に成長を遂げていくことになる。

「人権指令」により特高警察がともかくも「解体」されたのに比べると、思想司法の打撃は中心的人物が「公職追放」される程度であった。そして、四七年九月、東京地検に労働係検事が設置されるのを皮切り

に、「公安検察」が発足する。これは生産管理闘争などの激化した労働運動・争議に対応するための陣容の整備だった。その後、五一年一二月には公安係検事がおかれ、五七年一月には東京地検に公安部が設置される（野村二郎『日本の検察』〔一九七七年〕参照）。

特高警察官の罷免の隠れ場所の一つとなり、左翼出版物の調査などもおこなっていた内務省調査局（四六年八月七日設置）は、法務府特別審査局を経て破壊活動防止法の成立と同時に公安調査庁（五二年七月二一日設置）につながっていく。

朝鮮戦争中の一九五一年九月、最終的な特高罷免者と「公職追放」者の解除がおこなわれると、彼らはまたたく間にカムバックする。思想検事の代表格であった池田克が最高裁判所の判事（五四年一一月～六三年五月）となるのをはじめ、検事総長の職には「追放」組の清原邦一、井本台吉が座る。「公職追放」にはならないまま、思想検事経験者が戦後の法務官僚の中枢となった例は少なくない。最高裁長官となった岡原昌男、検事総長では竹内寿平・布施健、公安調査庁長官となった吉河光貞・川口光太郎らである。

特高警察を指揮した旧内務官僚の場合には、追放解除後、自民党所属の国会議員となるケースが多い。それらのなかから、一九七〇年代前半までの国家公安委員長のポストには大麻唯男・大久保留次郎・山崎巖・町村金五が就いている。また、自民党治安対策特別委

最高裁判事に内定した 池田克

池田克の最高裁判事就任
『朝日新聞』1954年10月30日

員長をつとめた相川勝六、同副委員長をつとめた岡崎英城のような人物もいる（より詳細には『特高警察黒書』参照）。このように警察機構内における直接的な特高理念・ノウハウ、そして人的継承に止まらず、治安政策全般の形成に深く関わっているという意味で、戦前から戦後にかけての治安体制は継続する部分が多かった。それは司法の公安的領域にもあてはまる。

なお、本節の詳細については拙著『戦後治安体制の確立』（一九九九年）を参照されたい。

あとがき

すでに『治安維持法の「現場」』の「はじめに」冒頭で引用したように、弁護士の能勢克男は「国家と道徳」（『人民の法律　現代史のながれの中で』、一九四八年）において、治安維持法に代表される悪法が「どうして、どんなにして、つくられたか。どんなに法律としての力をふるって、人民を苦しめたか」、「そのいわれいんねんの、いちぶしじゅうを、みなもとにさかのぼって」知りぬき、考えぬくことを強く訴えた。

本シリーズは全体としてこの能勢の切実で根源的、かつ現代的な問題提起に取り組もうとしている。IIにあたる本書はそのうち治安維持法が「どうして、どんなにして、つくられたか」、すなわち治安維持法の目的が何であり、どのように立案されて施行にこぎつけ、さらに二度の「改正」がどのようにおこなわれたのかに主な焦点をあてることで、本シリーズ全体の起点となることを意図した。

なお、治安維持法が「どんなに法律として力をふるって、人民を苦しめたか」については本書でも論及するとともに、日本国内・植民地朝鮮における運用のそれぞれの「現場」（警察・検察・裁判・行刑・保護観察・予防拘禁）に即するという別の視角から明らかにすることにつとめた（本シリーズI・III）。おそらく能勢の念頭にはなかったであろう、植民地朝鮮・台湾と傀儡国家「満洲国」において治安維持法が日本国内以上の悪法ぶりを発揮したことについても取り上げる（本シリーズII・V・VI）。

本書のベースとなっているのは、一九九六年に刊行した『治安維持法関係資料集』全四巻の編集と第四巻に収録した解説「治安維持法成立・「改正」史」である。その少し前に特高警察について通史的概観を試みるなかで、「返還文書」（国立公文書館所蔵）や「米軍没収資料」（マイクロ・フィルム）などの関連資料を探究する際に過激社会運動取締法案関係の資料群を目にしていたことに加えて、一九八八年に「山岡万之助関係文書」（学習院大学法学部図書室所蔵）が公開され、司法省刑事局長時代の「治安維持法資料」などが出現したこともあり、それらの各種の治安法案を検証することによって、主に新聞報道や議会審議を通じてなされていたそれまでの治安維持法研究に新たな段階を画することができると考えた。今回新たな草案として付け加えることができたのは、一九三九年の二つの「治安維持法改正法律案」（「布施辰治文庫」、明治大学図書館所蔵）にとどまる。

拙編『治安維持法関係資料集』では奥平康弘編『治安維持法』（『現代史資料』45、一九七三年）と重複しないよう具体的な運用状況を概観できる資料群を収録することにつとめたが、「解説」も含めて運用全般を明らかにするうえで不十分さは否めなかった。本書および『治安維持法の「現場」』ではこの宿題を補完すべくつとめたつもりである。

国内での運用状況の解明が容易でないのは、司法処分の記録として作成された膨大な「訊問調書」や「予審終結決定」、判決などが、敗戦時や治安維持法廃止時に大量に焼却されたことに大きな要因がある。現時点では残されたものを集めて全体像を類推するほかない。本書では司法省刑事局が『思想月報』などに重要な「予審終結決定」・判決として収録したものを中心にすえて、施行と二度の「改正」、二度の「改正」頓挫によって画される各段階の運用上の特徴をとらえることにした。軍法会議判決への言及は新味といえよう。

あらためて治安維持法は「どうして、どんなにして、つくられたのか」。

まず「どうして」＝目的についてみれば、それは治安維持法運用二〇年を通じてのっぺらぼうであったわけではない。大きくくくれば「国体」変革の防止となるが、その国内の内実は前半の一〇年が再編強化された明治憲法体制に抗する共産党とその周辺に対する予防的な弾圧取締であり、後半の一〇年が総力戦体制の構築と推進のために障害となすものすべての排除であった。国外の運用では、一貫して植民地・傀儡国家の維持のための抗日民族運動の弾圧に集約される。

「どんなにして、つくられたのか」という点では、過激法案から関東大震災後の治安維持令を経て治安維持法の成立・施行までに作成された五〇種近い法律草案によってその経緯をあとづけることができる。これらは主に内務省関係のもので、司法省内の草案を含めればさらに多数となろう。立案当事者の実現をめざす執念がいかに大きく強かったかを端的に物語るが、それは治安維持法の運用の実績をみれば十分な効果をもたらした。施行後ではその自在な運用が窮屈となった条文の「改正」を導き、さらにその運用が新たな「改正」を導くという構図が繰りかえされた。いうまでもなく、総力戦体制遂行のための治安確保という為政者層の要請に忠実に応える「改正」でもあった。治安維持法の成立と「改正」は近代日本の歴史的段階に即応していたといえる。

これらの法律草案の推移を丹念にみると、たとえば「法益」の移動や変更の経過を読み取れる。「国体」がどのように登場し、多数の選択肢のなかから最終的に選択されていくのかをつぶさに追うことができる。

ひとたび「国体」が条文上で確定すると、三・一五事件と緊急勅令による「改正」を機に一挙に不可侵性と絶対忠誠の方向に進み、「万世一系の天皇君臨、統治権の総攬」と同義となり、抵抗し異議を叫ぶものを懲罰し、ひれ伏すことを強制した。しかも三〇年代前半の運用を通じて「国体」観念は司法処分の運用のなかだけにとどまらず、強制的道徳律として社会的に威力を振るった。さらにそこを淵源として、一九三〇年代半ば以降、天皇機関説事件と「国体明徴」の大合唱、文部省『国体の本義』（一九三七年）刊行へと展開し、「国体」の不可侵性と絶対忠誠はさらに強固に拡大され、学問・教育・思想・信仰の領域で統制から動員へと進んでいった。その三〇年代後半の急速な流れは、治安維持法運用の拡張の加速をもたらした。

思わず本書の範囲を飛び越したが、いずれこの「国体」がどのように不可侵性と絶対忠誠を獲得していくのかを考えてみたい。

一九二五年の成立・施行から四五年の廃止を経て歴史的命脈を絶たれたはずの治安維持法が、わずか数年で一九五二年に破壊活動防止法として息を吹き返すところまで本書は論述した。その後、破防法に規定する団体解散の発動をめぐって何度も「治安維持法の再来」が叫ばれてきたが、二一世紀の今日、新たなかたちで「現代の治安維持法」体制が出現しつつある。二〇〇九年の教育基本法「改正」を皮切りに、集団的自衛権行使を可能とする安保関連法制（二〇一五年）を施行・機能させるべく配置された特定秘密保護法（二〇一四年）および共謀罪法（二〇一七年）が成立した。それらをいずれも強権的に成立させた手法も含めて、新たな戦前の創出が着々と進められていると私は考える。

能勢克男が発していた「ボヤボヤしているかぎり、それはいく度でも、くりかえし、おこって来る」という警告が、まさにいま現実化しようとしている。まもなく治安維持法成立・施行から一〇〇年を迎えるにあたり、「ボヤボヤ」していることはできない。本書が治安維持法の悪法性を再認識し、「現代の治安維持法」体制を打破するうえで少しでも役立つことを願ってやまない。

かつて『治安維持法関係資料集』刊行の機会を与えてくださった新日本出版社と田所稔さんに、この機会にあらためて深くお礼を申しあげます。朝鮮人名の読みについてご教示いただいた芳賀普子さんにお礼を申し上げます。そして、本書刊行の意義を深く理解され、ひとりでも多くの読者に届くようにさまざまな工夫をしていただいた六花出版の山本有紀乃さん、黒板博子さん、岩崎眞美子さんにお礼を申しあげます。

二〇二二年九月二日　　荻野　富士夫

や

ら・わ

ま

な

は

た

さ

か

ま

や

ら

主要人名索引

あ

な

は

た

索引

主要事項索引

あ

か

さ

［治安維持法の歴史Ⅱ］
治安維持法——その成立と「改正」史

著者——荻野富士夫
発行日——二〇二二年一一月二五日　初版第一刷
発行者——山本有紀乃
発行所——六花出版
〒一〇一-〇〇五一　東京都千代田区神田神保町一-二八　電話〇三-三二九三-八七八七　振替〇〇一二〇-九-三二三五二六
校閲——黒板博子・岩崎眞美子
組版——公和図書デザイン室
印刷・製本所——モリモト印刷
装丁——臼井弘志
著者紹介——荻野富士夫（おぎの・ふじお）
一九五三年　埼玉県生まれ
一九七五年　早稲田大学第一文学部日本史学科卒業
一九八二年　早稲田大学大学院文学研究科後期課程修了
一九八七年より小樽商科大学勤務
二〇一八年より小樽商科大学名誉教授
主な著書　『特高警察体制史——社会運動抑圧取締の構造と実態』せきた書房、一九八四年／増補版、一九八八年／増補新装版　明誠書林、二〇二〇年／『戦後治安体制の確立』岩波書店、一九九九年／『思想検事』（岩波新書）二〇〇〇年／『特高警察』（岩波新書）二〇一二年／『日本憲兵史』日本経済評論社、二〇一八年／『よみがえる戦時体制』（集英社新書）二〇一八年

ISBN978-4-86617-167-8